高等职业教育"十二五"规划教材

高职高专旅游类专业任务驱动、项目导向系列化教材

景区开发与管理

主　编　吴　翔　付邦道

副主编　尚为人　郭　鹏　陈　燕　胡　强

国防工业出版社

·北京·

内 容 简 介

本教材以景区开发与管理为核心,阐述了景区开发与管理的相关理论、方法、技术及其在实践中的应用,具体包括:景区规划与开发;景区开发规划原理、方法与管理;景区空间布局规划管理;景区主题定位、形象策划与管理;景区市场分析与营销管理;景区服务设施开发规划与管理;景区基础设施规划与管理;景区园务管理和景区信息管理等九个模块。本书内容全面,突出了职业性、实用性和创新性,注重体现行业规范和高职旅游管理专业教学标准。

本教材不仅可以作为高职院校旅游管理专业的教学用书,也可作为自学考试、职业培训或相关专业的参考用书,同时对从事旅游企业经营管理和景区规划开发等实际工作者也具有一定的参考价值。

图书在版编目(CIP)数据

景区开发与管理/吴翔,付邦道主编. —北京:国防工业出版社,2013.7

高职高专旅游类专业任务驱动、项目导向系列化教材

ISBN 978-7-118-08829-8

Ⅰ.①景… Ⅱ.①吴…②付… Ⅲ.①风景区 – 旅游资源开发 – 高等职业教育 – 教材②风景区 – 经济管理 – 高等职业教育 – 教材 Ⅳ.①F590

中国版本图书馆 CIP 数据核字(2013)第 136585 号

※

国防工业出版社出版发行

(北京市海淀区紫竹院南路23号 邮政编码100048)

北京奥鑫印刷厂印刷

新华书店经售

*

开本787×1092 1/16 印张19¾ 字数491千字

2013 年 7 月第 1 版第 1 次印刷 印数1—3000 册 定价35.00 元

(本书如有印装错误,我社负责调换)

国防书店:(010)88540777　　　　发行邮购:(010)88540776

发行传真:(010)88540755　　　　发行业务:(010)88540717

高等职业教育"十二五"规划教材
高职高专旅游类专业任务驱动、项目导向系列化教材
编写委员会

一、编委会主任

张树夫(南京师范大学)　　　　　华国梁(扬州大学)

二、编委会主任委员

高菊生(南通职业大学)　　　　　张超一(南通农业职业技术学院)
袁忠霞(南通农业职业技术学院)　覃晓康(苏州信息职业技术学院)
费　寅(无锡商业职业技术学院)　蔡丽巍(江苏信息职业技术学院)
章　飞(常州纺织服装职业技术学院)周　丽(常州轻工职业技术学院)
王志民(镇江高等专科学校)　　　胡　强(江苏经贸职业技术学院)
董正秀(南京铁道职业技术学院)　王春华(江苏经贸职业技术学院)
任孝珍(扬州环境资源职业技术学院)赵　军(江苏食品职业技术学院)
张海红(连云港职业技术学院)　　姜　锐(钟山职业技术学院)
姜　华(应天职业技术学院)　　　赵丽华(青海交通职业技术学院)
吴　翔(开封文化艺术职业学院)

三、编委会委员

陈　燕　　陈　宁　　陈慧敏　　程春旺　　蔡海燕　　曹文捷　　崔　玲　　邓宏宝
方小燕　　高雯雯　　高联辉　　贡钰榕　　顾秀玲　　胡晓涛　　胡　强　　何调霞
黄志刚　　黄艳婷　　郝　芳　　贺　云　　贾凌红　　焦　慧　　金丽娇　　蒋艳君
阚志霞　　梁　平　　李　华　　李爽阳　　陆一萍　　卢常艳　　刘陆燕　　刘文涛
林　琳　　林又佳　　梅玲玲　　米　阳　　缪　芳　　潘文祥　　阮　瑾　　沙　蕾
涂　玮　　汤丽娜　　王艳蓉　　汪　锋　　王　琼　　王　峰　　王　润　　吴英鹰
魏海波　　魏　琰　　徐　婷　　杨　婕　　杨　艳　　杨绪光　　杨荣斌　　易玉婷
唐欣然　　唐　燕　　唐晓红　　徐小冬　　于丽曼　　袁　斌　　袁栋煊　　张月明
张红英　　张　昊　　张　玲　　周贵平　　周桔飞

前　　言

为落实教育部《关于全面提高高等职业教育教学质量的若干意见》(教高〔2006〕16号)和《国家中长期教育改革和发展规划纲要(2010—2020年)》文件精神,适应高职高专人才培养模式转变及课程建设的需要,根据《教育部关于"十二五"职业教育教材建设的若干意见》(教职成〔2012〕9号)要求,配合《高等职业学校专业教学标准(试行)》贯彻实施,本着以岗位职业技能标准要求为指针,以岗位工作任务为载体,融"教、学、做"为一体,积极探索建设"任务驱动和项目导向"教材,目的在于提高学生的操作技能、增强职业素养,我们在把握行业动态、研究多年来景区开发与管理的理论和实践教学经验的基础上,编写了本教材。

随着旅游产业的迅猛发展,旅游产业由过去的三大支柱(旅游交通、旅游饭店以及旅行社)向四大支柱转变(旅游交通、旅游饭店、旅行社以及景区)。这说明作为满足人们旅游需求的要素,景区正逐步成为旅游产业中最为核心的构成要素,起着越来越重要的作用。为促进景区个性化发展,提高景区服务与管理水平,满足旅游者多元化需求,为景区等旅游企业培养高素质、应用型、技能型人才,本教材在编写过程中,针对高职学生的特点,力求体现以下特色:

(1)突出职业性。在内容选择上,始终贯彻职业岗位需求,体现与职业岗位对接,以理论知识够用、突出职业性为重点,力求使学生职业能力适应岗位要求和个人职业发展。在时间安排上,实施工学交替,推行分段式模块化教学和顶岗实习。

(2)突出实践性。景区开发与管理是一门实践性很强的课程。编写过程中,注重与旅游行业紧密结合,尽可能融入当前行业的需求和最新变化。教材将景区开发与服务管理案例以"案例导读"、"案例回放"、"案例分析"、"相关链接"等方式有机融合,使景区开发规划原理及方法技术、景区空间布局的规划、景区主题定位及形象策划、景区市场分析与营销管理、景区基础设施与服务设施开发、景区园务管理等内容更加通俗易懂、理论联系实际、突出实践性。

(3)注重技能性。本教材以"工作过程"为导向,融"教、学、做"为一体,注重"任务驱动和项目导向",内容紧扣景区开发与管理的工作流程,按操作规程进行编写。一个模块就是一个任务,每个模块(任务)又包括若干个情境(项目),并在各模块及情境后设计了技能训练、课堂活动与实训项目,以提高学生操作技能。

(4)突出时代性。本教材结合当前国内外关于景区开发与管理的最新进展,力求体现本行业最新理念。

(5)注重体例创新。本教材共包括9个模块,每个模块首先点明知识目标、能力目标,利于学生明晰学习方向、把握学习内容。每个模块由若干个情境组成,每个情境以案例导读开始,以真实的案例由具体到一般引出本情境阐释的学习内容。每个情境设置的相关链接、拓展与提高、思考与讨论、案例回放、技能训练、阅读资料等环节,是为了拓宽学生的知识面,对所学知识形成清晰的认识,并能学以致用。每个模块后,针对本行业就业岗位群所需高技能人才的特定素质、知识与技能要求,设置了典型案例分析、模块小结、课堂讨论、实训项目等环节,使学生实现本模块的知识和能力目标,提高职业素养和操作技能。

本书由开封文化艺术职业学院吴翔、付邦道担任主编,开封清明上河园股份有限公司尚为人、开封文化艺术职业学院郭鹏、江苏食品职业技术学院陈燕、胡强担任副主编。具体编写分工如下:吴翔编写模块一、模块二和模块四;付邦道编写模块三、模块六的情境二、情境三和模块八;尚为人负责景区形象策划、景区营销、景区服务设施开发规划与管理、景区园务管理等涉及景区实际岗位能力描述的顾问和指导;郭鹏编写模块五、模块六的情境一、模块七;陈燕和胡强共同编写模块九。

本书在编写过程中,为借鉴前沿成果,反映行业最新动态,拓宽学生视野,参考了许多专家和学者的专著和教材,并借鉴了其中部分内容,同时转载了一些网络资料,在此谨向他们表示深深的谢意!

因时间和水平所限,书中难免有错误和不妥之处,敬请各位同行和读者给予批评指正。

编者

2013 年 4 月

目　录

模块一

景区规划与开发

【知识目标】

◆ 了解景区的含义、类型、特征及其地位和作用。

◆ 熟悉景区规划开发关注的热点与趋势。理解景区与旅游区的区别与联系。

◆ 掌握景区规划与开发的概念、类型及其内容。

【能力目标】

◆ 能说明景区规划与开发的原则和内容。

◆ 能运用上述理论和方法对某一景区的开发和管理进行分析。

情境一　景区概述

【案例导读】

三大支柱向四大支柱的转变——旅游景区与旅游经济发展

食、住、行、游、购、娱是旅游业的六大构成要素。长期以来,人们又将旅游交通、旅游饭店和旅行社作为旅游业的三大支柱,旅游景区并没有位列其中。实际上,旅游交通、旅游饭店以及旅行社对于旅游者而言只是为其旅游行为提供一定的支持和保障,而景区所代表的则是旅游者最为关注的根本性需求——游。因此,目前旅游教育中,旅游业的支柱已经由最初的三大支柱转变成为四大支柱,并且景区正逐步成为旅游产业中最为核心的构成要素。

旅游产业的三大支柱向四大支柱转变,也从另一方面反映出现代旅游经济在发展模式方面的变革。在早期旅游经济发展模式中,人们对景区的认识较为浅显,对于景区的可塑性和个性化认识不够,因此,早期旅游经济发展属于粗放型静态开发,即在景区旅游资源基础上进行简单改造和设施配套,对旅游资源的深入开发不够。此时,旅游管理者更多的是考虑如何加强配套服务和设施,更好地将目前已成型的景区推广出去。从营销理念上看,"三大支柱"对应的是推广产品的观念。与此不同的是,"四大支柱"将景区作为旅游业发展的核心部门提出来,注重景区在吸引旅游者过程中的地位,这是重视景区个性化发展和尊重旅游者多元化需求的体现,也正反映了现在旅游经营和管理过程中以游客作为核心的发展理念。

思考
1. 旅游景区与旅游区有何区别？
2. 上文中旅游产业由三大支柱向四大支柱转变反映了什么问题？

➡一、景区的含义

景区是旅游业重要的生产力要素和旅游创汇创收的重要来源，是旅游产品核心部分，是吸引旅游者产生空间位移参观游览的目的地。在旅游产业中，旅行社、饭店、交通、旅游购物等部门都是依托在景区之上的，因此加强旅游景区建设是旅游业发展的重要内涵。

（一）旅游区与旅游景区

旅游区和旅游景区分属于两个不同的概念，两者之间具有较大差异性。

1. 从国家相关政策和法规对旅游区和旅游景区的界定看

旅游规划通则（GB/T 18971—2003）中指出，所谓旅游区是以旅游及其相关活动为主要功能或主要功能之一的空间地域。国家质量监督检验检疫总局 2004 年发布的《旅游景区质量等级的划分与评定》（修订）（GB/T 17775—2003）中将旅游景区定义为：具有参观游览、休闲度假、康乐健身等功能，具备相应旅游服务设施并提供相应旅游服务的独立管理区。旅游区应有统一的经营管理机构和明确的地域范围，包括风景区、文博院馆、寺庙观堂、旅游度假区、自然保护区、主题公园、森林公园、地质公园、游乐园、动物园、植物园及工业、农业、经贸、科教、军事、体育、文化艺术等各类旅游景区。

一般而言，旅游景区面积较旅游区小，大多具有一定的空的间范围和边界，具有有形的边界标志。由各个相对独立的旅游景点组合成的旅游区域，不仅包含若干特定的旅游景观，同时还包括为满足各种旅游活动所安排的旅游设施和服务条件，是一个实体单位，其空间范围具有可感知的特点。旅游区则相对规模和面积较大，可位于一个行政区域内，也可跨越行政区划限制，往往缺乏有形的边界。旅游区的概念较旅游景区抽象和宽泛。

2. 从规划空间尺度看

景区规划属于中小尺度规划，而旅游区规划则往往属于大尺度规划。如景区规划通常在概念设计的基础上将更多的精力集中于场所尺度、空间尺度以及细部尺度，注重局部结构优化、功能完善以及细节工程设计。旅游区规划通常只深入到社区尺度和邻里尺度，较为注重区域主导功能的确立、主题形象设计以及区域产业发展战略等问题。

在国内外旅游研究与实际操作中，景区、旅游区、景点等概念相互重叠，用法不一。有的用"景区"这一概念，也有的用"旅游目的地"、"景点"来表达。

（二）景区的概念

通过与旅游区概念比较可知，本课程所指的景区是小尺度空间概念，具有明确的地域边界。从规划角度可将旅游景区的概念界定为：由一系列相对独立景点组成，从事商业性经营，满足旅游者观光、休闲、娱乐、科考、探险等多层次精神需求，具有明显地域边界，相对独立的小尺度空间旅游地（马勇，2005）。

王昆欣认为"旅游景区是具有美学、科学和历史价值的各类自然景观和人文景观的地域空间载体，能激发人们的旅游兴趣和需求，为人们提供参观、游览、度假、康乐、科研等产品和服务"。赵黎明等认为"旅游景区是一个可供人们前来休闲、娱乐、游览、观光、度假等的专门场所,该场所具有明确的范围界限和专业化的组织管理"。

综上所述,旅游景区是依托旅游吸引物从事旅游休闲经营管理活动的有明确地域范围的区域,它是满足游客各类旅游需求,并能提供必要的各种附属设施和服务的旅游经营场所。它包含以下几层含义:是一个有明确地域范围的区域;以旅游吸引物为依托;具有满足游客需求的综合性服务设施和条件;有专门的旅游经营场所;有统一的管理机构。

【相关链接】

一些欧美和国内学者对景区的概念界定见表1-1。

表1-1　部分学者对景区的概念界定

国家	学　者	基本观点
英国	约翰·斯沃布鲁克	景区应该是一个独立的单位、一个专门的场所,或者是一个有明确界限的、范围不可太大的区域,交通便利,可以吸引大批的游人闲暇时来到这里,作短时访问
	克里斯·库伯	景区可以由自然馈赠和人工建造两部分组成。前者包括地貌、气候、植被和野生动物,后者包括历史和文化,以及主题公园之类的人造游乐设施
	史蒂芬·佩吉	景区通常是个体单位,由单个的景点组成或者范围非常小,易于依据某一特征划分地理区域范围
	T.C.密德尔敦	景区是一个指定的、长久性的、由专人经营管理的,为旅游者提供享受、消遣、娱乐、受教育机会的地方
	史蒂芬·威廉姆斯	景区可以包括旅游商店、娱乐场所、游乐园、主题公园、游泳池和休闲地等
美国	C.A.冈恩	景区可以是地球上任何一个独具特色的地方,这些地方的形成既可能是自然力量的结果,也可能是人类活动的结果
	C.R.戈尔德耐	对于一个综合性的景区,重要的是向旅游者提供观光、购物、娱乐、博彩、文化和康乐的机会
	沃尔什·赫伦	景区应该是具有特色活动的地点、场所或集中地
	朱卓仁	景区是因为天气、风景、文化或活动而满足一个特定旅游者群体的欲望和喜爱的一个区域
中国	马勇	景区是由一系列相对独立景点组成,从事商业性经营,满足旅游者观光、休闲、娱乐、探险、科考等多层次精神需求,具有明显地域边界,相对独立的小尺度空间旅游地
	张凌云	景区是可以进行管理的吸引旅游者出游的吸引物,包括各类有界定地域的、永久存在的各类景区以及暂时性的各类节事庆典,但不包括大多数体育运动项目和购物场所
	岳怀仁	景区是指一定区域范围内,旅游资源、旅游服务设施和机构,旅游交通设施等相互作用而形成的旅游地域系统
	彭德成	景区是具有较为明确范围边界和一定空间尺度、设施或活动项目的场所
	董观志	景区是具有满足旅游者需求的特定功能,空间边界明确的游乐活动场所

二、景区的特征

(一) 资源密集性

景区是各种资源集聚的场所,如旅游资源、资金资源、智力资源、人力资源等。从景区的规划、建设到管理,离不开上述资源的配合,如景区的发展要以自然和文化旅游资源为前提;景区的规划和开发需要专业人士策划与资金支持,而景区经营和管理又离不开优秀的人力资源。因此,现代旅游景区是由旅游资源、资金、技术、劳动力等多种资源有机结合。

(二)地域性

景区都占据一定的地域空间,即以一定的地域空间为依托,受到当地自然、社会、文化、历史条件和人类活动的影响与制约,形成了千差万别的自然与文化地域特色。

景区具有独特性并能以一定方式传播于受众,激发旅游动机,是景区可持续发展的关键。因此,景区在制定发展规划时,需要挖掘、整理景区所在地的历史文化,并将其策划、包装推向市场,以突出本景区特色。景区推出的主题必须依托当地文脉,景观可以是人造的,但文化必须是真实的,要让游客真实地感受到文化的氛围。

美国著名主题乐园迪斯尼,虽然其内部景观为人造,但始终传递给游客一种快乐的文化理念,获得了巨大的成功。再如开封民俗主题公园——清明上河园,是以宋代画家张择端《清明上河图》为蓝本的,再现了原图北宋东京的风物景观和民俗风情。实景演出《大宋·东京梦华》,以八阙经典宋词和一幅《清明上河图》串联的画面,将北宋印象包含进去,把人们拉回到千年前的大宋帝国。开封具有浓厚的宋文化氛围,历经风雨沧桑的城墙,大街小巷随处可见的古门楼、楹联与铁塔、龙亭、相国寺、包公祠、宋都御街等相互融合,无不显示出七朝古都跨越千年的丰富文化内涵。而清明上河园的主题恰与周围的景观和城市文化定位和谐统一,浑然一体,真实再现了《清明上河图》中的繁华景象,使游客"一朝步入画卷,一日梦回千年",满足了人们追寻北宋都城繁华的心理需求,获得了较大的社会和经济效益。

(三)综合性

综合性主要指景区内的服务功能要素。现代旅游景区在人本主义的影响下,日趋多元和综合成为重要的发展趋势,食、住、行、游、购、娱等六大要素在现代景区随处可见。

(四)整体性

整体性是指景区所依托的旅游资源间以及与周围的环境是相互影响、相互制约的,它们共同组成了一个有机整体。

(五)创新性

创新性主要是指景区的产品、管理观念、管理体制要顺应市场需要,推陈出新,保持可持续发展。

三、景区的分类

(一)按旅游资源类型分类

景区按旅游资源可分为自然类景区、人文类景区、复合类景区、主题公园类景区和社会类景区五种类型。

自然类景区又称自然风景区,是由多个自然类旅游景点组成,并辅以一定人文景观的相对独立的景区,以名山大川和江河湖海为代表。如九寨沟及尼亚拉加大瀑布等。自然类景区又可分为山地型、森林型、水景型、洞穴型以及综合型自然旅游景区等五个亚类。

人文类景区又称名胜风景区,是由多个人文旅游景点组成,并辅以一定自然景观的相对独立的景区。典型代表如北京故宫、苏州园林、布达拉宫、卢浮宫等。人文类景区又可分为历史文化名城、古代工程建筑、古代宗教、古代园林以及综合性人文旅游景区等五个亚类。

复合类景区是指由自然景点和人文景点相互衬映、相互依赖而形成的相对独立的景区,其自然和人文景观的旅游价值均较高。宗教圣地五台山、峨眉山、普陀山是该类景区的代表。

主题公园类景区是现代旅游业在旅游资源开发中产生的新的旅游吸引物,是介于自然和人文资源间的边际资源,是信息资源与旅游资源相结合的休闲度假和旅游活动空间,是根据特定主题,采用现代技术和多层次空间活动设置方式,集诸多娱乐活动、休闲要素和服务设施于一身的现代旅游目的地。如深圳华侨城、北京世界公园、苏州乐园、迪斯尼乐园等。

社会类景区突破了对景区界定的定式,只要是利用社会资源吸引游客,开展旅游经营,形成相对独立的景区都称之为社会类景区。利用企业或工业园区开展的工业旅游、利用生态农业开发的生态农业旅游以及借助高校和科研机构开展的求学旅游等都可形成相应的社会类景区。

(二) 按主导功能分类

景区按主导功能可分为观光类景区、度假类景区、科考类景区和游乐类景区等四种类型。

观光类景区是以游客观光游览为主要内容的景区。通常,该类景区内旅游资源具有较高的旅游审美价值,可供旅游者参观、游览,并通过在景区内观光获得愉悦的感受。如厦门鼓浪屿、湖南张家界、四川九寨沟等都属于此类景区。

度假类景区是以世界上流行的度假旅游产品为主的景区,通常,度假类景区拥有高等级的环境质量和服务设施,为游客提供度假康体休闲等服务。如珠海海泉湾、大连金石滩、北海银滩、昆明滇池以及美国夏威夷的系列景区都属于典型的度假类景区。

科考类景区是以科学考察和科学普及类旅游资源为主,具有较高的科学研究价值和观赏性,为旅游者提供科学求知经历的相对独立的景区,如各类地质公园、被誉为"世界第九大奇迹"的三星堆古文化遗址等都属于科考类旅游景区的范畴。

游乐类景区是指那些以现代游乐设施为基础,为游客提供游乐体验的景区。如深圳欢乐谷、上海锦江乐园、美国迪斯尼乐园、环球嘉年华、派拉蒙环球影城等。除此之外,现代化的赌城和电影城等也属于游乐类景区,如美国和中国澳门的永利、金沙、威尼斯人等。

(三) 按质量等级分类

根据国家标准《旅游区(点)质量等级划分与评定标准》(GB/T 17775—2003)(修订)的规定,从旅游交通(145 分)、游览(210 分)、旅游安全(80 分)、卫生(140 分)、邮电服务(30 分)、旅游购物(50 分)、综合管理(190 分)、资源与环境保护(155 分)等 8 个方面,对旅游景区进行评分,全部项目满分为 1000 分。

1A 级旅游景区,需达到 500 分;2A 级旅游景区,需达到 600 分;3A 级旅游景区,需达到 750 分;4A 级旅游景区,需达到 850 分;5A 级旅游景区,需达到 950 分。

2007 年 3 月,经全国旅游景区质量等级评定委员会审核批准,我国有 66 家旅游景区被列为首批 5A 级景区,截至 2012 年 7 月 15 日,中国共有国家 5A 级旅游景区 133 家。

（四）按照景区经营的方式来划分

按照景区经营方式划分，可分为所有权和经营权统一的景区、所有权和经营权分离的景区和企业经营的景区。

【相关链接】

中国国家5A级旅游景区名单（截至2012年7月15日，133家）

1. 江　苏（12家）：苏州园林（拙政园、虎丘山、留园）、南京钟山—中山陵园景区、苏州昆山市周庄古镇景区、中央电视台无锡影视基地三国水浒景区、无锡灵山大佛景区、南京夫子庙—秦淮风光带景区、扬州瘦西湖风景区、苏州吴江市同里古镇景区、常州中华环球恐龙城休闲旅游区、南通市濠河景区、泰州姜堰市溱湖旅游景区、苏州工业园区的金鸡湖景区

2. 浙　江（9家）：杭州西湖风景名胜区、温州雁荡山风景名胜区、舟山普陀山风景名胜区、杭州淳安县千岛湖风景名胜区、嘉兴桐乡乌镇古镇旅游区、嘉兴南湖旅游区、宁波奉化溪口—滕头旅游景区、金华东阳横店影视城景区、杭州西溪湿地旅游区

3. 河　南（8家）：郑州登封嵩山少林景区、洛阳龙门石窟景区、焦作云台山—神农山—博爱青天河风景名胜区、洛阳嵩县白云山景区、开封清明上河园、安阳殷墟景区、平顶山鲁山县尧山—中原大佛景区、洛阳栾川老君山—鸡冠洞景区

4. 广　东（7家）：广州长隆旅游度假区、深圳华侨城旅游度假区、广州白云山风景区、梅州雁南飞茶田景区、深圳市观澜湖休闲旅游区、清远市连州地下河旅游景区、韶关仁化丹霞山景区

5. 山　东（6家）：泰安泰山景区、烟台蓬莱阁旅游区、曲阜明故城（三孔）旅游区、烟台龙口南山景区、青岛崂山景区、威海刘公岛景区

6. 湖　北（6家）：武汉黄鹤楼公园、宜昌三峡大坝旅游区、宜昌三峡人家风景区、十堰武当山风景区、恩施巴东神龙溪纤夫文化旅游区、神农架生态旅游区

7. 陕　西（5家）：西安秦始皇兵马俑博物馆、西安华清池景区、延安黄帝陵景区、西安大雁塔—大唐芙蓉园景区、渭南华山景区

8. 云　南（5家）：昆明石林风景区、丽江市玉龙雪山景区、丽江古城景区、大理崇圣寺三塔文化旅游区、中国科学院西双版纳热带植物园

9. 北　京（6家）：故宫博物院、天坛公园、颐和园、八达岭—慕田峪长城旅游区、明十三陵景区、恭王府

10. 河　北（5家）：承德避暑山庄及周围寺庙景区、秦皇岛山海关景区、保定安新白洋淀景区、保定涞水县野三坡景区、石家庄平山县西柏坡景区

11. 四　川（5家）：成都青城山—都江堰旅游景区、乐山峨眉山景区、阿坝藏族羌族自治州九寨沟旅游景区、乐山市乐山大佛景区、阿坝藏族羌族自治州黄龙景区

12. 湖　南（5家）：张家界武陵源—天门山旅游区、衡阳南岳衡山旅游区、湘潭市韶山旅游区、岳阳市岳阳楼—君山岛景区、长沙市岳麓山—橘子洲旅游区

13. 福　建（4家）：厦门鼓浪屿风景名胜区、南平武夷山风景名胜区、三明泰宁风景旅游区、福建土楼（永定·南靖）旅游景区

14. 安　徽（4家）：黄山市黄山风景区、池州青阳县九华山风景区、安庆潜山县天柱山风景区、黄山皖南古村落—西递宏村

15. 新　疆（5家）：乌鲁木齐天山天池风景名胜区、吐鲁番葡萄沟风景区、阿勒泰地区喀

纳斯景区、伊犁地区那拉提旅游风景区、富蕴县可可托海景区

　　16. 上　　海(3家)：东方明珠广播电视塔、上海野生动物园、上海科技馆

　　17. 江　　西(4家)：九江庐山风景名胜区、吉安井冈山风景旅游区、上饶三清山旅游景区、鹰潭市贵溪龙虎山旅游景区

　　18. 辽　　宁(3家)：沈阳植物园、大连老虎滩海洋公园—老虎滩极地馆、大连金石滩景区

　　19. 黑龙江(3家)：哈尔滨太阳岛景区、黑河五大连池景区、牡丹江宁安市镜泊湖景区

　　20. 吉　　林(3家)：长白山景区、长春伪满皇宫博物院、长春净月潭景区

　　21. 山　　西(3家)：大同云冈石窟、忻州五台山风景名胜区、晋城皇城相府生态文化旅游区

　　22. 甘　　肃(3家)：嘉峪关嘉峪关文物景区、平凉崆峒山风景名胜区、天水麦积山景区

　　23. 宁　　夏(3家)：石嘴山沙湖旅游景区、中卫沙坡头旅游景区、银川镇北堡西部影视城

　　24. 重　　庆(4家)：大足石刻景区、巫山小三峡—小小三峡、武隆喀斯特旅游景区(天生三桥、仙女山、芙蓉洞)、酉阳桃花源景区

　　25. 海　　南(3家)：三亚南山文化旅游区、三亚南山大小洞天旅游区 、海南呀诺达雨林文化旅游区

　　26. 广　　西(2家)：桂林漓江景区、桂林兴安县乐满地度假世界

　　27. 贵　　州(2家)：安顺黄果树大瀑布景区、安顺龙宫景区

　　28. 内蒙古(2家)：鄂尔多斯达拉特旗响沙湾旅游景区、鄂尔多斯伊金霍洛旗成吉思汗陵旅游区

　　29. 天　　津(2家)：天津古文化街旅游区(津门故里)、天津蓟县盘山风景名胜区

　　30. 青　　海(1家)：青海湖景区

四、景区的地位和作用

(一)景区是现代旅游业的重要支柱

　　景区是旅游业发展的基础和主体。旅游业是综合性产业,既包括向游客提供食、住、行、游、购、娱为核心的直接旅游服务,也包括为旅游活动提供支持和保障的间接服务。为旅游服务的交通、饭店、餐饮、景区、娱乐、购物等共同构成旅游产业,其中旅游交通、旅游饭店、旅行社及景区被称为现代旅游业四大支柱。景区是旅游产品的核心,是激发旅游动机、吸引游客的决定性因素。景区的发展,直接带动交通、餐饮、饭店、购物等相关行业的发展,而游客的各种需求,与众多行业息息相关。因此,景区是现代旅游业的重要支柱。

(二)景区对所在地经济发展的促进作用

　　景区的开发建设不仅对所在地旅游发展具有重要作用,而且直接促进旅游地区域经济的发展。一方面,景区通过接待游客、收取门票和提供配套设施和服务,直接增加了当地财政收入,尤其是一些新建设的景区,还能为投资者带来大量的投资收益;另一方面,随着景区的开发建设和经营,必然直接和间接地带动景区所在地的餐饮、住宿、交通、电信、服务业、建筑和医疗救护、农副产品加工等后勤保障的发展,促进旅游地劳动力就业、国民经济收入的增加和生活水平的提高,从而发挥景区的乘数效应和关联带动效应,促进景区所在地社会经济的发展。

（三）景区对所在地社会文化的促进作用

景区的开发和经营,不仅向游客展示了各种自然景观和文化特色,而且也促进了游客与当地居民的文化交流。尤其是与国内外游客的大量接触,使旅游地居民了解了不同地域的文化和生活方式,学习了更多的文明礼貌、礼仪礼节,促进了旅游地社会文化的发展和精神文明建设。

（四）景区对所在地资源和环境保护的促进作用

具有独特的景观、优美的环境、丰富的文化内涵的景区,不仅是吸引游客的决定性因素,也是景区开发和建设的关键。因此,为了开发建设具有特色和吸引力的景区,塑造景区所在地的良好形象,必然促使人们在景区建设和发展中,高度重视对旅游资源的保护和旅游环境的美化,改善景区所在地的环境质量,促进景区所在地资源和环境良性循环。

【思考与讨论】

1. 简述景区的概念和特征。

2. 景区可分为哪几类?

3. 景区的地位和作用有哪些?

【案例回放】

1. 景区与旅游区有何区别?

（1）从国家相关政策和法规对旅游区和旅游景区的界定看。旅游区是指以旅游及其相关活动为主要功能或主要功能之一的空间地域。景区是指具有参观游览、休闲度假、康乐健身等功能,具有明确地域边界,具备相应旅游服务设施的相对独立的小尺度空间旅游地。

一般而言,景区的面积较小,而且具有一定空间范围和有形的边界标志,是由各个相对独立的景点组合成的实体单位。景区不仅包含若干特定的景观、同时还包括为满足旅游活动所安排的旅游设施和服务条件。旅游区则相对规模和面积较大,可位于一个行政区域之内,也可跨越行政区划的限制,往往缺乏有形的边界。旅游区应有统一的经营管理机构和明确的地域范围,包括风景区、文博院馆、寺庙观堂、旅游度假区、自然保护区、主题公园、森林公园、地质公园、游乐园、动物园、植物园及工业、农业、经贸、科教、军事、体育、文化艺术等各类旅游景区。旅游区的概念较旅游景区要抽象和宽泛。

（2）从规划空间尺度看。景区规划属中小尺度规划,而旅游区规划则属于大尺度规划。如景区规划通常在概念设计的基础上将更多精力集中于场所尺度、空间尺度及细部尺度,注重局部结构优化、功能完善以及细节工程设计。旅游区规划通常只深入到社区尺度和邻里尺度,较注重区域主导功能的确立、主题形象设计及区域产业发展战略等问题。

2. 旅游产业由三大支柱向四大支柱转变反映了什么问题?

旅游产业由三大支柱(旅游交通、旅游饭店以及旅行社)向四大支柱(旅游交通、旅游饭店、旅行社以及旅游景区)转变,说明作为满足人们旅游需求的要素——景区,逐步成为旅游产业中最核心的构成要素,反映出现代旅游经济在发展模式方面的变革。在早期旅游经济发展模式中,人们对于景区的认识较为浅显,对于景区的可塑性和个性化认识不够,因此,早期旅游经济发展属于粗放型静态开发,即在景区旅游资源的基础上进行简单的改造和设施配套,对旅游资源的深入开发不够。从营销理念上看,"三大支柱"对应的是推广产品的观念。而"四大支柱"将景区作为旅游业发展的核心部门提出来,注重景区在吸引游客中的地位,这是重视景区个性化发展和尊重游客多元化需求的体现,也反映了现在景区规划开发以及经营管理中以游客作为核心的发展理念。

【技能训练】

以小组为单位,调查所在城市景区对当地经济发展、社会文化进步和资源、环境的保护作用。

【阅读资料】

经济开发型景区与资源保护型景区

按照景区开发目的分类,我国景区分为经济开发型景区和资源保护型景区。

1. 经济开发型景区

该类景区以盈利为主要目的,基本采用企业管理模式,主要包括主题公园和旅游度假区两类。

(1)主题公园。主题公园用舞台化的环境气氛为游客提供主题鲜明的体验。营利是其主要目的,主要功能是为游客生产快乐,为投资者赢得利润,采用市场化运作方式。20世纪80年代,以北京"大观园"和正定"荣国府"为代表的我国第一批主题公园,是以观赏为主要特点的影视基地型主题公园。由于其"两栖"性,当时营利并非最重要目的,管理尚未完全企业化。1989年,有"中国旅游景点建设里程碑"之称的锦绣中华微缩景区的开放,标志着第二代以华侨城为代表的参与性主题公园的诞生,也意味着真正企业化的主题公园出现。

(2)旅游度假区。1991年国家推出国家级旅游度假区发展战略,在全国选择了12个地点发展度假旅游,希望推动中国旅游目的地由观光型向观光、度假、商务会议综合型目的地转型。主要功能是为国际游客提供度假场所。旅游度假区的管理采用的是政府指导下的企业化管理模式。

2. 资源保护型景区

以保护为主的景区往往是以公共资源为依托的,景区的目标具有多重性,景区资源的社会文化与环境价值超过经济价值,景区资源具有不可再生性。由于这类景区资源的公共性,因此在经营性上具有明显的排他性与垄断性,政府对这类景区的干预程度较高。

(1)风景名胜。风景名胜是经政府审定命名的风景名胜资源集中的地域。其功能是保护生态、生物多样性与环境;发展旅游事业,丰富文化生活;开展科研和文化教育,促进社会进步;通过合理开发,发挥经济效益和社会效益。我国已形成国家、省、区、市和县(市)级风景名胜区相结合的体系。国家级风景名胜区与国际上的国家公园相对应。

(2)森林公园。森林公园是指森林景观优美,自然景观和人文景观集中,具有一定规模,可供人们游览、休息或进行科学、文化、教育活动的场所。森林公园分为国家级、省级和市县级三级森林公园。

(3)自然保护区。自然保护区指对有代表性自然生态系统、珍稀濒危野生动物物种的天然集中区,有特殊意义自然遗迹等保护对象所在陆地、陆地水体或海域,依法划出一定面积予以特殊保护和管理的区域。

(4)历史文物保护单位。历史文物保护单位本身并不是景区概念,但绝大多数历史文物单位都是旅游景区。国家把不可移动文物分为三级:国家重点文物保护单位、省级文物保护单位、市县级文物保护单位。

资料来源:邹统钎.旅游景区开发与经营经典案例[M].北京:旅游教育出版社,2003.

情境二 景区规划概述

【案例导读】

博鳌：亚洲各国(地区)首脑每年聚会的胜地

海南,中国最大的经济特区在经历了若干年尴尬的发展历程后,人们曾有相当长时间都认为,特区已成为过去。机会是否还会重来? 1996 年前,谁都无法回答这个问题。然而,自从 2001 年 2 月,博鳌做为亚洲论坛总部永久所在地后,这个曾经名不见经传的小鱼镇名扬天下,整个海南也因此又一次迎来了蓬勃发展。

一、概况

博鳌旅游度假区位于海南琼海市博鳌镇,濒临南海,是著名万泉河入海口所在地。区域内融江、河、湖、海、山麓、岛屿于一体,集椰林、沙滩、奇石、田园等风景精华于一身。这里的地形、地貌可与澳大利亚的黄金海岸、美国的迈阿密、墨西哥的坎昆媲美。这里被外国专家称为世界河流入海口,自然环境保存最完美的处女地。

二、博鳌总体发展规划

海南省政府在琼府函〔2001〕47 号文件关于博鳌亚洲论坛开发建设有关问题的批复中,明确规定,博鳌开发规划实行省政府、琼海市政府和博鳌控股公司三方会审制度,经三方同意,由琼海市政府批复、没有小区详细规划或不符合小区详细规划的单体建筑不得开发建设。

1. 开发博鳌的整体构想

要求:博鳌水城将按照智能型、信息化水上城市的目标建设。规划区内不但会实现程控电话、移动通信、宽频网络和有线电视网络的全方位覆盖,而且规划区内的管理、保安、服务系统将全部智能化。

目标:在未来 8～10 年,使博鳌水城成为亚洲最重要的以国际会议产业为主导、旅游度假、文化娱乐、体育教育等共同发展的、天人合一的现代水上城市,使之成为 21 世纪最优秀的居住、工作和会议中心。

构想:使博鳌成为世界性的亚洲品牌。

定位:将博鳌建成 21 世纪世界级国际旅游度假城市。

总体风格:南国风光、异国情调。

开发方针:统一规划、统一管理、招商引资、分期开发。

2. 远景目标

(1) 致力于成为亚洲最具特色的国际会议总部和会议组织的聚集地:在地球的西半部,20 世纪的日内瓦和达沃斯以世界级国际组织和会议总部所在地而蜚声世界,在地球东半球,21 世纪的博鳌水城将成为新的蜚声世界的国际组织和会议总部所在地。

(2) 致力成为亚洲最著名的文化艺术中心和影视制作基地:举办各种形式的文化节、电影节、艺术节等主题活动。不同种族、不同国家、不同形式的文化精粹在博鳌交汇、沟通,并共同创造足以流传后世的文化产品。

(3) 营造世界最著名品牌的酒店管理集群:引进、筛选全世界最著名的酒店管理集团参与经营管理,为前来博鳌参加会议和度假的人们提供最好的酒店服务和其他增值服务,共同打造"博鳌"品牌。

(4) 高起点、高档次的投资平台:成为世界知名企业投资置业的理想场所。

(5) 营造亚洲最大的购物天堂:建成后的博鳌水城将拥有亚洲最大的免税商场。

(6) 建设一流的运动基地:博鳌冬季的优越环境及气候使博鳌具备了成为许多体育项目训练基地的可能性。目前规划中的项目有 6 个 18 洞的高尔夫球场群,国家冬季水上训练基地和足球等项目的冬训基地。

博鳌亚洲论坛已在海南落户 10 年,历届亚洲论坛年会亚洲各国(地区)首脑及其记者都会聚集于博鳌,极大地促进了当地经济尤其是旅游业发展。据海南旅游局统计,近年,到博鳌观光的游客每年都突破 200 万人次。

资料来源:邹统钎.旅游景区开发与经营经典案例[M].北京:旅游教育出版社,2003.

思考

1. 博鳌亚洲论坛对当地旅游业发展有何影响?

2. 旅游总体规划的基本任务是什么?博鳌度假区规划开发中的成功经验有哪些?

一、景区规划的概念

(一) 规划

"规划"具有"谋划"、"筹划"、"全面的长远发展计划"的含义,意思是指对要进行的事业或具体工作进行总体部署和安排,或者说是全面长远发展计划。从个人旅游活动安排、学习计划,到由政府制定的复杂的城市规划、社会经济发展规划、国家五年计划,都可纳入规划的范畴。

规划是具有创造性和预见性系统工程,需不断创新、提案反复实践。它将涵盖社会、经济、政治、心理、人类学和技术因素,并研究规划对象的过去、现状并设计未来。规划前应对现有资源和可预见性变化进行分析,建立对未来最佳前景的设想,最终选择恰当的战略并督促实施。

(二) 旅游规划

旅游规划是在旅游资源与市场优化配置的基础上,对一定范围和一定时期内旅游发展蓝图及旅游发展要素所做的谋划和安排。目标是尽可能合理而有效地分配和利用一切旅游资源、旅游接待和交通运输能力,以及社会可能向旅游业提供的人力、物力和财力,以使游客完美地实现其旅游目的,从而获得旅游业的经济效益、社会效益和环境效益。根据《旅游规划通则》(GB/T 18971—2003),我国旅游规划主要包含旅游发展规划和旅游区规划两个层次。

1. 旅游发展规划

根据国家旅游局《旅游发展规划管理办法》,旅游发展规划是根据旅游业的历史、现状和市场要素的变化所制定的目标体系,以及为实现目标体系在特定发展条件下对旅游发展要素所作的安排。旅游发展规划一般是为期 5 年以上的中长期规划。按照范围划分为全国旅游发展规划、跨省级区域发展规划和地方旅游发展规划。

2. 旅游区规划

旅游区规划是指为保护、开发、利用和经营管理旅游区,使其发挥多种功能和作用而进行的各项旅游要素的统筹部署和具体安排。

3. 景区规划

景区规划是旅游规划中的一个子类型,它是以景区为特定研究对象的旅游规划。本书中的景区指属于相对较小尺度的空间概念,具有明显的地域边界,因此,这里所指的景区规划概念接近于《旅游规划通则》(GB/T 18971—2003)中旅游区规划的概念。

景区规划是指为了使景区开发建设和管理有计划、有步骤,合理、科学地进行,实现景区最佳经济效益,对景区的资源、客源市场、旅游产品、旅游设施、基础设施、旅游服务管理等方面作出系统评价、合理安排和有效利用的科学指导。景区规划基本组成包括产品规划、市场营销、信息服务、行政管理以及对承载力管理、旅游与社区的社会及经济相融合、保护资源、为游客塑造更好的旅游体验的考虑。

一般而言,旅游发展规划重点在于宣传促销,关注旅游业对社会经济发展的影响,选择确定具有发展潜力的旅游目的地,景区规划则重点强调设施、服务和娱乐活动的配置布局、主题形象确立、土地利用、景区功能分区、区内交通规划布局以及景点设计等。显然,一个景区规划做得再好,如果不能与上一级规划相协调,那么该规划的目标就很难顺利实现。

二、景区规划的类型

国际上通常以空间尺度大小为标准,把旅游规划分为区域尺度、目的地尺度、景点尺度三种层次。景区规划主要指的是后两种尺度的规划,即中、微观层次的旅游规划。景区规划通常可以根据规划的不同层次、规划的时限和规划的内容来划分。

(一)按不同层次分

根据国家标准《风景名胜区规划规范》(GB 50298—1999)和《旅游规划通则》(GB/T 18971—2003)的规定,我国景区规划基本上分为景区总体规划和详细规划两个层次。

1. 总体规划

景区在开发、建设之前,原则上应当编制总体规划。总体规划的对象是一个具体的景区。其基本任务是综合研究旅游资源、客源市场,确定旅游地性质、环境容量及接待规模;划定旅游区的用地范围及空间发展方向;统筹安排区内各项建设用地和交通组织;合理配置各项旅游服务设施、基础设施、附属设施和管理设施;提出开发措施,处理好远期发展与近期建设的关系,指导旅游的合理发展。景区总体规划的期限一般为 10 年~20 年。

2. 详细规划

景区详细规划分为控制性详细规划和修建性详细规划两个层次,期限为 3 年~5 年。

(1)控制性详细规划。在总体规划基础上,大型景区可增编控制性详细规划,而小型景区可跳过总体规划阶段直接编制控制性详细规划。控制性详细规划,是指以旅游区总体规划或分区规划为依据详细规定旅游区开发建设用地各项控制性指标和其他规划管理要求,强化规划控制功能,并指导旅游区的修建性详细规划编制。

(2)修建性详细规划。修建性详细规划以上一个层次规划为依据,将景区建设的各项物质要素在当前拟建设开发的地区进行空间布置和具体设计。

(二)按规划时限分

根据国家标准,我国现行景区规划按时间可分为:近期规划(5 年以内)、远期规划(10 年~

20 年)和远景规划(20 年以上)。如有必要还可在近期和远期规划间加入中期规划(5 年～10 年),划分依据主要是尽量与国民经济和社会发展计划相适应,便于相互协调和包容。

1. 近期规划(5 年以内)

近期发展规划应对景区近期的发展布局和主要建设项目进行设计和安排,提出发展目标、重点、主要内容,并应提出具体建设项目、规模、布局、投资估算和实施措施等。

2. 远期规划(10 年～20 年)

远期规划的时间一般是 20 年以内,这同国土规划、城市规划的期限大致相同。远期发展规划的目标应使景区内各项规划内容初具规模。并应提出发展期内的发展重点、主要内容、发展水平、投资匡算、健全发展的步骤与措施。

3. 远景规划(20 年以上)

远景规划目标应提出风景区规划所能达到的最佳状态和目标,期限是 20 年至可以构思到的未来,目标应是软科学和未来学所称的"锦绣前程",是景区进入良性循环的满意阶段。

(三)按规划内容分

1. 景区综合规划

景区综合规划是整体的规划概念,它指按照国家和地方旅游业发展纲要精神,结合国家和地方旅游产业布局的要求,提出旅游资源开发、市场开拓以及景区发展战略的总体设想。

2. 景区专题规划

专题规划又称部门规划,是在景区综合规划基本思想指导下,针对景区开发中各辅助部门而提出的专题计划,主要包括景区服务设施和基础设施建设计划。按规划内容分为景区资源开发规划、景区线路规划、景区设施建设规划、景区营销规划、商品开发规划和人才培训规划。

上述各类规划是从理论上进行分类的,它们在实践中彼此交叉、相互联系、相互制约。

三、景区规划的原则

景区规划必须建立在科学的基础之上,具有可操作性。景区规划具体原则如下。

(一)与社会和经济发展水平相适应及坚持适度超前原则

景区规划必须服从或适应社会发展要求,必须与当地社会和经济所能提供的实际相适应,做到有的放矢,使资源保护和综合利用、功能安排和项目配置、人口规模和建设标准等主要目标,同经济发展水平、趋势及步调相适应,编制出适应当地资源和社会发展状况的规划方案。

景区规划应根据旅游行业特点,适度超前。因为社会发展迅猛,规划是一个长远的、战略性的方案,要求规划人员必须有预见性或超前眼光,使规划方案能体现发展的原则,具有一定的前瞻性,避免规划方案的保守性给景区的管理工作造成限制和束缚。

(二)整体性原则

整体性有两个方面。一是景区规划是国民经济与社会发展总体规划的一部分,局部规划应服从整体规划,并与城乡规划、土地利用规划相协调。同时,景区规划应列入国民经济与社会发展的总体规划,在总体规划中给予统筹安排,并在政策、资金上给予重点支持和扶植。二是保持景区整体性。对景区范围的规定,要尽量考虑其区域界限要与行政区划和经济区划保持一致,尽量避免跨行政区和经济区的规划。这样做,一方面可使景区管理和开发与当地社会经济发展总体规划有机地结合;另一方面使景区管理成为统一的整体,避免因权限分散而产生混乱。

(三) 突出经济效益,注重社会效益,强化环境效益的原则

景区规划要坚持以旅游市场为导向,以旅游资源为基础,以旅游产品为主体,经济、社会和环境效益相协调的指导方针。

景区规划要认真进行旅游市场分析与预测,对景区进行市场定位,根据客源市场需求设计开发旅游产品,并考虑投入和产出,突出经济效益。

旅游开发要着眼社会效益,特别要兼顾当地居民和景区职工的需求和利益,提高其主人翁意识和归属感,以此创造旅游地良好的社会氛围和知名度,促进旅游地精神文明建设。

景区规划必须坚持可持续发展原则。环境质量关系到人类生存与发展,而景区开发客观上会带来一定程度污染和环境破坏。如果只追求经济效益,而不顾及环境问题,必将后患无穷,乃至影响人类的生存。为了使景区长远获益,规划中必须提供可持续发展的开发方案,协调人与自然的关系,强调保护性开发,维护自然生态环境与社会文化环境的协调平衡,使开发与保护、培育有机结合,贯彻严格保护、统一管理、永续利用的基本原则。

景区生态原则应符合下列规定:

(1) 制止对自然环境的人为消极作用,控制和降低人为负荷,须分析游览时间、空间范围、游人容量、项目内容、开发强度等因素,并提出限制性规定或控制性指标。

(2) 保持和维护原有生物种群、结构及其功能特征,保护典型而有示范性的自然综合体。

(3) 提高自然环境的复苏能力,提高氧、水、生物量的再生能力与速度,提高其生态系统或自然环境对人为负荷的稳定性或承载力。

(四) 特色性原则

旅游规划编制要突出地方特色,注重区域协同,避免近距离重复性建设,加强对旅游资源保护。特色是地区或国家历史、地理、政治、经济、文化、社会等方面的综合反映。景区开发规划要突出地方特色,做到"人无我有、人有我优",开发出具有鲜明个性的旅游产品。

● 四、景区规划的要求与内容

参照国家标准《旅游规划通则》(GB/T 18971—2003)和《风景名胜区规划规范》(GB 50298—1999),旅游景区规划的要求与内容如下:

(一) 景区规划编制的要求

1. 要符合国家制定的相应法规和规范

相应法规有《中华人民共和国城乡规划法》、《中华人民共和国环境保护法》、《中华人民共和国文物保护法》、《中华人民共和国森林法》、《中华人民共和国草原法》、《中华人民共和国土地管理法》、《风景名胜区管理条例》、《旅游发展规划管理办法》等。为与国土资源管理取得一致,景区规划不得违背相关法律和政策,相应规范有《风景名胜区规划规范》、《旅游规划通则》、《森林公园总体规划规范》和《自然保护区生态旅游规划技术规程》等。

2. 其他要求

(1) 旅游规划编制要以国家和地区社会经济发展战略为依据,以旅游业发展方针、政策、法规为基础,与城市总体规划、土地利用规划相适应,与其他相关规划相协调;根据国民经济形势,对上述规划提出改进要求。

（2）旅游法规编制要求坚持以旅游市场为导向，以旅游资源为基础，以旅游产品为主体，经济、社会和环境效益可持续发展的指导方针。

（3）旅游规划编制要突出地方特色，注重区域协同，强调空间一体化发展，避免近距离不合理重复性建设，加强对旅游资源的保护，减少对旅游资源的浪费。

（4）旅游规划编制鼓励采用先进的方法和技术。编制过程中应当进行多方案的比较，并征求各有关行政管理部门的意见，尤其是当地居民的意见。

（5）旅游规划编制采用的勘察、测量方法与图件、资料，要符合相关国家标准和技术规范。

（6）旅游规划技术指标应当适应旅游业发展的长远需要，具有适度超前性。

（7）旅游规划编制人员中应有比较广泛的专业构成，应包括经济分析、市场营销、旅游资源环境保护、城市规划、建筑设计等专业。

（二）景区规划的内容

1. 景区总体规划内容

（1）对景区的客源市场的需求总量、地域结构、消费结构等进行全面分析与预测。

（2）界定景区范围，进行现状调查和分析，对旅游资源进行科学评价。

（3）确定景区的性质和主题形象。

（4）确定景区的功能分区和土地利用，提出规划期内的旅游容量。

（5）规划景区的对外交通系统的布局和主要交通设施的规模、位置，规划景区内部的其他道路系统的走向、断面和交叉形式。

（6）规划景区的景观系统和绿地系统的总体布局。

（7）规划景区其他基础设施、服务设施和附属设施的总体布局。

（8）规划景区的防灾系统和安全系统的总体布局。

（9）研究并确定景区资源的保护范围和保护措施。

（10）规划景区的环境卫生系统布局，提出防止和治理污染的措施。

（11）提出景区近期建设规划，进行重点项目策划。

（12）提出总体规划的实施步骤、措施和方法，以及规划、建设、运营中的管理意见。

（13）对景区开发建设进行总体投资分析。

规划内容中对景区总体规划的成果包括规划文本、图件和附件。图件包括景区区位图、综合现状图、旅游市场分析图、旅游资源分布及评价图、总体规划图、道路交通规划图、功能分区图以及各种专业规划图、近期建设规划图等。附件包括规划说明、专题研究报告和其他基础资料等。图纸比例可根据功能需要与可能确定。

2. 景区控制性详细规划内容

在景区总体规划的指导下，为了近期建设的需要，可编制景区控制性详细规划。景区控制性详细规划的任务是，以总体规划为依据，详细规定景区建设用地的各项控制指标和其他规划管理要求，为景区内一切开发建设活动以及景区修建性详细规划提供指导。

景区控制性详细规划的主要内容：

（1）控制性指标。①用地控制指标包括用地性质、用地面积、土地与建筑使用相容性；②环境容量控制指标包括容积率、建筑密度、绿地率、人口容量；③建筑形态控制指标包括建筑高度、建筑间距、建筑物后退红线距离、沿路建筑高度、相邻地段建筑规定；④交通控制内容、车辆交通出入口方位、停车位。

（2）引导性指标。对旅游区内重点地块的建筑形式、色彩、体量、风格提出设计要求。配套设施体制包括旅游区生活服务设施布置，市政公用设施、交通设施及其管理要求。

景区控制性详细规划的成果包括规划文本、图件及附件。图件包括景区综合现状图、各地块的控制性详细规划图、道路交通及竖向规划图、各项工程管线规划图等。图纸化比例一般为1/1000～1/2000。附件包括规划说明及基础资料。

3. 景区修建性详细规划内容

景区修建性详细规划以景区总体规划或控制性规划为依据，对景区近期建设内容进行安排和布置。与景区总体规划或者控制性规划相比，修建性详细规划更加注重景区形体设计、空间布局。景区修建性详细规划将为接下来的景区建设提供直接指导和具体方案。

景区修建性详细规划的主要内容有：

（1）综合现状与建设条件分析。

（2）用地布局。

（3）景观系统规划设计。

（4）道路交通系统规划设计。

（5）绿地系统规划设计。

（6）旅游服务设施及附属设施系统规划设计。

（7）工程管线系统规划设计。

（8）竖向规划设计。

（9）环境保护和环境卫生系统规划设计。

景区修建性详细规划的成果包括规划设计说明书和图件。图件包括综合现状图、修建性详细总图、道路及绿地系统规划设计图、工程管网综合规划设计图、竖向规划、鸟瞰或透视等效果图。图纸比例一般为1/500～1/2000。

景区可根据实际需要，编制项目开发规划、旅游线路规划和旅游地建设规划、旅游营销规划、景区保护规划等功能性专项规划。

➡️ 五、景区规划的目的和意义

（一）景区规划的目的

景区规划是景区发展的纲领和蓝图，它明确提出景区发展的方向、规模、速度和目标，以及实现目标的对策和措施。

1. 发展旅游经济

发展经济是制定景区规划的基本出发点和核心思想。尽管旅游业的发展必须有和谐稳定的社会环境和优良的生态环境做保障，使三者趋于统一，但三者中，经济效益是基础，没有经济效益，社会效益和生态效益就无从谈起。

2. 满足游客的需求

景区规划的目的是合理利用旅游资源，突出景区特色和主题形象，完善各项基础和娱乐设施，塑造精品，提高景区吸引力和美誉度，以愉悦游客身心，提高满意度。

3. 协调好经济、社会、环境三个方面的矛盾

景区规划的目的主要体现在协调经济、社会、环境三者的关系。景区发展中，尤其是旅游资源的开发，与环境和社会文化矛盾日益突出。既要开发旅游资源，获取经济效益，又要保护

环境,维护社区利益。如何协调三者的关系,是景区规划必须考虑的问题。

(二)景区规划的意义

1. 确定景区发展的合理目标

景区规划在充分研究景区内各项旅游要素和外部市场条件基础上,确定了合理发展目标,引导当地旅游业与相关行业在共同发展中促进地区经济发展,促进人民生活水平的提高。

2. 促使各项旅游要素整合

旅游要素整合首先是市场与资源的整合。景区规划可将社会经济规划、物质性规划的科学知识和技术方法较为完整地整合,从而合理地确定资源与市场的平衡点,调动社会经济系统中已有的支持力量,或组合、创建新的支持力量,指导和强化有关各方的协同关系。

3. 对景区开发的引导意义

旅游规划通过预测、宣传、鼓励政策、公共资源配置与财政投入等手段,形成旅游发展基本条件,影响并指导其他旅游开发与经营活动。景区规划的编制与执行,一方面,逐步扩大景区知名度和美誉度,使游客对该景区产生兴趣,激发旅游动机;另一方面,通过规划中确立的项目,有目标地招商引资。观念超前、思路独特、规划先行、项目引路、政策透明、待遇公平是在市场经济条件下招商引资开发旅游资源成功的必要前提。

4. 对景区开发的控制协调作用

景区规划的控制作用是通过立法、行政条例与规划监管,并委托其他管理部门(如工商、城建、公安、环保等)协同管理,使旅游发展状况限制在必要的范围内,确保各部分发展同时,使景区整体效益最佳,并符合全局和长远的利益。景区规划的控制作用还在于遏制对旅游资源各自为政的滥开发,杜绝不顾长远效益竭泽而渔的行为,使旅游资源的开发在渐进有序、统一有度和可持续状态下进行。景区规划的协调作用是解决在旅游市场条件下通常无法自动解决或难以局部解决的一系列矛盾,维护生态环境秩序、社会文化秩序和竞争秩序,不断补充后续动力,以维持或及时恢复景区运行的稳定性。

【思考与讨论】

1. 简述景区规划的概念及其原则。

2. 景区规划的要求与内容有哪些?

3. 了解景区规划的目的和意义。

【案例回放】

1. 博鳌亚洲论坛对当地旅游业发展有何影响?

(1)加快了海南旅游业与国际的接轨。亚洲论坛使世界的目光关注海南,更多的国外旅游企业进入海南,从而扩大了海南在国际旅游市场的份额。

(2)树立海南"国际会展旅游"形象,促进海南旅游产业的升级转型。

(3)提高旅游业经济效益。博鳌亚洲论坛是一个国际性会议,其客源层次较高、人数多、停留时间较短、消费水平相对较高,所以会给旅游业带来丰厚的收入。

(4)有利于争创旅游名牌产品战略。如为了提高中国形象、扩大国际影响力,政府向亚洲论坛投入了大量的资金,给予了许多政策倾斜,促进了海南争创旅游精品战略的实施。

(5)促进旅游业与其他产业联动发展。通过旅游与文化、娱乐、保健、商业领域合作,改善旅游经济的内部结构,从而带动相关产业的发展。

2. 旅游总体规划的基本任务是什么?博鳌度假区规划开发中的成功经验有哪些?

旅游总体规划的基本任务是综合研究旅游资源、客源市场,确定旅游地性质、环境容量及接待规模;划定旅游区的用地范围及空间发展方向;统筹安排区内各项建设用地和交通组织;合理配置各项旅游服务设施、基础设施、附属设施和管理设施;提出开发措施,处理好远期发展与近期建设的关系,指导旅游的合理发展。景区总体规划的期限一般为 10 ~ 20 年。

博鳌度假区规划开发中的成功经验:

(1) 三方会审制度,照顾各方利益。海南省政府关于博鳌亚洲论坛开发建设问题的批复中规定,博鳌开发规划实行省政府、琼海市政府和博鳌控股公司三方会审制度,经三方同意,由琼海市政府批复、没有小区详细规划或不符合小区详细规划的单体建筑不得开发建设。

作为自负盈亏的博鳌投资控股公司,对博鳌开发首先考虑的是自身经济利益。琼海市政府则会考虑开发规划时如何安置被拆迁居民,当地居民的就业以及旅游业给政府所带来的税收等问题。海南省政府则会更多地从宏观角度考虑博鳌的开发会对海南省的经济特别是旅游业有怎样的影响,对省内其他地区的开发建设有什么示范作用,海南如何利用博鳌亚洲论坛的契机大力发展经济等。因此,在遇到有利益冲突的问题时,通过三方会审,就可保证博鳌开发规划时使总体利益最大化。

(2) 明确的战略定位。博鳌开发规划的战略定位是:使之成为 21 世纪世界级国际旅游城市。这就要求博鳌在开发建设中,要充分利用先进的科学技术和管理理念,使其设施、员工队伍和服务达世界一流水平,还要采取对国际游客有吸引力的措施,如保持原生态民风民俗等。这些理念在博鳌规划蓝图中都得到了充分体现。

(3) 充分利用亚洲论坛的发展契机。由于优美的热带风光和未被破坏的原始人文环境,博鳌成为举办亚洲论坛的理想场所。在博鳌远景规划中,不仅很好地利用博鳌独具特色的风光和人居环境(如浓郁的民族特色、反映风土人情的建筑、饮食、服装、歌舞、手工艺品、生活习俗等),更是充分利用了博鳌亚洲论坛这一契机。

【技能训练】

以小组为单位,通过网络或当地旅游主管部门等渠道,收集国家有关旅游规划的相应规范,如《风景名胜区规划规范》、《旅游规划通则》、《森林公园总体规划规范》和《自然保护区生态旅游规划技术规程》等,调查讨论所在城市的景区是否符合国家旅游规划相应规范的要求。

【阅读资料】

开发与规划的关系

旅游开发是指通过适当方式,利用旅游资源,建设各种设施,以满足各种旅游需要,获得最佳经济、社会和环境效益。"开发"指人们为发挥、改善和提高旅游资源的吸引力而从事的建设活动,一般是指对资源及相关方面进行综合开发的过程。旅游开发的目标、步骤和保障等还比较抽象,需要将它们具体化和规范化,这就需要旅游规划来进行具体的构想和安排,才能使旅游开发的软硬件建设具有实际的指导作用。旅游规划设计相对而言比较具体全面,是相对于特定景区发展旅游的综合安排。规划是在对景区资源考察、分析和评价的基础上,对景区旅游业发展前景的构想和谋划。通过提出旅游发展目标,制定具体的步骤、措施和保障体系,使开发活动有利于旅游发展的总目标,即经济、社会和环境效益,减少对社会和环境的不利影响。所以,旅游规划必须服务于旅游开发的总目标,规划不能脱离旅游开发,旅游开发是旅游规划的主要内容,但不是全面内容。

资料来源:高俊.旅游景区开发与管理[M].大连:东北财经大学出版社,2007.

情境三　景区开发概述

【案例导读】

浙江安吉旅游发展总体规划修编

安吉地处长江三角洲经济区,杭嘉湖平原西北部,是全国著名的竹乡,森林覆盖率70%,是全国生态示范县。安吉历史悠久,人文荟萃。旅游资源主要依托天荒坪风景区、安吉竹乡国家森林公园、龙王山自然保护区等。在那里,有亚洲最大、世界第二的天荒坪抽水蓄能电站,高山平湖,极具观赏性。有世界上品种最全、面积最大的竹类公园——安吉竹子博览园和展示竹之文明史的全国唯一的竹子博物馆。有曾拍摄过《卧虎藏龙》的中国大竹海景区、藏龙百瀑景区,有千年古刹灵峰寺,有集诗、书、画、印于一身的吴昌硕先生纪念馆等。

1997年,安吉县委托浙江省城乡规划院编制了《安吉县旅游发展总体规划》,规划确立了安吉旅游产品设施的开发思路和空间布局,明确了旅游业在国民经济发展中的作用,提出了旅游业发展目标,对安吉旅游业发展起到了很好的指导作用。但随着时间推移,特别是近年安吉旅游迅猛发展,原规划显得滞后,不能很好地适应发展的需要。为此,2002年安吉县风景与旅游管理局委托复旦大学旅游学系等单位对总规划重新进行编制。

规划修编重新确立安吉旅游业发展目标、地位,突出主打观光、休闲度假、生态(保健)养生和商务会议三大主导产品,做大做强天荒坪、吴昌硕和黄埔源三大蓝筹景区旗舰产品,由"中国竹乡"之初始品牌向打造"黄埔源"安吉终极旅游品牌的战略决策;提出安吉旅游的"第二次创业腾飞"的要求;由过境旅游向目的地旅游、观光旅游向休闲度假旅游全面转型;由"加快"发展向"可持续"发展转型,工作重心由"建设"型向"管理"转型,特别是对于景区建设,实行严格控制;以娱乐、购物、休闲为三大突破口,拉长产业链;以大旅游、大项目、大产业的发展思路,以景区提升和整合为规划重心等。

资料来源:沈祖祥.旅游策划(理论、方法与定制化原创样本)〔M〕.上海:复旦大学出版社,2007.

思考

1. 景区开发的含义是什么?

2. 安吉旅游发展总体规划修编说明了什么问题?

一、景区开发的含义

景区开发是指旅游开发者为吸引和招徕游客而对景区各项旅游要素进行加工和建设的综合性的社会与技术经济活动。其内涵包括:

(1) 景区开发的主体是旅游开发者。主要开发者有:国有开发者,包括各级政府、国有企业;民办私营企业;股份制企业;境外开发商。

(2) 景区开发目的是为吸引游客,获取最大经济效益。旅游开发的出发点是市场和游客。因为游客是旅游活动的主体,其消费是旅游收入的来源,并以此促进地方经济的发展。

(3) 景区开发的对象是各项旅游要素,包括旅游吸引物(旅游资源)、旅游设施、环境、旅游客源市场、资金、技术、政策等。

(4) 景区开发是一项综合性社会活动。一方面,它是从区域自然、经济、社会、交通和区位条件出发,对景区空间进行综合性开发,包括资源、市场、产品、商品、人才等一系列的开发和旅游设施的建设;另一方面,无论是旅游活动,还是景区开发,都是社会现象,与社会文化环境有千丝万缕的联系。旅游开发地居民的文化修养和风俗习惯,特别是对外来游客的宽容度和态度,都对游客产生着吸引或排斥作用。因此,景区开发不仅是旅游设施——硬件开发的技术经济活动,同时也是培育和优化社会环境的软件建设的社会活动。

(5)景区开发是技术过程,即通过调查、评价、规划、设计、建设、经营等环节完成整体开发,某项任务的结束只是完成开发过程的一个环节。因此,必须从过程和整体上理解开发。

任何景区在开创之时和经营一段时期后,都会碰到景区项目和设施需更新的问题,以适应市场变化的新趋势。景区的开发活动不仅是指投资和建设新的景区,已接待游客的景区为扩大市场规模、吸引新客源而更新设施、增加项目亦属开发范畴。为减少景区开发活动的盲目性,旅游开发应事先进行可行性分析和规划,以指导和控制景区开发、建设和再开发。

➡ 二、景区开发的内容

(一)景区规划

景区开发的首要内容,是在规划范围内,按照开发构想和发展目标,对旅游资源和开发条件进行配置和安排,提出平面布局和功能结构的方案,使以后的开发建设按照既定方案有序进行。从形式上说,既可以是对尚未被利用的旅游资源的初次开发,也可以是对已经利用了的景观或旅游吸引物的深度开发,或进一步的功能发掘;既可以是对现实存在的旅游资源的整合,也可以是从无到有创造一个新景区。按照规划建设的景区,将为游客提供更具美感和独特吸引力的景观和更全面的服务,使空间分割更具艺术性,游程更加丰富多彩。

(二)旅游景观、基础设施和配套设施的设计

旅游景观设计包括主景、主景区、标志性建筑和园林建筑小品设计等。基础设施的设计包括交通系统、供电供气给排水系统、环境卫生系统、邮电通信系统、医疗系统、绿化系统等设计。此外,还有建筑物单体设计。配套设施包括游览设施、公用设施和服务设施等。

设计工作技术性强,一般由专业部门承担,设计图纸包括效果图和施工图。它们是落实规划的最终安排,是施工建设的依据。

(三)施工建设

施工建设是开发工作从无形到有形、将设计图纸变为真实景物的过程。景区施工建设,不仅包括基础设施和配套设施的施工建设,还包括景观建设以及景区资源和景观的保护与整修。

旅游设施的施工建设一般投资较大,周期较长,因此其建设规模、规格、布局等一定要经过严格的论证,并且要相互配套和协调,以避免设施的不足或浪费。

(四)建立和完善管理体系和服务体系

景区开发的内容之一,是建立一个权威的管理系统和管理机构。该管理系统包括法人代表、主管领导和工作人员,有明确的管辖范围、经营内容、效益目标和部门分工,有管理条例和监督机构,负责景区的开发和保护,包括培训。

(五)培育和营造良好的社会环境

景区社会环境也是吸引游客的重要因素。社会环境的培育包括制定有利于景区开发和旅

游业发展的政策,制定方便外来游客出入境的管理措施,稳定的政治环境和社会秩序,提高当地居民文化修养,培养旅游观念,养成文明礼貌、热情好客的习惯。特别是要争取景区居民参与到开发中来,使其得到实惠,争取社区的支持和帮助,从而塑造良好的外部形象,赢得良好的生存和营销环境,取得良好的社会和环境效益。

（六）开发旅游市场

景区开发是建立在客源市场开拓的基础上所进行的有关设施的建设和完善。如果只是进行景区有关设施的建设,而不进行市场开发,扩大客源,则这种开发是盲目的。必须将景区建设和市场开拓活动结合起来,才有成功的可能。

景区开发是综合性系统工程,它不仅是对景区资源或景物的开发,而且是以景物建设为中心而进行的各种有关设施建设、自然和人文环境的保护和培育的一系列综合性的社会经济活动。

【拓展与提高】

景区开发的可行性研究

景区开发的可行性研究指景区开发前,对拟开发景区景点进行全面技术经济分析论证,得出是否或如何合理开发结论的过程。具体说,是在投资决策前,对拟开发景区有关自然、社会、经济、技术等因素进行调研、分析比较以及预测建成后的经济和社会效益,并在此基础上,综合论证景区景点开发的必要性、财务的盈利性、经济上的合理性、技术上的先进性和适应性以及建设条件的可能性和可行性,从而为决策提供科学依据。

有效的景区开发可行性研究,应明确得出是否可合理开发或如何合理开发的结论,为下一步工作奠定基础,也为投资决策提供科学论证。可行性研究的结论,对与景区开发的各相关部门都非常重要;对投资方,可得出该开发项目是否值得投资和建设、如何有效投资和建设;对政府部门,从研究中辨别该开发项目是否值得批准和支持、如何批准和支持;对于银行等贷款方,从研究中辨别该项目能否按期或提前还贷,是否可提供资金。

景区景点开发中推行可行性研究,有助于改善景区景点开发项目的管理,加强开发决策的科学性和客观性,做好开发投资前期的工作,提高开发建设的综合效益。

资料来源:高俊.旅游景区开发与管理[M].大连:东北财经大学出版社,2007.

➡ 三、我国旅游景区开发现状

随着旅游产业的日趋成熟,我国旅游景区迅猛发展,形成了以 A 级旅游景区为核心的旅游景区体系。根据《2011 年中国旅游景区发展报告》,我国旅游景区的发展现状如下:

（一）旅游景区发展的主要成就

1. 旅游景区日益成为带动全国旅游产业发展的主体,地位进一步增强

2011 年全国 A 级景区接待游客人数 25.54 亿人次,营业收入在全国旅游总收入比重不断提高。2011 年全国旅游景区接待游客规模和综合营业收入增长均超过 20%,增速明显高于同期全国星级饭店和旅行社行业,景区的主体地位进一步增强。

2. 精品旅游景区已成为我国旅游景区的中坚力量

从景区接待游客、营业收入、门票收入指标看,精品景区成为我国 A 级景区的中坚力量。

从接待游客数量看,5A 级景区平均每家接待量最多,4A 级景区年接待总量最多。2011 年,5A 级景区接待游客占 A 级景区接待总数的 21.71%,平均每家景区接待 392.20 万人次;

4A 级景区接待游客占 46.64% ,平均每家景区接待游客 84.92 万人次。

从营业收入看,4A、5A 级景区占全国 A 级景区的比例达 8 成多。2011 年,5A 级景区营业收入占全国 A 级景区营业收入的 15.57% ,平均每家景区营业收入 2.9417 亿元;4A 级景区营业收入占 65.63% ,平均每家景区营业收入 1.2562 亿元。

从门票收入看,4A、5A 级景区门票收入占全国 A 级景区的 78.83% ,是 A 级景区的主体支撑。2011 年,5A 级景区门票收入占全国 A 级景区门票收入的 13.77% ,平均每家景区门票收入 23102.65 万元,一些重点景区如故宫 2011 年门票收入达 5.9 亿元;4A 级景区门票收入占 65.06% ,平均每家景区门票收入 5346.33 万元。

3. A 级景区各季度发展均衡,季节性波动不明显

从接待游客、营业收入、门票收入三项指标看,全国 A 级景区各季度发展虽略有差异,第三季度略高于其他季度,但总体发展较为均衡,不存在明显的季节性波动。

4. 新型景区不断涌现,并形成新的热点景区

新疆阿克陶县克州冰川公园景区 2011 年门票收入居全国第 8 位,浙江金华市浦江仙华山景区和台州市玉环县大鹿岛景区 2011 年门票收入分别排在第 14 位和第 15 位。此外,文化类、体育运动类、温泉度假类、商业类和复合型景区不断涌现,拓展了景区发展的空间。

5. 景区服务质量和环境质量持续改善,景区接待能力和水平不断提升

随着我国经济水平的不断提高,大量的资金投入到景区,景区的基础设施日趋完善,服务项目逐渐增多,服务质量和环境质量持续改善。景区管理理念和服务素质的提升及景区服务项目的完善,为全国景区的进一步发展奠定了良好的基础,创造出有利的发展空间。

(二)景区发展存在问题

1. 精品景区总量供给不足,各等级景区发展不平衡

2011 年,全国 A 级景区接待游客规模前 50 位的基本上都是 4A 级、5A 级景区,平均接待规模达 752.52 万人次。从各等级 A 级景区看,5A 级景区数量少(全国仅 133 家),但平均接待人次最多,供需矛盾最为突出,容量压力最大。

全国各等级 A 级景区数量两极分化,5A 级、1A 级景区总量偏少,2A 级、3A 级、4A 级景区是我国 A 级景区的接待主体。5A 级景区占 A 级景区 2.38% ;4A 级景区占 32.52% ;3A 级景区占 33.02% ;2A 级景区占 29.81% 、1A 级景区占 2.27% 。

2. 门票经济特征突出、综合带动性不强、依托景区所在地的旅游产业集群尚未成熟

2011 年,全国 A 级景区门票收入占全国 A 级景区营业收入的 43.25% ,门票收入依然是 A 级景区的主要收入来源,说明 A 级景区还处在初级阶段,仍然是以观光旅游为主,景区的盈利模式单一,过度依赖门票经济,景区的产业体系不完善,围绕景区的旅游产业集群尚未成熟。景区的各项公共服务设施、接待能力和服务水平与旅游发达国家相比还有较大的差距。

3. 景区面临结构性短缺的问题

目前我国景区主要以自然类和历史文化类景区为主,占全国各类景区的 41.8% ,传统观光型景区仍是景区的主体。截至 2011 年底,自然景观类景区 4801 家,占各类景区的 22.89% ;历史文化类景区 3971 家,占 18.93% ;而度假休闲类景区仅占 10.22% ;主题游乐类景区占 4.62% ;博物馆类占 8.18% ;乡村旅游类景区占 23.74% ;工业旅游类景区占 3.28% ;红色旅游类景区占 6.10% ;科技教育类景区占各 1.44% ;其他类型景区占 0.60% 。

2011 年乡村旅游类和度假休闲类景区异军突起,发展迅猛,但科技教育类、工业类和主体游乐类等类型的景区数量偏少,发展仍显不足,各类型景区发展不均衡。

4. 景区区域发展不平衡

从景区分布看,大体量精品景区集中分布在东部。2011 年,东部 A 级景区接待游客占全国 A 级景区接待总数的 59.56%,平均每家景区接待游客 73.98 万人次;中部地区 A 级景区接待游客占全国的 20.16%,年均每家景区接待游客 56.91 万人次;西部地区 A 级景区接待游客占全国的 20.28%,年均每家景区接待游客 34.95 万人次。

从接待游客数量看,2011 年,全国 A 级景区接待游客过 1000 万人次的 8 家景区中,东部 6 家,中、西部各 1 家;过 500 万人次的 35 家景区中,东部 23 家,中部 9 家,西部 3 家;A 级景区接待游客前 50 名排序汇总中,东部景区 36 家,中部景区 12 家,西部景区有 6 家。

从营业收入看,2011 年,东部 A 级景区营业收入占全国 A 级景区营业收入的 68.59%;中部 A 级景区营业收入占全国的 20.50%;西部 A 级景区营业收入占全国的 10.91%。

从门票收入方面看,2011 年,东部 A 级景区门票收入占全国 A 级景区门票收入的 65.14%;中部 A 级景区门票收入占全国的 18.34%;西部 A 级景区门票收入占全国 12.61%。

【思考与讨论】

1. 简述旅游景区开发的内容。

2. 我国旅游景区开发的现状如何?

【案例回放】

1. 景区开发的含义是什么?

景区开发是指旅游开发者为招徕游客而对景区旅游要素进行加工和建设的综合性社会与技术经济活动。

(1)景区开发的主体是旅游开发者。

(2)景区开发的目的是为了吸引和招徕游客,获取最大的经济效益。

(3)景区开发对象是各项旅游要素,包括旅游资源、旅游设施、环境、客源市场、资金、技术、政策等。

(4)景区开发是一项综合性的社会活动。

(5)景区开发是一项技术过程,即通过调查、评价、规划、设计、建设、经营等环节完成整体开发,某项任务的结束只是完成开发过程的一个环节,而不是全部。因此,必须从过程和整体上理解开发。

2. 安吉旅游发展总体规划修编说明了什么问题?

安吉旅游发展规划的修编说明,任何一个旅游地或景区在开创之时和经营一段时期之后,都会碰到景区项目和设施需要更新的问题,以适应市场需求变化的新趋势。景区的开发活动不仅是指投资和建设新的景区,已接待游客的景区为扩大市场规模、吸引新的客源而更新设施、增加项目亦属于开发范畴。为了减少景区开发活动的盲目性,旅游开发时事先进行可行性分析和规划,以指导和控制景区开发、建设和再开发。

【技能训练】

以小组为单位,调查所在城市景区发展状况(如有 A 级景区几家?级别如何?其经营与盈利模式情况如何?开发规划情况如何),并加以评价。

【阅读资料】

江南古镇的旅游开发——创新驱动,深度旅游

旅游观光作为历史城镇开发利用的首要方式,关键是如何通过适宜的手段对开发利用予

以规范和引导,防止对文化遗产过度消费,提高文化旅游的品质和内涵,树立旅游品牌,完善服务,带动城镇服务业全面发展。

1. 合理引导旅游产业

对多数古镇和历史街区而言,旅游容量的控制尤其重要。停车场的修建和布局要与古镇游览区匹配,要根据古镇空间的承载力设计旅游集散空间;游客数量的控制不能依赖于单纯提高票价。可通过预订系统或每日定量门票等方式,确保游客在古镇得到高品质服务和水乡意境体验。

旅游纪念品、传统工艺展示、民间歌舞表演等,都是值得下功夫的旅游产业。观光型旅游、度假型旅游、学习型旅游、会务型旅游,针对不同的旅游诉求,开发不同的旅游产品,尤其是配合文化、学习型社会的发展趋势,开发深度研修游历服务,比如水乡建筑艺术游、江南园林游、水乡民俗游等,配合一些专项学习体验基地和专业知识讲授,在开创特色旅游品牌的同时,也传播了水乡文化,拓展了遗产教育途径。

2. 创新开拓新兴领域

积极利用水乡城镇所在的特色地域空间,发展特色地产、会展、培训、艺术创作等相关的社会经济文化综合领域,带动上下游产业链,拓展古镇开发思路。

其次要跳出围绕"古镇区"做文章的思路,与周边地互补对接,外拓发展一部分综合接待服务和相关的无污染产业,如教育业、文化业、特色商贸业、传统手工业的产销研发,分流古镇承载压力,激发古镇资源潜能,在更大地域范围内,以更加理性和负有责任感的精神,去追求更为长效和逐步释放的文化价值。

资料来源:阮仪三. 古镇保护新气象——2011 古镇保护与发展(周庄)论坛. http://wenku. baidu.com/view/.

情境四　景区规划开发关注的热点和趋势

【案例导读】

度假型旅游景区新秀——分时度假

20 世纪 60 年代的欧洲,度假风气兴盛,法国地中海沿岸开发了海滨别墅,欧美政要、贵族、富商蜂拥而至,成为欧洲乃至世界休闲度假中心。由于房价高昂,多数家庭无力单独购买度假别墅,而部分有能力购买别墅的用户,每年使用时间非常有限,最多只有几周,空置率很高,所以出现了亲朋好友联合购买一幢度假别墅供大家不同时间分别使用的情况,最早的分时度假概念由此产生。分时度假自 20 世纪 60 年代问世于法国以来,在世界范围内得到迅速发展,成为风靡的休闲度假方式。美国目前已成为世界上分时度假产业最发达的国家。

分时度假是一种将房地产业、酒店业、旅游业完美结合在一起的一种商业新概念。它引入时空经济学原理,对旅游业、房地产业、金融资源进行整合,扩大了资源边际效用,实现了资源共享。

目前世界上已有 60 多家"分时度假"集团,4500 多个采用分时制度的度假村,分布在 81 个国家(地区),有 124 个国家(地区)的 400 多万户家庭购买了度假权,分时度假房产业已成为年营业额 65 亿美元的全球产业。随着越来越多中国人旅游消费方式从"走马观花"步入"娱乐休闲",中国巨大的"分时度假"消费市场潜力正日益突现。旅游专家说,中国有 7000

多家星级酒店,12000 多家度假村,适时引进"分时度假"方式,不仅可解决客房闲置率居高不下的难题,还可盘活资产,缓解旅游季节性矛盾,创造就业机会,带动和促进度假地经济的发展。

思考

1. 分时度假的含义。
2. 分时度假的兴起对我国旅游景区规划与开发创新有什么启示?

一、景区开发关注的热点

从国内外景区开发规划的实践来看,下列因素成为景区规划者重点关注的内容。

(一) 景区的区位选择

景区开发成功与否与景区区位选择有着密切的关系,景区区位选择主要考虑以下要素。

1. 市场区位

市场区位决定客源市场规模。通常,游客数量会随着客源地与景区距离的增加而减少,并且远距离游客通常只选择知名度大、旅游资源质量等级高、与居住地差异较明显的景区。景区选址距主要客源市场越近,旅游市场空间就相应越大。所以,景区倾向于靠近人口较多的地区以便获得较大市场规模。此外,客源地社会经济水平越高,居民出游率会相对较高,景区的市场空间也更大。因此,在选择市场区位时,应首先考虑人口众多、经济发达的地区。以主题公园类景区为例,目前我国较成功的主题公园大都位于京、津及长江三角洲、珠江三角洲等地区。

美国华盛顿城市土地研究所和英国旅游局通过对主题公园系统化的研究得到了主题公园选址必备的四大条件:2 小时车程范围内有 1200 万人以上的居民或距离大旅游度假区不到 1 小时的车程;临近两个商业广告密集区;最好与其他主题公园相毗邻;位于交通干道旁。

2. 交通区位

景区可进入性,直接影响游客对景区的感受,因此可进入性是景区规划选址的重要因素。对于一般景区,首选是位于交通干道附近,或有次级道路作为辅助与主要干道相连。对于客源为当地居民的休闲性景区,其时间距离应在 30～60 分钟,而观光度假型景区的车行时间距离也不宜超过两小时,否则漫长的旅途劳顿将大大降低游客的旅游激情。景区选址的交通区位不仅表现在从客源地到景区的出行时间及距离上,更表现在游客出行的心理距离上。

游客出行的心理距离是指旅途中各种要素对游客心情的综合影响程度。一般而言,游客出行的心理距离由旅行时间、旅行舒适度、旅行顺畅度三方面构成。为获得游客最佳心理出行距离,景区的对外连通道路不仅要快捷,更要舒适和平坦。在旅游交通工具的选择上,要尽量为游客创造温馨舒适的环境,并减少交通工具转换的次数。

3. 地价区位

景区区位选择直接关系到经营效益的高低,因此景区规划选址要综合考虑区位地租等经济性要素。最佳景区区位必须是目前具有较低置地成本,今后具有较大升值空间,由此决定了大部分景区都位于城市边缘。当然,在不同市场需求和具体景区开发时,区位选址的主要影响因素要根据具体情况来确定。如位于某个市场具有特殊意义的景区就必须以靠近市场为主要依据,此时地价要素就下降到较为次要的因素。

4. 环境区位

优秀的景区必须具有良好的内外部环境。内部环境是指景区内的景观视线和旅游氛围,外部环境则是指景区的周边自然环境和社会环境。因此,景区选址时必然会涉及景区的环境区位。景区内部景观视线优美,旅游氛围浓厚且与主题一致,景区周边自然环境和谐,当地居民热情好客,这些条件对于景区区位的选择都具有一定的影响。

(二) 景区的市场定位

1. 市场定位决定景区项目特色

景区市场定位是对接景区旅游供给和旅游需求的有效途径。当代旅游日趋个性化和特色化,不同的客源市场需求各具特色的旅游产品。成功的市场定位要求旅游产品具有差异化优势,即"人无我有、人有我特",创造出易识别、比竞争者更具吸引力的产品特色,并把其成功传播给目标市场,激发受众出游动机。因此,景区在规划开发时准确定位主要客源市场,开发出满足市场需求具有鲜明特色的旅游产品,是形成景区竞争力的重要前提。

2. 市场定位确定景区建设规模

景区市场定位对于景区建设规模同样具有重要意义。目标市场的未来发展方向和发展规模都对景区开发产生深远影响。如果预见目标市场未来增长较快,则相应加大建设规模。

深圳华侨城三大主题公园项目的开发,经过了严密的论证。从客源市场规模看,深圳作为经济特区对外开放的窗口,不但吸引了大量外国游客,而且同时毗邻香港,直接面对 600 万港人市场,在国内也拥有珠江三角洲的恒定客源,市场潜力巨大。而作为新兴城市,深圳没有太多的历史文化积淀。为此,将深圳的主题公园定位于高品位、高起点,以此有效吸引游客。正是由于准确的市场定位,把握了市场需求和自身特色,深圳主题公园才大获成功。

(三) 景区的主题选择

主题选择是景区开发规划的核心,对塑造鲜明形象和形成强大吸引力具有指导意义。

通常,景区主题选择要依据旅游地地脉和文脉综合评定。如七朝古都开封,历史遗存丰厚,民风遗俗斑斓多彩。尤其北宋在开封建都,历 9 帝 168 年,当时京师开封是全国政治、经济、文化中心和富丽繁华的国际大都会。开封作为宋文化发源地和聚集地,弘扬大宋文化具有不可替代的独特优势。文化主题公园清明上河园依托开封独特的宋文化优势,确立的景区主题为"北宋民俗风情"。在景区开发时,以张择端的《清明上河图》为蓝本,集中再现了北宋东京民俗风情和繁华景象,使游客"一朝步入画卷,一日梦回千年"。景区围绕主题先后策划承办了大宋民俗文化节、中国开封清明文化节等旅游节事,尤其水上实景演出《大宋·东京梦华》,让观众融入实景演出,更加真切地感受到了北宋文化的生命脉动,提升了景区知名度和美誉度。

同时也有部分景区的主题是开发者自行设计的,如许多主题公园就是典型的主题自创型景区。我国成功的主题公园主题选择,一是以传统文化为主题;二是以现代化游乐为主题。如深圳中国民俗文化村,以传统文化为主题,成功地将中华民族多姿的民俗文化动态展现出来,"淋漓尽致地展现民族文化的深度和广度",吸引了众多游客,带来可观的经济效益。以现代游乐为主题的成功案例,如苏州乐园,展示给众人的是借鉴于美国迪斯尼乐园的娱乐文化,经过多年经营,成为全国同类乐园的佼佼者。景区主题选择要遵循以下原则:

1. 市场导向性

主题选择以市场需求为依据,以最大限度地满足游客需求为标准。所选主题应具个性、创意,贴近游客求新、求奇的心理需求,并能激发其潜在兴趣,创造市场,引导消费。

2. 主题独特性

主题选择要避免雷同,减少市场风险。大多数景区的有效客源市场半径在 200~500 千米之间,在这一范围内,主题选择要保持唯一性。

3. 主题包容性

主题选择要以市场容量最大化为重要参照。景区要满足多个细分市场的主题定位方向的要求,必须找到一个平衡点,使所选主题拥有最大包容性,构成多方位的吸引力。

(四) 景区的文化内涵

随着游客欣赏品位的提升,单一观光型景区地位已受到挑战,目前游客所需要的是既要有秀美景观又要有丰富文化内涵的综合型景区。如杭州乐园,依托杭州优越区位、深厚文化底蕴,以"主题突出、晴雨皆宜、老少同乐"为设计理念。尤其是大型歌舞《吴越千古情》,围绕杭州文化历史,以吴越争霸、西施范蠡爱情故事为主线,演绎一曲荡气回肠的春秋绝恋。

由于景区是为满足大多数游客需求而建设的地域综合体,具有典型的时代特征,反映的是大众化的文化内涵。因此景区既不能刻意追求高深文化品位,也不能单纯满足少数游客的消费口味,要做到雅俗共赏。在营造景区文化内涵时要做到:①满足各种文化层次游客的需求为前提,体现个性化、多样化和创新性特点;②以真实性为核心,尽力做到"真景观,真文化",没有真景观时,也应尽力实现"假景观,真文化",要尽量避免"真景观,无文化"甚至"无景观,无文化"状况;③进一步挖掘文化内涵,突出文化特色,创造持续吸引力。

(五) 景区项目设计

旅游项目是景区的重要支持要素,尤其是进入旅游发展的项目导向阶段后,项目在景区开发与规划中的分量显得更加重要。旅游项目设计直接关系到景区开发的成败。

景区项目设计包括游乐活动设计、服务设施设计以及游览线路设计等三个方面,应遵循突出主题、市场导向和科学性、可操作性原则,注意培植竞争力。

1. 游乐活动设计

(1) 核心——内容创新。景区游乐活动设计的核心是"创新",即要求有创意,以新、奇、特为目标,使项目常变常新,形成特色。游客的消费需求与爱好是随着时代的发展、社会的变化而不断发展变化的。景区只有不断调整发展策略、不断更新活动项目,才能保持对游客持久的新鲜感和吸引力。如杭州乐园针对游客求知、求新、求乐的心理,一年中推出春季狂欢节、夏季嬉水节、秋季万圣节、冬季冰雪节,四大主题精彩纷呈,使游乐项目不断出新。此外,采用高新技术,提高景区游乐项目科技含量,是近年来景区发展的趋势。

(2) 趋势——功能多元。在强调知识性、教育性的同时,重视娱乐性和参与性。我国的多数景区都是以参观为主要形式,限制了自身的发展。而一些景区,在活动设计上加大娱乐的含量,增加了演出活动和参与互动环节,使市场越来越宽阔。

2. 服务设施设计

运转良好的服务设施项目是提供优质服务、形成规模旅游市场的前提条件。成功的景区在配套服务设施设计上充分把握全面、低耗、适量和3R[Reduce(节约)、Reuse(重新使用)、Recycle(循环)]的原则,使景区服务设施既可最大限度满足游客的旅游需求,同时又能有效增加景区收入。如美国迪斯尼乐园游、购、娱的收入比接近1:1:1,而我国大部分景区收入主要来自门票收入,对食、购、行等则不够重视。

3. 游览线路设计

景区作为一种大型的综合性旅游吸引物,内容丰富,项目繁多,如何将这些内容与项目用合理的线路连接起来,使游客用最小的经济成本换取最大的体验收益,成为旅游经营者必须考虑的问题,它关系着景区在市场上的竞争力。

成功的游览线路设计应以游客为导向,组合连接游乐项目差异大、综合享受高的线路,最大限度满足游客需要。同时尽量避免重复路途,注重游览顺序和节奏的合理搭配,使内部游览线路网络高效且布局优雅,路径与园林景观有效配置,推行无污染交通,提供必要的交通工具。

(六) 景区的功能布局

合理的功能分区和空间布局能为游客创造良好的旅游经历,为景区经营和管理带来便利。

1. 合理的功能分区

景区本身是一个旅游功能齐备的大功能区,要满足游客"食、住、行、游、购、娱"各方面需求,一般的景区要求具备游乐区、休闲区、服务区三个基本功能区,然后根据不同景区的类型,再设置相应的观赏区、示范区或产品区。在进行功能分区时要便于旅游经营者进行针对性的管理和营销、便于游客选择性的游览。

在中国,近期景区功能发展趋势多以游客活动为中心,逐步完善餐饮、购物等功能,远期景区将实现规模化运作,追求多功能,融游乐、住宿、休闲、会议中心为一体,为游客增加逗留时间创造条件,提供休闲、游乐场所。如武汉水乡旅游城就是集度假、商务会展、房产开发于一身的景区。最终目标是建成以都市休闲旅游为龙头,集旅游、休闲、游乐、观赏、度假、会展、人居、购物、科教于一身,具有较大影响力的超大型动感水上休闲娱乐主题公园社区。

2. 合理的空间布局

保证合理空间布局的原则:集中功能单元;协调功能分区;保护环境实现可持续发展。

(七) 景区形象策划

景区形象策划是一个系统工程,把握景区与市场的互动关系,是成功塑造景区形象的关键。

1. 形象树立阶段

在对旅游地形象调查、分析基础上,确立景区形象,提出易识别的宣传口号和形象标志。此时要充分参照景区所在区域的旅游形象,把景区形象纳入大区域的旅游整体形象中。因为景区所在区域的形象本身就是一个重要品牌,两者的高度统一使景区借助所在地形象宣传之机,把景区的标志性形象一起推向市场,有效推动景区形象的确立。

2. 形象发展阶段

在景区各景点、建筑物及员工制服上印制景区形象标志,并通过不断推陈出新的临时视觉景观形象,引起轰动效应,在吸纳更多客源的同时,进一步扩大景区知名度。

3. 形象稳定阶段

逐步建立和完善景区的形象识别系统(CIS),利用各种媒介广泛宣传和使用景区的徽标,并传播徽标的解释性含义,让主题形象深入人心,同时进一步完善区域旅游整体形象。

(八) 景区品牌塑造

20世纪90年代,品牌塑造上升为景区开发规划和经营中最具影响力的因素之一。精品景区具有明显的竞争优势,占据着较高的市场份额。景区品牌创建是一项长期性的投资和系统工程,首先应在设计、制作、服务、营销等方面高标准、严要求,扩大景区知名度,确立品牌地位;其次,利用自己的拳头产品或优势,让品牌带来更大效益,同时加强品牌维护,保持个性化;再次,进一步提升景区品牌形象;最后,通过品牌与资本的输出进行品牌的扩张和延伸,实现景区品牌化营销。如深圳锦绣中华形成的"跟踪式清扫""陪游式清场""洗手间文化"等服务品牌,在海内外赢得良好口碑的同时,获得了可观的收益。

因此,在编制景区开发规划时,要对景区建成后的经营管理模式加以规划,通过特色化经营管理和服务,形成景区特有品牌。

(九) 景区投资分析

1. 投资可行性

投资可行性主要针对市场需求而言。对景区的投资要严格以市场为导向,考虑人们的收入、休闲时间、行为偏好、审美情趣等方面的因素,有需求才有投资。对建成后景区可能形成的吸引力要作充分的评估,以此作为投资的依据。

2. 投资规模

景区投资规模分析,一方面要关注投资总额的大小,不同规模和类型的景区在开发资金的需求上存在差异,有的景区投资超过几十亿元人民币,而有的景区投资规模则很小。景区的投资规模不必求大求全,关键是要能充分体现景区主题。

另一方面,景区投资规模分析还要对景区近期利益与长远利益间的关系予以平衡。景区的持续发展要依靠对市场的培育以及对环境的保护与优化。因此,景区规划时要优化投资结构,增大长期投资比重,适当降低短期投资份额。从景区可持续发展看,除景区固定资产投资外,环境保护与整治投资、市场调研开发投资等都属于长期投资项目。所以,景区投资项目规划要明确景区投资的结构,通过对景区投资额度和方向的控制达到促进景区实现可持续发展的目的。

3. 投资回收期

国外旅游市场对景区的投资回收期一般规划为6~8年,虽然时间较长,但符合市场规律,有利于延长景区"生命周期",获得持续性收益。而国内不少景区把投资回收期锁定在2~3年内,通过抬高门票和其他景区内消费价格的办法强行回收,短期内让企业获得了收益,长期却阻碍了行业的持续发展与获利,加速了景区生命周期的衰竭。杀鸡取卵,结果只能欲速则不达。国外成功的景区一般采取滚动式投资方式,一方面缓解了一次性投资的资金压力;另一方面也有效地延长了景区的"生命周期"。

(十) 经营管理

成功的景区不仅需要资金、资源的优化配置,更需要具备经营策略和人力方面的竞争力,拥有先进的管理水平。

1. 成功的管理模式

我国景区比较成功的经营模式有"广东模式"与"江苏模式"。"广东模式"以深圳及广州为代表,典型景区有锦绣中华、中国民俗文化村、世界之窗、世界大观等,成功的关键是区位优势和市场优势。这种模式的主要特征是移植,即在自然旅游资源及人文旅游资源比较贫乏的情况下,依靠移植国外的人文景观及国内的文化风俗,借助其优越的市政设施及接待能力,开展成功的经营。而"江苏模式"则以挖掘地方文化而成功,吴文化园就是其典型代表,充分挖掘吴国的建筑、饮食、歌舞、桑蚕、纺织等地方文化来吸引游客。

2. 创新营销手段

营销管理是景区经营管理的关键环节,关系景区在市场上的占有率。成功的景区充分利用产品质量、价格手段、销售渠道、促销活动以及公共关系等确定景区产品的营销策略组合,以提高景区的商业价值,扩大市场占有率。

3. 现代管理制度

成功的经营需现代管理制度的约束。现代管理制度强调刚柔并济,一方面,景区要加强刚性管理,建立规范的管理机制,约束员工行为,营造良好的旅游环境;另一方面,也不能忽视柔性化管理,使员工行为由"强制"变为"自觉",在道德规范约束下,自我管理。

二、景区的发展趋势

(一) 全球化趋势

1. 景区竞争的全球化

中国旅游研究院预计,2011 年国内旅游人数约 26 亿人次,入境旅游人数 1.34 亿人次,出境旅游人数 7000 万人次。我国景区发展将面临国内外双重竞争压力,国内众多景区都希望占有更多市场份额,而国际景区则希望通过各种营销和经营手段,与中国景区争抢客源。因此,我国景区参与全球化竞争形势较为严峻。为此,景区如何通过开发,实现民族化、特色化与国际化的全面结合,提升景区的国际竞争力是其发展的关键。

2. 国际规划推动全球项目的同质化

目前,我国与世界其他国家(地区)在旅游规划与开发方面的交流大大增强。特别是旅游规划的编制,越来越多的国外专家介入其中。如海南、山东、安徽以及厦门市等都聘请了世界旅游组织的专家为当地编制旅游发展总体规划。中外结合编制景区或区域旅游发展规划是可行的尝试,但中外专家在文化背景上的差异,不利于充分挖掘景区文化内涵。因此,景区规划要充分吸收借鉴国外专家的精华,也要注意保持特色,避免景区项目特色的弱化和消失。

与此同时,世界知名景区和旅游企业经营行为的示范效应使得旅游项目的生命周期迅速缩短,新奇性大大降低,如美国迪斯尼乐园和法国嘉年华的全球化经营就将其游乐项目传播到世界各地。各地主题公园类景区竞相模仿,导致主题公园类景区大部分项目同质化,降低了吸引力。深圳华侨城、杭州宋城及上海锦江乐园的项目就具有明显的趋同性。

景区规划全球化趋势要求在定位景区区位和确定项目时,必须具有全球化视角,充分挖掘景区主题和项目内涵,突出鲜明特色,使得景区在国内外具有独特性和吸引力。

(二) 市场化趋势

市场化趋势是指景区的规划开发、经营管理以市场为导向,实现市场化运作。

1. 景区产品项目的市场化开发

从国外景区市场竞争的主要内容看,景区的市场竞争分为资源导向、市场导向、形象导向和项目导向等四个阶段。资源导向阶段属于景区市场竞争初级阶段,此阶段景区以丰富的旅游资源取胜。而项目导向阶段则属于景区竞争的高级阶段,此时的竞争不能仅依靠旅游资源,更多的需要技术和智力资源的支持,也就是需要旅游项目设计创新思维的支持。设计出的景区产品或项目既能满足旅游市场需求,又要具有创新性。因此景区产品和项目开发一定要以市场需求为准则,一方面及时把握市场动态,规划开发出市场需求产品;另一方面善于捕捉市场机会,通过开发新产品、新概念引导市场消费,获得市场满意。

2. 景区规划经营的市场化运作

(1) 项目融资多元化。这里的项目融资包括项目基础设施融资及景区项目融资两部分。就我国而言,早期景区建设均为中央和地方各级政府以及相应主管部门联合出资兴建。对于政府而言,这种景区项目工程仅道路交通、电力等基础设施的投入就相当巨大。

为保证景区的质量和经济效益,对于项目融资应该实现市场化运作,拓展景区融资渠道,实行政府、企业、社会三方共同融资。其中,政府主要对基础设施进行全力投入,为景区建设营造良好的投资环境,这是实现景区融资市场化的前提。在环境改善的基础上,将景区建设项目以"整体"形式或分成若干子项目形式面对全球招商,吸引企业将雄厚的资金注入旅游项目建设上。此外,景区可以法人的身份进入资本市场,通过发行股票和债券的形式向社会融资,进一步扩充景区资金实力。目前,我国不少景区都已经通过发行股票实现了上市融资,如华侨城(SZ000069)、张家界(SZ000430)、峨眉山(SZ000888)、黄山旅游(SH600054)以及西藏圣地(SH600749)等都是进行市场化融资的成功典范。

(2) 经营管理专业化。目前我国不少景区管理体制较为混乱,多头管理较为常见,如一般森林公园归口旅游局、林业局等管理。同时,这些景区的经营管理者均由这些管理局加以委派,许多经营管理者业务不熟,经营管理能力不强。多头管理体制降低了景区管理效率。此外,非专业管理者也不利于景区经济效益的实现。因此,目前景区管理体制不适合市场经济环境。为促进景区发展、提升景区竞争力,必须要对不合理管理体制进行调整。

以四川雅安碧峰峡为代表的景区进行了经营管理体制的探索,实行经营权和所有权相分离,通过实行景区企业化改革,聘请专业化的企业或个人管理和利用景区资源,达到提升景区经营管理效率和市场竞争力的目的。随后又相继出现了桂林漓江、湖北神农架等景区经营权的拍卖。

因此,建立专业化的景区经营管理体系就是一个景区内,由政府统一规划,授权一家企业较长时间地独立经营和管理,组织一方或多方投资建设,统一规范、有序经营,实现资源的优化配置和永续利用,使景区的社会效益、经济效益、生态效益协调发展。

(三) 产业化趋势

景区作为综合型旅游地域,客观要求景区规划要从产业高度对其进行系统性规划。

1. 景区构成要素内容广泛

由于旅游活动的综合性、复杂性及其社会经济关联性,决定了景区系统构成要素的广泛性。从旅游活动过程看,游客完成从客源地到目的地的旅游过程,涉及众多要素的相互作用。空间上,存在目的地对客源地的市场营销,客流从客源地到目的地再回到客源地的空间移动等相互关系;经济上,存在着游客产生旅游需求,旅游企业生产旅游产品满足游客需求等关系。

2. 景区产业构成系统性强

旅游业除了由食住行游购娱六大直接要素构成外,还与众多第一、第二、第三产业部门有着间接的联系。例如,第一产业的种植业为旅游业提供必须的农产品;第二产业中的制造业为旅游业提供相应的技术产品和原料,建筑业和能源业为旅游业的发展提供建筑和能源动力;第三产业部门则为旅游业提供诸如邮电、电信、医疗、交通等全方位服务保障。

3. 景区各构成要素间关联性繁杂

旅游业各部门间、景区各组成要素间相互联系、相互制约,为游客提供环环相扣的服务。任何一个环节出现问题都会破坏景区功能,这就要求景区内相关部门间紧密联系,加强沟通与交流,共同为游客提供优质的服务。

(四) 生态化趋势

1. 景区项目的生态化

随着现代生活节奏的不断加快以及工业文明给人们生活环境带来负面影响的不断加剧,人们希望回归自然并追求良好生态环境的愿望日益迫切,旅游需求更加偏好于自然型旅游目的地和生态旅游项目,势必促使景区项目设计呈现出生态化趋势。

景区项目设计生态化含义包括,①项目主题生态化。景区的旅游项目要以增强游客保护自然的意识、增进游客与自然间的交流和了解为核心,并围绕这类主题进行项目设计;②项目要素生态化。构成旅游项目的有形物质要素,必须取自自然,并对人体和自然环境无害。

2. 景区布局的生态化

景区整体布局应强调对环境的保护和景观的营造,如将生态环境较脆弱的景区划分为核心区、外围区和边缘区的圈层结构。此外还有将景区的观光区、游乐区和接待区相分离的多核式布局模式。这些景区布局模式充分体现了人与自然和谐相处的规划理念。

3. 景区管理的生态化

景区规划与开发的生态化不仅要求景区建设时遵循保护自然、维持原始生态的原则,在管理上同样要体现生态化的特色。景区经营管理的生态化既包括对自然生态的关注,还应包括对人文生态的关怀。所以,一方面景区的经营管理者要在实现经济效益的同时保持较高的生态环境效益;另一方面则要对景区内的员工和游客给予人文关怀,实施人性化管理。

(五) 产品化趋势

1. 景区产品的多样化

旅游业的蓬勃发展对景区产品类型多样化提出更高的要求。早期景区产品形式以观光为主,随后出现了以度假和娱乐类旅游产品为主的阶段,自然奇迹、主题公园、工业、农业、科教、婚庆、健康、极限等新型旅游产品成为发展核心。随着越来越多的人崇尚自我、强调个性,野营、滑雪、攀岩等个性化、特色化旅游产品将占据更多市场份额,景区产品发展日益多元化。

2. 景区产品的享乐化

游客无论如何强调个性,终究是为了获得舒适的旅游经历。因此,景区在旅游项目开发上要把握住游客的根本要求,增强旅游项目的休闲性、娱乐性及舒适性功能。

一般大型旅游度假区虽然在生态环境方面追求回归自然,但在服务娱乐设施上都设有高尔夫球场、网球场、游泳池、健身房、饭店、餐厅以及安排各种演出活动的娱乐中心等,使游客尽享自然之美的同时,享受家庭之舒适与温馨以及康复、餐饮、休闲、娱乐之便利。为使不同年龄和不同生理特点的游客都能享受到度假的乐趣,旅游经营者倡导无障碍型度假硬件设施与服务,不仅为残障人提供特殊服务,也为老人、妇女、儿童提供各种便利。此外,为使游客在生理方面获得享受的同时获得更多心理上的享受,旅游经营者越来越注重将文化内涵引入度假旅游产品设计,使度假旅游者尽享民俗、文化和艺术的乐趣。

3. 景区产品的创新

经济全球化导致景区旅游产品同质化趋势下,面对变化多端的市场需求以及游客追求的异质文化体验,要保持景区旅游产品的吸引力,就要不断创新,具有鲜明的地域特色。

(六) 创新化趋势

景区规划与开发要实现创新化,就要通过景区规划模式、景区区域协作、景区产品开发、景区营销管理、经营管理体制以及景区品牌运作等层面的创新,保证景区旅游产品的持续吸引力,实现景区做大做强、全面提升市场竞争力的目标。

1. 规划模式创新

景区是区域旅游的重要载体与依托,景区规划模式创新应注重以下三个方面:

(1) 把握地域自然特征和景观特征,确定景区特色基调。景区都依赖于一种或几种自然景观资源,如海滨、沙滩、湖泊、温泉、森林等,而要塑造某景区的特色和形象,必须努力挖掘其自然景观中最鲜明和最有代表性的因素。如有学者认为,海南三亚市的亚龙湾与三亚湾都是海滨型度假区,前者群山拱卫、海湾环抱,岛屿并列,自然氛围宁静、淡雅,较少人工干扰,保持了自然的朴素之美。后者背依城市、海面辽阔、岸滩平直、气魄宏达,有一种壮阔之美。因此在两个海滨旅游度假区规划中,前者应突出自然情调,后者应强调体现现代生活气息。

(2) 合理进行功能分区与空间构景。景区功能分区与空间构景是景区规划创新的另一个层面。在功能分区理论基础上,景区应合理地规划组合花草树木、房屋、森林、小溪等景观,做到"因地制宜""构景随机",以达到"虽由人作、宛若天开"的效果。如山东省荣成市桑沟湾景区对沙滩背后的盐田虾池进行清淤利用,回复潟湖原貌,形成"海—滩—湖—城"的格局,获得了较好的视觉美感,就是较为成功的典型范例。

(3) 增强景区规划的弹性。景区规划与开发是一个投资量大、建设期长的过程,因此,景区规划工作必须增强弹性,以提高方案的灵活性与适应性,即景区的开发规划要具有再开发的可能性,在符合当前旅游者消费水平的基础上为以后升级提供可能性。

2. 规划区域创新

景区规划与开发要跳出传统的区域观念,以景区互动与交流合作的形式,加强区域间的联系,打造区域旅游品牌。我国较为成功的案例是华南三省的滨海度假区,通过区域协作、联合促销,共同打造品牌、实现规模经营的北部湾模式。

北部湾周边地区的度假区既具备现代国际旅游所追求的"阳光、海水、沙滩、绿色、空气"五大要素,又兼有世界最热门的"河流、港口、岛屿、气候、森林、动物、温泉、岩洞、风情"九大风景资源,其丰富的热带、亚热带旅游资源得天独厚,但相似的区位、资源结构以及相近的距离,使得该地区旅游产品具有替代性。为避免恶性竞争,实现区域旅游业持续发展,北部湾度假区进行了区域合作,共同树立北部湾品牌和构建热带、亚热带休闲度假基地。华南三省不仅对整个地区的度假区产品进行了整体包装,并且从推销区域整体旅游形象的角度出发,开展了"旅游大篷车"等系列客源地宣传活动。这种共同打造区域旅游品牌的模式适用于资源特色相近的区域旅游景区产品的开发。

3. 产品开发创新

(1) 旅游产品类型创新。随着社会的发展,游客需求呈现出求新、求奇、求异的心理特征。开发景区旅游产品需要重视的是家庭旅游的流行与"银色"旅游市场的扩大。据统计,近年我国公休假期中,三口之家出游比例每年递增20%。西方一些调查公司对游客旅行习惯及爱好的统计结果也显示了这一趋势。此外,国际上现代老人是有钱、有时间、健康、活跃的阶层,随着人口老龄化,开发适合这一市场的旅游产品必将具有良好的市场前景。

（2）旅游产品功能创新。景区旅游产品的功能主要涉及观赏、休闲、娱乐、康体、度假等方面。若对其功能划分,可分为主导功能、支撑功能、辅助功能,其中主导功能是观光、休闲,支撑功能为康体、健身、度假,辅助功能为娱乐等。在景区旅游产品开发时,应做到分层次、有重点。但总体说来,景区旅游产品的核心功能是享受功能。由于游客主要追求一种恬静怡人的精神与物质享受,因此景区旅游产品在基础设施的配置上应有较高的起点,力争做到设施现代化,方便与舒适。另一方面,在环境质量改善方面,要求做到环境园林化,清洁与优美。

（3）旅游产品开发手段创新。景区旅游产品创新离不开科学技术,增强景区可持续发展的科技内涵,有助于推动旅游产品开发水平实现质的飞跃。目前景区已推行网络化管理,游客在景区消费可实现一卡通,接待客房使用 VCD 系统。游客中心备有 Internet 接口,自动控制、生物工程、新型节能等技术已运用于景区建设。在未来景区开发上,将广泛地运用计算机、遥感、数字、光电、无线通信等技术,推出更多高品位、高质量的旅游产品。

4. 营销管理创新

营销管理是规划景区开发规划的关键性环节之一。意大利旅游局局长莫雷蒂说:"一百多年经营旅游业的经验告诉我们,营销管理工作是推动旅游业前进的火车头。"进行营销管理创新,应当从形象的塑造、渠道的选择、资金的筹措等方面着手和努力。

（1）景区形象的塑造。景区主题形象塑造是系统工程、须根据市场需求变化,结合自身特色,设计和推广正确的形象口号。如回归前,香港是自由港,购物和美食天堂,一个很有活力、充满机会的地方,是东西方文化汇聚的地方,吸引着欧美、日本和中国台湾地区等地游客;1997 年后人们对香港的形象认知显著不同,外国人认为"香港回归"使得香港原有吸引力减退,商务旅游减少,香港将会内地化、魅力不再;而在中国内地人心中,香港由以前可望而不可及的地方迅速转变为近期心理想的目的地,一个可获得全新体验和出境体验的地方,香港是"魅力香港、万象之都"。香港旅游形象因回归而发生境内外游客的认知差异,加之亚洲金融危机的爆发,使访港的日韩游客数量大大下降。为此,香港旅游协会对其旅游形象重新定位和设计:将原来的"魅力香港、万象之都"的形象口号,换之以"动感之都"的新口号,以展示香港的动感、活力、多元化、节奏快及国际化的特色。同时针对中国内地及外国游客对香港的不同认知,设计相应的旅游产品。著名影星成龙出任"旅游大使";周润发拍摄宣传广告,表示"香港的旅游业,你和我都有份!",上述一系列围绕"动感之都"新形象的宣传活动,取得了良好的市场效应。

由于景区的主题形象与当地旅游氛围息息相关,因此也必须注重景区人民文明程度的提升,注重旅游设施与旅游服务水平的完善与提高。

（2）景区营销渠道的选择。景区旅游产品市场开发离不开营销渠道的合理选择。通过行业管理部门、跨部门的旅游企业及各事业单位、社区与公众的相互作用,形成旅游地的"全产品"协同整合营销,是适合现代旅游业社会化大生产需求的营销方法。既可通过"景区产品促销协同中心"的合作形式进行大型旅游产品的策划与组织工作,也可通过建立稳定高效的营销网络,实现景区经营管理企业、部门间信息的沟通与交流。如被誉为度假型景区新秀的分时度假旅游产品就依靠强大的网络支持,迅速发展。从 1980 年全球销售额的 4.9 亿美元上升到现在的 100 多亿美元。目前全球有 5000 处分时度假产品地,400 多万名会员。

此外,大众媒体也是理想的营销渠道,如借助电影的传播效应使得原本名不见经传的地方成为区域甚至全球知名旅游地。如美国电影《廊桥遗梦》的巨大影响力使得麦迪逊桥（Bridges of Madison County）一跃成为全球闻名的旅游地。我国景区借助电影等传媒获得成功的例子也很多，如《大红灯笼高高挂》的乔家大院，在该电影获得成功后，年接待人数猛增几十倍。

（3）营销资金的筹措。景区市场营销资金的筹措，在多方争取国家和地方项目资金的同时，应利用与扩大资本市场，积极利用股票上市、债券发行、股权置换、设立产业基金、项目融资等渠道，寻找全面的投融资服务。如四川在旅游产品开发上，以出让旅游资源的开发经营权方式进行融资。1998 年四川甘孜藏族自治州人民政府出让海螺沟冰川风景区 40 年的开发权和经营权给四川交通厅所属贡嘎山现代冰川公司，双方各持 25% 与 75% 的股份共同开发海螺沟。从 1998 年 10 月到 2000 年底，冰川公司已累计投资 3.8 亿元，其中引资 2.2 亿元，相当于甘孜藏族自治州几十年来引资总额的 7 倍多，有力地促进了当地旅游业的发展。

5. 景区管理体制的创新

（1）政府体制创新。政府体制创新主要指政府为景区发展创造良好的政策与法制大环境。例如政府推行带薪休假，鼓励发展旅游业，不仅可刺激消费和带动经济增长，而且有利于营造一个全民消费旅游、建设旅游、发展旅游的社会氛围，为景区的发展提供有利条件。

（2）景区管理企业体制创新。企业体制包含产权制度、管理体制和企业机制三方面。景区经营和管理企业在体制上创新，核心是努力实现市场化运作。景区碧峰峡模式就是"在旅游景区内，由政府统一规划，授权一家企业较长时间地独立控制和管理，组织一方或多方投资建设，统一规范秩序经营，追求永续发展"。为此，碧峰峡采取减少层次管理，划小核算单位，专业化管理，社会化服务，对内竞争，对外采取统一形象、统一财务、统一政策、规划的系列措施，避免了旅游产品开发者多头投资开发、多头管理的通病，产生了良好的经济效益。

6. 景区品牌运作创新

旅游景区的品牌运作创新包括品牌质量维护、品牌形象提升、品牌扩张与延伸等。

（1）景区品牌质量维护。目前我国景区已涌现了一批知名度和效益度较好的品牌，如以大连、三亚为代表的都市型景区品牌，以武夷山、碧峰峡为代表的山区度假型景区品牌，以北戴河为代表的海滨度假型景区品牌，以昆明世博园为代表的生态型景区品牌等。首先，旅游品牌质量维护的核心和出发点是保护景区品牌的自身特色，并具有持久性；其次，要通过提高生态保护意识和法律手段，维护好这些景区品牌的生态环境；再次，对景区内旅游项目和环境持续改造，保持景区面貌常变常新，为游客提供个性化服务。

（2）景区品牌形象提升。有效提升景区品牌形象的渠道之一就是借助节庆活动，尤其是国际知名节事活动。如 2006 年杭州举办的世界休闲旅游博览会，是国际博览局 A1 级博览会。该次盛会与 2008 年北京奥运会和 2010 年上海世博会一起被称为 21 世纪初中国举办的三大国际盛会。此次盛会的举办进一步提升了杭州旅游地国际品牌形象。

（3）景区品牌扩张与延伸。景区品牌的内涵十分丰富，其无形资产价值是不可估量的。旅游业内不少著名企业利用品牌成功实施了产业领域的扩张，如有"建不完的迪斯尼"之说的迪斯尼，已从一个游乐园变成了融休闲旅游、度假、媒体、玩具、服装与糖果为一体的在迪斯尼品牌产业链。无形资产经营是景区品牌扩张与延伸的重要途径，也是旅游企业发展壮大的有效途径，因此有效利用景区品牌优势扩张与延伸，将成为景区品牌运作创新的趋势。

【思考与讨论】

1. 当前旅游景区规划与开发关注的热点有哪些?

2. 简述当前旅游景区发展趋势。

【案例回放】

1. 分时度假的含义。

分时度假就是把酒店或度假村的一间客房或一套旅游公寓,将其使用权分成若干个周次,按 10～40 年甚至更长的期限,以会员制的方式一次性出售给客户,会员获得每年到酒店或度假村住宿 7 天的一种休闲度假方式。通过交换服务系统,会员间可互相交换不同地域不同时段各自客房使用权,实现低成本消费。

2. 分时度假的兴起对我国旅游景区规划与开发创新有什么启示?

分时度假,通过建立稳定高效的营销网络,创新景区营销渠道,实现了旅游业、房地产业、金融业之间资源的整合以及信息的沟通与交流,得到快速发展,成为风靡世界的休闲旅游度假方式,被誉为度假型景区新秀。随着越来越多的中国人旅游消费方式从“走马观花”步入“娱乐休闲”,中国巨大的“分时度假”消费市场潜力正日益突现。为此,编制景区规划时,应注意分时度假型酒店或度假村的规划,并要注意其关键性环节之一的景区营销管理尤其是营销渠道选择的创新,以扩大资源边际效用,实现资源共享,创造更多的社会、经济效益。

【技能训练】

选择某一 5A 级景区,通过网络和实地调查收集资料,了解该景区市场定位、景区主题、文化内涵及其形象策划,运用所学知识加以评价并写出分析报告。

【阅读资料】

度假型旅游景区新秀——分时度假的优势

发展“分时度假”在中国具有巨大的潜力,它可以给投资经营者、旅游度假地和消费者带来如下方面的收益:

(1) 使酒店闲置客房按房地产的方式获利,迅速收回投资,并形成资本运营和管理等多项利润。首先,分时度假是先付费后消费的产品。通过对消费前销售资金的合理使用,可以形成资金运营利润;其次。会员在购买了度假时段后,每年还需向酒店支付度假客房维修管理费用,这就为酒店带来了管理利润。

(2) 提高酒店开房率,带动和促进度假地经济的发展。由于旅游产品具有不可转移性、不可贮藏性和消费交换的同一性,酒店向消费者销售分时度假时段后,建立了一批稳定忠实的顾客。他们比散客和团队客人停留时间长、重游率高、购买力强、综合消费水平高,还会带动别的顾客前来,由此刺激当地购物、交通、娱乐等旅游相关行业的发展,增加了度假地直接和间接的经济收入,产生较好的乘数效应。

(3) 创造就业机会。分时度假除旅游业、酒店业、房地产、交换公司外,涉及面较广,需要金融、法律、商业、交通、娱乐、餐饮等部门或组织提供相关辅助服务,这无疑为度假地提供了许多就业机会。

(4) 缓解旅游季节性矛盾。一般引入分时度假经营的旅游地或景区每年分时度假周转 50 次左右,保证了每年游客数量的均匀和基本稳定。分时度假的客人不会像旅游团队和散客一样多集中在旺季前来,而是根据自己购买的时段前来度假。有时,即使购买了度假时段的游客不能前去或选择去其他地区度假,也可通过交换公司将时段转让给他人,这就提高了分时度假产品的吸引力和竞争力。以英国为例,分时度假的开发和经营使当地旅游住宿设施使用率达 70%,比没有经营分时度假的设备使用率提高了 10%。

（5）优化旅游度假地的环境。分时度假购买对消费者来说属于购买房屋后的一项高消费选择,希望购买分时度假能物有所值。他们对分时度假地的环境、设施、会员服务、配套综合消费及内外部设计等都提出了较高要求。开发商、客户和交换公司都注重长期利益,对维护设施的高质量和环境保护都比较重视。

（6）给消费者带来极大利益和超值的服务。无论酒店门市价和房地产价格如何变化,分时度假购买者一直可按购买时的房价入住。所以,同样条件下,分时度假花费可能只有一般住宿方式的 1/2 甚至更少,可节省用于度假的开支。由于分时度假网络与其加盟酒店或度假村的紧密合作,提供了最大限度交换机会,网络越大,交换成功的可能性也越大,消费者可获得由分时度假交换机构提供的所有服务就越好,使自己的度假或旅行时有多种选择。此外,分时度假既是一种休假消费,也是一份投资,可享用 30 年、50 年甚至更长,还可出租、转让、赠送和继承,并且是以当年价格购买了未来的消费,是消费者体验一种新型消费方式和个人投资方式。

【案例分析】

碧峰峡模式

“碧峰峡模式”是指在一个风景旅游区内,由政府统一规划,授权一家企业长时间独立经营,组织一方或多方投资建设,有序经营,达到资源优化配置、永续利用,使景区社会效益、经济效益、生态效益协调发展。政府出资源、企业出资金、所有权、经营权、管理权“三权”分离的旅游开发模式,优化和创新了旅游产业结构,在保护自然资源的前提下,实现了高起点规划、大资金投入、规范化管理、可持续发展。

一、简介

碧峰峡是成都万贯集团投资开发的大型生态景区。位于四川雅安,面积 20 千米,森林覆盖率达 90%,有“天府之肺”美誉。万贯集团是四川民营企业,业务涉及旅游、酒店、物业、房地产、商贸、餐饮、娱乐等行业,拥有十几家合资和控股公司的企业集团。

二、背景

1986 年碧峰峡被列入省级风景名胜区,但作为全国贫困区的雅安却无力投资开发。1993 年,雅安市投资 200 万元开发碧峰峡。到 1997 年雅安共投入 580 万元,但这些资金对开发中的碧峰峡来说是杯水车薪。

1998 年,雅安市与成都万贯集团签订合同,在雅安市政府监督下,依照保护开发、建设、利用的原则,由万贯集团出资独家开发碧峰峡景区,期限 50 年,在此期限内,万贯集团付资源保护金 500 万元。万贯集团由此创造了“1 + 1 > 2”的资源开发模式。2001 年,四川省借鉴“碧峰峡模式”,向海内外推出十大景区招商项目,在社会上造成了广泛的影响。碧峰峡模式已成为我国旅游景区开发的典范,政企合作的样板。这种模式的主要特征是:政府出资源,企业出资本,在保护生态的前提下,授权一家民营模式。

三、具体内容

（1）总体控制、有序服务的整体经营模式。这种模式是指在一个时期内,由一家独立的法人企业实施对旅游区的总体控制,包括统一区内规划、建设和管理标准,使区内所有从业者都能如一个企业内部各环节一样,得到有效控制运转,最终达到统一的质量标准。

（2）市场化、专业化、社会化的社区管理模式。即在整体控制下,采取的“准城市化、准社区化”管理模式。特点是:管理层次少、注重成本核算、专业化管理、社会化服务,对内竞争、对外统一。

（3）从家门到景区大门全程管理模式。游客从家门开始，到回到家门，由景区提供吃、住、行、娱、购、游全方位的标准化、精细化服务，从而减少游客对服务质量、安全性、消费的透明性等方面的担心。

（4）挖掘筛选、多角开发资源整合模式。即把旅游区所拥有的资源加以挖掘和筛选，并以其中具有核心竞争优势的资源作为主体加以完善，形成主次分明、层次清晰、优势明显的资源整合模式。

四、评析

2000年，碧峰峡景区的成功成为西部旅游开发的一匹黑马，引起了人们对资源开发模式的激烈争论。作为创新旅游开发的先驱，碧峰峡以其独到的开发模式、先进的开发理念、准确的市场定位、门对门的全过程市场营销观念，走出了一条旅游景区可持续发展的资源开发之路。碧峰峡景区的成功经验如下。

（一）不断创新

（1）投资模式的创新——一次性买断景区50年经营权，由一家企业单独开发，实现三权分离，避免了传统旅游景区开发中的多头领导、利益纷争问题，使企业能够按照市场规律经营开发，提高了投资效率。

（2）旅游产品的创新——开发了国内第一家生态动物园。

（3）营销观念的创新——开展门对门的全程营销。

（4）管理模式创新——社区化的管理模式。

（二）准确的市场定位

碧峰峡景区市场定位于迫切需要放松身心、把旅游作为生活重要组成部分的城市居民。他们注重精神享受，渴望贴近自然，学习新事物，享受旅游活动带来的舒畅感觉。为此，开发了一系列生态旅游产品，把欢乐引入景区每个环节，使游客在旅游活动中能尽情体验参与的乐趣、贴近自然的美感、与动物和谐相处的愉悦之情。

（三）可持续发展的理念

碧峰峡景区从规划开始，就把生态保护放在首位；日常管理中，注重对生态的维护；注重开发生态型旅游产品，把生态效益放在经济效益之前，确保了景区的可持续发展。

碧峰峡景区成功地开创了景区保护与开发、环境与效益相结合的典范。随着碧峰峡的知名度提高，更多的游客将涌向碧峰峡区，如何妥善处理大量游客与脆弱生态之间的关系，仍是碧峰峡需要解决的问题。

【模块小结】

本模块介绍了景区规划与开发的基本知识、相关原则及目前景区开发关注的热点和发展趋势。作为本教材的核心概念，景区是依托旅游吸引物从事旅游休闲经营管理活动的有明确地域范围的区域。景区是旅游业发展的基础和支柱，也是旅游产品的核心，对当地经济发展、社会文化进步和资源、环境保护具有重要的作用。景区规划是在一定原则下，为保护、开发、利用和经营管理景区，使其具有接待等多种功能和作用而进行的各项旅游要素的部署和具体安排。景区开发是指旅游开发者为吸引和招徕游客而对景区各项旅游要素进行加工和建设的综合性的社会与技术经济活动。景区规划与开发是一项系统工程，规划开发工作要在遵循国家制定的相应法规和规范基础上，对规划和开发的目的、内容、程序以及各要素的关系进行全面、认真的考虑。

模块知识结构

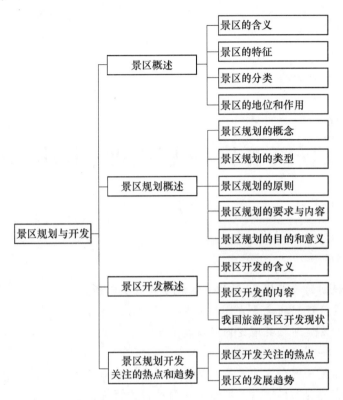

【课堂活动】

　　旅游景区是旅游业发展的基础和支柱,也是旅游产品的核心,对所在地经济发展、社会文化进步和资源、环境保护具有重要的作用。景区规划与开发对确定景区发展的合理目标、促使各项旅游要素的整合、引导、控制协调景区开发、发展旅游经济、满足游客的需求、协调好经济、社会、环境三个方面的矛盾具有重要意义。试对你所在城市景区开发的实际情况进行调查,讨论景区规划与开发的目的和意义。

【实训项目】

　　调查你所在城市的主要景区并对其进行分类

一、实训目的

1. 熟悉景区类型以及不同类型景区之间的划分标准。

2. 熟悉界定景区类型的方法。

3. 了解不同类型景区其不同的开发规划理念。

二、实训指导

1. 根据所选取城市景区多少,分成若干小组,一般每组为4~6人。

2. 通过实地调查并利用网络,确定你所选城市一共拥有哪些主要景区。

3. 按照本模块旅游景区类型的相关知识,给这些旅游景区分类,列出分类表。

4. 选取每个类型景区中的典型景区代表,简要阐述其开发规划的理念。

三、实训报告

以小组为单位编写实训报告,小组代表报告本组实训成果。

模块二

景区开发规划原理、方法与管理

【学习目标】
- ◆ 了解景区规划的构成体系、旅游景区规划的方法创新。
- ◆ 掌握旅游景区规划的主要方法和技术。
- ◆ 熟悉景区开发规划相关理论内涵及其应用。

【能力目标】
- ◆ 能够运用相关原理和方法开展对景区旅游资源和旅游市场的调查。
- ◆ 能够根据有关国家标准对景区旅游资源进行分析评价。
- ◆ 能够说明景区规划的工作流程。

情境一　景区开发规划理论及方法创新

【案例导读】

虚拟三维紫禁城

故宫博物馆与 IBM 公司合作开发的"超越时空的紫禁城"，于 2008 年 10 月正式推出。它是中国第一个在互联网上展现重要历史文化景点的虚拟世界，也是一座名副其实的虚拟体验型博物馆。

虚拟三维紫禁城对古代建筑、文物和人物进行了高分辨率、精细的 3D 建模，可在互联网上再现三维的故宫建筑、文物及人物。故宫博物院与 IBM 公司合作，由演员模拟明清宫廷人士的真实动作，由此制作出各种皇家场景、导游路线及互动活动。在互联网上搭建的虚拟紫禁城可供身处世界各地的朋友游览，这是传统的故宫博物院迈向更深层次的开放。它开辟了一个新鲜而奇妙的平台，能让中外游客通过虚拟的在线交互世界，拥有身着清朝服装的虚拟形象；游览到重要建筑和文物时，能够调出文字注释或图；可参与射箭、围棋、斗蛐蛐等古代娱乐项目，参观"皇帝御膳"、"宫廷绘画"等场景，身临其境地体验皇朝鼎盛时辉煌的宫阙和各种生活场景，进一步分享中华文化遗产；还可与其他游客进行沟通，或者与预先设定的角色进行互动，从而体验到更多参与乐趣。

思考
1.景区开发规划的技术方法创新有哪些?
2.虚拟现实技术如何运用在景区规划开发中?

一、景区开发规划理论

(一) 概述

景区开发规划涉及内容广泛,具有跨专业、跨学科的特点。一般而言,景区开发规划涉及经济、环境、人文以及规划中心等方面的理论。

景区规划经济理论研究旅游资源分配、生产、加工、服务的过程,以及其间产生的人与人相互作用的效益和效用关系,包括旅游经济学、旅游市场营销学、旅游管理学等内容。

景区规划环境理论,主要研究旅游现象在地球表层的分布规律,旅游者与大气圈、生物圈、水圈、岩石圈的关系,旅游者与旅游资源、基础设施、服务设施、旅游项目的关系等,主要涉及旅游地理学、旅游生态环境学、风景园林学、旅游工程学等内容。

景区规划人文理论,涉及游憩学、法学、社会学、心理学、历史学、考古学等内容。上述理论有助于调节旅游发展规模、结构与质量,并协调旅游主体间的行为关系,为资源评价、发展预测、项目优化、线路选择、关系协调、特色与品位塑造等提供必不可少的理论和支撑。

规划中心理论,是景区规划理论体系的核心部分。该理论以上述理论为基础,以系统科学、管理学、未来学、计算机科学等系统理论和现代科学技术手段为支撑,从旅游系统的角度出发对上述理论予以整合,它对提高景区规划的科学性、技术性、合理性提供了理论依据,并在数据收集、实时评价、预测发展等方面提供技术方法。

(二) 景区规划开发主要理论

1. 游憩学理论

(1) 理论内涵:游憩活动实质上是能量产生、消耗和积累的过程,人们参与游憩的过程也是重新获取能量的过程,作为"潜能"的信息与资源在游憩过程中被吸收转化为能量和动力。游憩学理论就是研究人们游憩活动的理论,包括游憩发展和游憩空间布局理论。

(2) 在景区规划中的应用:①为景区游憩项目选择提供依据。依据游憩发展理论选择针对目标市场的游憩项目能有效减少项目投资风险。②为景区空间结构优化提供指导。景区是一种典型的游憩空间,其内部空间结构和布局要与游客的游憩行为和心理需求一致。游憩空间布局理论对于优化景区布局和结构,帮助其更好地发挥游憩休闲功能具有指导意义。

2. 旅游区位论

(1) 理论内涵:区位论是研究产业布局、聚落和区域空间组织优化的理论。传统区位论包括工业区位、农业区位、城市商业区位、交通区位及空间相互作用等理论。景区开发和经营同样存在最优区位的选择,研究旅游发展区位和空间组织等问题构成了旅游区位论的主要内容。

(2) 在景区规划中的应用:

① 确定景区的市场范围。景区吸引力决定了其在市场影响范围。通常,景区市场范围有上、下限之分。上限就是由景区的资源吸引力、社会容量、经济容量及其生态环境容量共同决定的客源市场范围或接待游客数量,但是上限值不能超过上述四个变量中的最小值。下限则类似于克里斯泰勒中心地理论中的门槛值。所谓门槛,指生产一定产品或服务所必需达到的

最低需求量。景区的"门槛"即为景区提供旅游产品和服务所必须达到的最低需求量。否则，景区无法实现规模效应，其经营成本无法得到弥补，最终将对景区和游客双方造成损失。因此，景区规划要考虑到旅游产品开发的需求"门槛"。②确定景区的等级。景区等级划分主要根据是它的市场范围，即吸引力。高等级景区的市场范围较大;低等级景区则具有较小市场范围。通常高等级景区提供的产品和服务档次高、功能多、品种全、质量好，而低等级旅游中心地提供的产品和服务就相对单一。规划者应首先明确景区在市场中的等级定位，从而在项目、设施及服务设计等方面作出相应的安排。③制定景区均衡布局模式。不同等级景区的服务职能和市场范围不同，产生了各级景区均衡布局问题。某个区域内存在的多个不同等级的景区，只有均衡布局才能保证自身健康发展，并最终实现区域旅游的持续进步。

3. 竞争力理论

（1）理论内涵:关于竞争力，国际上约有十几种说法，其中较为典型的是世界经济论坛和瑞士国际惯例与发展学院以及美国著名经济学家迈克尔·波特关于竞争力的阐述。

瑞士国际管理与发展学院认为，竞争力是一国或一公司在市场上均衡生产出比其竞争对手更多财富的能力。竞争力使资产和生产过程相结合，资产是指固有的（如自然资源）或创造的（如基础设施）。生产过程是指资产转化为经济结果（如制造），然后通过市场测试得出竞争力。

美著名经济学家迈克尔·波特（Michacl E. Porter）根据对美、日等10个国家竞争优势的研究提出钻石模型（Diamond Model）理论，它是分析国家竞争优势及产业竞争力有效工具。"钻石模型"由生产要素、市场需求、相关与支持性产业、企业战略及其结构以及同业竞争等四个基本要素以及机会和政府两个变量构建的菱形关系（图2-1）。

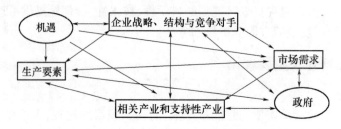

图2-1　迈克尔·波特的"国家钻石"模型

马勇认为竞争力是指经济主体通过占有具比较优势的资源，并以其为基础创造更具竞争优势的生产要素和环境，向市场提供高效用度和满意度产品和服务，并获得较高收益的能力。

（2）在景区规划中的应用:①丰富了景区规划的内涵。竞争力理论强化了规划编制者的市场观和竞争观;将市场竞争能力提升，作为景区规划与开发的核心内容是对传统景区规划开发观念的冲击。②为景区发展战略的制定提供了依据。发展战略是对景区今后发展道路的总体指导，因此，发展战略的制定应该以实现景区可持续发展和综合效益为导向，即要切实提升景区的竞争力水平。提升竞争力的首要前提是对景区竞争力现状的充分了解，只有找到差距，才能制定具有针对性的发展战略。因此，在竞争力理论指导下进行景区竞争力分析和评价，特别是对景区竞争力开展结构性分析为其发展战略的制定提供了客观可靠的依据。

4. 消费者行为理论

（1）理论内涵:消费者行为理论（Customer Behavior Theory）是研究消费者心理及其行为模式的理论，从国内外对旅游者行为研究的内容来看，主要包括旅游者的空间行为模式、旅游者的消费行为模式以及旅游者的消费心理模式等三个方面。旅游者空间行为模式主要指旅游者选择目的地时的空间指向。旅游者消费行为模式由游客在旅游目的地的消费行为构成。旅游者消费心理模式则是对不同类型旅游者消费行为的心理学解读。

（2）在景区规划中的应用：①旅游产品及线路设计。在消费行为理论指导下，设计者可根据当前游客的消费特点及其今后可能的消费行为趋势设计相关的旅游产品和线路。在景区游线设计方面，对游客兴奋度曲线、疲劳曲线，以及关注点变化的研究，成为设计线路和行程、实现游客心理满足的重要依据。②景区市场营销策略选择。景区营销不仅要迎合游客消费需求，更应创新概念引导游客消费心理。因此，在消费者行为理论指导下，景区规划应针对目标市场心理特征设计出引导性的市场营销策略，化被动为主动，实现景区的成功市场推广。

5. 生命周期理论

（1）理论内涵：1963 年，克里斯泰勒（Walter Christaller）最早提出旅游区生命周期的概念。1980 年，加拿大学者巴特勒（Butler）对旅游地生命周期进行了系统阐述。目前较为典型的是巴特勒（Butler）、普罗格（Plog）和双周期（Double-Cycle）三个旅游地生命周期模型。

① 巴特勒模型。1980 年，巴特勒在《旅游区发展周期概述》里面将旅游地生命周期的演变分为 6 个阶段，即探索、起步、发展、稳固、停滞、衰落或复兴阶段。

② 普罗格模型。1973 年，普罗格从游客的心理特性出发，提出了旅游地生命周期的心理图式假说（Psychographic），即认为旅游地所处的生命周期阶段与游客的行为有关。

按照心理类型，将游客分为多中心型、近多中心型、中间型、近自我中心型和自我中心型五类。一般而言，多中心型游客兴趣广泛，富于探险精神，自我中心型游客较为保守。旅游地生命周期阶段的发展实际就是旅游地对不同类型游客吸引力变化的不同阶段。

尚未开发的旅游地对多中心型游客具有较大吸引力；待旅游地发展趋于成熟、旅游设施和接待服务日渐完善，此时旅游地对中间型游客吸引力较大；当旅游地进入成熟期被大众接受后，原先多中心型游客逐步放弃该旅游地，继而去寻找新的旅游地，于是该旅游地逐渐进入衰落期。

③ 双周期模型。余书炜提出了旅游地生命周期的双周期模型，双周期是指旅游地在不同时间范围内存在两种不同的生命周期类型，即长周期和短周期。

其意义在于：短周期指出旅游地若不作出复兴努力，终将会"中途"衰落下去；长周期则预示在未到最终衰落及消亡之前，旅游地永远存在复兴的可能性。

（2）在景区规划中的应用：①预测景区市场规模。生命周期理论描述了旅游地各发展阶段的特征，并较好地预示了其今后的发展趋势。因此该理论可作为预测和指导景区开发规划的工具。②提供景区规划调整依据。调整性景区规划是规划实施一段时期后，针对景区发展的实际情况对原有规划进行调整的规划，其目的在于促进景区的调整、扩大、深入、发展。因此，要依据景区所处的生命周期阶段及时调整开发方向、产品结构，改善景区发展环境，改变市场营销策略等，以尽量延长景区生命周期。③指导旅游产品创新开发。景区生命周期就是产品生命周期的外在表现形式，成功的产品创新引领景区进入快速成长阶段。生命周期理论从另一个视角论证了景区产品创新的必要性。

6. 可持续发展理论

（1）理论内涵：可持续发展的深层次内涵包括以下三个原则：① 公平性原则。公平性指人类满足自身需求的机会对每个人都是均等的。可持续发展的公平性要从同代人之间的公平性、代际间的公平性、分配有限资源的公平性三方面来理解。可持续发展的公平性就要求当代人在考虑自己需求和消费时，也要对未来各代人的需求与消费负起责任，保证各代人都有同样的发展机会。② 可持续性原则。可持续性是指生态系统在受到外界干扰时，能保持其生产率的能力。该原则要求人们放弃高消耗、高增长、高污染的粗放生产方式和高消费生活方式,实现生态化的生产和适度消费。可持续性原则核心内容是人类社会经济和社会发展要和环境承载力相协调。③共同性原则。它包含两层含义:其一,人类社会发展目标是共同的,即实现公平性和可持续性发展;其二,人类拥有共同环境和资源,为实现持续发展目标,必须采取全球共同的联合行动。

(2)在景区规划中的应用:可持续发展理论为景区开发规划提供了全新理念,即阶段性开发理念。景区开发要注重经济、社会和生态效益的结合,要注意开发规模的控制,防止出现过度开发和过滥开发的局面。按照可持续发展理论,景区要在满足当代人需求同时满足下几代人的需求,因此规划和开发要具有一定弹性,为未来进一步开发和建设提供空间,实行阶段性和局部性开发。

7. 景观生态学理论

(1)理论内涵:景观生态学是研究景观尺度的生态问题,以生态系统学、生物控制论及现代系统科学理论为基础,运用遥感、计算机技术及数学方法进行景观生态调查、诊断、评价、规划和设计。景观生态学理论在景区规划方面主要指景区的结构理论。景观结构理论将区域景观分解为四大构成部分:斑(Patch)、廊(Corridor)、基(Matrix)、缘(Edge)。

斑是指空间上的块或点结构,是与环境不同的非线性区域,具有活化空间结构的性质。

廊则是与周围相邻区域环境不同的带状景观要素,其作用是分离或连通空间景观单元。

地域空间中分布最广、连接性最高、在景观中起控制作用的景观元素就是基。它主要起到控制景观动态的作用。

缘是景观生态学近年提出的新景观要素,主要指斑、廊、基的外围缓冲地带。

对于这些景观要素构成的景观类型,Forman总结出了5种景观构型:均匀分布格局、聚集性分布格局、线状格局、平行格局、特定空间组合和连接格局。

(2)在景区规划中的应用:景观生态学理论在景区规划方面的应用主要在景观设计和景观保护两个方面。

在景观设计方面,可以依托景观要素构建模拟的自然环境,创建合理的人工植物群落,从而保持景区内景观环境系统的稳定性和可逆性。

对于景观和生态保护,借鉴外缘的景观要素,为重要保护的景观区域设置缓冲区,限制旅游者进入,从而缓解景区开发和自然环境保护之间的冲突。

二、景区开发规划的方法创新

(一)理论方法创新

1. 系统性方法

景区规划理念往往以资源为主,景区开发规划也就等同于旅游资源开发,这种理念具有局限性。景区发展到现阶段已成为关联性和带动性明显的经济主体,其系统性特征日益明显。

首先,从景区构成要素看,其系统性明显。食、住、行、游、购、娱六大构成要素被称为景区六大直接关联要素,另外景区还与众多第一、第二、第三产业部门有着直接间接联系。

其次,景区系统要素间关联繁杂。景区是服务行业的集合,即必须由众多部门提供环环相扣的服务。这就要求景区相关部门间紧密联系,加强信息和物资交流,为游客提供优质服务。

因此,景区系统观念的建立是科学完成景区开发规划的重要理论前提。只有对景区系统性有深入了解,才能真正总结和把握其发展规律。

2. 利益相关者参与方法

景区开发规划的利益相关者是指与景区开发和发展有利益关系的个人或组织群体,包括景区投资方、景区管理方、景区所在社区、景区目标市场、景区资源、规划审批部门等。

上述利益相关者相互制约、相互关联对景区开发、经营、管理产生影响,其中一些群体要比另一些群体的影响力更大。不同的利益相关者对不同的问题会有不同的意见,如何平衡各方利益成为景区规划编制中要考虑的关键问题。景区规划者不可能与所有利益相关者进行交流,需要选择出最具相关性的主要相关者,通过与他们的沟通来实现规划的广泛认同。

【相关链接】

遥感技术在旅游规划中的应用

遥感是一种远离目标,通过非直接接触判定、测定并分析目标性质的技术。遥感技术有观测范围大、获取信息量大、速度快、实时性好、动态性强等优点。其应用方向为:

(1)测定旅游区所处的地理环境和地理位置。旅游区是一个开放的综合体,要宏观了解其外界的环境和所处地理位置,一种方法是运用地图,但地图经过了制图综合,可能有许多细小但又是非常有用的信息不能反映出来;另一种方法就是运用遥感影像。遥感影像在其分辨率允许的情况下,几乎反映了所有大于或等于其地面分辨率尺寸的地物,并且根据地物影像间的色调、形状、尺寸、阴影、组合图案等,可以推断出地物间的逻辑关系,以及影像上间接反映出来的信息。如由泉水的线状分布推断出断层的存在;由植被的聚类分布推断出其下部的土壤、地质状况,进而推断出该类现象的成因等。

(2)清查旅游资源。旅游资源的数量繁多,质量等级不一,若采用常规方法清查不仅费时费力,还经常有许多遗漏。采用高分辨率遥感影像,可以对旅游区内的资源状况一览无遗。

(3)制作旅游规划的基础底图。进行旅游规划需相关的地图。若直接扫描当地地形图作为底图,经常会使底图要素要么全部突出显现,不能突出主要的专题要素;要么非常模糊,不能很好地定位旅游专题要素。运用遥感技术制作旅游规划图纸的方法是从遥感影像直接判读有关内容,制作成基础底图。流程是:①影像的校正处理,包括几何校正和辐射校正。②根据需求对提取的地物进行相应处理:彩色增强,提高分辨率;边缘增强,提取地物边界;反差增强,增强地物的层次;频率增强,突出河流、山脉、裂隙等条带状地物;比值增强,消除同谱异物现象等。③选择适当分类方法,得到物种类。④选取相应要素,判读制成规划所用基础底图。

目前已有很多规划设计者采用遥感影像尤其是真彩色数字影像作为底图,所有规划要素以符号和属性注记直接覆盖于影像之上。因遥感影像是直接从高空对地面摄影的真彩照片,所以采用此方式制作的影像地图可读性强、立体视觉好、能直观显示地表自然物和人文景观,比地图内容丰富,又综合了遥感影像和地图的优点。

资料来源:地球空间服务技术网,http:///www.eratongce.com/wy/DHFZ6.asp

(二)技术方法创新

1. 遥感技术

遥感(Remote Sense)是指利用装载于飞机、卫星等平台上的传感器捕获地面或地下一定深度内的物体反射或发射的电磁波信号,进而识别物体或现象的技术,主要可分为光学遥感、热红外遥感和地面遥感等三种类型。此技术具有观察范围广、直观性强、能实时客观获取信息、反映物体动态变化特征的特点。遥感技术可应用于军事、林业、旅游等多个领域。

遥感技术在景区开发规划中的应用主要表现在：

（1）探查旅游资源。遥感相片（图像）可以辨别出很多信息，如水体（河流、湖泊、水库、盐池、鱼塘等）、植被（森林、果园、草地、农作物、沼泽、水生植物等）、土地（农田、林地、居民地、厂矿企事业单位、沙漠、海岸、荒原、道路等）、山地（丘陵、高山、雪山）等。从遥感图像上能辨别出较小的物体，如一棵树、一个人、一条交通标志线、一个足球场内的标志线等。大量信息的提取，无疑决定了遥感技术在旅游资源探查方面能大大提高效率。

（2）提供制图基础。遥感图片是对当地空间发展现状的描述，由于其更新快，能够反映规划区域的最新状况，因此一般用遥感图来做规划图的底图。

（3）动态规划管理。由于遥感图片具有实时动态的特点，通过不同时期遥感图片的叠加可以清晰地观察到景区发展状况。因此，遥感图片还可以用于景区开发的动态反馈和修正。

2. 地理信息系统

地理信息系统（Geography Information System，GIS）是采集、存储、管理、描述和分析空间地理数据的信息系统。它以计算机软硬件环境为支持，采用地理模型分析方法，以地理坐标和高程确定三维空间，将各种地学要素叠加于其上，组成图形数据库，具有对空间数据进行有效输入、存储、更新、加工、查询检索、运算、分析、模拟、显示和输出等功能的技术系统。

地理信息系统技术在景区开发规划中的应用表现在：

（1）为景区开发和管理提供相关信息。通过构建景区地理信息系统，将各种规划管理数据输入该系统中，并定期维护和更新。借助该系统平台，景区规划和管理者直观地获得景区各种数据。

（2）构造求知型和互动型导游系统。由于地理信息系统具有良好的图形界面且蕴含有大量信息，可发挥多媒体技术构建景区电子导游系统，通过声音、图像等渠道为游客展示景区风貌。此外，通过地理信息系统的查询功能可为游客提供路线和景点查询的服务，同时借助电脑的外设产品，可将查询结果输出，从而为游客提供可随身携带的个性化景区游览咨询服务。

3. 全球定位系统

全球定位系统（Global Position System，GPS）是美国国防部部署的一种卫星无线电定位、导航与报时系统，由导航星座、地面台站和用户定位设备三部分组成。

全球定位系统在景区规划与开发中的应用表现在：

（1）定点。即通过野外考察时利用 GPS 手持机，确定某个旅游资源（景点）的精确位置，包括其三维坐标和地理空间坐标，在景区详细规划中能够发挥重要作用。

（2）定线。为景区规划者的游线设计提供指导；同时在游客应用上，为游客提供导航服务。

（3）定面。全球定位系统可以精确计算出景区内某个区域的面积大小。

4. 虚拟现实技术

虚拟现实（Virtual Reality）技术，又称灵境技术，它融合了数字图像处理、计算机图形学、多媒体技术、传感器技术等多个信息技术分支。虚拟现实系统就是利用各种硬件技术及软件工具，设计出合理的软硬件及交互手段，使参与者能交互地观察和操纵系统生产的虚拟世界。

虚拟现实技术是用计算机模拟的三维环境对现场真实环境进行仿真，用户可以走进这个环境，可以控制浏览方向，并操纵场景中的对象进行人机交互。

虚拟现实技术分为虚拟实景（境）技术（如虚拟游览故宫博物院）与虚拟虚景（境）技术

（如虚拟设计的波音飞机等）两大类。

在景区规划中，可以通过虚拟虚景向规划委托方展示景区规划的最终效果。同时还可以通过虚拟实景并结合信息网络为游客提供景区景观的远程欣赏。

5. 信息网络技术

信息网络（Info Network）技术主要是指以计算机和互联网为主要依托的技术方法。在景区规划中信息网络技术大量用于市场推广以及市场调查方面，通过景区网站的建设可以为旅游者提供更多的服务，同时可以吸引更多的潜在旅游者。

【拓展与提高】

射频识别技术在旅游景区管理的应用

射频识别（Radio Frequency Identification，RFID）技术，是利用射频通信实现的非接触式自动识别技术。RFID 标签具有体积小、容量大、寿命长和可重复使用等特点，可支持快速读写、非可视识别、移动识别、多目标识别、定位及长期跟踪管理。RFID 技术与互联网、通信等技术相结合，可实现物品跟踪与信息共享。RFID 技术应用于公共信息服务行业，可提高管理与运作效率，降低成本。

1. 在景区门禁票务中的应用

RFID 门票技术可回收利用，满足了环境保护和降低成本的要求；超高频技术带有穿透性，读取速度快，不用通过激光／红光瞄准就能获取数据，实现高效验票；在堆叠情况下依然能读取，支持群读，满足大流量识别，识别距离达 10 米左右，可满足景区内对游客和车辆的管理。RFID 门禁票务系统利用条码及计算机网络等技术，实现计算机售票、验票、查询、汇总、统计和报表等门票控制管理功能，实施全方位的实时监控和管理。

应用 RFID 技术，结合软硬件、互联网和无线通信技术，可解决旅游旺季景区游客流量大，验票时间集中；票类多样化，防伪能力较低；游客在景区内各景点分布不平衡，造成部分景点压力过大等问题。

2. 在景区现场救护管理方面的应用

通常景区范围广，地貌复杂。如何合理调配有限的人员，以最快速度实施现场救护显得尤为重要。由于 RFID 标签具有唯一的 ID 号，如果为负责现场救护的员工配置一个 RFID 员工卡和一台带 GPS 的 RFID 手持设备，并在景区内各小区域出入口设置 RFID 读写器，尤其是地貌复杂复、游客较多的地方设置救护点，就可对员工初步定位，实现点对点的控制。当控制中心系统获取游客求助信息时，系统可第一时间指派最靠近的员工赶赴现场救护。

3. 在景区景点实时监控的应用

一台高性能 RFID 读写器能每秒处理数百张电子门票，可满足大量游客数据处理工作。将景区内一些关键位置（如游客集中点或必经路口等）设置 RFID 读写器，配置多对天线。当游客通过关键点时，RFID 读写器获取游客的 ID 号，第一时间将数据发送到数据中心，可实时了解景区内游客分布情况，做到实时监控。

4. 景区联动管理方面的应用

景区联动管理是指建立一个完整的景区 RFID 应用系统——"景区一卡通"，将景区门票、餐饮、酒店及交通等进行整合，在景区内为持卡游客提供一条龙服务，从而提高景区的管理水平，实现景区优质服务。

另外，RFID 技术还可应用在景区应急管理系统、景区车辆调度系统和景区办公管理系统等领域。

【思考与讨论】

    1. 简述景区规划开发的主要理论。

    2. 叙述旅游区位论的理论内涵及其在景区规划开发中的应用。

    3. 简述地理信息系统及其在景区规划开发中的应用。

【案例回放】

    1. 景区开发规划的技术方法创新有哪些?

    景区开发规划技术创新主要有遥感技术、地理信息系统、全球定位系统、虚拟现实技术、信息网络技术等。

    2. 虚拟现实技术如何运用在景区开发规划及虚拟旅游中?

    虚拟现实技术结合遥感数据中所反映的大量地质地貌、气候水文、植被土壤、土地利用现状、区位条件、旅游资源状况、旅游线路等信息,尤其是分辨率高的真彩色正射影像,制作成虚拟旅游系统,给人以身临其境的感觉。景区规划中,可通过虚拟虚景向规划委托方展示规划的最终效果。同时还可通过虚拟实景并结合信息网络为游客提供景区景观的远程欣赏。虚拟旅游就是在建立有关对象的模型库和数据库的基础上,通过虚拟现实技术的人机对话工具来实现的,有仿真的建筑、景色和仿真的服务,可在当地旅游公司的在线服务上预览包括游览线路、住宿宾馆、就餐饭店、乘车坐船等诸多内容的整个游程。虚拟旅游系统不仅可使旅游规划设计方案易于修改、判断准确、操作性强,而且能先期检验规划方案的实施效果,并可反复修改,还有利于旅游地的管理、提高旅游地的综合效益,对整个旅游地的设施布局、游线选择、产业结构、土地利用、环境污染等进行动态监测和优化评估,通过互联网向旅游者及时准确地展现旅游地的发展变化,扩大了旅游者的选择空间。

【技能训练】

    选定几个5A级景区,调查其在景区规划开发中运用了哪些创新技术,对其进行分析评价,提出你的建议。

【阅读资料】

一部手机景区线路全导览

    到景区观光,手持一部智能手机,打开景区软件,游览线路、景点介绍尽收眼底;入住酒店,客房内的导游平台可以即时导航、导购,使游客在陌生的城市迅速熟悉身边的一切……昨日,《北京智慧旅游行动计划纲要(2012—2015年)》正式发布,随着一系列"智慧"建设,游客将在北京享受到真正的"智慧旅游"。

4年建成60个"智慧旅游"项目

    《纲要》计划利用4年时间,建设智慧旅游公共服务体系、旅游业态智慧旅游服务体系、智慧旅游政务管理体系3个"智慧旅游"体系;建立旅游公共服务信息系统、电子商务系统、便民服务系统、电子政务系统和旅游应急指挥系统等9个"智慧旅游"系统;完成虚拟景区旅游平台、景区自助导游平台、城市自助导览平台等60个"智慧旅游"建设项目,将制定和出台四个智慧旅游业态建设的评定办法和奖励、补贴、扶持政策。

    此外,"智慧景区""智慧饭店""智慧旅行社"和"智慧旅游乡村"四个建设规范与《纲要》一同发布,均设计了详细的评分细则,从多角度、多方面对各业态智慧旅游建设进行了详细内容指导和量化规范。

    "随着旅游业和信息技术发展,即使出门在外很多游客还是会依靠平板电脑、手机等终端设备来获取旅游资讯。"相关负责人介绍,"智慧旅游"是基于新一代的信息技术,为满足游客个性化需求,提供信息化服务。

景区内实时游客数量可查

走进"智慧景区",单击带有触摸显示屏的"自助导游系统",游客就能了解景区地图,景点历史文化,甚至还能了解景区内实时游客数量。同时,景区管理者通过物联网、云计算等信息技术编织的一张"智能网络",就能将景区内地理地貌、旅游者是否安全、基础设施和服务设施等情况即时了解。游客凭智能手机或平板电脑,可自主便捷选择景区合适的线路进行游览。对于跟团旅游的游客来说,通过智慧景区系统进行对比,可以更清楚地知道景区内的游览安排是否合理。"智慧景区"建设意在真正让游客做主。

"智慧旅游乡村网站"可订民俗户

入住"智慧酒店",客房的"智能自助终端"不仅能方便地调节灯光、窗帘、室温和电视,还能让游客快速了解、查询、预订旅游服务。酒店导览、导游平台,还能让游客对北京自助导览,对将要去的景区提前了解。

据介绍,参与"智慧饭店"建设的住宿业单位,将通过客房自助信息及电子商务终端、智能客房控制系统、中央预订系统等系统平台,对宾客偏好、员工行迹、饭店基础设施和服务设施进行全面、透彻、及时的感知,提高对旅游者的服务质量。同时,北京的"智慧旅游乡村网站"也将上线,在这个网站上,游客可以查询、预订民俗旅游村、民俗旅游接待户、采摘园、农产品等旅游产品和旅游服务,可以观看实时乡村视频美景和360度全景、视频宣传片,可以通过电子导航位置信息服务了解目的地的路线、车流情况和人流情况。

游客在民俗旅游乡村、民俗旅游接待户游玩时,电子导航位置信息服务还会告知游客周边哪里有旅游美景,哪里有采摘娱乐活动,同时可通过手机身份认证或电子票确定自己预订的房间。当游客从民俗旅游乡村、民俗旅游接待户返回时,可以通过银行卡刷卡或手机支付的方式,支付农家院的餐饮住宿费。

资料来源:杨汛. 北京日报 http://bjrb.bjd.com.cn/html/2012 - 05/11/content_83164.htm

情境二 景区开发规划的主要方法和技术

【案例导读】

中山古镇旅游资源调研分析

一、中山古镇旅游资源

(一)自然资源

桫椤树群;五彩霞光;竹光山色;双叠瀑布;原始森林

(二)文化资源

1. 古建筑文化:老街——"傍水而居吊脚楼,依岸而行古街道";古庄园——商界富豪大庄园;古船闸——古船运设计与现代科技同理。

2. 商业文化:古商铺——安居乐业图;古作坊——商业发达的见证;商界碑刻——商德行规明文公示

3. 金融文化:钱庄——北有"日升昌"、南有"关钱铺"

4. 宗教文化:双峰寺——宗教文化侵略的产物

5. 民间艺术:古楹联——"楹联之镇"名副其实;木雕牙床——中国"古床之乡""古床的

天下";檐灯——"五彩灯笼高高挂";"古道琴"——濒临失传绝迹

6. 移民文化:"湖广填四川"移民土著居民(巴人)大融合

7. 民间饮食文化:特色食品——绝无仅有

8. 巴人文化:巴人岩墓群——古镇起源的依据、先巴文化科考研究的史料

二、资源评价及价值分析

中山古镇的自然资源处于四面山、川黔渝"金三角"等周边旅游地的"形象遮蔽"之内,而人文资源却是独一无二的。四面山等周边旅游地的优势在自然生态风光;"中山古镇"的优势在人文资源。从旅游需求适应度、竞争优势、发展潜力等方面,对中山古镇旅游资源进行综合评价。

(一)优势

(1)绝无仅有的"商业文明",在中山古镇的旅游资源中最具比较优势。商业文化,是古镇演变发展的历史主线,是古镇旅游的"文脉"。

中山古镇,因"商"而起,因"商"而兴,因"商"而荣,也因弃"商"而衰。商贸活动是千年古镇发展兴衰的历史主轴线。古镇所有的社会活动、文化积存、生活气息,都围绕古老的商贸活动而发展。马帮文化、船运码头文化、钱庄金融文化、祠堂牌坊文化、宗教寺庙文化、移民文化、生命繁衍文化等,都是古镇商贸活动的"衍生物"、副产品或延伸产品。随着近代商贸活动东移(转向重庆),千年古镇的发展也随之停滞并开始走向衰败。可以说,没有古老的商贸活动、没有古老的商业文明,就没有中山古镇。商业文化,是古镇的"文脉";是古镇旅游的"主线"、文化内涵和精神灵魂;是培育中山古镇旅游核心竞争力的要素。

(2)古建筑文化。古街道、古商铺、古庄园等,既表现了当地富贾的富足程度,又表现出中山古镇建筑艺术和劳动人民的劳动智慧。独特而完整的古建筑文化,是中山古镇旅游文化的"明线"。

(3)生态环境。中山古镇境内拥有原始森林10万亩(1亩约0.06公顷),森林覆盖率46.7%。1500多种植物中有20余种属国家一二级重点保护植物,以桫椤、银杏为重点。成片集中分布的桫椤树群,可谓"价值连城"。上百种动物中就有国家重点保护动物几十种,其中,上万只白鹭常年在转龙湾栖息,还有五彩霞光——中山"黄昏绝景"等。生态环境是中山古镇旅游的"明线";是古镇人文旅游的环境衬托和要素支撑;是古镇旅游的"副线"。

(4)政策支撑。江津市"两地一中心"战略的提出,打造蜚声中外旅游胜地,江津首次把"旅游经济"提升到一个前所未有的战略高度,中山古镇旅游发展也得到了前所未有的政策支持。

(5)独特的区位。中山古镇距重庆108千米、江津62千米,西距四川合江佛宝景区13千米;南距四面山景区21千米。随着渝滇高速公路和重庆到四川合江高等公路的修建,外围交通条件得到改善,融入四面山和川黔渝旅游金三角经济圈的速度将加快。独特的地理区位将显现出来,也更有利于凸显中山古镇旅游价值。

(二)劣势

(1)对资源禀赋分析研究不深入、不精细,认识不到位、不统一,可能会造成中山古镇旅游业的开发不足和开发过度两大问题出现。

(2)自然资源和旅游产品方面,存在着与周边地区(特别是四面山)资源同质和产品结构相近的问题,容易形成"形象遮蔽"和"市场形象交叉重叠"现象。

（3）保护与开发矛盾突出，自然资源人为损坏严重。如因"水运"而兴起的千年古镇，因"小水电"的大量建设又面临"水道断水"的窘境。

（4）资源利用基础差，开发深度不够。

（5）主题不明确，形象不突出。

资料来源：牟红，杨梅.景区开发与管理教学指导案例集[M].北京：中国物资出版社，2008.

思考

1. 旅游资源调查与评价是做好景区开发规划的前提和重要环节。旅游资源调查的内容、程序与方法有哪些？

2. 结合中山古镇旅游资源调研分析，理解旅游资源评价内容与方法。

一、旅游资源调查与评价方法

旅游资源的调查与评价是做好旅游开发规划的重要环节。它能使人们正确、全面地掌握旅游资源现状、开发利用条件，为科学地评价旅游资源、创新规划和开发提供可靠依据，使有形的旅游资源产生以人为本的无形服务和可持续发展条件下的环境、社会、经济效益。

（一）旅游资源的概念

1. 旅游资源的含义

旅游资源是指自然界和人类社会，凡能对旅游者有吸引力、能激发旅游动机，具备一定旅游功能和价值，可为旅游业开发利用，并能产生经济效益、社会效益和环境效益的事物和因素。旅游资源的最大特色就是具有强大吸引力，能形成一种向心力，使人们产生向往的旅游欲望。

2. 旅游资源的分类

由于旅游资源的复杂性，国内外不同学者从不同的角度提出了众多的分类方案。从旅游规划的角度出发，2003年《旅游资源分类、调查与评价》（GB/T18972—2003）的分类方法是较常用的方案。此标准由国家质量监督检疫局2003年发布，并于同年5月实施。在分类结构上，采用主类、亚类和基本类型三个层次，共划分出8大主类、31个亚类、155个基本类型（表2-1）。分类原则是依据旅游资源的性状，即现存状况、形态、特性、特征划分。本标准是一部应用性质的技术标准，主要适用于旅游界，对其他行业和部门的资源开发也有一定的参考意义。

表2-1　旅游资源分类表

主类	亚类	基本类型
A 地文景观	AA 综合自然旅游地	AAA 山丘型旅游地 AAB 谷地型旅游地 AAC 沙砾石地型旅游地 AAD 滩地型旅游地 AAE 奇异自然现象 AAF 自然标志地 AAG 垂直自然地带
	AB 沉积与构造	ABA 断层景观 ABB 褶曲景观 ABC 节理景观 ABD 地层剖面 ABE 钙华与泉华 ABF 矿点矿脉与矿石积聚地 ABG 生物化石点
	AC 地质地貌过程形迹	ACA 凸峰 ACB 独峰 ACC 峰丛 ACD 石（土）林 ACE 奇特与象形山石 ACF 岩壁与岩缝 ACG 峡谷段落 ACH 沟壑地 ACI 丹霞 ACJ 雅丹 ACK 堆石洞 ACL 岩石洞与岩穴 ACM 沙丘地 ACN 岸滩
	AD 自然变动遗迹	ADA 重力堆积体 ADB 泥石流堆积 ADC 地震遗迹 ADD 陷落地 ADE 火山与熔岩 ADF 冰川堆积体 ADG 冰川侵蚀遗迹
	AE 岛礁	AEA 岛区 AEB 岩礁

（续）

主类	亚类	基本类型
B 水域风光	BA 河段	BAA 观光游憩河段 BAB 暗河河段 BAC 古河道段落
	BB 天然湖泊与池沼	BBA 观光游憩湖区 BBB 沼泽与湿地 BBC 潭池
	BC 瀑布	BCA 悬瀑 BCB 跌水
	BD 泉	BDA 冷泉 BDB 地热与温泉
	BE 河口与海面	BEA 观光游憩海域 BEB 涌潮现象 BEC 击浪现象
	BF 冰雪地	BFA 冰川观光地 BFB 长年积雪地
C 生物景观	CA 树木	CAA 林地 CAB 丛树 CAC 独树
	CB 草原与草地	CBA 草地 CBB 疏林草地
	CC 花卉地	CCA 草场花卉地 CCB 林间花卉地
	CD 野生动物栖息地	CDA 水生动物栖息地 CDB 陆地动物栖息地 CDC 鸟类栖息地 CDE 蝶类栖息地
D 天象与气候景观	DA 光现象	DAA 日月星辰观察地 DAB 光环现象观察地 DAC 海市蜃楼现象多发地
	DB 天气与气候现象	DBA 云雾多发区 DBB 避暑气候地 DBC 避寒气候地 DBD 极端与特殊气候显示地 DBE 物候景观
E 遗址遗迹	EA 史前人类活动场所	EAA 人类活动遗址 EAB 文化层 EAC 文物散落地 EAD 原始聚落
	EB 社会经济文化活动遗址遗迹	EBA 历史事件发生地 EBB 军事遗址与古战场 EBC 废弃寺庙 EBD 废弃生产地 EBE 交通遗迹 EBF 废城与聚落遗迹 EBG 长城遗迹 EBH 烽燧
F 建筑与设施	FB 单体活动场馆	FBA 聚会接待厅堂(室) FBB 祭拜场馆 FBC 展示演示场馆 FBD 体育健身馆场 FBE 歌舞游乐场馆
	FC 景观建筑与附属型建筑	FCA 佛塔 FCB 塔形建筑物 FCC 楼阁 FCD 石窟 FCE 长城段落 FCF 城(堡) FCG 摩崖字画 FCH 碑碣(林) FCI 广场 FCJ 人工洞穴 FCK 建筑小品
	FD 居住地与社区	FDA 传统与乡土建筑 FDB 特色街巷 FDC 特色社区 FDD 名人故居与历史纪念建筑 FDE 书院 FDF 会馆 FDG 特色店铺 FDH 特色市场
	FE 归葬地	FEA 陵区陵园 FEB 墓(群) FEC 悬棺
	FF 交通建筑	FFA 桥 FFB 车站 FFC 港口渡口与码头 FFD 航空港 FFE 栈道
	FG 水工建筑	FGA 水库观光游憩区段 FGB 水井 FGC 运河与渠道段落 FGD 堤坝段落 FGE 灌区 FGF 提水设施
G 旅游商品	GA 地方旅游商品	GAA 菜品饮食 GAB 农林畜产品与制品 GAC 水产品与制品 GAD 中草药材及制品 GAE 传统手工产品与工艺品 GAF 日用工业品 GAG 其他物品
H 人文活动	HA 人事记录	HAA 人物 HAB 事件
	HB 艺术	HBA 文艺团体 HBB 文学艺术作品
	HC 民间习俗	HCA 地方风俗与民间礼仪 HCB 民间节庆 HCC 民间演艺 HCD 民间健身活动与赛事 HCE 宗教活动 HCF 庙会与民间集会 HCG 饮食习俗 HGH 特色服饰
	HD 现代节庆	HDA 旅游节 HDB 文化节 HDC 商贸农事节 HDD 体育节
数量统计		
8 主类	31 亚类	155 基本类型

注:如果发现本分类没有包括的基本类型时,使用者可自行增加。增加的基本类型可归入相应亚类,置于最后,最多可增加2个。编号方式为:增加第1个基本类型时,该亚类2位汉语拼音字母 + Z,增加第2个基本类型时,该亚类2位汉语拼音字母 + Y

资料来源:旅游资源分类、调查与评价.（GB/T 18972—2003）.

（二）旅游资源调查

1. 调查目的

旅游资源调查是指运用科学方法和手段,系统地收集、记录、整理、分析和总结旅游资源及其相关因素的信息与资料,以确定旅游资源的存量状况并为旅游经营者提供客观决策依据的活动。调查目的是了解和掌握区内旅游资源的基本情况,建立区域旅游资源数据库;为景区开发规划与管理实施提供坚实基础资料,为制定开发导向提供有力证据;促使全社会意识到旅游资源的重要性,从而为保护现有资源奠定思想基础,同时也有助于日后新资源的发现。

2. 调查内容

（1）旅游资源本体调查。本体调查包括对旅游资源的类型、数量、结构、特征、成因、级别、规模、分布和组合结构等基本情况的调查,特别应注意对历史事件、名人活动、文化作品、神话传说等情况调查,并提供调查区旅游资源文字资料、分布图、照片、录像及其他有关资料。

（2）旅游资源环境调查。包括自然环境、人文环境及环境质量等调查。自然环境调查包括调查区域自然概况、气候气象、水文、地质地貌、土壤和动植物等要素的数量、质量、存在形态及组合情况,并对自然环境作出综合评价。人文环境调查包括调查该地历史沿革、政区、人口、经济发展状况、消费结构、传统土特产品、能源及资源状况、企业情况、法制环境、交通、邮电通信、供水、文化医疗卫生等基础条件,同时还应调查当地旅游业发展水平和当地居民对发展旅游业的态度。环境质量调查包括当地环境保护情况,如企业生产、生活、服务等人为因素造成的大气、水体、土壤、噪声污染状况和治理程度,以及自然灾害、传染病、放射性物质、易燃易爆物质等状况,重点调查环境对旅游资源开发的不利影响及应采取的对策。

（3）旅游资源开发的调查。包括旅游要素、客源市场和邻近资源调查。旅游要素调查包括旅游的食、住、行、游、购、娱等六大要素现状、存在问题的调查,要注重与旅游相应的交通、饭店、餐饮、游览、购物、娱乐等软硬件的调查。客源市场调查包括旅游地和客源地居民消费水平和出游率,分析现有及潜在客源状况;邻近资源调查包括自然与人文旅游资源的结合与互补情况,各要素组合及协调性,景观集聚程度等。重点调查分析邻近区域与本区资源相互联系、产生的积极和消极因素,以及区域内旅游资源在不同层次旅游区域中的地位。

3. 调查程序

由于旅游资源涉及面广、内容庞杂,因此在调查时要采取一定的工作流程,通过有组织、的行动,保证调查顺利进行,提高调查质量。根据调查的时间安排,可将旅游资源调查分成调查准备、调查实施和调查整理分析三大阶段,在每个环节中,还有相应的程序跟随(图2-2)。

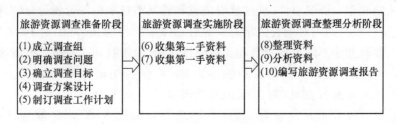

图2-2　旅游资源调查程序图

（1）成立调查组。根据调查区域内的情况，成立由专家或专业工作者与当地政府领导、工作人员和熟悉情况的居民组成的调查评价考察队，以保证旅游资源调查工作的顺利进行。

（2）明确调查问题。调查组成立后，针对所承接调查任务，按照调查意图，进行初步分析评判，提出大致的调查方向或意向，以明确调查的主要问题，为下一步工作开展奠定基础。

（3）确立调查目标。调查目标是调查意向的具体化和明确化，即调查最终要达到的程度。

（4）调查方案设计。调查方案的内容：调查目的要求、调查对象或调查单位、调查内容或项目、调查地点和范围、调查提纲或调查表、调查时间或工作期限、调查资料的收集方式与方法、调查资料整理分析的方法，以及提交调查表的形式与图表等。

（5）制定调查工作计划。根据旅游资源调查的要求，结合资料收集整理反映的具体情况，编写计划任务书，包括所需完成的任务、目的要求，采用的工作方法、技术要求、工作量、人员配备、工作部署、所需设备、器材和经费等，并提出预期成果。

（6）收集第二手资料。第二手资料是现存有关旅游资源主题的相关资料。实地调查之前，查阅资料，不仅省时、费用低，而且为全面认识旅游资源奠定基础，以便原始资料的收集。

（7）收集第一手资料。由于第二手资料的局限性，必须实地获取第一手资料。要求普查员运用各种方法收集资料，如系统普查、详细勘查及专业调查等。调查中，要对景区景观特征、观赏价值、构成要素、体量和位置等内容详细记录，在图件上标绘清楚，按规范采集样品，并对景观进行摄影、摄像等。在走访中除做笔记外，还可利用录音、复印、拍照等办法进行调查。

（8）整理资料。将所调查的全部资料进行鉴别、核对和修正，使资料完整、准确、客观、前后一致；同时应用科学的编码、分类方法对资料编码与分类，以利今后的查阅和再利用。

（9）分析资料。借助统计分析技术，测定各资料、数据和图件间的相互关系，认识某种现象与某个变化产生的原因，把握资源发展方向和规律，探求解决办法，以便提出合理行动建议。

（10）编写旅游资源调查报告。调查报告既是调查主题的分析与总结，也是调查成果的反映；既为决策部门提供决策依据，也体现该项目的全部调查活动。调查主报告要求观点正确、材料典型、中心明确、层次清晰。内容包括标题、目录、前言、概要、正文、结论与建议以及附件等部分。

4. 调查方法

（1）资料统计分析法。该方法是通过收集整理现有书面资料来了解某区域旅游资源的类型和分布。首先，应先对各种地方志、各级风景名胜区材料、各级自然保护区材料、各级文物保护单位名录、地质、水文、气象、珍稀动植物、地方文化、土特产品、特色古镇、古民居和建筑、宗教文化、传奇人物和重大历史事件、现代建设成就和居民消费水平等资料进行收集整理。这种方法的优点是能在短时间内对调查区旅游资源有总体认识，不足在于使用的是加工过的材料，会有讹误产生，而且此法不能给调查者动态的感性认识，会影响到以后结论的正确性。

（2）访问调查法。这是资源调查的辅助方法，调查者用访谈询问方式了解旅游资源情况。此方法可从资源所在地部门、居民及旅游者中及时了解旅游资源客观事实和难以发现的事物现象。通常召开座谈会，请年长者或熟知情况人员参加，重点了解鲜为人知的自然景观、历史遗迹、民俗风情、民间艺术等情况。另外也可设计调查问卷、调查卡片、调查表等，通过面谈调查、电话调查、邮寄调查、留置问卷调查等形式进行询问访谈，获取需要的资料信息。

（3）统计分析法。旅游资源区是由多种旅游景观类型和环境要素组成的综合体，必须采取统计方法，对各类资源进行统计，得出相关数据。对于资源单体，则可通过统计分析方法，得出单体面积、长度、宽度、角度、温度等数据。这都对旅游资源的深度开发具有重大意义。

（4）野外实地考察法。这是通过专家组现场综合考察，核实、获得各种资料，得出相关旅游资源分析、评价意见的方法。勘察时要对各类资源的形态、美感、体量、构成、方位、观察角度和距离、开发利用条件等做详细记录，要运用现代勘查技术和手段，将各种景观位置标明在相应比例尺地形图或航空图片上。还要对景观景点进行摄影、摄像工作，以留下第一手资料。对那些不能在现场判明的旅游资源，应提取标本（如石样、水样、植物等），另作分析。

（5）区域比较法。分为两个层次，一是不同类型旅游资源对比；二是同类型旅游资源的对比。其中同类型旅游资源的对比在旅游规划中显得最为重要。因为不同类型旅游资源的特色非常鲜明，而相似资源则需认真观察研究，找出两者的不同特色，才能为开发奠定基础。

（6）"3S"技术调查法。"3S"技术是指遥感（RS）、地理信息系统（GIS）和全球定位系统（GPS）技术的集成。该方法是用航空或航天遥感手段对地面进行测量观察获得地学信息；用全球定位系统对各景观、景点准确定位，以确定其位置、范围、大小、面积、体量、长度等；用地理信息系统在计算机中建立旅游区的空间数据库，对旅游资源进行调查、评价及动态管理。该方法具有信息量大、覆盖面广、方位准确性高、所需时间短、费用较少、现实性强等优点。在旅游资源调查中，应尽量充分运用各种现代科学技术手段，提高调查的精确性和科学性，但需要有运用专门知识和先进技术设备能力的人，才能够进行信息判读、解译和选择。

除上述调查方法外，其他还有资源图表法、分类分区法等。实际调查中，不可能仅采用一种方法就能完成一项庞大的旅游资源调查项目，需将各种方法综合运用。

【相关链接】

旅游资源调查的最终成果

旅游资源调查项的最终成果一般包括：

（1）基础资料集：包括调查区历史、地理、社会、文化、经济、环境、人口等方面的综合资料。这些是区域旅游资源形成和发展的基础，也是区域旅游业发展必须考虑的要素。

（2）旅游资源调查报告：这是调查的结论性成果，是旅游规划开发的重要依据。调查报告包括以下内容：

① 前言。包括调查工作任务来源、目的、要求、调查区位置、行政区划与归属、范围、面积、调查人员组成、工作期限、工作量和主要资料及成果等。

② 调查区旅游环境。包括地质地貌、水系水文、气象气候、植被土壤等的主要特征及交通、经济情况，最好还有邻近旅游区、旅游景点的基本情况资料。

③ 旅游资源开发历史和现状。包括旅游资源现状、分布、历史、开发利用情况、保护及其初步评价等。附上旅游资源分布图、重要景观照片及其密切相关的重大历史事件、名人活动、文化作品等资料，配合文字说明。

④ 旅游资源基本类型。包括各个基本类型的旅游资源的数量、比例等。

⑤ 旅游资源评价。包括评价的内容、采取的方法、所得出的结论等。

⑥ 旅游资源保护与开发建议。指出旅游资源开发利用的优势和不足，建议旅游资源开发利用的指导思想和保护措施，并对旅游项目策划和旅游产品设计提出必要的建议。

⑦ 主要参考文献。

（3）旅游资源调查系列图件：包括旅游资源分布图和分区图、旅游区功能结构图、旅游区资源开发现状图、旅游区交通位置图等。

（4）调查区旅游资源表：包括自然和人文旅游资源一览表、珍稀濒危动物一览表、珍稀濒危植物一览表、各级风景名胜区一览表、各级自然保护区一览表、各类森林公园一览表、各文保单位一览表等。

（5）声像材料：包括录像片、照片集、幻灯片等。

（三）旅游资源评价

旅游资源评价是指在旅游资源调查的基础上进行的深层次研究工作，是从合理开发利用和保护旅游资源及取得最大的社会经济效益的角度出发，采取一定的方法，对一定区域内旅游资源本身的价值及外部开发条件等进行综合评判和鉴定的过程。

1. 评价目的

（1）统一对旅游资源的认识。利用各种各样的评价模式和评价方法，可以促进人们对旅游资源的统一认识，遵循客观规律和旅游需求合理地开发旅游资源。

（2）明晰旅游资源的质量品质。旅游资源质量表现为客源市场的感知或认识。通过旅游资源的种类、组合、结构、功能和性质的评价，确定旅游资源的质量水平，论证其独有的魅力，评估其在旅游地开发建设中的地位。

（3）确定旅游资源规模水平。旅游资源规模包含旅游资源密度和资源容量两个方面。通过对旅游资源规模、数量、密度和承载容量的鉴定，明确旅游资源的类别数量和丰度，为分级规划和管理提供系列资料和判断标准，还可拟定未来旅游区的旅游资源结构和旅游开发计划。

（4）确定旅游资源的开发顺序。通过对各旅游资源的定性定量评价，确定各个资源单体的等级次序。对于品位高、文化内涵深、且具有深厚市场潜力的旅游资源要优先予以开发重建，而对等级不高、市场开发条件不成熟的资源则要先进行保护，待一定时期才能予以开发。

2. 评价原则

旅游资源是包罗万象的综合体，涉及多学科、多方面的知识，如果没有评价的准则，则很难做到公正客观和便于开发利用，下面是在评价中必须遵守的几个原则。

（1）客观实际原则。旅游资源是客观存在的事物，它的价值、内涵、功能等也是客观存在的。因此，在评价时必须从实际出发，实事求是地进行如实的科学界定，既不能夸张，也不能缩小，不能动辄"世界少有""国内唯一"，要从实际情况出发，避免无谓的开发。

（2）符合科学原则。指标的设定及指标的运用均要遵循科学的方法和标准，不能因为某个事物的影响大就给出过高的评估。比如某个地方的某种封建迷信活动影响很大，如果在等级评定时也给出高分值，就违背了科学这一原则。

（3）全面系统原则。旅游资源的价值和功能是多方面、多层次、多形式和多内容的，因此在资源评价时，要综合衡量、全面完整地进行系统评价，准确、全面地反映旅游资源的整体价值。

（4）效益估算原则。评价时，应尽量减少主观和个性色彩，要求在定性评价的基础上，加重定量、半定量评价的分量，通过一定的数据来评价说明，以弥补单纯定性评价的缺憾。

3. 评价内容

主要是评价旅游资源所具备的观赏游憩价值、历史文化艺术价值、规模和丰度、适游期或使用范围、环境保护与环境安全等。此外,还要对旅游资源的开发价值进行评估,要评价当地的经济和区位条件、可进入性、政策扶持力度、施工难易程度等,对项目开发条件作出评估。

(1) 旅游资源价值评价。主要包括观赏(美学)价值、历史文化价值、科学考查价值、社会经济价值、特色、规模与组合状况评价。

(2) 旅游资源开发条件评价。主要从资源所在区位条件、自然生态环境条件、社会政治经济条件、客源市场条件、投资施工条件等方面进行分析与评价。

(3) 旅游资源效益评价。包括经济效益、社会效益和环境效益三方面,是衡量景区旅游资源是否具备可开发性的重要指标。

4. 评价方法

旅游资源评价是极其复杂而重要的工作,根据评价目的、资源赋存条件、开发导向等的不同,评价方法分为定性和定量评价两大类。具体应用时较为理想的是定性与定量相结合。从全面认识旅游资源价值和便于旅游规划编制的角度,下面是较有影响的评价方法。

(1) 旅游资源的定性评价。定性评价是指评价者凭借已有知识、经验和综合分析的能力,通过在旅游区的考察或游览及其对有关资料的分析推断后,给予旅游资源整体印象评价。定性评价法主要有"三三六"评价法和"六字七标准"评价法。

"三三六"评价法即三大价值(旅游资源历史文化价值、艺术观赏价值和科学考察价值)、三大效益(旅游资源开发的生态效益、社会效益和经济效益)、六大条件(影响旅游资源开发地理位置、景观地域组合、环境容量、客源市场件、投资条件和施工等条件)。

"六字七标准"评价法主要是从旅游资源本身和资源所处环境两个方面考虑。对旅游资源本身采用六字评价:美、古、名、特、奇、用;对旅游资源所处环境的评价标准是季节性、污染状况、联系性、可进入性、基础结构、社会经济环境、市场状况等。

(2) 旅游资源的定量评价。定量评价是根据一定评价标准和评价模型,以全面系统的方法,将旅游资源各评价因子予以量化,使其结果具可比性。较之定性评价,结果更直观更准确。但定量评价难以动态反映旅游资源变化,对无法量化的因素难以表达,且评价过程较为复杂。

① 2003 年《旅游资源分类、调查与评价》(GB/T 18972 – 2003)的评价方法。本标准依据"旅游资源共有因子综合评价系统"赋分。系统设"评价项目"和"评价因子"两个档次。评价项目为"资源要素价值""资源影响力""附加值"。其中,"资源要素价值"项目中含"观赏游憩使用价值""历史文化科学艺术价值""珍稀奇特程度""规模、丰度与几率""完整性"等 5 项评价因子。"资源影响力"项目中含"知名度和影响力""适游期或使用范围"等 2 项评价因子。"附加值"含"环境保护与环境安全"1 项评价因子。"资源要素价值"和"资源影响力"总分值为 100 分。其中,"资源要素价值"为 85 分,分配如下:"观赏游憩使用价值"30 分、"历史科学文化艺术价值"25 分、"珍稀或奇特程度"15 分、"规模、丰度与几率"10 分、"完整性"5 分。"资源影响力"为 15 分,其中:"知名度和影响力"10 分、"适游期或使用范围"5 分。"附加值"中"环境保护与环境安全"分正分和负分。每一评价因子分为 4 个档次,其因子分值也相应分为 4 个档次(表 2 – 2)。

表2-2 旅游资源评价赋分标准

评价项目	评价因子	评价依据	赋值/分
资源要素价值(85分)	观赏游憩使用价值(30分)	全部或其中一项具有极高的观赏价值、游憩价值、使用价值	30~22
		全部或其中一项具有很高的观赏价值、游憩价值、使用价值	21~13
		全部或其中一项具有较高的观赏价值、游憩价值、使用价值	12~6
		全部或其中一项具有一般观赏价值、游憩价值、使用价值	5~1
	历史文化科学艺术价值(25分)	同时或其中一项具有世界意义的历史价值、文化价值、科学价值、艺术价值	25~20
		同时或其中一项具有全国意义的历史价值、文化价值、科学价值、艺术价值	19~13
		同时或其中一项具有省级意义的历史价值、文化价值、科学价值、艺术价值	12~6
		历史价值、或文化价值、或科学价值、或艺术价值具有地区意义	5~1
	珍稀奇特程度(15分)	有大量珍稀物种,或景观异常奇特,或此类现象在其他地区罕见	15~13
		有较多珍稀物种,或景观奇特,或此类现象在其他地区很少见	12~9
		有少量珍稀物种,或景观突出,或此类现象在其他地区少见	8~4
		有个别珍稀物种,或景观比较突出,或此类现象在其他地区较多见	3~1
	规模、丰度与几率(10分)	独立型旅游资源单体规模、体量巨大;集合型旅游资源单体结构完美、疏密度优良级;自然景象和人文活动周期性发生或频率极高	10~8
		独立型旅游资源单体规模、体量较大;集合型旅游资源单体结构很和谐、疏密度良好;自然景象和人文活动周期性发生或频率很高	7~5
		独立型旅游资源单体规模、体量中等;集合型旅游资源单体结构和谐、疏密度较好;自然景象和人文活动周期性发生或频率较高	4~3
		独立型旅游资源单体规模、体量较小;集合型旅游资源单体结构较和谐、疏密度一般;自然景象和人文活动周期性发生或频率较小	2~1
	完整性(5分)	形态与结构保持完整	5~4
		形态与结构有少量变化,但不明显	3
		形态与结构有明显变化	2
		形态与结构有重大变化	1
资源影响力(15分)	知名度和影响力(10分)	在世界范围内知名,或构成世界承认的名牌	10~8
		在全国范围内知名,或构成全国性的名牌	7~5
		在本省范围内知名,或构成省内的名牌	4~3
		在本地区范围内知名,或构成本地区名牌	2~1
	适游期或使用范围(5分)	适宜游览的日期每年超过300天,或适宜于所有游客使用和参与	5~4
		适宜游览的日期每年超过250天,或适宜于80%左右游客使用和参与	3
		适宜游览的日期超过150天,或适宜于60%左右游客使用和参与	2
		适宜游览的日期每年超过100天,或适宜于40%左右游客使用和参与	1
附加值	环境保护与环境安全	已受到严重污染,或存在严重安全隐患	-5
		已受到中度污染,或存在明显安全隐患	-4
		已受到轻度污染,或存在一定安全隐患	-3
		已有工程保护措施,环境安全得到保证	3

资料来源:《旅游资源分类、调查与评价》(GB/T 18972—2003).

　　根据对旅游资源单体的评价,得出该单体旅游资源共有综合因子评价赋分值。依据旅游资源单体评价总分,将其分为五级,从高级到低级为:五级旅游资源,得分值域≥90 分。四级旅游资源,得分值域≥75 ~ 89 分。三级旅游资源,得分值域≥60 ~ 74 分。二级旅游资源,得分值域≥45 ~ 59 分。一级旅游资源,得分值域≥30 ~ 44 分。此外还有未获等级旅游资源,得分≤29 分。五级旅游资源称为"极品级旅游资源";五级、四级、三级旅游资源被通称为"优良级旅游资源";二级、一级旅游资源被通称为"普通级旅游资源"。

　　旅游区质量等级评价方法根据国家旅游局在 1999 年对全国各地的旅游区(点)进行全面评估,特别制定了一个旅游区(点)的景观质量评分细则制定。在这个细则中,旅游资源的评价分为资源要素价值和景观市场价值两大部分,共 9 项因子,总分为 100 分。其中资源要素价值为 65 分,景观市场价值 35 分。各项评价因子分四个评价档次(表 2 - 3)。

表 2 - 3　景观质量评分细则

评价项目	评价因子	评价依据和要求	等级赋值/分				本项得分
			I	II	III	IV	
资源吸引力(65 分)	观赏游憩价值(25 分)	1. 观赏游憩价值很高 等级赋值 2. 观赏游憩价值较高 3. 观赏游憩价值一般 4. 观赏游憩价值较小	25 ~ 20	19 ~ 13	12 ~ 6	5 ~ 0	
	历史文化科学价值(15 分)	1. 同时具有极高历史价值、文化价值、科学价值,或其中一类价值具世界意义 2. 同时具有很高历史价值、文化价值、科学价值,或其中一类价值具全国意义 3. 同时具有较高历史价值、文化价值、科学价值,或其中一类价值具省级意义 4. 同时具有一定历史价值,或文化价值,或科学价值,或其中一类价值具地区意义	15 ~ 13	12 ~ 9	8 ~ 4	3 ~ 0	
	珍稀或奇特程度(10 分)	1. 有大量珍稀物种,或景观异常奇特,或有世界级资源实体 2. 有较多珍稀物种,或景观奇特,或有国家级资源实体 3. 有少量珍稀物种,或景观突出,或有省级资源实体 4. 有个别珍稀物种,或景观比较突出,或有地级资源实体	10 ~ 8	7 ~ 5	4 ~ 3	2 ~ 0	
	规模与丰度(10 分)	1. 资源实体体量巨大,或基本类型数量超过 40 种,或资源实体疏密度优良 2. 资源实体体量很大,或基本类型数量超过 30 种,或资源实体疏密度良好 3. 资源实体体量较大,或基本类型数量超过 20 种,或资源实体疏密度较好 4. 资源实体体量中等,或基本类型数量超过 10 种,或资源实体疏密度一般	10 ~ 8	7 ~ 5	4 ~ 3	2 ~ 0	
	完整性(5 分)	1. 资源实体完整无缺,保持原来形态与结构 2. 资源实体完整,基本保持原来形态与结构 3 资源实体基本完整,基本保持原有结构,形态发生少量变化 4. 原来形态与结构均发生少量变化	5 ~ 4	3	2	1 ~ 0	

（续）

评价项目	评价因子	评价依据和要求	等级赋值/分				本项得分
			I	II	III	IV	
市场影响力（35分）	知名度（10分）	1. 世界知名 2. 全国知名 3. 省内知名 4. 地市知名	10~8	7~5	4~3	2~0	
	美誉度（10分）	1. 有极好的声誉,受到95%以上游客和绝大多数专业人员的普遍赞美 2. 有很好的声誉,受到85%以上游客和大多数专业人员的普遍赞美 3. 有较好的声誉,受到75%以上游客和多数专业人员的赞美 4. 有一定声誉,受到65%以上游客和多数专业人员的赞美	10~8	7~5	4~3	2~0	
	市场辐射力（10分）	1. 有洲际远程游客,且占一定比例 2. 有洲内入境游客及洲际近程游客,且占一定比例 3. 国内远程游客占一定比例 4. 周边市场游客占一定比例	10~8	7~5	4~3	2~0	
	主题强化度（5分）	1. 主题鲜明,特色突出,独创性强 2. 形成特色主题,具有一定独创性 3. 有一定特色,并初步形成主题 4. 有一定特色	5~4	3	2	1~0	
总分							

二、旅游市场调查与预测方法

（一）旅游市场调查目的

旅游市场调查的目的是克服人为的主观臆断,通过客观地收集旅游市场需求信息及相关影响因素信息,以便在景区开发时进行正确的规划和实施。

1. 确定旅游项目开发的可行性

通过客观调查评估,可分析出拟开发项目对旅游者的吸引力,从而确定该项目的市场前景。

2. 获取可靠信息

通过调查获得的可靠信息,可为旅游经济部门和旅游管理部门的决策者制定政策,进行预测、作出决策和制定计划提供重要依据。

3. 进一步发现问题

通过对开发景区的构想评价,可及时发现问题,为进一步的调查和深度研究提供依据。

（二）旅游市场调查内容

1. 市场环境调查

市场环境调查是指对旅游有影响的政治、经济、社会文化和自然地理等环境进行调查。政治环境包括社会安定状况、政府政局变化、一定时期内政府对旅游业及相关行业的法令法规等。如果是境外客源地还要了解与此有关的关税、外汇、政策等情况。经济环境包括人口情况、国民生产总值、收入水平、居民储蓄、消费水平和消费结构、物价水平、旅游资源状况等。社会文化环境是指当地民族民俗状况,受教育程度,对旅游意识程度以及职业种类等。自然地理环境是对地理位置、气候条件、植被覆盖和地形地貌的了解。

2. 市场消费需求调查

旅游消费需求是一个很复杂的系统,涉及面广,范围大。旅游消费需求调查主要包括:一是游客对旅游地印象,旅游活动对游客正负面的影响;二是游客的年龄与性别、受教育程度、职业及家庭情况、同游情况及消费习惯,划出不同层次,以便日后分析研究;三是游客休闲时间及居住地;四是游客对旅游设施的反映;五是游客未来的期望,属于一种综合性的评价,有利于旅游部门进行市场分析与预测;六是游客的旅游目的或动机。

3. 市场销售调查

市场销售调查可根据营销组合的各个因素,分为对产品、价格、促销和渠道的调查。产品策略调查包括游客对旅游产品评价、旅游产品生命周期、同类旅游产品竞争态势等方面。价格策略调查包括:游客对产品价格评价、对价格调整的反应、价格对来游人数的影响等。促销策略调查包括:各种公共关系的活动方式与效果、广告媒介的选择、广告效果的评价、人员促销方式与效果以及销售方式及效果等。渠道策略调查包括游客通过何种渠道购买产品、现有渠道长短种类、与渠道关系如何、竞争者采用何种渠道、渠道是否通畅、渠道是否有效等。

(三) 旅游市场调查程序

旅游市场的调查,虽因时间、地点、费用、设备等条件的变化,具体做法不可能强求统一,但一般都要经过旅游市场调查的准备、实施和资料整理三个阶段:

旅游市场调查的准备阶段主要是确定调查目标、确定调查项目、选择调查方法、估算调查费用、编写调查建议书等。

旅游市场调查的实施阶段主要是组织调查人员按照调查方案和工作计划,通过案头调查和实地调查系统地收集各种资料。

旅游市场调查的资料整理分析阶段包括资料的整理、分析和旅游市场调查报告的撰写。

(四) 旅游市场调查方法

1. 询问调查法

旅游市场调查人员通过将事先拟订好的调查问题以各种方式向被调查者提出询问,通过其回答获取所需资料的方法。询问调查法一般分为以下四种:

(1) 访谈法。由调查人员访问被调查者,根据调查提纲当面提问。

(2) 问卷调查法。问卷调查是获取一手资料的非常有效的调查方法,根据调查地点的不同,问卷调查又分为现场问卷调查、网站问卷调查、邮寄法、留置法、电话法等。

① 现场问卷调查。现场问卷调查是在特定的场所,让被调查者在一定时间内回答询问并填写问卷。这种方法应用范围广,经济实用,是市场调查中最常用的方法。具体应用时要注意问卷的设计、调查时间和地点的选择、调查对象的选择以及调查过程的技巧运用等问题。

② 网站问卷调查。这是随着网络的普及而应用越来越广的调查方式。此方法快捷、信息

量大、成本低。利用网络作调查时除要注意与现场问卷调查一样的问题外,还要注意网站的选择。

③ 邮寄问卷调查。调查人员将设计好的调查问卷通过各种媒介(如邮寄、电子邮件、报纸杂志刊登等)传递给被调查者,请其填写后寄回。

④ 留置问卷调查。这种方式介于访谈法与邮寄法之间,指调查人员在访问过程中留下调查问卷,让被调查者自由填写,过后再予以收回。

(3)电话法。由调查者通过电话问卷向被调查者直接征询意见。

2. 文案调查法

文案调查法就是通过搜集各种历史和现实的动态统计资料(二手资料),从中摘取与市场调查有关的情报,进行统计分析的调查活动。统计数据的资料来源主要有:

(1)国内外公开出版物如报纸、杂志、图书刊登的新闻、报道、评论以及调查报告。如《中国旅游报》《中国旅游年鉴》等。另外,网上资料也是获取资料的重要渠道。

(2)内部资料。此类资料对于旅游规划显得尤为重要,主要包括政府机关的内部工作文件、旅游局的统计数据等。由于某些数据存在一定的机密性,因此在收集过程中要注意保密。

(3)其他资料。国家机关公布的国民经济发展计划,统计资料、政策、法规等资料;旅游行业协会和其他旅游组织提供的资料,或旅游研究机构、旅游专业情报机构和咨询机构提供的市场情报和研究结果;旅游企业之间交流的有关资料。

3. 观察法

观察法是指由旅游调查人员到现场进行观察和记录的一种市场调查方法。

4. 实验法

实验法是指旅游调查人员将调查对象置于特定的控制环境中,通过采取控制外变量和实验差异来发现变量之间的因果关系的一种调查方法。

5. 专家调查法

此类方法是对有专长的人群进行调查,收集群体集合资料的一种方式。通常有两种形式。一是座谈会,组织一定数量的专家集中讨论一个专项问题,如"头脑风暴法";二是背对背信函讨论,在各专家间不知晓相互情况下,对某问题提出自己看法,如"特尔菲法"。

(五)旅游市场调查技术

1. 调查样本的选取

市场调查样本的选取按照调查对象的范围可分为市场普查法和抽样调查法两种。

市场普查法是对所要研究的全部对象作无一遗漏的全面调查,具有调查范围广、调查对象多、资料全面等优点,但工作量大、成本高、调查内容有限。普查法在旅游市场调查方面,主要是在游客收入水平高低、休闲时间长短、游客数量多少等项目上。虽然通过该方法可获取较为准确的数据,但在较大范围中进行,需耗费大量人力、物力,所以实际运用较少。

抽样调查法是按一定方式从调查总体中抽取部分样本进行调查,用所得结果说明总体情况。简单地说它是指从一个大群体(母体)中选出一个小群体(样本),然后根据对样本的分析预测母体的特征,从而找出所要调查的总体对象的特征。抽样调查法有如下几种。

(1)简单随机抽样,也叫单纯随机抽样。指从总体中不加任何分组、划类、排队等,完全随机地抽取调查单位。

（2）等距抽样，也叫机械抽样和系统抽样。指将总体各单位按一定标志或次序排列成为图形或一览表式（也就是通常所说的排队），然后按相等的距离或间隔抽取样本单位。

（3）分层抽样，也叫类型抽样。指将总体单位按其属性特征分成若干类型或层，然后在类型或层中抽取样本单位。

（4）整群抽样，指从总体中成群成组地抽取调查单位，而不是一个一个地抽取调查样本。

【相关链接】

旅游市场调查样本的选取——分层抽样法

分层抽样既可以按年龄结构层次来编排（表2-4），也可以按文化程度来编排（表2-5）。

表2-4　按年龄分层抽样调查表

按年龄分层	决定因素	持相同观点所占比例/%
9~18岁	此地风景比别地好	85
18~27岁	了解当地风土人情	89
28~45岁	能学到更多的东西	74
46~55岁	为休假消闲而观赏风景	78
56岁以上	疗养休息	83

表2-5　按文化程度分层抽样调查表

按文化程度分层	决定因素	持相同观点所占比例/%
小学文化程度	能自由自在度过假期	67
中学文化程度	此地风景比别地好	83
中学到大学文化程度	为休假消闲而观赏风景、疗养	80
大学以上文化程度	能学到更多的东西，了解当地风土人情	78

分层抽样在旅游市场调查中得到广泛应用。如在对某地游客行为特征调查时，选择的样本既要考虑游客来自不同地区或国家，有着不同的旅游动机，又要考虑来自相同的国家，在职业、文化程度、年龄等方面的不同。

资料来源：吴忠军. 旅游景区规划与开发[M]. 北京：高等教育出版社，2009.

2. 调查问卷的设计

调查问卷的问题设计、提问方式、问卷形式以及遣词造句等，都直接关系到是否能有效达到调查目标。设计得体的调查问卷应具备条件：语言简单扼要，内容全面周到；不宜过长，问题不能过多，控制在20分钟左右回答完毕；方便评价，易于分析；调查问卷最好能直接被计算机读入，便于数据统计和处理，以节省时间，提高统计的准确性；包括数条过滤性问题，以测试答卷者是否诚实与严肃；便于对方无顾虑地回答，保证对方觉得回答此问题于己无害。

（1）问卷设计程序。

① 确定调查的目的、对象、时间、方式（面谈、电话、信函、计算机网络）等；

② 设计出全部问题，当对方回答完，就能得到调查者想了解的全部信息；

③ 技巧性地排列问题,一般是熟悉问题放前、生疏问题放后;简单问题放前、较难问题放后;被调查者感兴趣的问题放前,敏感性的问题放后;

④ 尽量使提出的问题具有趣味性;

⑤ 选择一个拟调查对象试答问卷;

⑥ 修改问卷,使之更加完善;

⑦ 正式采用。

（2）问卷基本结构。一份正式的调查问卷一般包括三部分:

第一部分,前言。包括调查主题(问卷标题)、说明信(调查的目的及意义,问卷编号、问候语)以及填表说明等内容。

① 调查主题(问卷的标题)。问卷标题要简明扼要,点明调查对象或调查项目,不要只简单写上"市场调查问卷"之类空泛词句。表2-6的问卷中,标题是"河南开封旅游客源市场调查问卷",这里调查主题是"旅游客源市场",范围是"河南省开封市"。

② 说明信。问卷标题之下,要附有简短的说明信,说清调查意义(进行开封市旅游规划)、内容(有关旅游规划的意见)等,以消除被调查者的顾虑或紧张,求得合作。短信用词应精心选择,力求简练,文笔亲切。最后要注明进行调查的单位,使被调查者更为放心地回答。

③ 填表说明。为了告诉被调查者如何填写问卷,对于简单问卷,可在问卷中直接说明,也可由调查员现场说明。表2-6直接给出了"在符合您的情况的选项上打'√'或空格上填上合适的内容"的说明。如果是比较复杂的填写,则需将两者结合起来使用。

④ 被调查者基本情况。指被调查者的特征,如年龄、性别、收入、职业、文化程度等。这些是分析的基本控制变量,可根据情况选定询问内容。这类问题一般放在问卷开始或末尾。表2-6中,由于被调查者的基本情况是调查内容的一部分,因此在调查内容中体现了出来。

⑤ 编码。编码是将问卷中调查项目以及备选答案给予统一设计的代号以便对其整理和分析。市场调查问卷一般采用数字代号系统,并在问卷的最右侧留出"问卷编号"位置。

第二部分,正文。按照调查设计逐项列出调查的问题,这是调查问卷的主要部分。调查问题的设计与调查质量的高低、调查进行顺利与否有着直接的关系。

第三部分,附录。问卷最后,要求注明调查者姓名、调查开始和结束时间等事项,主要为明确责任、方便查询以及为进一步统计分析收集资料而设计,以利于问卷的质量检查者控制。如有必要,还可注明被调查者的姓名、单位或家庭住址、电话等,供复核或追踪调查之用。但在填写之前要征求被调查者的意见。

（3）调查问题的设计。从格式看,可将调查问题分为限定性和随意性两种(又称封闭式和开放式)。限定性问题,是指已设计了可能答案的问题,被调查者可从备选答案中选出一个或几个答案。这种问题回答方便,而且易于问卷的整理和分析,但也易造成强迫式回答,或被调查者为应付答题而乱答。随意性问题,是指所提出的问题并不列出可能答案,而是由被调查者自由回答。这类问题提问简单,得出的答案较真实,但由于答题不统一造成统计分析困难,以及被调查者不愿作答等缺点。鉴于此,一般的调查问卷都是将这二者结合起来设计。

① 限定性问题的主要形式。在具体提问角度或方式上，常用的有二项选择法、多项选择法、排序法等。

a. 二项选择法。又称"是否法"或"二分法"，仅提供"是"或"不是"两种答案。

示例："您是否来过开封?"或"入住本酒店之前,你是直接与本酒店预订的吗"?

（　）是　　　　　（　）不是

b. 多项选择法。指提供三个或三个以上答案,被调查者可根据实际情况选择多个答案。

示例："如果来,您的旅游目的是什么?"

（　）休闲/观光/游览/度假　（　）探亲访友　（　）商务　（　）会议　（　）医疗

（　）宗教朝拜　　　（　）文化/体育/科技交流

c. 排序法。是指列出若干项目让回答者按重要程度决定先后顺序的调查方法。

示例："请指出××旅游资源最重要的是哪项?"或"请按照吸引力的大小给下列景点排序。"

d. 程度法。回答后可显示对方同意与否的程度。

示例:5A级景区的旅游资源等级、服务设施及服务质量普遍高于4A级景区。

（　）极同意　　（　）同意　　（　）无意见　　（　）不同意　　（　）极不同意

e. 重要性。显示对方认为的重要程度。

示例:酒店服务质量是选择酒店的_____因素。

（　）重要　　　（　）普通　　（　）不重要　　（　）最不重要

f. 购买欲。调查对方的购买欲望。

示例:旅行社4月初推出"夕阳红"海南、桂林七日游,您会替您父母报名参团吗?

（　）肯定会　　（　）应该会　（　）难说　　　（　）不会　　　（　）一定不会

g. 评议式。请对方参与评议。

示例:您认为本餐厅的服务质量_____。

（　）很好　　　（　）好　　　（　）一般　　　（　）不好　　　（　）很不好

以上各类问题均是让被调查者在有限范围内做出选择。如采用当面调查问卷,上述几种形式都可使用;如采用电话采访,选择较简单的对错式更好。此外,在旅游市场调查中,还经常使用成对比较法、项目核对法、数值尺度法等。

② 随意性问题。随意性问题与限定性问题的不同之处,是给对方以广阔的空间去自由发挥,主要形式有:

a. 形式完全随意:指让被调查者自由发表意见或建议。

示例:您对本酒店有何意见或建议?_____。

b. 连字式:提供相应的词语让对方发挥。

示例:当您听到下列词语时,您想到的是什么? 酒店——香格里拉——旅行

_____

c. 完成句子:请对方完成一个未完成的句子。

示例:我出去旅行时,选择酒店的标准:_____。

随意性问题。一般只用于对文化程度较高的顾客、对本企业产品较喜爱的忠诚顾客的调查。如果对一般性顾客采用这种提问形式,得到的回收率一般不会高。

表 2-6　河南省开封市旅游客源市场调查

河南开封旅游客源市场调查问卷

问卷编号:(由调查员编写)□□□□

尊敬的女士,尊敬的先生:

我们正在进行开封旅游规划工作,您的意见对我们相当重要,请您花几分钟填写此表,本问卷采取不记名方式填写,完全不对外公开,敬请放心。对您的合作表示衷心地感谢!

在符合您的情况的选项上打"√"或空格上填上合适的内容。

1. 您的性别:□男　　　　□女

2. 您的年龄:□12 岁以下　□12~25 岁　□26~35 岁　□35~60 岁　□60 岁以上

3. 您的职业:□国家机关人员　□企事业管理人员　□专业/技术/文教科技人员　□营销/销售人员
　　　　　□技工/工人　　　□农民/渔民　　　□家庭主妇　　　□退休人员　□学生　□其他

4. 您的受教育程度:□研究生以上　□本科　□大专　□高中　□初中　□小学

5. 您的家庭结构:□单身　□单身、父母同住　□夫妻　□夫妻、子女　□三代同堂及上

6. 您在旅游上的花费(一年):□2000 元以下　□2001~5000 元　□5000~10000 元　□10000 元以上

7. 您家庭月收入:□2000 元以下　□2001~5000 元　□5000~10000 元　□10000 元以上

8. 您是第几次到开封旅游? ____次。您来本地是否到景点游览:□否　□是,游览或打算游览景点个数____。
请列出您在本市游览过(或打算游览)的旅游景区: _____
_____。

9. 您认为对于首次来开封的旅游者,下列哪些地方是必须一游的?
□清明上河园　□龙亭公园　□相国寺　□铁塔公园　□延庆观　□开封府　□禹王台 繁塔　□包公祠　□翰园碑林
□黄河游览区　□山陕甘会馆　□天波杨府　□宋都御街　□其他(请注明)_____

10. 来开封前,您对开封的了解主要通过下列何种途径:
□电视/广播　□报纸/杂志　□网络　□广告　□亲友或同事介绍　□书籍　□旅行社　□其他(请注明)

11. 您来开封的主要目的是(可多选):
□休闲/观光/游览/度假　□探亲访友　□商务　□会议　□医疗　□宗教朝拜　□文化/体育/科技交流
□吃喝玩乐/休闲娱乐　□其他(请注明)_____

12. 您对开封哪些旅游资源感兴趣? (可多选):
□文物古迹　□民俗民情　□文化艺术　□饮食烹调　□医疗保健　□旅游购物　□节庆活动　□商务
□休闲娱乐　□其他(请注明)_____

13. 您此次在开封购买了哪些商品? (可多选): □汴绣、汴绸　□朱仙镇木版年画　□官瓷　□五香豆腐干
□花生糕　□风筝　□鲍乾元毛笔　□书籍/音像制品　□其他商品

14. 您对开封的旅游质量的评价? (请用 5 分制表示,5 分表示最好,1 分表示最差)
□住宿　□餐饮　□交通　□景点游览　□厕所卫生　□娱乐　□购物　□服务　□总体印象

15. 您此次来开封旅游的方式是:□单位组织　□家庭或与亲朋结伴　□旅行社组织　□客户　□个人

16. 您到本地(开封)旅游使用的交通工具是:
□公交汽车　□私人汽车　□单位/旅行社巴士　□火车　□其他(请注明)_____

17 您来开封旅游的花费:
(1)能够明确计算的部分:业已花费总额_____元;该花费包含的人数为_____人;其中:交通费_____元(飞机
_____元、火车_____元　长途汽车_____元　其他_____元) 住宿_____元　餐饮_____元 游览
_____元、娱乐_____元、购物_____元、市内交通费_____元、邮电通信_____元 其他_____元。

(2)其他不能明确计算的部分(如尚未发生但计划内的开支):估算_____元。

18. 您在开封共度过或准备度过_____天(夜),其中:
您住的是:□四星级宾馆　□三星级宾馆　□二星级宾馆　□一星级宾馆□小旅馆或招待所
　　　　　□亲友家　□一日游,不住宿

19. 您是第几次到开封旅游的? _____次。

（续）

20. 请您对开封以下各项内容作出评价，在方框内打"√"。

项目		满意	基本满意	不满意	备注
1. 您对开封城市管理和生活质量评价					
城市规划建设					
交通管理	是否畅通、指示牌是否明显等				
	出租车服务				
	公交车服务				
人居环境	社区环境				
	公共文化场所环境				
	社会治安				
市容市貌	城市绿化和美化				
	城市公共卫生				
	城市厕所				
2. 您对开封景区的满意度					
景区整体卫生状况					
景区厕所卫生及服务					
景区工作人员服务态度					
3. 您对开封旅游设施及服务的满意度					
导游讲解、服务是否规范					
旅行社行程安排是否合理					
宾馆服务	服务、接待是否满意				
	住宿环境是否满意				
餐饮服务	是否符合您的口味				
	饮食特色是否明显				
购物是否称心如意					
娱乐场所、设施是否满意					
4. 您对开封的综合印象					

21. 请您留下宝贵意见或建议：

_____

_____

感谢您的合作！

以下由调查员填写：

调查时间：_____ 调查地点：_____ 调查员：_____

（六）旅游市场预测方法

旅游市场预测是根据既定的市场事实，利用已有的知识、预测技术和经验，对影响旅游企业市场变化的各种因素进行研究、分析、判断和估计，以掌握市场变化的趋势和规律。

1. 旅游市场预测的步骤

（1）确定预测目标，拟订预测计划。

（2）收集、整理和分析资料。

（3）选择预测方法，建立预测模型。

（4）预测与预测误差分析。

（5）确定预测值，提交预测报告。

2. 旅游市场预测的方法

（1）定性预测。定性预测是预测者根据掌握的情况，结合经验、专业水平，对旅游企业发展前景的性质、方向和程度做出判断，也称判断预测或调研预测。主要预测方法有决策者个人预测法、经营者集体预测法、旅游者购买意向预测法、专家意见预测法。如常用的特尔菲法。

特尔菲法又称专家小组法，是一种集体讨论判断法。它以匿名方式，征求一组专家各自预测意见，最后由主持者综合分析，确定市场预测值。具体程序是在专家组组成后，将预测问题通知专家，专家对预测问题提出看法并说明其依据和理由。意见返回后，对专家意见进行综合，再将综合后的问题寄给专家，请他们进一步提出看法。如此反复，直到意见基本一致为止。

（2）定量预测。又称统计预测，是预测者根据掌握的数据，运用统计方法和数字模型近似地揭示预算对象数量变化程度及其结构关系，并据此对预测目标作出量的预算。如移动平均法。

① 时间序列法。指根据时间顺序的统计数据及其内在规律性向外延伸，来揭示未来市场变化趋势的预测方法。主要包括简单平均法和移动平均法。

移动平均法也称算术平均法，是指在客源市场预测中用算术平均数作为下期预测值，得出较为平滑的发展趋势。缺陷是将远期和近期客源量相同看待，没有考虑近期客源市场变化趋势，准确度不是很高，最好与其他方法协调使用，或采用加权移动平均法。加权移动平均法和简单移动平均法基本相同，不同的只是对各期数值给以不同的权数。也就是说，认为各期资料对预测数的影响不相等，时期越近影响越大，权数越大。

简单移动平均法的公式为

$$F = \frac{\sum S_i}{N} = \frac{S_1 + S_2 + S_3 + \cdots S_n}{N}$$

式中　F ——预测数；

　　　S_i——第 i 期的客源市场流量；

　　　N ——资料的期数。

影响客源市场因素很多，通过预测可提示一些未来发展方向和趋势，但没有绝对精确的方法。为此，可采用多种预测方案，最后将数据综合分析，以求与未来客源市场相符合的预测值。

② 因果关系法。又称回归预测法，指在分析实际资料基础上找出影响市场变化的自变量与因变量，建立表达两者关系的数学模型，利用模型输入自变量数据，预测因变量未来发展趋势。

【相关链接】

旅游市场调查的技巧

如何进行提问

在进行旅游市场调查时，要想得到较高的回答率，需要有良好的提问技巧。包括：

（1）问题必须简短，以免造成对方混乱，如"您认为在市场竞争日趋激烈的今天，旅行社不计成本，以零团费或负团费去吸引顾客，通过导游在旅游中诱导游客购物来取得利润，由此引起怨声载道，投诉增多，影响旅游行业诚信，阻碍了旅游行业可持续发展的做法是否应受到批评？"这样的长句式提问，很难得到满意回答。

（2）直接提问与间接提问相结合。如"你认为我公司旅游产品的广告有效吗？"直接提问，很有可能得到的是虚假答案。若改为间接提问"您认为市场上的旅游产品广告哪个给您印象最深？"得到的答案显然更可信。

（3）不要直接提及商品的牌子。如"清新温泉度假村是市场上最好的温泉度假村吗？"的提问方式，最好换成"您认为市场上现有温泉度假村，哪个品牌最好"。

（4）回答问题不需太多专业知识。如"你认为未来十年中国度假产品会取得哪些进步？""你记得观光旅游产品在广州市场销售额是多少吗？""昨天你在电视上看了几则旅游产品广告？"这样提问，一般人难以回答。

（5）问题不能有争议性或多重解释。如"南湖国旅好还是广之旅好""观光旅游产品好还是度假旅游产品好"，让人很难作出回答。

（6）不要涉及别人的隐私。如在确定对方是否是公司产品的购买者时，如果提出"您的月收入是多少？"这样的问题，一般不易得到真实的回答。

（7）个人问题放在最后。如回答者的姓名、性别、年龄、教育程度等，以免在一开始就让对方觉得难以接受，从而影响答案的准确性。

如何选择问卷的形式

问卷调查时，问卷形式直接关系到回收率的高低，对调查成功与否有很大影响。较好的问卷形式应注意：

（1）问卷纸张大小。如果问卷需用 8 开的纸张，最好采用两张 16 开纸来代替。纸张太大会给对方造成心理压力。

（2）第一印象。问卷表面设计要明快、简洁、庄重，纸张要好，像是一份正式文件，不要粗制滥造。

（3）单面印刷。问题只印刷在问卷的单面，每个问题都必须给对方留下足够的空间用于回答。如果第一条问题的留空就太紧张，对方将不会继续回答下去。

（4）条理清楚。所有问题的列出必须一目了然，以方便阅读和回答。

（5）亲自设计。必须由市场销售和调查人员亲自设计有针对性的专用问卷，不要请其他人员代劳，也不要照抄别人的调查问卷。

（6）统一编号。每张问卷都在右上方印上统一编号，以便查阅和管理，同时也让对方感觉到调查的严肃性，以收到更好的效果。

三、景区环境容量的计算方法

景区环境容量表示景区可容纳的旅游资源利用及相关基础设施的最大限度，即指某一特定地域内可接待来访游客的最大数量或者最大旅游使用量。

（一）日空间容量

景区日空间游客容量测算一般有面积法、卡口法、线路法三种，鉴于景区各功能区分布特点，结合景区景点设置及游览方式，确定游客容量通常采取多种方法相结合进行。

1. 面积法

$$C = \frac{A}{a} \times D$$

式中　C——日环境容量(人次/日);

　　　A——可游览面积(平方米);

　　　a——每位游人应占有的合理面积(平方米);　D——周转率,$D\dfrac{景点开放时间}{游完景点所需时间}$。

2. 卡口法

$$C = D \times A = \frac{t_1}{t_3} \times A = \frac{H - t_2}{t_3} \times A$$

式中　C——日游客容量(人次);

　　　D——日游客批数,$D = t_1/t_3$;

　　　A——每批游客人数;

　　　t_1——景点每天开放的时间(分钟);

　　　t_3——两批游客相距时间(分钟);

　　　H——景区每天开放时间(分钟);

　　　t_2——游完全程所需时间(分钟);

3. 线路法

(1)完全游道:$C = \dfrac{M}{m} \times D$

(2)不完全游道:$C = \dfrac{M}{m + \times (m + E/F)}$

式中　C——日旅游容量(人次);

　　　M——游道全长(米);

　　　m——每位游客合理占用的游道长度(米);

　　　D——周转率,$D =$ 游道全体开放时间/游完游道所需时间;

　　　E——沿游道返回所需时间;

　　　F——游完游道所需时间。

根据《风景名胜区规划规范》,游客容量计算宜采用下列指标:

线路法:以每个游人所占平均道路面积计,5~10 平方米/人;

面积法:以每个游人所占平均游览面积计,其中:

主要景点:50~100 平方米/人(景点面积);

一般景点:100~400 平方米/人(景点面积);

浴场海域:10~20 平方米/人(海拔 0~ -2 以内水面);

浴场沙滩:5~10 平方米/人(海拔 0~ +2 以内沙滩);

卡口法:实测卡口处单位时间内通过的合理游人量。单位以"人次/单位时间"表示。

日空间容量的测算是在给出各个空间使用密度的情况下,把游客的日周转率考虑进去,即可估算出不同的日空间容量。

例如,假设某浏览空间面积为 X_i 平方米,在不影响浏览质量的情况下,平均每位游客占用面积为 Y_i 平方米/人,日周转率为 Z_i。则该浏览空间日容量为

$$C_i = X_i \times Z_i/Y_i(人)$$

旅游景区日空间总容量等于各分区空间容量之和,即

$$C = \sum C_i = \sum (X_i \times Z_i/Y_i)$$

(二) 日设施容量

日设施容量的计算方法与日空间容量的计算方法基本类似。

例如,假设景区内某一设施的单位容量为 X_i,日周转率为 Y_i,则日设施容量为

$$C_i = X_i \times Y_i$$

其中,旅游接待设施,如宾馆、休疗养院的日间系数建议为0.4。

(三) 生态环境容量

生态环境容量的测算是一个比较复杂的问题,但起码要考虑到如下因素:土壤密度、土壤组成、土壤温度、土壤冲蚀与径流;植被覆盖率、植被组成、植被年龄结构、稀有植物的灭绝、植被的机械性损伤;水中病原体的数目与种类、水中的养分及水生植物的生长情况、污染物;野生动物的栖息地、种群改变、旅游活动对种群活动的影响;空气。

生态环境容量的研究,常采用以下三种方法:

(1) 既成事实分析。在旅游行动与环境影响已达平衡的系统,选择游客量压力不同时调查其容量,所得数据用于测算相似地区的环境容量。

(2) 模拟试验。使用人工控制的破坏强度,观察其影响程度,据此测算相似地区环境容量。

(3) 长期监测。从旅游活动开始阶段就进行长期调查,分析使用强度逐年增加所引起的改变;或在游客压力突增时,随时作短期调查。所得数据用于测算相似地区的环境容量。

(四) 社会心理容量

社会心理容量的主要影响因素是拥挤度。对于它的测算也是一个比较复杂的问题。目前主要有两个模型可以利用:一是满意模型;二是拥挤认识模型。

(五) 旅游容量的确定

对景区来说,最基本要求是对空间容量和设施容量的测算,对生态环境容量和社会环境容量进行分析,有条件的也应对后两者进行测算。如果上述四个容量都有测算值,那么景区的环境容量取决于以下三者中最小值:生态环境容量、社会心理容量、空间容量与设施容量之和。

四、景区经济指标

(一) 旅游需求指标

旅游需求指标是指用来反映一个国家或地区旅游需求状况的数值。由于旅游需求的多样性和复杂性,需要运用一系列相互联系的指标体系,从不同角度反映旅游需求状况。旅游需求指标是旅游经济指标体系的有机组成部分,是衡量旅游需求发展情况的尺度,为人们掌握一个国家或地区旅游经济的发展态势提供了数量的依据。该体系主要由以下指标构成:

1. 旅游者人数

旅游者人数指景区在一定时期内所接待的旅游者总人数。该指标反映了旅游需求的总规模及其现状与趋势。有时人次的减少并非坏事,这或许是停留时间增长导致的结果。

2. 旅游者人次

旅游者人次是指一定时期内到景区的旅游者人数与平均旅游次数的乘积。

3. 旅游者停留天数

旅游者停留天数是指一定时期内景区旅游者人次与人均停留天数的乘积,它从时间角度反映了旅游者的需求状况,同时也表现了旅游产品吸引力的大小。将旅游者停留时间和旅游人次指标结合起来,能更全面衡量某一时期旅游需求的基本状况。

4. 旅游者人均停留天数

旅游者人均停留天数指标是指一定时期内旅游者停留天数与旅游者人次数之比。

5. 旅游开支

旅游开支指旅游者一定时期内在景区旅游活动中的开支。

6. 人均旅游开支

人均旅游开支指在一定时期内旅游者在景区总开支与旅游者总人次之比。该指标是从平均数的角度来反映旅游者对旅游产品的需求情况。

以上指标都是衡量旅游需求的具有综合性的基本指标。应用这些基本指标对旅游需求进行预测,则对景区的发展具有重要的战略意义。

(二) 旅游收入指标

旅游收入是景区一定时期内向旅游者销售旅游产品和服务所得到的全部货币收入。通常以年、季、月计算。旅游收入包括国内和国际旅游收入。衡量和预测旅游收入的指标有以下两种。

1. 旅游收入总量指标及其派生指标

(1) 旅游总收入。旅游总收入指景区旅游经营部门和企业,在一定时期内向国内外旅游者提供产品和服务所取得的货币收入总额。该指标综合反映了景区总体规模和经营成果。

(2) 人均旅游收入。人均旅游收入指一定时期内景区平均从每个旅游者消费中所取得的收入。该指标实际上是平均每个旅游者在景区旅游活动中支出,它等于景区旅游收入与旅游者人次的商,反映了旅游者的平均消费水平。

2. 衡量旅游外汇收入的指标

(1) 旅游外汇总收入。旅游外汇总收入是指一定时期内景区向外国旅游者提供旅游产品和服务所获得全部外国货币收入。用公式表示为

$$R_i = N \times P + P_e$$

式中　　R_i—— 一定时期内旅游外汇总收入;

　　　　N—— 一定时期内接待旅游者总人次;

　　　　P——单位国际旅游产品价格;

　　　　P_e——非基本旅游费用总额。

旅游外汇总收入额是综合性的指标,它是衡量国际旅游业发展水平的重要指标之一。

(2) 人均外汇旅游收入。人均旅游外汇指景区在一定时期内平均每接待一个外国旅游者所取得的旅游外汇收入。它等于旅游外汇总收入与同期接待海外旅游者人次的商。公式表

示为

$$R_u = R_i/N$$

式中 R_u——人均旅游外汇总收入；

      R_i——旅游外汇总收入额；

      N——旅游者人次。

该指标可用来比较在不同年份同一时期内景区接待每一旅游者人次的实际外汇收入,分析其增长、下降原因,以便作出相应决策。

（三）旅游经济效益指标

旅游经济效益是指人们在从事旅游经济活动过程中,生产要素的占用、投入、耗费与有效成果产出的比较。旅游业的经济效益评价指标通常有下面几种。

1. 投资创汇率

投资创汇率是指在一定时期内景区外汇收入与企业投资总额之间的比率。

$$投资创汇率 \frac{外汇收入总额}{投资总额} \times 100\%$$

2. 投资利税率

投资利税率指一定时期内(通常一年)景区的纯利润加上缴税金与该景区总投资之比。

$$投资利税率 = \frac{年纯利 + 年上缴税金}{投资总额} \times 100\%$$

3. 资金利润率

资金利润率是指一定时期内景区营业利润总额与资金平均占用额之比。它综合反映景区利用资金获得经济效益的效果。景区资金平均占用额包括景区固定资产净值和流动资金平均占有额。

$$资金利润率 = \frac{营业利润总额}{资金平均占用额} \times 100\%$$

4. 营业收入利润率

营业收入利润率指一定时期内景区利润总额与营业总收入之比。该指标用以衡量景区营业收入的利润水平。

$$营业收入利润率 = \frac{旅游企业利润总额}{旅游企业营业收入总额} \times 100\%$$

五、景区规划制图方法及计算机制图

（一）景区规划图件类型

景区规划图件是旅游信息传播中通俗、实用和便捷的图文资料,包括旅游规划导示图类和旅游研究与规划管理图类两大类。景区规划图件与常规意义的地图存有差别。规划图件着重操作性,是处于设计阶段的"非成熟"图形;而常规意义的地图则是实用性极强的"成熟"地图。

1. 旅游规划导示图类

根据不同的分类方法,可将旅游规划导示图分成相应的种类。

（1）按表现方式分类,可分为平面图、立体图、遥感影像图。

平面图是旅游规划中应用最为广泛的图件之一,优点是位置较准确、数字精度高、信息量大、编图方便、印制简单,但也存在着形式欠活泼,直观性、通俗性、艺术性不强的弱点。

立体图又称透视图、写景图、鸟瞰图,是对全图幅内的景物采用统一视场构图,进行三维写景,使之具有透视投影立体视觉效果。一般是在控制性详细规划和修建性详细规划中加以应用,能清晰地表达出设计的构思意图。优点是形式活泼、直观易懂,但制作要求高。

遥感影像图是以航片或卫星影像为底图经加工制作而成的旅游图。影像图具有良好的视觉效果,地物清晰,还有一定立体效果,对于制作大范围地图尤为优越,但影像也存在着画面较杂乱、道路不清晰、景点不突出的问题,需通过一定技术手段加以处理调整。

(2)按比例尺的大小,可分为小比例尺、中比例尺和大比例尺旅游图。

旅游规划中,对各等次规划都有相应的图纸比例限制。对于旅游发展规划,如果是较大景区,图纸比例为 1/5000 ~ 1/10000;对于较小景区,图纸比例为 1/2000 ~ 1/5000。景区控制性详细规划要求图纸比例 1/1000 ~ 1/2000。景区详细规划图纸比例为 1/500 ~ 1/2000。这里,1/5000 以上属小比例尺旅游图,1/2000 到 1/5000 为中比例尺旅游图,1/2000 以下为大比例尺旅游图。在相同面积的纸上绘制地图,比例尺大绘制区域范围小,比例尺小绘制区域范围大。

2. 旅游研究与规划管理图类

这类图件的特点是专业性、学术性强,专题要素表示规范详细确切,可为不同层次旅游决策研究部门和管理规划部门提供决策的依据。

(1)旅游资源分布图。旅游资源分布图是实际材料图,它客观地反映旅游区的资源类型、规模、性质和空间分布特征。

(2)旅游市场结构图。该类图件主要反映旅游客源的流动特征和趋势,通常是将景区置于一个较大范围内加以全方位的考察分析。

(3)旅游规划大纲图。该类图一般以省级或大区级为设计范围,但也有特定旅游区的规划大纲图。大纲图下包括相应细分图件,如旅游区规划示意图、旅游线路示意图、旅游资源分布特征图、旅游开发区示意图等。

(4)旅游风景区规划设计图。这类图件主要用于特定旅游区、风景区或度假区的总体规划,比例尺多为 1 : 10 000 ~ 1 : 1000,局部地段可能会用 1 : 500 ~ 1 : 100 的比例尺。包括的主要图件有总体规划图、资源或景点分布图、旅游资源评价图、景区区域和区位关系图、景区区域道路交通图、旅游服务设施分布与规划图、旅游工程管线图、景区内保护区范围及级别规划图、景区环境保护图、景区分区分期建设规划图、景区绿化美化规划图等。

(二)景区规划图件内容与表示方法

1. 内容

(1)景区背景要素。如地层年代和地层类型、岩石类型和岩性特征、地质构造的节理、断层,江、河、湖、海等水文地质要素以及植被、地貌等情况。

(2)旅游资源要素。旅游资源是景区的吸引物,是构成旅游的基本要素,自然旅游资源和人文旅游资源是其中的两大组成部分,需要在图件制作时予以鲜明地体现。

(3)旅游交通要素。旅游交通标志着景区可进入性,图件中要体现出旅游交通的等次、位置、空间布局关系等内容。

(4)旅游设施与服务要素。提供旅游活动所需的服务和基础设施要素。

2. 景区规划图件的表示方法

由于规划图件的类型不同,因而在制图时就要根据不同的图件内容和类型采用不同的表示方法。下面就几种常见的规划图进行说明。

(1)旅游资源图。旅游资源图主要是反映各类旅游资源的名称、分布、空间位置等特征的图件,在图件上的表达方式有通行的图例、文字和旅游专题符号和代号等。

(2)旅游环境背景图。这种类型的图以旅游地图图和旅游地理图为主。图件内容包括各种地质符号、岩石性质符号、地质构造符号、植被符号和地形地物符号、水系和水体、关键部位的地名、山峰制高点和谷地最低点的海拔标高。地层符号和岩石符号可用着色和花纹叠加予以表示,地质构造用专题符号,其余可用图例和文字来表示。

(3)旅游客源市场图。旅游客源市场图主要内容包括客源分布、客流变动、客流量、地域分布、游客特征、关键性地名等。这类图件的表达与其他图件不完全相同,往往多用图表、百分数或文字、数字表示,也可用符号(如各种箭头)、图例或不同的色谱。

(三)景区规划图件编制程序和方法

1. 拟定编图计划

确定旅游地图的选题后,主编人员应首先就编图目的、使用对象、制图范围、地图形式和编绘方法进行研究,拟订编图计划。内容包括:明确编图目的,确定主题、内容、用途、编图范围、地图形式和表现方法;选择开本和比例尺;根据科学、实用、美观的原则,确定所用的主图、附图的数量与形式及内容的分配;拟订资料收集计划;大致确定工作人员分工和任务。

2. 确定旅游地图的基本组成

一幅完整的规划地图应包括图名、方位、经纬度标志、比例尺、旅游要素的标示、图例、编制出版日期、编制单位等八项基本内容。

图名要反映图件的客观实际情况,范围及内容。如"焦作市云台山旅游资源分布图",就确切反映了图的范围是"焦作市云台山",而图件内容则是焦作市云台山的"旅游资源"分布情况。

方位是指旅游图上东、西、南、北位置,按"上北下南,左西右东"布局。但有时由于地图不规则,制图者为成图美观,也可根据标绘范围外形设置图面,这时必须注明正北的方向。

经纬度反映的是规划图在地球上所处的相对位置,但并不是所有地图都要标明经纬度,小比例尺或概略性地图一般都应标示;而大比例尺图件,由于涉及范围太小,则不宜设置经纬度。

比例尺,就是地图上的线段与实际长度之比,如实地 100 米缩小后在地图上长 1 厘米,比例尺就是 1∶100000;实地 10 米缩小后在地图上长为 1 厘米,比例尺为 1∶1000。根据具体图件需求,可选择相应的比例尺。分母越大,说明比值越小,即比例尺越小。为了更加明了地示意比例关系,一般都设有线段比例尺,其优点在于图画放大或缩小时,比例尺图画所反映出的内容不会改变其比例关系。数字比例尺在图放大或缩小后,比例尺便不相符了。

旅游要素的标示是地图上的主要内容,其表示方法在上面已介绍。

图例是图中各旅游要素符号的说明,可以帮助人们更好地理解地图上各种符号的含义。

编制单位的标注,可表明编制地图的责任单位,同时也表明图件的权威性和版权所有。

3. 资料的收集与整理

资料收集包括第二手和第一手资料的收集。第二手资料包括公开出版的、内部发行的各种图像资料、文字资料和数据资料。第一手资料是通过实际调查得到的素材。调查中,应将景区重要景点、路线、标志物等内容直接标示在底图上。此外,还可通过现场绘图方式获得第一手资料。无论是第二手还是第一手资料的获取,都必须尽可能地收集各种材料,以备将来检查。

资料收集回来后,编图人员必须研究各种相关资料,通过去粗取精、去伪存真的科学处理,对资料作出正确的分析评价。

4. 编图总体设计

这个过程是整个规划制图中的核心,具体内容包括以下几个方面:

(1)在制图计划的基础上进一步明确制图目的,提出对制图工作的基本要求。

(2)根据制图区域特点及要素,确定地图投影比例尺、图幅形式、开本大小和装帧风格。

(3)根据资料分析整理的成果,确定新图内容、制图的基本资料、补充资料及参考资料。

(4)确定各制图要素的综合原则和指标。

(5)确定要素的表示方法。

(6)确定文字说明、附表的篇幅、形式和内容构成,写出编写提纲。

(7)设计地图版面。

5. 绘制原图和辅助图文稿件

编绘原图是指按照制图设计大纲将新编旅游专题要素绘到底图上所得到新编图稿。辅助图文稿件包括新图所需文字说明、数据资料和图表及版面设计清样、地图分色样等附件。

6. 装帧设计

装帧设计是规划制图的最后环节。由于规划图件一般不公开出版,因此不需作更多的修饰,但这并不等于不讲求图件装帧效果,从封面制作到里面的版面处理均要作出相应的美化处理。

(四)计算机技术在景区规划图件制作中的应用

目前,计算机技术在旅游规划领域内得到广泛应用,特别是规划图件制作。计算机技术的应用,取代了手绘制作,带来了旅游规划的长足发展。目前,在规划界应用较多的软件有 Auto-CAD、PHOTOSHOP、3DMAX、Corel DRAW 等,其中 AutoCAD 应用最为广泛。这里根据 Auto-CAD 的制图流程进行说明。AutoCAD 工作可分为现状输入、现状分析和规划图绘制三大步骤。

1. 现状输入

现状输入是指将收集的资料输入到计算机的过程。资料主要是现状地形图,还包括辅助的图片和文字等。地形图输入可采取数字化仪输入和扫描输入。前者是手工输入设备,相当于传统方法中的描图,对操作人员要求较高,输入误差也较大。后者是机电一体化的高科技产物。目前,扫描仪的扫描精度和速度也大大提高了,但目前费用较为昂贵。对于其他资料,如地图属性数据等则采用键盘输入法,将用地编码、用地性质、道路等级等属性都逐一对照图形输入。

将资料输入计算机后,还需对这些资料初步处理,将各内容要素进行分层处理,如自然环境层、建筑物信息层、城镇用地信息层、道路交通信息层等。

2. 现状分析

由于景区地形图有起伏,为直观地进行景观分析,有必要进行地形三维模拟,主要方法有:

(1)网格法。首先在原地形图上,按一定单位长度建立矩形或方形网格,根据网格在地形上位置及其与图上标高点或等高线相对位置测定各网点高程,然后建立一个三维模拟曲面图形。

（2）等高线法。首先对地形原有等高线进行处理,使其成为完整的、封闭的等高线。然后从制高点向最低的一根等高线画一条辅助线,通过这条线与等高线的交点,将等高线头尾相连,最后通过相应的命令折线变成圆滑的曲线,从而形成一个立体式的地形模拟图。

3. 规划图绘制

完成现状分析后,就可进入真正的绘制程序。规划图的绘制主要包括道路线、用地图、道路图、用地控制图、专项工程图及分析图的绘制,在每一项图的绘制中,均有相应的命令。

4. 管理一套图纸

旅游规划设计是一项集复杂性和多专业性相互交融的工作,需要多种专业人士的协作,在软件的应用上,也需要运用其他程序进行数据交换,这是有效组织和管理一套图纸的必要途径。

【思考与讨论】

1. 简述旅游资源的含义、旅游资源的调查及方法。

2. 简述旅游市场调查内容、程序、方法及其调查技术。

3. 简述景区规划图件类型、内容与及其编制程序和方法。

4. 景区经济指标有哪些? 分别如何测算?

【案例回放】

1. 旅游资源调查与评价是做好旅游规划的前提和重要环节。旅游资源调查的内容、程序与方法有哪些?

（1）旅游资源调查的内容:旅游资源本体调查、旅游资源环境调查和旅游资源开发调查。

（2）旅游资源调查程序:根据调查进行的时间安排,可将旅游资源调查分成旅游资源调查准备(包括成立调查组、明确调查问题、确立调查目标、调查方案设计、制定调查工作计划等)、旅游资源调查实施(包括收集第二手和第一手资料)、旅游资源调查整理分析(包括整理资料、分析资料、编写资源调查报告)三大阶段。

（3）旅游资源调查方法主要包括:资料统计分析法、访问调查法、野外实地考查法、区域比较法、"3S"技术调查法。"3S"技术是指遥感(RS)、地理信息系统(GIS)和全球定位系统(GPS)技术的集成。其他还有资源图表法、分类分区法等。在实际调查中,不可能仅采用一种方法而完成一项庞大的旅游资源调查项目,在具体应用中,还要将各种方法进行综合、灵活的运用。

2. 结合中山古镇旅游资源调研分析,理解旅游资源评价内容与方法。

（1）旅游资源评价内容。旅游资源评价主要是评价旅游资源所具备的观赏游憩使用价值、历史文化科学艺术价值、规模和丰度、适游期、环境保护与安全等。此外,还要对旅游资源开发价值,特别是该旅游产品开发价值进行评估,评价当地经济条件、区位条件、可进人性、政策扶持力度、施工难易程度等,对项目开发条件作出基本评估。

中山古镇旅游资源优势主要是由商业文明、古建筑文化构成的人文资源优势以及生态环境(集中分布的杪椤树群、五彩霞光等)、政策支撑、地理区位。劣势主要有对资源禀赋研究不深入、自然资源和旅游产品存在着与周边地区同质而形成的"形象遮蔽"和"市场形象交叉重叠"现象、旅游形象主题不明确等。

（2）旅游资源评价方法。由于评价目的、资源的赋存条件、开发导向等的不同,评价方法可分为定性评价和定量评价两大类。在具体应用时则根据情况采用定性与定量相结合的方法比较理想。

①旅游资源定性评价。该方法是指评价者凭借已有的知识、经验和综合分析能力,通过在旅游区考察或游览及其对有关资料的分析后,给予旅游资源整体印象评价。主要有"三三六"评价法和"六字七标准"评价法。

②旅游资源定量评价。定量评价是根据一定的评价标准和评价模型,以全面系统的方法,将有关旅游资源的各评价因子予以量化,使其结果具有可比性。较之定性评价,结果更直观准确。但定量评价难以动态的反映旅游资源的变化,对一些无法量化的因素难以表达,且评价过程较为复杂。

限于篇幅,中山古镇案例中主要描述的是定性评价的方法。

【技能训练】

以小组为单位,选择所在城市的景区,参照教材介绍的旅游市场调查问卷设计方法,设计一份该景区游客满意度问卷调查表,到景区实施问卷调查,并对调查结果加以分析评价。

【阅读资料】

虚拟现实技术在旅游景区规划中的应用

虚拟现实技术广泛应用在景区规划的各个方面,并带来切实且可观的利益。

展现规划方案。虚拟现实系统的沉浸感和互动性,不但能给人带来强烈、逼真的感官冲击,获得身临其境的体验,还可通过其数据接口在实时虚拟环境中随时获取项目数据资料,方便大型复杂项目的规划、设计、投标、报批、管理,有利于设计与管理人员对各种规划方案进行辅助设计方案评审、规避风险。虚拟现实所建立的虚拟环境是由基于真实数据建立的数字模型组合而成,严格遵循工程项目设计的标准和要求建立逼真的三维场景,对规划项目进行真实的"再现"。用户在三维场景中任意漫游,人机交互,这样很多不易察觉的设计缺陷能轻易地被发现,减少由于事先规划不周全而造成的无可挽回的损失与遗憾,大大提高了项目的评估质量。

加快设计速度。当需要对规划项目中某些设计方案(如建筑高度、建筑外立面的材质、颜色、绿化密度)修改时,运用虚拟现实系统,只要修改系统中的参数即可。由此加快了方案设计和修正的效率,节省了资金。

提供合作平台。虚拟现实技术能使规划部门、开发商、工程人员及公众从任意角度,实时互动地看到规划效果,更好地掌握景区形态和理解规划示意图。有效的合作是保证景区规划最终成功的前提,虚拟现实技术为这种合作提供了理想的桥梁,这是传统手段如平面图、效果图、沙盘乃至动画等所不能达到的。

加强宣传效果。虚拟现实系统可将项目方案导出为视频文件用来制作多媒体资料予以公示,让公众真正参与到项目中来。当项目方案最终确定后,也可通过视频输出制作宣传片,进一步提高项目的宣传展示效果。

情境三　景区开发规划工作流程管理

【案例导读】

《北京慕田峪长城旅游区总体规划》项目编制圆满完成

2011年4月29日,由巅峰智业集团编制的《北京慕田峪长城旅游区总体规划》顺利通过专家评审。历时半年有余的项目编制工作,在历经竞标、调研、编制三个阶段的紧张环节后终于尘埃落定。至此,《北京慕田峪长城旅游区总体规划》在巅峰智业"智点江山"的宏伟蓝图中又画上了浓墨重彩的一笔。

慕田峪长城作为万里长城的精华所在,北京新十六景之一,北京市旅游局重点推介的景点。其影响力和知名度早已辐射全国,闻达天下。而景区成立以来第一次的规划编制任务更是吸引了国内外众多旅游规划策划机构的目光。竞标阶段采用逐轮晋级制,在历经多轮PK晋级后,以全国竞标第一名的成绩成功签约。

千年长城见证历史沧桑巨变的传奇,百页规划续写景区未来发展神话。《北京慕田峪长城旅游区总体规划》以旅游规划体系为基础,加强了风景名胜区规划、城市规划和景观规划等内容,使得规划成果在继承旅游规划传统框架基础上融汇贯通,发扬创造性。评审会上,与会专家及领导对项目成果给予高度评价并同意通过评审。

资料来源:巅峰智业,http://www.davost.com/davosttopic/mutianyu/.

思考

1. 景区规划编制单位是如何确定的?

2. 如果你是一个规划的项目负责人,当取得规划委托后,你如何开展工作?

3. 编制旅游规划应当包括哪些内容?

一、组建规划组织,筹措规划经费

规划组织人员组成应分成两部分:规划的领导小组和编制单位。规划领导小组一般由景区行政主管部门、景区投资者以及景区经营管理者代表联合组成,主要任务是在规划编制过程中进行协调,并与规划编制单位进行协商,督促进度、互相交流,开拓规划的视野。

景区规划编制单位的确定一般由地方政府或旅游局、开发商(即委托方)根据国家旅游局对景区规划设计单位资质认定的规定,通过公开招标、邀请招标、直接委托的形式进行。公开招标是委托方以招标公告方式邀请不特定的规划设计单位投标。邀请招标是委托方以投标邀请书方式邀请特定的规划设计单位投标。直接委托是委托方直接委托某一特定规划设计单位进行景区规划的编制工作。

由于旅游行业特殊性,规划编制组成员要求专业覆盖全面。核心成员应包括旅游发展规划师、旅游营销专家、旅游经济学家、旅游交通和基础设施专家等。可能需要的其他专家包括:旅游开发生态学家或环境规划师;旅游开发社会学家或人类学家;交通规划师;旅游人力资源规划专家;旅游立法和规章制度专家;旅馆和旅游设施专家;旅游设施建筑师和开发标准专家。如果景区开发规划中涉及具体规划、工程可行性分析或专项研究,则还需要更多专家的参与,如土地利用规划专家、项目可行性分析专家、文化遗产规划专家以及生态学专家等。

规划经费是编制高质量景区规划的保证,分为两部分:一是支付给承接方的规划费用,其中包括调研、资料收集、交通、食宿、文本和图件制作等全过程的费用;二是委托方配套经费和评审经费。委托方或多或少在一定程度上要参与规划的编制工作,在调研、交通、食宿、资料、通信等方面均会有支出。由于评审工作由委托方组织、评审费应由委托方掌握。

二、签订旅游规划编制合同,制定景区规划项目任务书

规划编制单位确定后,规划编制单位与委托方应参照《旅游景区规划通则》签订规范的合同。旅游规划编制合同是具有法律效力的文本文件,合同一旦签订,委托方与规范方之间就建

立了正式的法律关系,旅游规划活动的进行是双方履行承诺的过程。

景区规划项目任务书是对景区开发规划内容的介绍。在公开招标决定规划编制者时,一般由规划竞标方承担编写任务,同时该项目任务书也将成为竞标书重要组成部分。但也不排除由招标方编写项目任务书。通常在招标方编写项目任务书情况下,该项目任务书一方面为竞标方介绍景区开发现状;另一方面则充当招标书的角色。景区规划项目任务书主要包含:

(1)景区规划的范围,是指地理范围,该范围应有具体可衡量的边界。

(2)景区规划目标,指在规划承接方完成规划并由委托方认真组织实施后应达到的效果。

(3)景区规划的区域环境,是指景区所在区域的宏观环境,包括经济环境、文化环境、社会环境、生态环境以及制度环境。

(4)景区规划内容,主要是对景区规划中所需要或将要涉及的内容作简要说明,此外还包括对最终成果形式的规定和要求,并将成为制定景区规划提纲的重要参考。

(5)景区规划的期限,是指规划实施和目标实现的期限,一般将其设置为2020年,与世界旅游组织对我国旅游发展预测的时间段一致,然后确定近、中和远期时间段。通常规划时间跨度15~20年,近期跨度为5年。规划期限的设置对景区规划各种经济指标的预测提供了框架。

(6)景区规划方法和技术路径,是规划承接方对规划委托方就工作步骤、方法和流程示意图进行说明的部分,这将促进双方充分沟通和交流,对景区规划的成功编制有重要意义。

(7)规划经费预算,是景区规划项目任务书重要内容,也是招标方选择规划编制者的重要依据之一。竞标方应预计所需总经费并对子项目加以分解说明。同样,规划招标方也可提出一个固定的经费预算,由竞标方按照经费预算来制定规划方案,择其优者编制景区规划。

三、规划的前期准备

(一)基础资料与现状调查

基础资料与现状调查包括旅游资源的调查、旅游设施的调查、旅游社会环境的调查。对旅游资源的调查,主要是对规划区内旅游资源的类别、品位进行全面调查,编制规划区内旅游资源分类明细表、绘制旅游资源图,确定其旅游容量。旅游设施的调查包括交通、通信、住宿、餐饮、购物、娱乐、卫生、安全等方面。旅游社会环境的调查包括地区经济状况、基础设施、市容市貌、当地居民的生活方式、好客性、社会秩序、环境保护水平等。根据《风景名胜区规划规范》(GB50298 - 1999),基础资料与现状调查的主要内容见表2 - 7。

表2 - 7　基础资料调查类别表

大类	中类	小类
一、测量 资料	1. 地形图	小型风景区图纸比例为1/2000~1/100000 中型风景区图纸比例为1/10000~1/25000 大型风景区图纸比例为1/25000~1/50000 特大型风景区图纸比例为1/50000~1/200000
	2. 专业图	航片、卫片、遥感影像图、地下岩洞与河流测图、地下工程与管网等专业测图

（续）

大类	中类	小　类
二、自然与资源条件	1. 气象资料	温度、湿度、降水、蒸发、风向、风速、日照、冰冻等
	2. 水文资料	江河湖海的水位、流量、流速、流向、水量、水温、洪水淹没线；江河区的流域情况、流域规划、河道整治规划、防洪设施；海滨区的潮汐、海流、浪涛；山区的山洪、泥石流、水土流失等
	3. 地质资料	地质、地貌、土层、建设地段承载力；地震或重要地质灾害的评估；地下水存在形式、储量、水质、开采及补给条件
	4. 自然资源资	景源、生物资源、水土资源、农林牧副渔资源、能源、矿产资源等的分布、数量、开发利用价值等资料；自然保护对象及地段
三、人文与经济条件	1. 历史与文化	历史沿革及变迁、文物、胜迹、风物、历史与文化保护对象及地段
	2. 人口资料	历来常住人口数量、年龄构成、劳动构成、教育状况、自然增长和机械增长；服务职工和暂住人口及其结构变化；游人及结构变化；居民、职工、游人分布状况
	3. 行政区划	行政建制及区划、各类居民点及分布、城镇辖区、村界、乡界及其他相关地界
	4. 经济社会	有关经济社会发展状况、计划及其发展战略；风景区范围的国民生产总值、财政、产业产值状况；国土规划、区域规划、相关专业考察报告及其规划
	5. 企事业单位	主要农林牧副渔和教科文卫军与工矿企事业单位的现状及发展资料。风景区管理现状
四、设施与基础工程条件	1. 交通运输	风景区及其可依托的城镇对外交通运输和内部交通运输的现状、规划及发展资料
	2. 旅游设施	风景区及其可以依托的城镇的旅行、游览、饮食、住宿、购物、娱乐、保健等设施的现状及发展资料
	3. 基础工程	水电气热、环保、环卫、防灾等基础工程的现状及发展资料
五、土地与其他资料	1. 土地利用	规划区内各类用地分布状况，历史上土地利用重大变更资料，土地资源分析评价资料
	2. 建筑工程	各类主要建筑物、工程物、园景、场馆场地等项目的分布状况、用地面积、建筑面积、体量、质量、特点等资料
	3. 环境资料	环境监测成果，三废排放的数量和危害情况；垃圾、灾变和其他影响环境的有害因素的分布及危害情况；地方病及其他有害公民健康的环境资料

资料来源：风景名胜区规划规范.（GB50298—1999）［S］.

（二）旅游客源市场分析

客源市场分析涉及旅游开发后是否有前景，客源地在何处，如何招徕游客等问题。在对规划区的游客数量和结构、地理和季节性分布、旅游方式、旅游目的、旅游偏好、停留时间、消费水平等调查分析基础上，研究并提出规划区旅游客源市场未来的总量、结构和水平。

1. 市场定位

从景区区位分析入手，从空间联系上进行市场定位。通常以景区为中心，以旅游地与客源地间的距离为参考标准，确定第一客源地、第二客源地、第三客源地。首先将距离近、交通方便、经济环境好的市、县列为第一客源地，重点促销，然后按距离、交通条件向四周扩展。

2. 预测潜在旅游人数

对正式开发的旅游地的年游客量进行预测，分析游客量变化对旅游地产生的经济影响。

3. 旅游季节

游客外出旅游的时间往往有季节性、受气候、余暇时间、法定假日等因素的制约。此外,旅游地在一年四季中哪些季节最适合观光,最能吸引游客,都需要分析清楚。

4. 游客消费行为

景区规划要根据游客消费行为策划满足游客服务设施和项目,尽可能做到旅游产品或项目适应市场需求。另外,需论证游客消费行为还包括游客消费的倾向、水平和旅游时间等。

【相关链接】

客源条件分析

客源条件是指游客来源地的环境状况。一个地区的旅游产业是否能有长足的进步,主要取决于游客对该地区认知度、市场客源覆盖面积、单位时间内游客的数量等因素。这些因素都直接关系着该地旅游收益情况。所以在对旅游资源开发条件评估中,被评估对象所面对的客源市场位置,该旅游区游客构成,目标人群的消费状况等都是被评估地区最关心的问题。一定数量的客源是维持旅游经济活动的必要条件,再好的旅游资源,若没有一定量的游客来支持,旅游开发也就不会产生良好的效益。旅游客源条件可以从两方面进行分析。

1. 客源地的空间构成

客源地空间构成主要是分析旅游地的客源范围、最大辐射半径及客源特点。具体包括:主要客源地有哪些、客源地距离及交通条件,客源地的人口特征及其社会经济、文化状况,被开发地和客源地间的旅游资源关系等,经过对以上因素的分析,应得出一级客源市场的城市或地区,二级、三级客源市场的城市或地区,通过统计以上各城市或地区的人口的出游率,分析出游人员可能进入被开发区的比例,得出被开发区的基础年游人量。

例如,西安是个旅游资源极其丰富的城市,旅游资源的价值也很高,就国内市场而言,西安的客源并不是均匀分布在每一个省份的,表2-8所列为西安市前十位旅游客源省份及其比例变化。

表2-8 西安市前十位旅游客源省份及其比例变化

年份 \ 位次		1	2	3	4	5	6	7	8	9	10	1~10
1995年	客源地	陕西	山西	河南	上海	北京	江苏	四川	广东	浙江	河北	累计
	比例/%	18.69	8.52	7.68	7.27	6.23	5.19	4.67	4.36	4.36	4.26	71.23
1998年	客源地	陕西	河南	北京	甘肃	山西	宁夏	四川	山东	湖北	广东	累计
	比例/%	13.03	11.67	9.36	7.73	6.65	5.7	4.88	4.75	4.61	4.34	72.72
2001年	客源地	陕西	河南	山东	四川	山西	重庆	江苏	河北	湖北	甘肃	累计
	比例/%	11.3	7.4	7.1	6.7	5.5	5.1	4.9	4.7	3.9	3.7	60.3

资料来源:西安旅游局.

通过西安旅游局对西安客源省份调查看到,到西安旅游的最多客源省份主要有周边及近距离的晋、豫、川和经济发达的鲁、沪、京、粤等省市,说明距离、经济和人口是主导西安地区游客地域构成的首位因素。

西安在综合分析了客源地的距离,客源地的交通、人口特征、社会经济、文化状态及客源地旅游资源和西安旅游资源的关系等因素,将全国 30 个省、自治区、市(不包括港澳地区)来西安的游客按地域构成归类,把国内客源市场划分为三级,即:

一级客源市场:河南、山西、甘肃、宁夏、山东、四川、湖北、北京、上海和广东等省、自治区、市;

二级客源市场:河北、青海、内蒙、江苏、浙江、江西、安徽、重庆、新疆、湖南等省、自治区、市;

三级客源市场:福建、广西、贵州、云南、海南、辽宁、吉林、黑龙江、西藏等省、自治区、市。

2. 客源时间变化

从时间方面主要分析因客源季节变化而可能形成旅游淡旺季时间变化,这与旅游资源开发的气候特征、景观季相变化、节假日旅游区需求的影响有一定关系。在对以上条件分析基础上,确定出被开发旅游区各自游人量变化规律,日最大游人量,月平均最大游人量等指标。

一般景区旺季都在夏季,但哈尔滨地处寒温带,夏季短暂,冬季开发出的滑雪、冰灯等旅游产品深受南方游客喜爱,使得那里的冬季成为旅游黄金季节。客源的季节变化决定了该地区的旅游产品特色。

旅游资源的类型、等级不同,其客源市场指向也不同。根据旅游资源价值的大小,客源市场有国际性、全国性、区域性之分,评价时应给予说明。评价客源条件应综合考虑旅游资源的价值、区位、交通条件等因素。

(三) 政策法规研究

对国家和本地区旅游及相关政策、法规进行系统研究,全面评估规划所需要的社会、经济、文化、环境及政府行为等方面的影响。

(四) 竞争性分析

对规划区旅游业发展进行竞争性分析,确立规划区在交通可进入性、基础设施、景点现状、服务设施、广告宣传等方面的区域比较优势,综合分析和评价各种因素。

四、确定规划的指导思想和技术路线

一般而言,景区规划的指导思想包含:判断旅游业在当地国民经济中的地位;以旅游资源为基础,以客源市场为导向,研究旅游产品的开发,其中开发规模、产品特色及主题形象、产品的档次及精品化程度和主要客源市场分析是其中四大要素;注重经济、生态和社会效益的统一,创造良性循环的开发和运作机制;注意长期与短期效益的结合,即远期目标的分阶段实施;注重前瞻性和可操作性相结合;注重整体的综合配套,包括软件建设、人才开发、产业结构调整、体制改革、法制建设、投资环境等一系列围绕核心产品开发的配套规划。

技术路线的概念来自国外景区规划术语,是指规划时循序渐进的程序和采用的科学方法。一般来讲,景区规划的技术路线有:市场问卷抽样调查;访谈;实地考察;资料收集;对比分析;相关的数学方法,如运筹学、系统力学、数理统计、矩阵分析、投入产出分析等。

五、规划的编制

规划的编制包括以下步骤:

（1）拟订规划提纲。

（2）确定景区规划主题。在前期准备工作的基础上，确定规划区旅游主题，包括主要功能、主打产品和主题形象。

（3）确立规划分期及各分期目标。景区总体规划期限 10~20 年，同时可根据需要对远景发展做出轮廓性规划。对于近期发展布局和主要建设项目，应作出近期规划，期限 3~5 年。

（4）提出旅游产品的开发思路和空间布局。

（5）确立重点旅游开发项目，确定投资规模，进行经济、社会和环境评价。

（6）形成规划区的旅游发展战略，提出规划实施的措施、方案和步骤，包括政策支持、经营管理体制、宣传促销、融资方式、教育培训等。

（7）撰写规划文本、说明和附件的草案，绘制图件。该阶段工作要注意：认真统稿，保持各分篇撰写的统一性，尤其是重要观点、资料、数据、分析、项目的一致性；对重点问题强化分析论述；注意文本的精炼性；图件描制要精确，通过色块、线条和标志把规划核心内容表现在图件上，使人们能对规划有一目了然的全局性了解；规划图件通常由计算机出图。

【相关链接】

《旅游规划通则》（GB/T 18971—2003）中关于旅游规划编制的要求：

1. 旅游规划编制要以国家和地区社会经济发展战略为依据，以旅游业发展方针、政策及法规为基础，与城市总体规划、土地利用规划相适应，与其他相关规划相协调；根据国民经济形势，对上述规划提出改进的要求。

2. 旅游规划编制要坚持以旅游市场为导向，以旅游资源为基础，以旅游产品为主体，经济、社会和环境效益可持续发展的指导方针。

3. 旅游规划编制要突出地方特色，注重区域协同，强调空间一体化发展，避免近距离不合理重复建设，加强对旅游资源的保护，减少旅游资源的浪费。

4. 旅游规划编制鼓励采用先进方法和技术。编制过程中应当进行多方案的比较，并征求各有关行政管理部门的意见，尤其是当地居民的意见。

5. 旅游规划编制工作所采用的勘察、测量方法与图件、资料，要符合相关国家标准和技术规范。

6. 旅游规划技术指标，应当适应旅游业发展的长远需要，具有适度超前性。技术指标参照本标准的附录 A（资料性附录）选择和确立。

7. 旅游规划编制人员应有比较广泛的专业构成，如旅游、经济、资源、环境、城市规划、建筑等方面。

➡️ 六、规划的中期评估

规划编制中期，原则上应进行规划草案（征求意见稿）中期评审，征求意见，充分听取委托方、旅游及相关行业管理部门、规划区居民代表及各方面专家意见。规划的中期评估要采用先进的评估技术手段，进行分析评估。目前，对于景区规划的评估主要有以下四种手段。

（一）列表比较法

列表比较法是几种方法中最简易、实用的一种，主要依靠经验判断，不需要复杂的数学方法。在实际工作中，为了提高比选质量，往往进行列表分解比选（表 2-9）。

表 2-9 规划方案优化列表比选法

评估要素	评估等级			
	最好(Ⅰ Ⅱ)	较好(Ⅰ Ⅱ)	一般(Ⅰ Ⅱ)	较差(Ⅰ Ⅱ)
符合旅游总体发展目标				
体现整个国家或区域的发展政策				
体现旅游开支政策				
以合理成本取得最优化经济效益				
提供大量的就业机会并增加收入				
提供大量的外汇净收入				
有助于经济萧条地区的发展				
未占用其他重要资源				
对社会文化的消极影响最小				
有助于对文化古迹的保护				
有助于振兴传统艺术和手工艺				
不破坏现有土地利用和安居模式				
对环境的消极影响最小				
促进环境保护和公园的发展				
充分利用现有的基础设施				
最大限度地实现新基础设施多功能利用				
为分阶段发展提供机会				
说明:该表格所列评估要素在实际应用时应根据具体情况进行增减				

(二)目标成果法

该方法将规划目标量化,并按各层目标的重要性程度确定不同的权重,然后将之分别与实现目标所需的成本和所得效益相乘。该方法有很好的适用性,并且容易为各方(开发商、公众、规划人员、政府)所理解和接受,因而被认为是一种能反映社会公众意见的方法。

(三)投入产出法

投入产出法是权衡旅游系统各部分投入和产出相互关系的方法。按度量单位,分为实物型、价值型、劳动型。按时间要素,分为报告期、计划期、静态、动态模型。该类方法操作较复杂,并且需辅以各类社会文化、生态环境的价值量化分析,才能保证规划选优时不失之偏颇。

(四)综合平衡法

综合平衡法是在分别解决各部分问题的基础上,再从旅游系统的整体出发,通过各部门调整,使旅游系统的各组成部分间形成合理的比例关系,推动旅游系统健康、有序的发展。主要平衡关系:旅游资源与吸引力平衡、资源配置平衡(旅游资源、水、土地、生态)、运输平衡、接待与供应平衡、资金平衡、劳力与技术平衡。

上述方法没有哪种能全面、准确地对规划作出中期评估。各种方法或多或少存在着局限性。因此,对景区规划的评估要综合利用多种方法,经多次反馈调整,为评估后的修改奠定基础。

➡ 七、规划的修改

中期评估完成后,应根据各方意见对规划草案进行修改、充实和完善,在此基础上形成"评审稿"。景区规划的修改要紧扣中期评估所提出问题。具体应从以下几方面进行修改。

(一) 各种资料、数据的补充修改

资料和数据是景区规划的重要依据。对于规划文本中含糊不清、容易引起争议的数据要重新核查,力求数据准确无误。对于某些重要数据,要注重数据来源的多元化。如在对旅游区客源市场预测时,可将当地旅游管理部门的统计数据、规划人员调查分析所得的数据以及采访有关部门所得的数据综合分析使用,以保证客源市场预测的科学性和准确性。

(二) 文本结构的修改

不同景区规划内容的侧重,需要在文本结构上予以充分体现。对于旅游地自身特点或某方面问题较突出的,要加大相应文本分量与叙述力度。如某景区人文资源极具特色而自然旅游资源却稍显单薄,在文本安排上就要着重突出自然资源特色,并对结构调整提出意见。又如某景区用地问题十分棘手,如何有效协调好旅游用地与当地居民用地的关系问题就成为当地旅游业发展的决定因素。如果这个问题解决不好,所有的项目策划都成为纸上谈兵。因此在文本中需要对旅游用地问题加大论述力度,为当地旅游业的发展出谋划策。

(三) 重点章节的修改

景区规划的重点章节包括旅游客源市场预测、旅游产品开发、旅游项目策划等。这些内容决定着规划能否为当地旅游业发展作出正确分析,从而引导旅游业健康发展。具体包括:客源市场预测所依据的统计资料是否全面、准确,预测的手段是否科学;旅游产品开发要注意对当地旅游资源特点的把握,充分挖掘当地资源文化内涵,开发出独具特色、吸引力高的旅游产品。旅游项目策划重点需要考察项目设置的可行性与旅游价值。旅游项目的设置需要综合考虑景区区位条件、客源市场以及景区开发条件,包括地理位置、经济文化状况、环境保护因素等。

(四) 文字的修改

景区规划文本不同于其他规划文本,它对于文字表述方式有严格要求。总体原则是规划文本的文字表述必须规范、准确、简明扼要,要符合景区具体情况。文本不用或尽量少用文学性较浓的表述方式。文本句式主要使用陈述句,不得随意采用省略句、疑问句、排比句。另外,规划文本对各种数据单位也有明确规定,应按规定统一规范和使用。总之,对于规划文字应主要从两方面进行修改:①要求规划文字表述必须符合景区规划文本的要求;②文本应从旅游地的实际情况出发,力求表述客观公正,不得随意夸大渲染。

➡ 八、规划的评审与报批

(一) 景区规划的评审

景区经过中期评估并修改后形成评审稿,由规划委托方组织评审。通常,景区规划如不经

过专家评审委员会评审或论证,则被视为无效,不能上报政府有关部门审批,也不得付诸实施。

规划评审通常是在规划制定完成时由专门规划评审委员会(或规划评审组)评定,作出评审报告。它是对规划的整体评价,对规划的科学性、合理性和可行性的认可。主要内容有:

1. 规划所依赖的资料的可信度评定

资料的可信度是规划成败的最基本因素之一。一个规划表面上看起来可能完全合理,但如果所依赖的资料可信度差,那么这个规划就是毫无意义的。

2. 调查的全面性评定

在制定规划前期阶段的调查工作全面,就能为正确、全面地制定景区规划打下坚实基础。

3. 规划编制方法的科学性评定

科学的规划方法是进行科学规划的充分必要条件。

4. 规划目标的可行性评定

规划目标定得过高,往往超出规划地区潜在发展能力,使规划可望而不可及,从而失去规划存在的价值。如果规划目标定得过低,往往又低估了规划地区的发展潜力,依照规划去执行,目标很容易实现,同样也失去了规划的价值,并且造成资源的浪费。

5. 规划的可操作性评定

规划的价值就在于它对旅游经济发展的指导作用,通过实施规划可达到的预期的发展目标。因此,规划的可操作性就成为规划的灵魂和价值所在。

6. 规划总体水平

规划总体水平不宜用"国际领先水平"或"国内领先水平"等来表示,而是用"一致通过评审""通过评审""原则上通过评审"等用语。

(二) 评审方式

1. 旅游规划文本、图件及附件的草案完成后,由规划委托方提出申请,上一级旅游行政主管部门组织评审。

2. 旅游规划评审采用会议审查方式,规划成果应在会议召开 5 日前送达评审人员审阅。

3. 旅游规划的评审,需经全体评审人员讨论、表决,并有 3/4 以上评审人员同意,方为通过。评审意见应形成文字性结论,并经评审租全体成员签字,评定意见方为有效。

(三) 评审人员的组成

旅游发展规划的评审人员由规划委托方与上一级旅游行政主管部门商定;景区规划的评审人员由规划委托方协商当地旅游行政主管部门确定。旅游规划评审由 7 人以上组成。其中行政管理部门代表不超过 1/3,本地专家不超过 1/3。规划评审小组设组长 1 人,根据需要可设副组长 1~2 人。组长、副组长人选由委托方与规划评审小组协商产生。

旅游规划评审人员应由经济分析专家、市场开发专家、旅游资源专家、环境保护专家、城市规划专家、工程建筑专家、旅游规划管理官员、相关部门管理官员等组成。

(四) 规划评审重点

旅游规划评审应围绕规划的目标、定位、内容、结构和深度等方面进行审议,包括:①旅游产业定位和形象定位的科学性和客观性;②规划目标体系的科学性、前瞻性和可行性;③旅游产业开发、项目策划的可行性和创新性;④旅游产业要素结构与空间布局的科学性、可行性;

⑤旅游设施、交通线路空间布局的科学合理性;⑥旅游开发项目投资的经济合理性;⑦规划项目对环境影响评价的客观可靠性;⑧各项技术指标的合理性;⑨规划文本、附件和图件的规范性;⑩规划实施的操作性和充分性。

(五) 评审意见书的主要内容

目前,评审意见书尚无固定格式,一般包含:评审会的时间、地点和与会人员概况;规划基本内容的简要介绍;对规划的基本评价,如规划是否符合实际情况,是否与国民经济和社会发展计划、城市总体规划和交通、土地、园林、文化、环保等其他专业规划相衔接,客源市场定位是否准确,资源开发方向是否对头,旅游产品是否形成具有竞争力的特色,是否具有可操作性,其投入产出分析与结论是否可靠等。这些问题都是规划中的关键性问题。在此基础上,再对规划的特点、长处和不足作出综合评价。对评委认为规划不符合国家规定的有关要求,则应明确指出存在的主要问题,要求编制组作必要的修改。

规划通过评审后,编制组应根据评委会的意见和建议,对规划作修改补充,使之更加完善。旅游规划如不能通过评审,由委托方与受托方按照协议书规定或双方协商决定处理办法。未通过评审的规划修改后,须重新举行评审会。

(六) 规划的报批

景区规划的文本、图件及附件,经规划评审会议讨论通过并评审意见修改后,由委托方按有关规定程序报批实施。景区规划批复后,由各级旅游局负责协调有关部门纳入国土规划、土地利用总体规划和城市总体规划等相关规划。

【思考与讨论】

1. 景区规划前期准备包括哪些内容?
2. 简述旅游客源市场分析的主要内容。
3. 简述景区规划中期评估的主要方法。
4. 简述景区规划编制的技术程序。

【案例回放】

1. 景区规划编制单位是如何确定的?

景区规划编制单位的确定一般由地方政府或旅游局、旅游开发商(即委托方)根据国家旅游局对景区规划设计单位资质认定的规定,通过公开招标、邀请招标、直接委托的形式进行。公开招标是委托方以招标公告的方式邀请不特定的景区规划设计单位投标。邀请招标是委托方以投标邀请书的方式邀请特定的景区规划设计单位投标。直接委托是委托方直接委托某一特定规划设计单位进行景区规划的编制工作。

2. 如果你是一个规划的项目负责人,当取得规划委托后,你如何开展工作?

(1) 作好规划的前期准备。主要包括基础资料与现状调查、旅游客源市场分析、政策法规研究、对规划区旅游业发展进行竞争性分析。

(2) 确定规划的指导思想和技术路线。景区规划的指导思想内容:确立旅游业在当地国民经济中的地位;以资源为基础,以市场为导向,研究旅游产品的开发,其中开发规模、产品特色及主题形象、产品档次及精品化程度和主要客源市场分析是四大要素;注重经济、生态和社会效益的统一;注意长期与短期效益的结合;注重前瞻性和可操作性相结合;注重包括软件建设、人才开发、产业结构调整、体制改革、法制建设、投资环境等一系列围绕核心产品开发的配套规划。景区规划的技术路线有：市场问卷抽样调查；访谈；实地考察研究；资料收集；对比分析；相关的数学方法，如运筹学、系统力学、数理统计、矩阵分析、投入产出分析等。

（3）展开规划的编制工作。规划编制步骤：拟定规划提纲；确定景区规划主题；确立规划分期及其目标；提出旅游产品的开发思路和布局；确立重点旅游开发项目，确定投资规模，进行经济、社会和环境评价；形成规划区的旅游发展战略，提出规划实施的措施、方案和步骤，包括政策支持、管理体制、宣传促销、融资方式、教育培训等；撰写规划文本、说明和附件的草案，绘制图件。

（4）进行规划草案（征求意见稿）的中期评审。

（5）中期评估后，对规划草案修改、充实和完善，形成"评审稿"。

（6）规划的评审与报批。

3. 编制旅游规划应当包括哪些内容？

比较规范的旅游总体规划应包括下列内容：

（1）规划文本。①基础系统，包括旅游发展背景与基础条件分析；资源普查与评价；客源市场分析；旅游投资效益分析。②主体系统，包括旅游规划总论；形象创意策划；功能分区与项目设计；旅游产业规划；营销系统规划。③支持系统，包括环境承载力分析；环境保护工程规划；旅游接待设施规划；交通与基础设施规划。④保障系统，包括旅游组织管理规划；人力资源开发规划；旅游融资规划。

（2）规划图件。包括旅游资源分布与评价图；旅游发展规划图；旅游线路设计图；旅游基础设施规划图；旅游项目布局及近期建设项目规划图；旅游区位图；旅游功能分区图；旅游协作体系图。

（3）多媒体资料。有关景区规划的各类视频、音频、图片等资料。

【技能训练】

规划编制中期评估完成后，要根据各方意见对规划草案进行修改、充实和完善。实施规划中，如发现偏差，及时修编。运用所学知识，收集你熟悉的某景区的规划资料，分析该规划存在的问题，并给出你的规划建议。

【阅读资料】

旅游总体规划内容框架

一、规划文本

第一编 基础系统

（一）旅游发展背景与基础条件分析

主要说明旅游规划区的由来、区位条件、自然地理概况、自然环境和社会经济发展状况、开发建设条件、旅游业发展基础、旅游规划区在国际、国内及地区旅游圈中的地位，恰当表述该规划区经济发展及旅游业面临的问题，对比现状与发展目标的差距。该部分目的是通过规划背景和基础条件分析，阐明旅游发展和旅游规划的必要性，为更好地理解规划思路奠定基础。

（二）旅游规划区资源普查与评价

主要工作内容是野外考察，对规划区内旅游资源、服务设施及旅游发展的其他相关条件进行全方位普查。然后在获得第一手资料和数据基础上，按照旅游资源分类、调查与评价的国家标准进行评价，目的在于为规划区域旅游资源开发和旅游发展规划提供依据。

（三）客源市场分析

主要包括包括客源市场定位、细分和预测、市场营销策略。客源市场分析的技术方法有情景预设法、历史类推法、特尔菲法、回归模型法和时间序列法等。

（四）旅游投资效益分析

主要包括旅游投资趋势分析，旅游总投资估算（估算的原则与前提条件、投资估算：景区景点建设投资、旅游接待服务设施、基础设施和生态环境建设、旅游商品开发、市场开发与促销、人力资源开发与培训），投资结构分析，成本效益分析（投资回收期、投资收益率、投资利税率）。

第二编　主体系统

（一）旅游规划总论

主要阐明旅游规划的性质、指导思想和技术路线、原则、依据、范围和时间跨度、目标体系、发展战略，为旅游规划拟定一个明晰的纲要。

（二）形象创意策划

旅游规划的成功与否，并不完全取决于资源品位的优势和市场需求的大小。其知名度、美誉度、认可度，即旅游区给大众的总体形象，更为重要。例如，海南：椰风海韵醉游人；江西：红色摇篮，绿色家园；宋城：给我一天，还你千年；浙江：诗话江南，山水浙江；内蒙古：激情蒙古风，休闲大草原；山西：尧帝晋商发迹地，人说山西好风光；武夷山：千年儒士道，万古山水茶。贵清山：西北张家界，陇南九寨沟；锦绣中华：一步跨进历史，一日畅游中国；世界之窗：您给我一天，我给您一个世界；大连：最男性化的城市；杭州：最女性化的城市；武汉：最市民化的城市；成都：最悠闲的城市；重庆：最火暴的城市；泰国：远东旅游天堂；佛罗里达，与众不同；西班牙：Everything under the sun。

（三）功能分区与项目设计

功能分区规划，既包括环境保护分区、土地利用分区，也包括总体布局，是旅游规划的核心内容。主要包括功能分区方案（功能分区原则、空间布局）、各功能区概述（主题形象、资源与环境、主要问题、历史与现状）和旅游项目设计（设计方案、项目功能、项目选址）等。

（四）旅游产业规划

主要包括：旅游开发历史，SWOT 分析，旅游行业发展规模与产业地位，管理与企业部门构成，旅游区（点），旅游产品的规划设计。

（五）营销系统规划

主要包括：市场开拓与促销，旅游形象宣传和推广，广告宣传、促销策略、公关策划、营销建议、促销计划，导游系统技术体系建设，信息系统建设等。

第三编　支持系统

（一）环境承载力分析

旅游规划区环境承载力决定着旅游开发的规模。旅游规划中的环境承载力分析主要有：环境承载力计算方法及指标体系，环境承载力分析，环境脆弱地带分布。

（二）环境保护工程规划

主要包括：旅游环境质量（物质环境与生存质量、旅游开发软环境、法制建设）；旅游开发对环境的影响（生态环境预测、社会环境预测、投资环境预测）；旅游环境保护措施。

（三）旅游接待设施规划

主要包括：住宿、餐饮、购物、文化娱乐、城镇建设等方面的现状、问题和规划。

（四）交通与基础设施规划

主要包括交通线路、交通工具、停车场、通信设施、能源供应、给排水工程规划等内容。

第四编　保障系统

（一）旅游组织管理规划

主要包括：政府行为，行业协会和社会参与三大方面。要求具体分析规划区旅游管理现状：管理体制、组织机构、机构设置、开发建设策略，主要问题，组织机构调整建议，旅游发展规划任务分解到责任机构或部门。

（二）人力资源开发规划

主要包括：人力资源现状分析，人力资源问题与潜力，旅游专业人才选拔、招聘、培训与使用政策，人力资源规划目标、实施及监控。

（四）旅游融资规划

包括融资渠道（旅游发展专项资金、企业集资和独资投入、城市综合治理费投入）、资本运作等内容。

实际规划中，除遵循上述规范的大致框架外，允许根据各旅游规划区的特色，作适当的详略取舍。

上述内容灵活采用包括文字与图件两种表述形式，以期更好地体现规划思路，在文字编排上也会有所不同。

二、规划图件

主要包括旅游资源分布与评价图、旅游发展规划图、旅游线路设计图、旅游基础设施规划图、旅游项目布局及近期建设项目规划图、旅游区位图、旅游功能分区图、旅游协作体系图。

三、多媒体资料

有关景区规划的各类视频、音频、图片等资料。

【案例分析】

泰山景区旅游发展总体规划

一、项目背景

泰山既是世界自然与文化双遗产，又是世界地质公园，国家重点风景名胜区，具有珍贵的历史文化价值，独特的风景审美价值、典型的地学研究价值和生物多样性保护价值。

本规划通过对泰山景区发展背景和条件的综合分析，提出：通过东扩、西移、南展、北连的布局思路，扩展泰山景区现有的发展空间和格局，争取到 2020 年，把泰山建设成为以历史文化为依托，以产业扩张为增长极，集观光、体验、科普、休闲、度假等多元产品于一体，形成山城相依、城城一体、区域联动的，顺应世界休闲潮流、体现中华民族精神的大泰山（竞合）旅游目的地，为泰山的未来发展描绘了更加宏伟的蓝图。

二、规划基本任务和指导思想

泰山景区旅游发展总体规划

四项任务：推动区域经济整体发展、构建和谐社会、全面打造新泰山、促进农村经济模式转轨。

五种眼光：区域发展的眼光、市场的眼光、动态发展的眼光、可持续发展的眼光、大产业的眼光。

六大响应：响应科学发展观、响应后旅游时代、响应山东逍遥游、响应济南城市群建设、响应构建和谐社会、响应 2008 北京奥运

三个衔接：泰安市城市总体规划、泰安市旅游总体规划、泰山景区规划。

三、发展定位

1. 总体定位

争取到 2020 年,把泰山建设成为以历史文化为依托,以产业扩张为增长极,集观光、体验、科普、休闲、度假等多元产品于一体,形成山城相依、城城一体、区域联动的,顺应世界休闲潮流、体现中华民族精神的大泰山(竞合)旅游目的地。

2. 目标定位

国际目标定位:世界文化旅游胜地、世界华人的精神家园

国内目标定位:民族圣山、精神家园

四、发展战略

1. 实施大文化战略

泰山大文化:帝王封禅文化、儒学文化、民俗文化、宗教文化、科普文化、文人文化

从深度上和广度上挖掘泰山文化的雅俗共赏性、历史包容性和时代发展性,满足不同水平、不同深度的文化需求,以实现历史和现代、内涵和载体、文化和项目在泰山文化旅游开发中的天然精髓

2. 实施大产业战略

大产业集群:宗教产业集群、文化创意产业集群、特色农业产业集群、康体健身产业集群、会议服务产业集群、休闲产业集群、餐饮产业集群、国学产业集群、娱乐产业集群。

依托产业集群战略,通过市场导向和资源的合理配置,延伸泰山旅游服务产业链,通过旅游的拉动和促进作用,做大做强各种产业集群,打击"后旅游时代"的休闲经济旅游产业集群(非门票经济运营)模式。

3. 实施大格局战略

大格局战略:山城相依均衡发展、旅游产业经济集群、景农一体协调发展、区域发展龙头。

通过泰山大格局的战略,形成山城相依、功能均衡、优势互补、共同发展的新型山城格局;旅游经济大格局;儒学文化的观光体验带;过大景区可游面积,形成景区和周边乡村共同发展的大格局。

五、旅游发展的总体布局

"大鹏展翅"的空间格局——"一轴两翼"

中轴:历史文化轴线;两翼:西翼峡谷奇观宗教养生和东翼田园风情山野运动。

六、阶段开发

1. 第一阶段(2008~2010 年)

强化观光旅游产品,并通过"东扩"和"西移"的空间延伸,拓展泰山"一轴两翼"的旅游项目,打造观光、文化、休闲的泰山形象。

2. 第二阶段(2011~2015 年)

通过"南联"和"北展"的空间战略,落实规划项目建设,服务配置和产业联系,构建大泰山旅游格局。

3. 第三阶段(2016~2025 年)

完善大泰山休闲模式,强化产业集群经济,将泰山打造成顺应时代发展、体现中华民族精神的山城相依的大泰山国际旅游目的地。

产品谱系

(1)观光产品:自然风光、地质奇观、摄影、山水酒吧、山泉和亲水栈道。

（2）运动产品：滑雪、滑草、滑道越野、大型机械游乐、匹克博野战、野外拓展、攀岩野外生存、探险、挑战运动、自驾车营地、房车。

（3）文化产品：文化感怀、历史怀旧、宗教文化体验、民俗休闲、文化乡村、泰山宴。

（4）生态旅游产品：森林浴吧、温泉、修复康疗、生态吧、树屋生存、拓展野营、田园公园。

（5）边缘产品：旅游房地产、假日酒店、农业产业带、新旅游城镇。

主打品牌

（1）文化泰山：远古文化、泰山封禅、宗教文化、石刻文化、建筑文化、神话传说、名人与泰山等。

（2）民俗泰山：灵石崇拜、石敢当信仰、封禅大典、拜泰山老奶奶、东岳庙会、天脱节和浴佛节、生育礼俗等。

（3）自然泰山：全景泰山体系，幽——中路旅游区、旷——西溪景区、秒——岱顶游览区、美——以后石坞为中心的景区、丽——泰山山麓及泰城游览区、秀——桃花坞景区。

（4）运动泰山：户外运动大本营体系，野外帐篷营地、拓展营地、木屋营地、美食营地、探险营地、马术营地、知识营地、宠物营地、欢乐营地、体育健身营地。

一主六辅登山线路

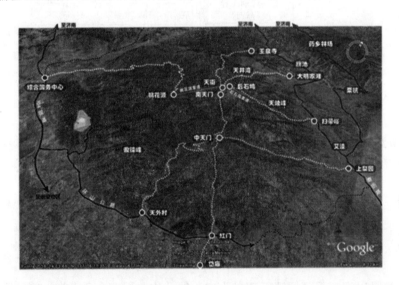

资料来源：巅峰智业. http://www.davost.com/Case/Overall/2008/05/23/17104582.html.

【模块小结】

本模块首先概述了景区开发规划理论及其方法创新。景区规划开发理论主要有游憩学理论、旅游区位论、竞争力理论、消费者行为理论、生命周期理论、可持续发展理论、景观生态学理论等。景区开发规划方法创新主要有遥感技术、地理信息系统、全球定位系统、虚拟现实技术、信息网络技术等。其次，详细介绍了景区规划的主要方法和技术，主要有旅游资源调查与评价方法、旅游市场调查与预测方法、景区环境容量的计算方法及其经济指标预测、景区规划制图方法及计算机制图技术。最后，讲述了景区规划的工作流程，主要步骤有组建规划组织、筹措经费，签订旅游规划编制合同、制定景区规划项目任务书，规划的前期准备，确定规划的指导思想和技术路线，规划的编制，规划的中期评估，规划的修改和规划的评审与报批等。

模块知识结构图

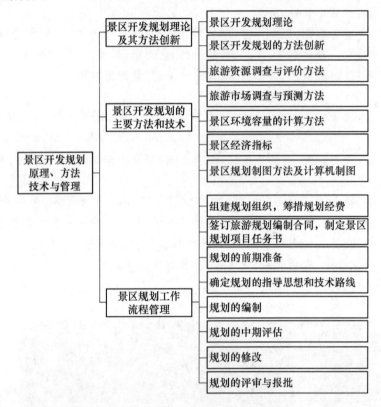

【课堂活动】

根据《旅游资源分类、调查与评价》(GB/T 18972 - 2003)，以小组为单位对以下旅游资源调查结果进行评价。

"中国大竹海"旅游资源单体调查

行政位置	湖州市	安吉县	天荒坪镇	五鹤村
资源代码	CAA 资源(林地)			
地理位置	东经 119° 39′ 09″		北纬 30° 29′ 16″	

概况

中国大竹海是以安吉天荒坪镇五鹤村为中心的一片面积666.7万米²、单纯密林毛竹为主的林地。"中国大竹海"东南高，西北低，三面环山，中间凹陷，西北开口，呈东南向西北倾斜的"畚箕形"狭长盆地。大竹海植被条件优越，森林覆盖率高，达96%以上。辖区内有山林53590亩，其中毛竹林45455亩，占山林总面积84.8%，以单纯密林毛竹分布为主，郁闭度达0.7~1.0，且单株毛竹粗壮，分布集中，大竹海所产大毛竹平均胸围12寸，杆高12米，平均每亩立竹量约280支。目前最大的一支毛竹胸周径达0.54米，高约12.8米，重约62千克。被誉为"中国毛竹之王"。现存北京农业展览馆的"毛竹王"就是当年从这里获取的。

站在建成于1998年、高17米的观竹楼上，整个大竹海，山山岭岭，绿竹成片，碧波茫茫，翠浪接天，形如绿色的海洋，竹子的世界。登上楼顶，但见四周群山茫茫，大片竹林青翠欲滴，西南面为天荒坪抽水蓄能电站，东南面为芙蓉谷，北面是零星的村庄。站在楼顶，微风拂过，成片的竹子随风摇曳，碧浪翻腾，宛如置身于茫茫碧海之中。与此同时，大竹海内季季景色也不尽相同。春雨后，竹林里是生机勃勃的春笋，"箨落长竿削玉开，君看母笋是龙材。更容一夜抽千尺,别却池园数寸泥。"夏季竹林营造了一片清凉世界,"一林绿初满,日在其隙中。虽无临其媚,时鼓瑶涧风"。秋风瑟瑟,尤物凋零,浩瀚的竹海在阳光的照射下,仍呈现出"箭杆万顷拂彩云,峡谷披青泛碧波"的繁盛。而每当雪后,雪拥翠筱,又是一番清丽景象。

大竹海毛竹林为省林业厅毛竹示范基地,而且是亚非拉 17 个国家科学培育基地,有"中国毛竹看浙江,浙江毛竹看安吉,安吉毛竹看港口"之美誉。《孝丰县志》记载,港口(五鹤原属港口乡)境内与余杭交界的幽岭,"其岭峻绝,修竹苍翠,拂人衣裙",峰峦绵延起伏,坡陡峻峭,峡谷深邃,故得名"幽岭"。自南宋后与独松、百丈并列为"天目三关",形势险要,历史上为兵家必争之地。山阴(今绍兴)许庆霄也有《过幽岭诗》云:"幽岭幽岭何其幽,蔽天松竹无人游,东西天目环四周,独松一关居上头。"大竹海的入口处有一处冷泉名"五女泉"。五女泉的泉水是从潭池中间的泉眼里涌出来的地下水,富含矿物质。冬暖夏凉,甘甜爽口,传说是五个仙女在大旱的时候为了拯救整片竹林而挖的。五女泉下游分别有"解恙泉""孝子泉""情缘泉"及"问子泉"。这里是影视基地,在此曾拍摄过《卧虎藏龙》、《像雾像雨又像风》等影片。

广交会上的大毛竹标本、宁波奉化的"毛竹之父"都产自这里的竹林。大竹海形成的原因,一是适宜的气候、地形和土壤;这里属亚热带北缘,年平均气温 13.19℃,无霜期长,雨量充沛,年降水量 1790.2 毫米,这些条件,对喜温喜湿的竹类生长,十分有利。北魏贾思勰的《齐民要术》中阐述了种竹的条件:"竹宜高平之地,近山阜尤是所宜,下田得水则死,黄白软土为良",大竹海都具备了这些利于竹子生长的条件。二是竹乡人民经营竹林有着较丰富、较系统的传统经验,包括护笋养竹、钩销防雪压、分年限扑山、砍伐等,加上现代竹林培育技术的不断发展,如挖山松土、培土施肥等,才有了大竹海杆高、挺直、围大、壁厚、质量上乘的毛竹。

大竹海的北面有"官财坑"的峡谷,峡谷长不足几公里,落差达四、五百米,整个峡谷都较狭窄,最宽处不过二三十米,最窄处仅数米。狭窄的峡谷内布满奇形怪状的岩石。同时,峡谷内的瀑布和跌水分布非常密集,整个瀑布群掩映在竹林与棕叶林之中,只露一线天。落差大小不一,最大的落差有十几米。瀑布从陡峭的岩石上奔泻而下,状如白练,瀑布的下方都形成有水潭。

旅游区域及进出条件

中国大竹海位于安吉天荒坪镇五鹤村,距递铺镇 18 公里。由递铺镇出发,沿 04 省道往南行驶 11 千米,接着沿乡村道路行驶 7 千米,即可到达,交通便利。"中国大竹海"作为新开发的生态旅游项目,位于省级风景名胜区天荒坪 – 太湖源景区 – 青山湖 – 瑞晶洞这条新的生态黄金旅游线的最前端,并与传统的上海 – 湖州 – 莫干山旅游线路沟通。南距杭州 58 千米,北至县城 12 千米,湖州 70 千米,距上海 220 千米。

大竹海所在的安吉县是闻名全国的竹乡、白茶之乡、昌硕文化之乡。近几年以生态旅游为主要特色的安吉旅游业得到迅速发展,境内分布有众多特色景点,如建在高山之巅、亚洲第一、世界第二大的华东抽水蓄能电站;浓缩了中国 6000 年竹文化史,被国内外专家公认为是世界最大、品种最全的"竹子王国"——竹子博览园;保存有 1.2 万亩原始森林的黄浦江源头、省级自然保护区——龙王山景区等。

保护与开发现状

"中国大竹海"商标已被注册。大竹海景区内安全卫生环境较好,并已规划作进一步的开发。

评价项目分数

■ 观赏游憩使用价值(0~30)　　　　————

■ 历史文化科学艺术价值(0~25 分)　　————

■ 珍稀奇特程度(0~15 分)　　　　　————

- 规模、丰度与几率(0~10分) _____
- 完整性(0~5分) _____
- 知名度和影响力(0~10分) _____
- 适游期或使用范围(0~5分) _____
- 环境保护与环境安全(-20~3分) _____
- 总分 _____

旅游资源的综合评价

- 地理环境评价;舒适性评价;安全性评价;卫生健康评价;客源地区位条件分析;与相邻旅游地关系评价区域经济条件分析;交通等基础设施条件评价

【实训项目】

景区旅游资源调查

一、实训目的

根据国家标准《旅游资源分类、调查与评价》(GB/T18972 – 2003),结合教学内容所讲述的旅游资源分类方法,能够实地进行旅游资源的调查登记、分类、评价及分级,填写旅游资源单体调查表。

对实地调查所得资料进行汇总、整理、分析。统计景区所有类别和等级的旅游资源,对整个景区的旅游资源进行整体定性和定量评价,分析其开发价值和开发思路,并撰写调查报告。

二、实训器材

数码相机、DV、海拔仪、GPS、皮尺、笔、记录本等。

三、实训指导

1. 根据调查景区的面积大小进行分组,一般8~10人一组。

2. 每个小组分别撰写调查方案设计,制定调查工作计划。

3. 实地调查,做好笔录,拍照和摄像,填写旅游资源单体调查表。

4. 整理分析资料,小组讨论并撰写调查报告。

四、实训报告

实训报告的格式及内容如下:

(一)景区基本情况分析

1. 自然状况

2. 社会经济状况

(二)景区旅游资源分析与评价

1. 旅游资源分类

2. 主要旅游资源概述

3. 旅游资源评价

(1)旅游资源的定性评价

(2)旅游资源的定量评价

(3)旅游资源综合价值定量评价

(三)附件

附件主要包括旅游资源单体调查表。

模块三

景区空间布局规划管理

【学习目标】

◆ 了解景区空间布局的基本概念及不同地域类型景区空间布局模式。

◆ 熟悉景区空间布局的基本原则、典型景区空间布局的模式及景区用地类型。

◆ 掌握景区空间布局的基本方法。

【能力目标】

◆ 能阐述景区区位定位的理论及区位定位的影响因素。

◆ 能说明时空、空间位序下的区位定位方式。

◆ 能够选择合适的方法对景区进行空间布局,能为景区设计游线。

情境一　景区的区位定位

【案例导读】

西湖

西湖以地处杭州城西而得名,旧称钱塘湖、西子湖,宋代始称西湖。苏堤和白堤将湖分成里湖、外湖、岳湖、西里湖和小南湖五部分。湖中有三岛:三潭印月,湖心亭,阮公墩。景区以湖面为中心,以山为背景,堤岛错落,树木苍翠。在峰岩洞壑间,穿插着泉、池、溪、涧,又巧妙地组合楼、亭、桥、塔、榭等园林建筑。

西湖以其秀丽的湖光山色和众多的名胜古迹而闻名中外,被誉为“人间天堂”。2011年6月24日,杭州西湖正式列入《世界遗产名录》,是目前中国列入《世界遗产名录》的世界遗产中唯一一处湖泊类文化遗产,也是现今《世界遗产名录》中少数几个湖泊类文化遗产之一。而断桥上的白娘子更为西湖增添了几许浪漫色彩。

云山秀水是西湖的底色;山水与人文交融是西湖的格调。在西湖11个景区里,分布着100多个景点,60多处国家及省、市级重点文物保护单位,20多座博物馆(纪念馆)。西湖与济南的大明湖并列为中国最美湖泊景观。由于在中国历史文化和风景名胜中的重要地位,西湖被评选为首批国家重点风景名胜区(1982年)、中国十大风景名胜(1985年)和首批国家

5A 级景区(2006 年)。1979 年中国发行的外汇兑换券壹圆券及 2004 年发行的第五套人民币壹圆纸币背面均使用了三潭印月的图案,更说明杭州西湖在中国风景名胜中的地位。

南宋形成的"西湖十景",均成对出现:平湖秋月对苏堤春晓、断桥残雪对雷峰夕照、南屏晚钟对曲院风荷、花港观鱼对柳浪闻莺、三潭映月对双峰插云。苏轼赞道:"水光潋滟晴方好,山色空蒙雨亦奇。欲把西湖比西子,淡妆浓抹总相宜。"宋代杨万里诗云:"毕竟西湖六月中,风光不与四时同。接天莲叶无穷碧,映日荷花别样红。"

思考

1.简述西湖景区的地位。

2.分析西湖景区区位定位因素。

景区区位主要是指景区在区域大环境背景下所处的位置与地位,属于宏观空间环境范畴。

景区区位的选择与定位是景区开发与经营成功与否的重要组成构件,应给予高度重视。

一、区位定位的理论基础

景区区位定位理论来自地理学的区位论。区位论主要说明和探讨地理空间对各种经济活动分布和区位的影响,是研究生产力空间组织的学说,是自然地理位置、经济地理位置和交通地理位置在空间地域上有机结合的具体表现,其中又着重于经济地理位置的研究。

"区位"一词自 1882 年德国学者首次提出后,得到了世人的广泛关注,相应的研究理论也层出不穷,其中对旅游规划布局最有影响的理论有:

(一)中心地学说

中心地学说在地理学界影响深远,创始人为德国的克里斯塔勒。廖什对这一理论作了进一步完善与发展,从而构建了中心地学说的完整理论体系。中心地学说在旅游开发规划中得到了有效应用,其中景区向游客生产、销售的旅游产品和服务称为中心地吸引物,而景区则构成吸引游客前往的中心地,从中心地到其影响范围的客源地则构成了不同圈层的市场腹地。

(二)距离衰减法则

距离衰减法则来源于牛顿万有引力,该法则认为地理现象间是相互作用的,但这种作用随距离的增加而呈现反向运动,即距离越大,吸引力越小。景区吸引范围也具有这种倾向,即随着目的地和客源地间距离增加,接待游客数量逐渐减少。据统计,城市出游市场的 37% 分布在距城市15km 范围内,约 24% 的市场分布在 15~50 千米内,约 21% 分布在 50~500 千米内。500 千米以外的地区,仅占出游市场的 18% 左右,其中 500~1500 千米内约占 12% ,1500 千米以外约占 6% 。

(三)集聚规模经济

集聚就是将各种设备、资金、技术等通过联合利用,达到效益最大化经济布局模式。它要求将相应协调的资源进行地域上的集中布局,即要求在同一区位条件下,充分利用现有或将有的设施、服务、技术等组成地区整体旅游形象,增强整体吸引力,形成集聚规模效应。

(四)ReBAC、CRBD(环城游憩带、中央游憩商务区)

ReBAMAM(Recreational Belt Around City)即"环城游憩带",指产生于大城市郊区,主要为

城市居民光顾的游憩设施、场所和公共空间、特定情况下还包括位于城郊的外来游客经常光顾的各级旅游地——三者共同形成环大都市游憩活动频发地带。该地带的划分,刻画了大城市周边的旅游市场布局模式,即围绕城市呈现出环状特征。同时环城游憩带随着距离城市的远近不同,其主要功能也会出现分异。如距城市较近的游憩带依托城市以市民休闲和康体健身为主导功能;距城市较远的地带则依托自然生态以生态旅游、度假旅游为主要吸引点。

CRBD(Central Recreational Business District)即"中央游憩商务区",是指以游览中心地为基础形成的具有一定规模的门槛人口和吸引范围的游客活动中心,这里不仅要有旅游资源、游览设施、游览活动较集中的区位,更要求有较大的游客流量。

以上概念均是以城市为研究对象而提出的,以城市中心点为基轴,或研究基轴以外的园区,或对基轴本身的研究。这种区位研究对于景区规划布局及其开发管理具有重要指导意义。

【拓展与提高】

环城游憩带内游憩地类型

(1) 以主题公园为主的娱乐游憩地。该类游憩地一般选择距离城市中心较近的交通便捷的区位;数量较少,在一定范围内松散分布。

(2) 以度假别墅、第二住宅为主的度假住宅游憩地。该类游憩地一般在离城市4小时车程的范围内,但最短距离必须在80千米左右,这样的距离才能有一定的环境转换感,数量较多,密集分布在具有良好交通可达性,自然游憩资源禀赋较高、景观优美的区域,如湖岸、河边、海滨、温泉、森林等,或者旅游景区周边。

(3) 以休闲农业为主的乡村休闲游憩地。该类游憩地一般与城市建成区保持一段距离,在景观上具有乡村特色的风貌,在交通干道、优美景观、旅游区附近分布密集。

(4) 以郊野自然风光为主的自然风景游憩地。自然风景游憩地一般位于城市外围,保留了自然或半自然的郊野环境和天然景观,其空间结构依赖于城市外围的自然地理环境。

(5) 以博物馆、纪念馆等为主的历史文化游憩地。此类游憩地对资源依赖性较大,多依托于城市的历史、文化遗址而建,因此该类游憩地距离城市中心平均距离往往比较小。

不同类型的游憩地在同一圈层内分布的密集程度有所不同,从娱乐型到自然风景型,空间离散指数逐渐减小,离散的程度越来越低。娱乐型游憩地的离散指数相对较大,分布不集中,而度假住宅型、乡村休闲型、自然风景型游憩地的离散指数较小,显示了一定的集中程度。

资料来源:吴必虎,俞曦.旅游规划原理[M].北京:中国旅游出版社,2010.

二、区位定位的影响因素

景区区位定位不仅受本景区诸多因素的影响,还受到大环境的各种因素的制约。

(一) 资源基础

景区资源的品位、丰度、集聚度是构成景区吸引力的首要条件。旅游资源等级的高低影响着吸引力的大小,世界级的资源能够吸引全球各地游客前来,地区级的则只能吸引本地区的游客前往。鉴于此,进行景区定位时,必须认真分析评价本区的资源。

(二) 经济特征

经济特征包括收入、消费习性、区域经济状况及企业关系。收入和消费习性是针对潜在游客而言,没有经济基础,很难形成现实游客;区域经济状况往往影响土地、劳力、资金的可获得性即成本;企业关系涉及同行业及其他行业的竞争,前者主要争夺客源,后者则争夺资源。

（三）交通条件

景区的可达性、通畅性和快捷性是衡量交通条件的基本标准。景区可进入性强,是指景区与外界联系的交通条件良好。交通条件的优劣,是指能否为游客提供方便、安全、快捷的进入或离开的交通环境。景区的交通条件可从航空、铁路、公路和水路四方面考察。如果四种交通方式皆有,那就具有良好的交通条件和区位条件。一般而言,定位于国际旅游的景区,以航空网站为重点;定位于国内旅游的景区,以铁路线点为重点;定位于省内旅游的景区,以公路线为重点;定位于本地游憩的景区,靠近客源地,方便居民当日或周末旅游。

（四）市场范围

市场范围包括两个层面:一是指地域空间上的,以景区为中心,划出一级市场、二级市场、三级市场的同心圆范围;二是指市场细分上的,如针对大众景区,或针对特定消费群体景区。

（五）城镇依托关系

城镇依托关系涵盖上述四种因素,但又是一个独立的影响因素。景区与城镇的依托关系主要指两者之间的距离和所依托城镇的大小,距离越近,对景区的发展也就更为有利;而所依托城镇的大小则直接影响着景区发展的前期启动以及后期发展。我国现阶段,对景区与依托的城镇距离的限定,一般以依托城镇为中心,以150千米为半径的范围内考虑景区的开发。

三、时空位序下的区位定位

景区区位定位随时间、空间的变化而变化,因此必须充分考虑时空序下的区位定位问题。

（一）时间位序下的区位定位

根据规划惯常的近、中、远分期法,区位定位也有着相应的变化。

1. 近期规划的时空定位

在近期区位定位上,要从方便、实用的角度出发,选择在交通枢纽或交通线附近,地形不太复杂,施工条件较好,能够利用现有基础设施,为游客的进出和服务提供方便。

2. 中期规划时的区位定位

中期的定位主要是在近期规划基础上的规模扩张,在维护原有设施基础上开辟新的区位场所。要特别重视环境保护,必须对区位内地貌详细勘察、具体测量,采取谨慎的开发态度。

（二）空间位序下的区位定位

空间位序根据尺度的大小,可分成跨区域级、区域级、地区级和景区级五个层次。

1. 跨区域级的区位定位

跨区域级是指国家间或洲际间共有的旅游资源区域。对于这一级别的区位定位,应该在加强相互联系的前提下,实行共同开发,有利于国际或洲际游客的相互往来,大力推动边界旅游的发展。如南美巴西、阿根廷和巴拉圭交界地带的伊瓜苏瀑布,喜马拉雅山两侧的尼泊尔和中国等,在针对本国客源市场定位时,还要考虑到与对边国家的合作。

2. 国家级的区位定位

国家级的区位定位主要是针对国内各省市的客源市场,但同时要有针对国际客源市场定位的要求,如国家级的风景名胜区、历史文化名城、历史文化遗址等。它们在国内具有极强的吸引力,因此可以以这些点为中心,构建出影响程度不等的多层同心圆圈层。

3. 区域级的区位定位

区域级在一个国家内,多数为跨省市的区域,如东北旅游区、黄河中下游旅游区等。该类区位定位,首先要协调好区内各地间的关系,在巩固区内市场的同时,着力向外拓展。

4. 地区级的区位定位

地区级可以是省、县或更小单元的地区,如可以是河南省,也可以是开封市,还可以是兰考县。这一级别的区位随着尺度大小应有所区别。如以河南为单元,则定位要面向全国和相应的世界各国(地区);以开封市为单元,则可定位为河南区内、全国各省市以及与开封市有密切关系的世界各国(地区);以兰考为单元,则首先就必须以开封市为主要定位方向,然后再向外扩展。

总之,随着空间尺度变化,景区的区位定位也要发生相应的变化,以适合旅游地的发展。

【思考与讨论】

1. 景区的区位定位理论主要有哪些?

2. 简述景区区位定位的影响因素。

【案例回放】

1. 简述西湖景区的地位。

西湖风景区为首批国家重点风景名胜区(1982 年)、中国十大风景名胜(1985 年)和首批国家 5A 级旅游景区(2006 年)。2011 年 6 月 24 日,杭州西湖正式列入《世界遗产名录》,是目前中国列入《世界遗产名录》的世界遗产中唯一一处湖泊类文化遗产,也是现今《世界遗产名录》中少数几个湖泊类文化遗产之一。

2. 分析西湖景区区位条件。

(1)资源基础。景区以湖面为中心、山为背景,堤岛错落。峰岩洞壑间,穿插着泉、池、溪、涧,又巧妙地组合楼、亭、桥、塔、榭等园林建筑。西湖不仅山水秀美,而且文化旅游资源丰富,自然、人文、历史、艺术,巧妙地融合。西湖拥有众多的国家级、省级及市级重点文物保护单位和专题博物馆,是我国著名历史文化游览胜地,被列为《世界遗产名录》。因此西湖景区旅游资源的品位、丰度、集聚度,为我国乃至世界一流的。

(2)经济、市场范围及城镇依托关系。西湖所处的城市杭州市是浙江省省会,浙江省政治、经济、文化、科教中心,中国东南沿海开发开放的重要窗口。中国江南最富庶的长江三角洲南翼中心城市,长三角金融中心,长三角第二大中心城市,华东第二大城市,首批国家历史文化名城,被誉为"东南第一州",也是中国最著名的风景旅游城市之一,"上有天堂、下有苏杭",表达了古往今来的人们对于这座美丽城市的由衷赞美。元朝时曾被意大利旅行家马可·波罗赞为"世界上最美丽华贵之城"。有着 2200 年建县史的杭州还是中国古都之一。杭州有多项旅游景点入选中国世界纪录协会世界纪录,创造了一批世界之最、中国之最。

(3)交通条件。拥有杭州萧山国际机场;是华东重要的铁路枢纽,沪杭、浙赣、萧甬、宣杭四条铁路在此交汇;沪杭高铁已于 2010 年开通;京杭运河上苏杭间的游船穿梭往来。市内地铁、公交四通八达,环湖电瓶车、出租车、自行车、游船应有尽有。因此,西湖景区的可达性、通畅性和快捷性得天独厚。

【技能训练】

找一个你熟悉的景区,收集资料,运用所学理论分析其区位定位的影响因素。

【阅读资料】

中国三亚亚龙湾国际玫瑰谷

三亚亚龙湾国际玫瑰谷项目是将乡村旅游、高端农业、文化创意、风情园区开发相结合的玫瑰主题度假园区,不仅是亚龙湾度假体系升级的支撑与亮点,同时也为中国都市休闲农业设计与高端农业主题度假项目开发提供了新思路。该项目处于三亚亚龙湾度假区二期规划用地内部,拥有玫瑰品种1400多个,将成为以玫瑰为载体,以玫瑰产业为带动,集玫瑰种植、玫瑰文化展示、浪漫旅游休闲度假于一体的亚洲规模最大的玫瑰谷。

玫瑰谷优势资源:1.拥有世界唯一的热带玫瑰种植技术与玫瑰特色文化资源;2.占据三面环山的亚龙湾腹地;3.享有每年600万人的亚龙湾度假游客资源。玫瑰谷将以"自然、浪漫、欢乐"为主题形象,休闲农业与主题度假相结合,打造集经济、生态、社会效应为一体的浪漫风情园区,构造高端农业复合产业链的发展模式。

本项目以玫瑰谷原有玫瑰种植产业为基础,融入旅游观光、挖掘休闲度假养生产品,打造国际旅游目的地等发展思路来统领整个项目打造的核心内容。在项目形象塑造方面以打造"自然、欢乐、浪漫"的主题园区为目标,以基地、高端、国际化为标准,突出展示项目的社会、经济、生态效益。

玫瑰谷项目的主题创意

国际玫瑰谷:开创了中国未来的都市休闲农业与高端农业主题度假开发新思路。

项目案名:中国·三亚 亚龙湾国际玫瑰谷

主题定位:玫瑰之约——浪漫三亚

以玫瑰文化、黎族文化、创意文化为底蕴,以玫瑰产业为核心,以"浪漫、欢乐"为主题,依托周边山水资源,展现一个集乡村田园风情、花海休闲娱乐于一体的休闲旅游目的地。以玫瑰花海、浪漫婚庆、七彩游乐、精油养生、休闲餐饮、国际风情等为主题内容,在城市近郊、度假胜地集中打造一个浪漫之都,品读浪漫休闲、感悟美丽人生。以此增强三亚休闲度假吸引力,提升海南国际旅游岛新形象。突出海南"浪漫"色彩。

功能定位:种植生产、旅游体验、浪漫婚庆、商务会展、休闲度假

目标定位:

1. 突出玫瑰文化,打造国际浪漫风情休闲度假地,助推海南走向"世界蜜月岛",让玫瑰成为未来海南走向世界顶级度假胜地的一张新名片;

2. 完善玫瑰产业链,打造产业集群,通过举办"第五届中国月季花展暨三亚首届国际玫瑰节"让中国玫瑰走向世界,打造亚洲最大的玫瑰产业示范基地;

3. 通过改变农民收入模式、产业、生活方式三大转型,打造海南城乡统筹新示范。

分期主题策划:

一期以"花田喜事"为主题,结合婚纱摄影开展乡村旅游,打造一个特色的乡村农业休闲观光园。

二期以种植精油玫瑰、花茶玫瑰、食用玫瑰、国际精品玫瑰为主,以玫瑰衍生产品加工为依托,突出高端农业的产业价值,开发休闲养生以及特色体验产品,打造以玫瑰产业为主题的休闲体验区。

三期依托城乡统筹政策,进行区域设施改造,通过玫瑰风情园结合高端农业产品与创意农业的应用,开发国际休闲度假产品,打造国际休闲度假区,同时完善玫瑰谷景区旅游接待服务。另外,本项目能很好地辐射到周边,具有带动性,改善当地农民居住环境,提供周边农民就业、创业机会,打造新时期新农民的幸福家园。

资料来源:北京山合水易规划设计院. http://www.shsee.com/anli/jd/4654_2.html.

情境二 景区空间布局

【案例导读】

成吉思汗陵历史文化旅游区空间布局

成吉思汗陵陵宫内及周围保存有完好的珍贵文物与史料。编制的《成吉思汗陵历史文化旅游区总体规划》在文物保护前提下,确定地方文化特色、生态恢复与分区管理、文物变化与旅游体验并重、历史与现代风格融合等原则。规划根据区内现有资源和文化特色,确定了旅游区"三区、两道、八点"的空间结构。"三区"为文物保护观光游览区、生态恢复保护区和视觉景观控制区三部分,以成陵陵宫为核心,呈同心圆圈层向外辐射;"两道"指旅游区两条游览线路,即成陵神道和成陵风景道;"八点"指 8 个景点或游客设施集中地,包括游客活动中心(铁马金帐)、游客教育中心(博物馆)、灵光观光祭祀区、达尔扈特民俗村、帐篷营地区等。

文化保护观光游览区。以陵宫为核心,以文物保护和观光游览为主,主要景点和游客服务设施集中于此。

生态恢复保护区。文化保护观光游览区外层,区内停止农牧业生产,退耕退牧还草,恢复生态植被并保护;以铁丝网围栏,禁区管制。将苏木镇搬迁出规划范围之外、部分牧民迁出,集中居住并经营达尔扈特民俗村。

视觉景观控制区。在生态恢复保护区外围。区内农牧业生产与居民生活保持原状,逐渐向职业种草植树过渡,以有容量控制的农牧业为主。建议对该区进行严格的视觉景观控制,将现有建筑物还原为蒙古包外形,新修建筑物高度和建筑风格须经景区管理机构视觉评价,使其不影响游客在保护观光游览区内向四周远眺的视觉效果。该区在规划中期将发展运动娱乐活动,如汽车越野俱乐部、狩猎活动、拓展荒野生存训练基地等。

意境流设计。为体现景区特色文化的原真性,提出"旅游区意境流设计程序",并将其运用于重点地段的设计,为游客提供体验成吉思汗事迹、蒙古文化和鄂尔多斯地方精神的具体空间和活动场所。规划认为成陵的总体意境设计应基于景区的地理特点、历史背景与文化背景三大要素。在地理特点上,景区地处毛乌素北缘,既有河滩草场,又有沙漠,景观视野开阔,能使游人得到"天苍苍,野茫茫"的身心体验,突出漠北草原气势。在历史背景上,成吉思汗是蒙古民族的肇兴者,成吉思汗及其子孙的征服活动使蒙古族世界闻名,蒙古民族的发展历史是成陵旅游的精神外延,唤醒游人心中的历史感是意境设计的一大任务。在文化背景上,一代天骄成吉思汗的灵魂安息于此,使旅游区成为蒙古高原乃至全世界蒙古民族的朝圣之地以及其他民族的景仰之所。忠诚的达尔扈特人世代坚守,将成陵的祭祀代代传承,这也是成陵旅游的文化核心所在。

资料来源:吴必虎,俞曦.旅游规划原理[M].北京:中国旅游出版社,2010.

思考

1. 旅游空间布局的含义,景区空间布局主要包括哪些内容?
2. 成吉思汗陵历史文化景区规划原则与空间布局情况。

一、景区空间布局概述

景区空间布局是依据景区资源分布、土地利用、项目设计等状况对景区空间系统划分的过程,是对景区经济要素的统筹安排和布置。空间布局对于景区景观设计、交通游线设计等都会产生深远影响。景区空间布局包括空间划分、功能定位、主题定位、形象定位、项目选址。

空间划分,是在景区空间划分基础上对每个空间的主导功能进行界定。景区空间的功能具有多元化的特征,所以在对不同区域进行功能定位时,除了确定主导功能外,还应对该分区的辅助功能以及支撑功能等加以限定。

主题定位:为各功能区开发方向确定核心,围绕该核心规划区内项目、设施及其他要素。

形象定位,是在分区主题定位基础上,针对游客心理认知而设计的景区形象。对于大尺度空间的旅游发展规划而言,景区的形象设计要涉及旅游口号、标志语以及吉祥物等。在景区内部分区规划中,该形象定位通常表现为一个概念设计,用简单的语言表示即可。

项目选址,是指在确定了景区内功能分区的范围、发展方向的基础上,将规划项目按照一定的规律和原则布置在相关的分区空间里。

二、景区空间布局原则

(一) 突出分区特色

突出分区特色是景区空间布局的核心原则。要突出景区分区特色,首先,要以资源和环境条件为依据。应对景区内地质地貌、景观环境、历史人文等基础条件充分调研,以此做为确定空间布局模式的依据。其次,景区各分区的景观和项目设计应与该区域的功能和形象保持高度一致。景区旅游形象的塑造必须以提供的各种产品与服务为媒介,最终通过自然景观、建筑风格、园林设计、服务方式、节庆事件等来塑造与强化。因此,景区空间布局中应强调各分区中景观、项目、服务的特色与分区主题和形象定位的一致性,以此来实现分区特色。

(二) 功能单元大分散、小集中

大分散是指景区内各分区的功能及主要项目的相对分散化分布,小集中则指在区域范围内旅游服务配套设施的布局采用相对集中式。

旅游项目是景区主要吸引物,因此,旅游项目如果在景区内过于集中则不利于景区空间平衡发展,同时也可能因游客过多而导致超出环境承载力,对环境造成破坏。此外,旅游项目在功能和特色上都不尽相同,旅游项目的集中分布将大大弱化功能分区的作用,而使各区域特色产生趋同。所以,从景区空间均衡发展、环境保护和突出各区特色的角度,旅游项目的空间布局应实行相对分散的布局模式。然而,对于景区中不同类型服务设施如住宿、娱乐、商业设施等应实行相对集中布局。游客光顾次数最多、密度最大的商业娱乐设施,宜布局在中心与交通便利的区位,并在它们之间布设方便的路径,力求使各类服务综合体在空间形成集聚效应。

(三) 协调功能分区

景区功能分区的协调是指处理好景区各分区与环境的关系、功能分区与管理中心的关系,功能分区间的关系以及景区内主要景观结构(核心建筑、主题景观)与功能小区的关系。

在景区规划设计时,对于那些拥有某些特殊生态价值的旅游资源或景观环境的区域应划定为生态保护区;对于那些环境容量大,环境的自然恢复能力强的区域则规划设计成为景区的娱乐接待区。总之,景区开发规划时要根据不同区域的资源和环境状况来对其使用导向进行适当的划分,并通过相应的项目和设施的设置来促进其达到最佳。从景区内功能分区与景区管理中心的关系来看,各功能分区要素与景区管理中心保持空间上的相互呼应。一般而言,管理中心应位于各功能分区的几何中心位置,以便对景区内的事物进行管理和协调。如美国夏威夷火山国家公园的游客中心及公园管理处就位于四个次级景区——奥阿拉林区、冒纳罗亚火山、冒纳伊基火山以及冒纳乌卢火山的中心位置。

另外,协调功能分区还应对各种旅游活动进行相关性分析,以确定各类旅游活动与分区功能、形象间的协调性以及旅游活动与环境之间的协调性,从而更加有效地划分功能分区及布置各种项目和设施。如规划野餐区时,要考虑其对环境的依赖性——只有在具备良好的排水条件、浓密的遮荫、稳定的土壤表层和良好的植被覆盖及方便的停车位的区域设置。

(四) 合理规划动视线

所谓动线是指景区内游客移动的线路,视线则指游客的视力所及的范围,从人体工程学的角度出发,充分考虑游客各感官的满足,使其体验旅途中的视觉美感。

景区内交通是连接各功能分区的关联要素,因此,景区空间布局应与交通线的规划结合起来。考虑游客旅游过程中的心理特性,以实现符合人体工程学的合理动线规划。

景区内交通网络应高效且布局优化。路径与景观有效配置,并建立公共交通系统,采用步行或无污染交通方式,限速行车,使行走与休息均成为享受。对相距较远的景点间配备公共汽车,邻近景点间设置人行道、缆车或畜力交通方式,可使景区内实现低污染的交通优化。

景区空间布局还应体现出层次,在区内布置具有良好景观效果的眺望点和视线走廊,如在制高点、开阔地或主景区设置眺望亭与休息区,让游客在区内最佳视点充分享受自然美景。

(五) 保护旅游环境

景区环境保护的目的是保障景区可持续发展,主要包括:①保护景区的环境特色;②使景区的游客接待量控制在环境承载力之内,以维持生态环境的协调演进,保证景区的土地合理利用;③保护景区内特有的人文旅游环境和真实的旅游氛围。

【相关链接】

纳木错旅游区空间布局

通过对旅游区的场地分析,结合旅游资源分布特征,纳木错旅游区的旅游发展空间规划为"一中心、三廊道、五基地、多节点"的树状空间结构。

"一中心"指旅游区大门综合服务中心,通过强化基地旅游服务、地方文化、休闲、商贸、游憩、景观节点等功能,形成多重功能复合齐备的纳木错景区旅游入口公共区域。

"三廊道"指当雄县—纳木错、纳木湖乡—扎西岛以及纳木湖乡—花岛的3条旅游公路,它们是通往纳木错核心景区的主要通道,也是通往纳木错的景观廊道和朝觐走廊。

"五基地"指藏族风情体验、圣湖文化体验、高原深生态度假、高原科普教育和野生生态观光五大基地。它们分别体现了旅游区的五大核心功能:民俗、文化、度假、科考、观光。

多节点指在风景廊道两侧,根据地形地貌特点设置露营地、原生态游牧人家、藏獒饲养观赏中心等项目。

在确定了空间结构的基础上,规划遵循"以市场为导向"的理念,通过分析景区游客的消费特征与需求,对景区节点、廊道和交通游线进行详细的项目选址及策划。在纳木错入口建设景区大门、售票处、游客服务中心、生态博物馆等;对三条廊道的观赏景观以及游客体验进行差异化设计;当雄县—纳木湖乡段以高原山林风光为主,提供翻越雪山的体验;纳木湖乡—扎西岛段以高山草原风光为主,沿途设置文化节点,提供原生态的自然风光与历史文化体验;纳木湖乡—花岛段以高山草甸风光和野生生态景观为主,提供大自然原始广阔的野趣体验,并在风景廊道两侧设置露营地、原生态游牧人家、藏獒饲养观赏中心等项目。

资料来源:吴必虎,俞曦.旅游规划原理[M].北京:中国旅游出版社,2010

三、景区空间布局的方法

景区空间布局的方法主要有定位、定性、定量法,聚类区划法,认知绘图法及降解区划法。

(一)定位、定性、定量法

1. 概念

定位就是指依据一定的理论和景区实际情况确定各旅游功能分区和旅游项目及设施的空间位置。定性是指在空间定位基础上,对景区各功能分区的主导功能、主题形象等内容加以限定,为其今后发展提供明确的指导方向。定量则是在对各功能分区定位和定性的基础上,依据各区的环境条件、旅游路线以及对游客行为的预测而确定各个功能分区的最佳生态容量。

2. 景区空间布局的定位

主要依据景区内自然、社会环境要素的空间分异。造成景区空间分异的要素主要指地形、水体、地质、动植物等自然因素及人类社会、历史依存的聚焦点、现代旅游项目的空间指向。

3. 景区空间布局的定性

对景区空间布局定性从分区开发前景、分区主体特征以及分区间关系三方面着手分析。

分区开发前景分析需要确定的是各分区的功能、项目、形象等内容,它是对分区旅游发展的目标定位,是未来景区空间布局定性的重要内容。

分区的主体特征是决定该分区旅游开发方向的基础性条件。以《无锡古运河历史文化街区旅游概念性详细规划》为例,该街区中的功能分区都是以街区中的资源和环境特征为基础。如规划提出运河文化街区中的"三廊"(即岸上游览的"南长街街廊道"、水上游赏的"古运河水廊道"以及岸上休闲的"南下塘巷廊道"),其中"街廊道"依托南长街,通过整合无锡工商业文化、宗教文化、生活文化等资源,创造出传统街区熙熙攘攘、人来人往的意向;"巷廊道"依托水弄堂,构建出分布于古运河边上的运河旅馆的线形闲静空间;"水廊道"依托运河水体,是游客进行水上游览活动的场所,同时也是主要的景观廊道。可见,在为景区内各分区定性时,要充分调查各分区内的资源和环境景观特征。

景区各功能分区定性时,应站在全局的高度统筹安排各功能分区间的相互关系。只有各分区在功能上互补,在主题形象和发展方向上相互融洽,才能保证景区的顺利发展。

4. 景区空间布局的定量

定量就是为景区各功能分区预测制定合理的环境容量,其预测的依据主要有区域规模、开发类型以及游客行为模式等。

区域规模是指景区功能分区的面积大小。通常,面积大的区域游客容量也大。但是,不同类型地区存在着差异。如平原型景区其游客密度较山地型景区大,因此单位面积上容纳的游客数,平原型景区较山地型景区多。

景区开发类型决定景区旅游项目,而不同类型的旅游项目对景区容量要求各异。如观光型景区和生态型景区游客容量较小,娱乐型景区游客容量较大,甚至达到一定的人数门槛,以迪斯尼乐园为代表的主题公园型娱乐景区游客容量肯定比一般同等规模的景区要大。

此外,景区各分区的定量还应考虑游客的行为模式。一般而言,来自不同区域和不同年龄的游客行为模式有差异,而游客的行为模式会直接影响到景区内的周转率,从而对景区内游客容量产生影响。因此,游客的行为模式也是景区空间布局定量的一个重要因素。

(二)聚类区划法

聚类区划法又称"上升区划法",是指从小地域空间入手,通过对其归类合并而逐步上升到数量较少的大型功能分区的方法。主要步骤如下:

(1)在景区内设定 n 个地域样本,即最小的地域空间。

(2)计算各样本空间之间距离,并按照相邻样本空间之间的共性,将其划分为 $n-x$ 类。

(3)针对上述 $n-x$ 类地域空间形式,进行同类或相邻地域样本合并,不断重复该过程。

(4)最终将会形成无法继续合并而产生 $n-x-y$ 个典型少量大型区域,这就是最终需要的对景区的空间划分。

(三)认知绘图法

认知绘图法是1983年由弗里更提出的旅游区域空间布局方法。它以心理学理论为基础,通过对游客心理图示的揭示达到景区空间的合理化和人性化布局。该方法主要为通过综合游客对旅游地形象的认知,计算出旅游位置权数,并以此作为空间布局定位的依据。

(四)降解区划法

降解区划法是1986年由加拿大史密斯提出的大尺度旅游空间区划定位的方法。该方法在具体操作上与聚类区划法形成一对逆操作,即聚类区划法是由下至上地分析和归类,而降解区划法则是从大空间范围着眼,对大尺度空间予以逐步分解,形成若干个景区的次级分区的结果。

四、景区游线规划管理

"旅游线路"(简称游线)的含义有两层:一是通俗层次,指旅游区内游人游览经过的路线。它是某种行为的轨迹,仅涉及旅游通道;二是专业层次,是旅游经营者或管理机构向社会推销的产品,并帮助游客圆满完成旅游活动的过程。在内容上,则包括这一过程中游客所利用、享受的一切,涉及行、食、宿、游、购、娱等各种要素,并且各环节环环相扣,密切配合,有机地安排在事先确定的日程中,所以"旅游线路"的含义远较其通俗用法丰富。

(一)游线设计的原则

游线是旅游产品组合的重要形式之一,游线设计的优劣决定着产品在市场的影响力和吸引力,决定了旅游者的购买量,进而决定了旅游市场营销的效果及社会经济效益。游线设计首先要贯彻经济原则和市场导向原则。经济原则,指考虑自身经济实力,量力而行,同时还要考虑游客的经济承受能力;市场导向原则,就是要以游客需求作为游线设计的出发点和准绳。

1. 因地制宜原则

游线设计要综合考虑地质地貌与生态环境,根据服务和基础设施条件、市场需求、经济条件,兼顾旅游地交通条件,根据因地制宜和旅游区总体布局指导思想,进行旅游线路规划。

2. 时空艺术原则

运用音乐、文学、园林艺术,在工程经济、时间可能的条件下,通过游线组织,使旅游活动劳逸结合、丰富多彩、形成欲扬先抑、移步换景、峰回路转艺术效果和独特的产品组合。

3. 合理化原则

游线的设计要综合考虑时间、地点、交通、安全等各方面的因素,合理安排游客的食、住、行、娱、购等活动事宜。

4. 科学化原则

要以"行程最短,顺序科学,点间距离适中"为原则,避免游客浪费过多的时间和精力。

5. 联动协作原则

以旅游线路为纽带,不同的旅游区之间可以优势互补、联合促销、互相促进。旅游线路应考虑与周围旅游城镇、旅游区的联合协作,跨地域、跨行政区域整体设计。

6. 高潮景点原则

游线设计时,要将游客心理与景观特色分布结合,在一条游线中要设计一两个高潮景点,以刺激、满足游客的游兴。

7. 网络化的原则

要注重各游线间及周边旅游网络体系的衔接,以形成合理的游线走向和良好的开放格局。

【相关链接】

无锡古运河历史文化街区的空间布局与游线规划

无锡古运河历史文化街区的空间结构为"一核、三廊、三节点"。"一核"即以清名桥、伯渎桥为中心的两水相交处的景观核心。具有古朴造型的古桥、古运河和伯渎桥交汇处形成的宽阔水面、运河水天相接等元素共同构成的景观,是历史街区景观的精华所在。这里汇集三种以上特色景观:东侧是伯渎港内船吧的休闲景观,北侧为枕河人家的水弄堂景观,南侧为两岸杨柳的自然景观。

"三廊"即岸上游览的"南长街街廊道"、水上游赏的"古运河水廊道"以及岸上休闲的"南下塘巷廊道"。运河活化博物馆的游线功能分成岸上休闲、岸上游览与水上游赏三部分。根据历史街区中街道与运河的线性空间的特点,将这三个功能落入到三个线性空间廊道中,"街廊道"依托南长街,通过整合无锡工商业文化、宗教文化、生活文化等资源,创造出传统街区熙熙攘攘的意向,功能包括传统作坊、博物馆展、古宅往事、深巷旧吧。"巷廊道"依托水弄堂,构建出古运河边运河旅馆的线形闲静空间。同时,通过历史建筑的修缮以及沿运河建筑风貌的保持,为游客展现完整历史街区风貌。廊道功能包括运河客栈、曲巷通幽、传统习俗、特色饮食。"水廊道"依托运河水体,通过复原部分生活场景,提供给游客先前古运河的记忆片断,并将其与现代人的生活方式、旅游需求结合起来。廊道功能包括水弄堂文化、水上商业、水上节事、水上竞渡。

"三节点"展示的同时,也作为新的公共空间服务于城市,从而给运河活态博物馆带来与城市舒畅的交流环境。古运河历史街区被清名桥、伯渎桥形成的景观核心划分成三部分,形成三个节点:跨塘桥—清名桥段,归纳于跨塘桥入口节点;清名桥—塘泾桥段,归纳于南水仙庙节点;伯渎桥以东段,则属于伯渎港节点。

资料来源:吴必虎,俞曦.旅游规划原理[M].北京:中国旅游出版社,2010。

（二）游线规划的内容

旅游线路规划的目的是根据旅游需求、景点布局和旅游资源保护的要求,结合服务设施和基础设施的工程经济条件,合理安排整个旅游过程的活动路线,使旅游点、服务设施以不定的方式联结成一个具有特定功能的整体。旅游线路规划的具体内容如下:

1. 确定旅游流的主流向

根据景区条件和旅游市场需求,以强化产品特色,提高产品"组合力"为主要目的,确定主要游线,并在此基础上进一步安排各项特种线路(如生态旅游、修学旅游)。

2. 确定各旅游线段的性质

游线是连续的,但每一段游线所处位置和所承担功能不同。确定各线段性质,是游线规划的关键。按各线段旅游功能之差异,可分为三类:一类是以旅游为主的游线,要求便捷、舒适;二类是以游览为主的旅游线,要求步行(人车分流)、驻足、提供最佳视点视域等功能;三类是旅游结合线,即边旅边游,要求特色交通工具、解说、慢速,如竹排、马车、雪橇等。

3. 合理安排时间结构

各游客群体要求完成旅游活动的时间不同,各景区所能吸引游客逗留的客观条件也不同,因此游线组织规划应根据具体条件,合理安排一日游、一周游等不同时间旅游线路。

4. 合理安排转换结点

结点,指不同性质的旅游线段的连接处,它是游客的旅游方式切换点,常常也是不同游客群体的游线分岔点。在规划时,转换结点的分布应相对集中,转换结点(游线枢纽)要避开核心区;结点地带一般安排车场、交通换乘中心;在转换结点安排适当级别的服务设施。

【思考与讨论】

1. 简述景区空间布局的原则,说明景区空间布局方法中的定位、定性、定量法。

2. 旅游线路有哪两层含义? 游线设计的原则和游线规划的内容有哪些?

【案例回放】

1.什么是景区空间布局? 景区空间布局主要包括哪些内容?

景区空间布局是依据景区资源分布、土地利用、项目设计等状况对景区空间进行系统划分,是对景区经济要素的统筹安排和布置。景区空间布局包括空间划分、功能定位、主题定位、形象定位、项目选址。

2.简述成吉思汗陵历史文化旅游区规划原则与空间布局情况

在文物保护前提下,成吉思汗陵历史文化旅游区规划原则:地方文化特色原则、生态恢复与分区管理原则、文物变化与旅游体验并重原则、历史与现代风格融合原则。

成吉思汗陵历史文化旅游区具有"三区、两道、八点"的空间结构。其中"三区"为文物保护观光游览区(以成陵陵官为核心,以文物保护和观光游览功能为主)、生态恢复保护区(以退耕退牧还草,恢复生态植被并严格保护为主)和视觉景观控制区(以有容量控制的农牧业为主,并对该区进行严格的视觉景观控制)三大部分,以成陵陵官为核心,大致呈同心圆圈层向外辐射;"两道"指旅游区的两条游览线路,即成陵神道和成陵风景道;"八点"指8个重要景点或游客设施集中地,包括游客活动中心(铁马金帐)、游客教育中心(博物馆)、灵光观光祭祀区、达尔扈特民俗村、帐篷营地区等。

【技能训练】

以校园为景区,运用景区空间规划布局理论和方法,对校园空间进行重新规划布局。对校园空间进行分区,确定各空间分区的面积、功能和规划项目。以小组为单位,各上交一张平面布局图,加上文字说明。

【阅读资料】

春秋淹城旅游区总体规划(功能分区与游线规划)

春秋淹城旅游区总体定位——以春秋文化品牌为依托的文化休闲型旅游目的地;形象定位——回走千年,春秋在淹城;总体规划目标——在有效保护遗址资源前提下,合理开发淹城旅游资源,合理进行旅游布局和项目建设,促进淹城快速和持续发展,把春秋淹城旅游区建设成国家5A景区,进而成为常州城市文化名片。

1. 遗产保护与旅游开发:三层保护体系,圈层式开发

淹城遗址是中国保存最完好的春秋古城,城市格局"三河三城"。依据《淹城遗址保护利用总体规划》,外城河外200米以内属于保护区,其外还划有建设控制带和环境协调区,文物保护与旅游开发形成了一对矛盾。

规划思路:"内虚外实,在发展中保护淹城遗址"。"内虚"指遗址内不进行大规模建设,在不破坏遗址旧貌的前提下,只在若干节点模拟历史建筑,通过各种手法,渲染历史氛围和遗址观光旅游的体验环境。"外实"指以遗址为依托的周边各功能分区要做实,要把淹城文化延伸到春秋文化,打造系统的春秋文化旅游产品,形成完善的服务功能、明确的商业业态以及相应的商业操作运营模式。就是要对淹城遗址的保护与利用统筹策划,把遗址保护与城市建设、生态环境建设、经济发展结合起来,使其真实性、完整性与观赏性获得保护和传承,在保护淹城遗址的同时,促进社会、生态与经济效益有机统一,谋求遗产保护与社会发展的和谐关系。

规划方针:按重点保护区、一般保护区与建设控制地带三级保护淹城遗址,进行圈层式开发建设。

(1)重点保护区:本范围属禁建区,除因淹城遗址的保护展示工程和因管理必需的配套设施及环境修复外,不得进行其他任何建设活动;区内不得进行可能影响到遗址及其环境的活动,控制区域人口居住容量为0。

(2)一般保护区:与"重点保护区"的保护规定相同。

(3)建设控制地带:属限建区,不得修建与遗址及其历史环境无关的建设项目,与遗址保护、展示、利用相关的设施应按照规划要求建设;建筑风格与样式应与遗址背景协调一致,建筑限高5米,构筑物限高6米。

2. 规划结构和功能分区:一心、一环、五片区

在已有场地格局基础上,依据各项规范标准,结合常州旅游发展规划、城市发展总体规划以及淹城遗址保护利用规划,根据对整个旅游区的定位、春秋时期的历史文化内容以及游客对遗址旅游区的新的诉求特点,按照"点、线、面"综合布局的模式,形成"一心、一环、五片区"的规划结构。一心,遗址公园;一环,串联各功能区大环线;五片区,入口服务区、春秋文化体验区、春秋文化休闲区、文化商业区以及城市森林观光区。

其中,遗址公园是重要的遗址保护区,也是整个春秋淹城的灵魂;文化商业区和城市森林观光区是现状建成区。在春秋文化体验区,除利用现状地形条件,打造文化娱乐板块,通过游乐化的参与方式,使得游客与春秋文化"零距离"交流外,更重要的想通过这一板块旅游人气的积聚,为邻近文化商业区带来潜在消费。春秋文化休闲区是文化休闲板块,功能是扩大淹城文化内涵,将春秋文化与休闲旅游结合,弥补遗址内开发限制,以淹城文化为引子,将春秋文化体验推向高潮,游客在此休闲,品味春秋。

3. 道路交通规划——入口、动态交通、停车场

考虑淹城遗址的生态环境和文物保护要求,在交通系统规划中,规划了5个景区入口,以及陆路交通与水路交通,陆路交通分为二级道路体系,水路交通贯穿各个功能片区,共设置了以鉴湖码头为枢纽的8个码头。

为满足未来景区发展需求,在邻近各入口区处规划设置了3处大、中型集中停车场和两处地下停车场。

在入口设置上,出于方便游客、景区管理需要以及使5个功能区都能有入口的考虑,共规划了5个入口。入口的规划设置符合国家规范要求,不会对邻近城市道路交通造成影响。

在旅游区道路交通规划中,尽量利用已有道路,采用"人车分离",以降低投资、使景区交通通畅、便捷、人车分流。将贯穿5个功能区的陆地主要环线规划为旅游区的主路,主路连接景区内的二级道路。

在水上交通系统规划中,旅游区共设置8处游赏码头,从码头通过水路可以游赏到各个功能区,其中鉴湖码头为水上交通枢纽,也是游客从一级道路换乘水上交通的第一站。

4. 游线系统规划:水陆并行,多方位看淹城

在游线系统规划上,沿水陆两个交通系统,通过陆路游线、水路游线的规划设计,实现了陆上游淹城、水上赏淹城、空中看淹城的三重游览结构。

(1)陆地游线。陆地主要环线为沿着城市森林观光区、春秋文化休闲区、春秋文化体验区、文化商业街区和入口服务区的主路,沿途有电瓶车临时停靠站。各区内有二级路组成游线,采取的径穿式、放射式等方式。

(2)水上游线。水上主要环线贯穿各功能区。区内共8处码头,以鉴湖为主要集散码头,通过外城河水关进入遗址核心区,往南可通向野生动物观光区,往北可通向春秋文化休闲区,形成了本景区主要的水上游线。

资料来源:绿维创景,http://focus. lwcj. com/yanc/yancheng_guihua_1. asp

情境三　典型景区空间布局模式

【案例导读】

旅游景区空间布局——以颐和园为例

一、自然的山水骨架影响布局方式

颐和园始建于乾隆十五年(1750年),依照原有瓮山和西湖而修建。颐和园设计运用散点透视手法,建筑全而齐,不显杂乱;景物广布,不显分散。面积4350亩,水面面积约占3/4。由万寿山和昆明湖构成的山水骨架为颐和园的框架。园内建筑以佛香阁为中心,共有亭、台、楼、阁、廊、榭等不同形式建筑3000多间。设计师巧妙利用和改造了山水,有取有舍,形成了古典皇家园林所特有的"一池三山"的格局。

修建颐和园是为了给慈禧祝寿。皇帝下令要在园林中体现"福、禄、寿"三个字,于是设计师雷廷昌在颐和园设计了寿桃形状的人工湖,在平地上看不出它的全貌,但从万寿山望下去,就是一个大寿桃。而十七孔桥连着的湖中小岛则设计成龟状,十七孔桥就是龟颈,寓意长寿。至于"福"字,雷廷昌将万寿山佛香阁两侧的建筑设计成蝙蝠两翼的形状,整体看是一只蝙蝠,蝠同"福",寓意多福。

二、功能分区布局特点

颐和园三个功能区：以仁寿殿为中心的政治活动区，以乐寿堂、玉澜堂和宜芸馆为主体的生活居住区，以万寿山和昆明湖等组成的风景游览区，前两个区集中在东宫门。而风景区则主要集中在万寿山和昆明湖周围，有佛香阁、长廊、排云殿、十七孔桥、铜牛、知春亭等著名建筑。众多建筑和景点构成了颐和园的主要内容，显示出颐和园布局的整体脉络、主次分明，巧妙地与原有地形相结合，成就了这座古典皇家园林的使用功能。

三、布局中的空间问题

颐和园的布局很好地表现出空间概念。一是山水地形本身尺度很大，让人感受到强烈的空间感；另外利用"借景"手法实现空间延伸。以园外数十里西山群峰为背景，把玉泉山的宝塔纳入园景。全园建筑依据山湖形式巧妙安排，借景西山群峰，从园中西眺，会更感到山外有山，景外有景，变幻无穷，美不胜收。

站在知春亭，远眺山水一色，近处稍稍清晰，先是雾蒙蒙一片，然后渐渐清楚，体现出"水的三远"。同时知春亭作为最佳观景点之一，既可看到万寿山华丽、气派的景色，也可远眺西堤杨柳飘飘的自然之美，同时还可看到远处玉泉塔和玉泉山若隐若现的旷远景色，成功体现出颐和园整体布局的"有放有收"。

地形因素加上设计师很好的规划，自然形成颐和园的基本格局。这种格局不仅最大限度运用了原有自然地形，还有效合理的分配了各个空间，展现了特有的美，而且也表现出皇家古典园林所特有气魄和魅力。

颐和园利用多种手法使得园中景色丰富，空间变化多样，给人以多视角的赏景视线。整个园林依照固有山水地形加以改造，构成本身的大框架。又通过建筑的精巧布局，很好地体现出皇家园林的华贵和精致。

资料来源：旅游景区空间布局分析 http://wenku.baidu.com/view/e678397202768e9951e73873.html.

思考

1. 自然山水骨架如何影响颐和园布局方式，当年修建颐和园，如何在园中体现"福、禄、寿"三个字？

2. 颐和园分为哪三个功能区？在布局时如何表现空间概念？

一、常见景区空间布局模式

景区内各功能区的布局，应与景区主题相符合，适应景区的景观特色，当然也受当地地形和原有基础设施的限制。综观景区的功能布局设置，一般有以下六种模式。

（一）链式布局模式

该模式适于旅游资源和服务设施主要沿着交通线分布的情况。交通线可以是公路，也可以是水路，有时交通线本身也是构成游览的主要内容（图3-1）。

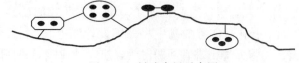

图3-1　链式布局示意图

（二）环核式布局模式

环核式布局模式是指景区内的布局以重要景观或项目为核心,相关的旅游接待、服务设施及娱乐项目等全部环绕该核心景观和项目进行布局的模式(图3-2)。

一般而言,吸引物较单一的景区其空间布局会出现环核式布局。在该模式下接待服务设施与吸引物间有交通联系,呈现出伞骨形或车轮形状。如广东省陆丰市玄武山景区,因为宗教信仰,在东南亚有较大影响力,成为广东著名景区之一。但该景区较独立,周边缺少其他景区支撑,因而在景区空间布局上形成了类似于环核式空间布局。即该景区所有接待设施都由当地居民自发组织,紧紧围绕在该景区的周边地区,形成了包围该景区全局的一道接待设施环。

（三）双核式布局模式

当一个景区内出现两个势均力敌的资源集聚时,往往采取此种布局形式(图3-3)。

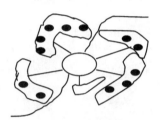

图3-2 环核式布局示意图

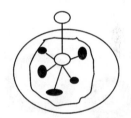

图3-3 双核式布局示意图

（四）组合式布局模式

组合式布局模式是在双核式布局的基础上的进一步延伸和扩展,是在出现了几个处于同等地位,但在地域范围和功能上不能相互重合的资源时采取的布局方式(图3-4)。

（五）渐进式布局模式

该布局模式与组合式布局相似之处:都是由不同地域范围的不同功能区块组合而成,需要有多样化分区才能体现出功能上的不同。两者差别在于各功能区地位不同。组合式是相互平等的,而渐进式是从小规模、地位相对较次的功能区开始,逐渐向更高层次功能区过渡(图3-5)。

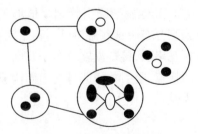

图3-4 组合式布局示意图

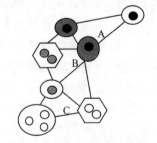

图3-5 渐进式布局示意图

（六）圈层式布局模式

根据尺度大小,对景区理解存在着多层次化。如九寨沟景区作为整体给人第一印象是自然生态,因此游览功能应是第一位的。但在大景区之下,由于资源赋存不同,在景区内各部分存在着不同的功能分布,有些地方以游览为主,而有些地方则有民俗参与的功能。因此,在每一个大尺度景区下,又往往划分出次级功能区,层层往下,形成圈层结构(图3-6)。

【相关链接】

社区——吸引物式布局

1965年由美国甘恩(Gunn)首先提出,社区——吸引物式布局是在旅游区中心布局一个社区服务中心,外围分散形成一批旅游吸引物综合体,在服务中心与吸引物综合体间有交通连接。

社区——吸引物式布局与环核式布局相似之处是两种布局模式下都会出现环状分布(图3-7),不同之处在于社区——吸引物式布局模式下位于环状中心的是具有接待功能的社区,而环核式布局模式下,位于环状中心的是旅游吸引物。因此,社区——吸引物式布局是在旅游资源较为丰富,但分布较为分散的情况下产生的一种分布形式。在该形式下,为增强景区内的交通便捷性,往往会在社区与旅游资源以及旅游资源间修建交通线,最终形成车轮状交通格局。

图3-6 圈层式布局示意图

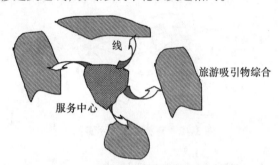

图3-7 社区——旅游吸引物综合体空间布局示意图

资料来源:马勇,李玺.旅游景区规划与项目设计[M].北京:中国旅游出版社,2008.

二、不同地域类型景区空间布局模式

(一)山地型景区空间布局

山地型景区是指位于山地,地形起伏较大,空间布局受地形影响较大的景区。该类景区一般分为分叉式、环式、综合式等三种山岳景区布局模式。

分叉式山岳景区是将主要景点作为景区核心置于山顶,其他旅游吸引物则因地形关系而只与该主要吸引物产生单面联系,景区内的旅游接待设施则分布于这些旅游吸引物之间。

环式山岳景区,一般是各旅游吸引物通过环状线路相互串联,接待设施分布于其间。

综合式山岳景区,是指综合了分叉式和环状式分布的特点,吸引物间通过交通而构成网状分布。该模式较分叉式和环状式具有变化性,游客在行为模式上自主选择的余地更大。

(二)河流型景区空间布局

河流型景区在空间布局上出于交通设计和游客行程安排考虑多采用沿河式布局。此种布局最为典型的当数长江三峡景区。长江三峡主要景点均沿长江分布,人们通过游船就可领略瑰丽的三峡风情。江南水乡——乌镇,其旅游项目也为典型沿河道分布的布局式,沿镇上的东市河依次分布着传统作坊区、传统民居区、传统文化区、传统餐饮区、传统商铺区、水乡风情区。

（三）湖泊型景区空间布局

该模式分为环湖式和网状式布局两种。环湖式布局多见于湖中无岛,而仅将湖作为自然景观的景区。该类景区旅游吸引物主要分布于湖泊四周,水上至多开发康体项目。该类景区规划时在空间布局上主要通过环湖景观道路将各个吸引物串联起来,最终形成环状景区布局模式。

湖泊型网状式布局的景区多在湖中有岛,岛上拥有旅游吸引物。景区布局要考虑游客需求,通过开发多元化交通工具,实现水陆联合互动,不仅要求视线上互通,还应在行程上紧密联系。该布局模式就是借助水上、路上甚至空中的交通组织而实现景区内旅游吸引物的开发。

（四）海滨型景区空间布局

该模式主要体现在旅游接待和游乐设施的空间布局及其与海岸线的位置关系上。通常,该空间布局会采用递进式布局模式。从海上到陆地依次递进:海上运动区、养殖区、垂钓区、海滨浴场、游船码头、海滩活动区、海滨公园、沿海植物带、娱乐区、野营区、交通线、接待中心等。国外滨海旅游带的开发大都按照上述层次布局,除了海边设置游艇、浴场以及沙滩活动区外,在距海滩较远处还设置有供游客免费使用的休闲、野营、烧烤设施。

（五）草原型景区空间布局

草原型景区是旅游吸引物较分散,密度较低,区内差异小的景区类型。通常,草原型景区的地质条件不允许修建大规模接待设施。因此,将这一景区划分为一定亚区,在兼顾亚区间功能互补性的前提下,重点对亚区内服务设施进行布局。各个亚区应具有相对独立的旅游功能,同时应通过交通网络进行连接。这种草原型景区的空间布局模式一般被称为野营地式布局。

（六）森林型景区空间布局

森林型景区是生态观光和休闲度假的场所,属于环境脆弱的地域类型,该类景区空间布局,应将生态环境保护放在第一位。从游客活动看,观光、游览等活动对于森林环境的影响较有限且负面影响不多。对森林生态环境负面影响最为强烈的是接待设施产生的污染,如餐饮、住宿等。为尽量避免因旅游接待而给森林型景区环境造成危害,一般采用双核式景区布局模式。

双核式景区布局是指为避免因旅游接待而对森林型景区生态造成负面影响,而对接待设施予以一定分散化和远离化。"双核"是指景区拥有两个旅游接待核心。第一个核心是远离景区的游客主接待中心,由于该接待中心所处环境对外界冲击承受力较景区内强,通常将污染和环境负面影响较严重的主要接待设施和服务置于此中心处。此外,在景区附近或主入口处设置次级旅待中心,该接待中心仅提供对环境和资源影响较小的配套服务,构成了"双核"模式中的第二核心。可见,森林型景区空间布局的主要影响要素是旅游活动对景区环境的影响。

三、景区空间布局实例

虽然各景区大小、级别、特点不同,但都可分为游览区、旅游接待区、休疗养区、商业服务中心、居民区、行政管理区、园艺场(包括副食品供应基地)、农林区、加工工业区等部分。

(一) 游览区

这是风景区主要组成部分、风景点较集中、具有较高风景价值和特点的地段。一个风景区由许多游览区组成,各游览区景观主题各有特色。以山景为主,突出瀑布、溪水、水潭等主题,如杭州西湖、桂林漓江、九寨沟诺日朗瀑布等;以文化古迹为主,如泰山碧霞寺、峨眉山报国寺等;可以以植物为主,以观赏富有特点的植物群落或古树为主题,如黄山"迎客松"、庐山五老峰的青松、桂林阳朔的大榕树等;以气象景观为主,如峨眉山的"宝光"、泰山日出等。

(二) 旅游接待区

这是景区重要组成部分,要求有较好的旅游服务设施。接待区的布局形式有以下几种:

1. 分散布局

分散布局即接待区分散在各风景点附近的布局方式。这种布局易出现破坏风景的现象。

2. 分片布局

分片布局是将各等级旅馆分片设在若干专用片段,相对集中,便于管理,如庐山、黄山。

3. 集中布局

集中布局是在风景区中或城市边缘,集中开辟旅游接待区。

4. 单一布局

单一布局是在条件允许的情况下,选择适当地区新建一个单一性质的旅游接待小城镇,把各种旅游接待服务设施组织在一起,如秦皇岛的北戴河。

(三) 休疗养区

许多风景区设置了休疗养区,并成为风景区中较为重要的部分,如庐山风景区的莲花谷,杭州西湖风景区的九溪休疗小区等专用的休疗养区。以旅游为主的风景区中的休疗养区是专用地段,应与一般游人有所隔离,避免相互干扰,但也要有相应的商业文娱设施。

(四) 商业服务中心

除分散的服务点,风景区内应有数个商业服务设施较为集中的地区,为游客和当地居民服务,但在布局时要注意与周边环境的配合。

(五) 居民区

这是景区员工及家属集中居住区,常和管理机构在一起,不宜与游客混杂,以免相互干扰。

(六) 行政管理区

风景区中行政管理机构集中的地段,与游人不发生直接联系。

(七) 加工工业区

直接为本区旅游服务主副食品加工业、工艺品工业等,可以靠近或分散在居民区中,有的工艺品厂还可供参观游览用。

（八）园艺场及副食品供应基地

担负着为游客、休疗养人员提供新鲜食品的任务区域,如果园、菜地、奶牛场等。副食品的供应,一般单靠风景区范围本身的基地是不够的,常需从附近地区调集。

（九）农林地区

这是从事农业、林业生产的地区,与旅游活动虽无直接关系,但占地广大,对风景区的景观及生产、环境保护都有影响。

【思考与讨论】

1. 常见景区空间布局模式有哪几种?

2. 简单叙述不同地域类型景区空间布局模式。

【案例回放】

1. 自然山水骨架如何影响颐和园布局方式,当年修建颐和园,如何在园中体现"福、禄、寿"三个字?

颐和园的设计运用散点透视手法,建筑全而齐,不显杂乱;景物广布,不显分散。由万寿山和昆明湖所构成的山水骨架为颐和园整体布局限定了框架。园内建筑以佛香阁为中心,共有亭、台、楼、阁、廊、榭等不同形式建筑 3000 多间。设计师巧妙利用和改造了山水,有取有舍,形成了皇家园林所特有的"一池三山"的格局。修建颐和园是为了给慈禧祝寿。皇帝下令要在园林中体现"福、禄、寿"三个字,设计师雷廷昌在颐和园设计的寿桃形人工湖,从万寿山望去,就是一个大寿桃。将十七孔桥连着的湖中小岛设计成龟状,十七孔桥就是龟颈,寓意长寿。将佛香阁两侧的建筑设计成蝙蝠两翼的形状,整体看是一只蝙蝠,蝠同"福",寓意多福。

2. 颐和园分为哪三个功能区? 在布局时如何表现空间概念?

颐和园三个功能区:以仁寿殿为中心的政治活动区,以乐寿堂、玉澜堂和宜芸馆为主体的生活居住区,以万寿山和昆明湖等组成的风景游览区,前两个区集中在东宫门。而风景区则主要集中在万寿山和昆明湖周围,有佛香阁、长廊、排云殿、十七孔桥、铜牛、知春亭等著名的建筑。

颐和园的布局很好地表现出空间概念。一是山水地形本身尺度很大,让人感受到强烈的空间感;另外利用"借景"手法实现空间延伸。以园外数十里西山群峰为背景,把玉泉山的宝塔纳入园景。全园建筑依据山湖形式巧妙安排,借景西山群峰,从园中西眺,会感到山外有山,景外有景,变幻无穷,美不胜收。

【技能训练】

选择熟悉的景区,在景区导游图上找到其主要功能分区,用所学理论分析该景区布局模式。

【阅读资料】

肇庆广宁竹海大观目标定位、空间布局与线路规划

一、目标定位与形象策划

竹海大观景区位于肇庆市广宁县。景区以竹为依托,以竹文化为主题,为广宁县旅游业的龙头景区。

（一）规划目标

规划以竹为景,以竹为魂,突出效益,强调文化,围绕竹文化的生态与产品开发产品、形成

产业,打造以生态观光、休闲度假、科普教育为特色的大竹海景区,构建国内一流、国际知名,融生态、文化、休闲、养生、度假于一体的竹生态氧吧和竹休闲胜地。

（二）发展定位

以竹为特色的肇庆第一生态乐园;以竹为内涵的珠三角休闲氧吧;以竹为主题的国家4A级景区;以竹为品牌的世界竹文化旅游胜地。

（三）形象策划

主题形象:广宁竹海,养生之海。形象推广:竹生态氧吧,心（新）休闲胜地——广宁竹海

二、空间布局构想

整个景区空间布局可规划为:"一江两岸,三带五区"

（一）一江:绥江,形成景区视觉走廊与旅游通廊。重点打造:沿江观光游览（扁舟、竹筏）、客家山歌、水上茶寮。

（二）两岸:绥江两岸,形成郁郁葱葱、变化多端的竹林及湿地景观,及亲水游憩空间。重点打造:沿河湿地景观、沿河竹林景观、竹林水车、沿河灯光工程。

（三）三带:沿江休闲带、竹园游憩带、竹乡风情带,在绥江及两岸构建三条贯穿整个景区的旅游带。

（四）五区:入口服务、休闲娱乐、民俗体验、商务会所、养生度假等功能各异、特色鲜明的功能区。

1. 入口服务区（竹门——望竹）。规划项目:游客服务中心、入口标志大门、门前广场、竹工艺品专卖店、生态停车场、游船码头、自驾车营地、滨江休闲带。

2. 休闲娱乐区（竹岸——玩竹）。规划项目:竹文化广场（郑板桥竹画砖雕墙）、竹文化展馆、竹林驿站（竹器械拓展）、竹林沙滩（沙滩排球、蹴鞠、沙滩派对）、竹筏漂流、竹台蹦极、竹林美食街、水上餐厅、水上茶寮（船舫）、特色水车。

3. 民俗体验区（竹乡——游竹）。规划项目:罗锅古镇、绥江古码头、竹文化饮食街、竹工艺商业街、竹林茶社、民俗竹寨、竹林迷宫、观竹天音阁、竹海影视基地、十里竹廊、竹成语文化园、河鲜码头。

4. 商务会所区（竹江——鉴竹）。规划项目:商务会馆、养生会所（竹林瑜伽、南拳馆、国画教室、竹曲艺教室）、高端度假屋、竹文化剧场、健身按摩步道、环岛木栈道。

5. 养生度假区（竹园——居竹）。规划项目:高端竹屋度假村、竹风情别墅区、登山步道、竹林氧吧、竹文化主题酒店（三星）、竹盐SPA馆、竹结构旅馆。

三、产品及线路规划

（一）一日游（竹林休闲娱乐游）。水路（竹林、竹屋、摩天轮、水车、栈道、观竹亭）;海心洲（民俗表演、竹刀山、竹器械拓展训练、喝竹心茶）;陆路（十里竹廊、竹林别墅、竹林欢乐谷、丝竹音乐、百福浮雕墙、郑板桥竹画砖雕）。

（二）多日游（养生度假修学游）。在一日游线路基础上增加:竹浴（竹林养生）、南拳培训班;修学项目（国画培训,以竹为主）;竹编技艺学习;夜游绥江、绥江垂钓、竹"爆"平安篝火晚会（丝竹音乐表演）;广宁山歌对唱、竹林特色餐饮;竹主题酒店住宿、竹寨夜市（罗锅）。

（三）六要素

1. 食:竹林生态餐厅、罗锅古镇、竹宴美食;特色山肴餐宴、农家菜、全竹宴、竹笋美食佳肴。

2. 住:竹文化主题酒店;木屋旅馆、竹林木屋度假村。

3. 行：内部交通，竹电瓶车、游览牛车、马车等；景区游览路、步行道、健身步道、滨江栈道。

4. 游：竹园观光；海心洲；小岛观光。

5. 娱：娱乐生活，水上乐园、竹器械拓展、夜游绥江、竹林篝火晚会、竹竿舞；节庆活动，广宁竹旅游文化节（与宝锭山、万竹风情园合办）、万人游广宁；大型表演《青衣仙子传说》、水上婚礼。

6. 购：购物场所——入口购物商店、罗锅古镇；旅游商品——竹制品、竹编工艺品、土特产。

资料来源：《肇庆广宁竹海大观总体规划构想方案》，http://www.169xl.com/article_2028.htm.

【案例】

梁祝公园总体规划

一、总体目标

梁祝文化公园是宁波梁祝爱情旅游品牌情景空间的第一空间，是梁祝传说的发源地，总体目标是将梁祝文化公园发展成为游客品味梁祝爱情的朝圣地，梁祝文化的艺术旅游区，梁祝文化的集结地和标志性空间，成为一个融参与性、观赏性、娱乐性、趣味性、民族性为一体的最有魅力、最具体验价值的主题旅游公园。

二、旅游主题形象策划

根据梁祝文化公园在宁波旅游的地位及其文化内涵，将园区旅游主题形象定位为：梁祝故里——爱情圣地。

形象阐释：首先，公园内梁山伯墓地以及后来所修建的梁圣君庙表明了整个公园就是梁祝爱情的发生地，目前是爱情朝圣的场所；其次，梁祝公园与余姚江爱情长河、东方爱情大道是梁祝爱情旅游品牌的第一空间，且处于第一空间的首要位置，因此没有梁祝公园就没有第一空间的存在基础，对公园定位更应突出爱情主题。

三、总体布局

将整个公园的布局分为三个大的组团，具体表述为"一个中心，两大空间，五个苑区"。

一个中心：指以梁圣君庙为中心的爱情朝圣地，这个中心不但是整个梁祝文化公园的中心，也是宁波梁祝爱情文化的中心；这个中心包括的景点有梁圣君庙、梁山伯墓、蝶恋园、樱花林、原梁山伯庙等。这个中心以营造庄严肃穆的爱情氛围为主，着重强调朝圣的感觉，使梁圣君庙成为中国乃至世界爱情朝圣的象征。

两大空间：一为展示空间，二为游憩空间。

五个苑：史苑、艺苑、海苑、憩苑、乐苑。

展示空间包括史苑、艺苑、海苑三个苑，位于万松林、读书院、凤凰山、茶花园、清水堂、和鸣亭等；史苑以现有历史文化建筑为基础，再增加新的历史文化内容，充分展示梁祝文化与宁波的历史渊源；艺苑陈列所有以梁祝为题材，创作出的艺术作品，以及参与制作、表演的艺术家的艺术活动记载，充分展示梁祝文化的艺术魅力和深厚的人文积淀；海苑展示梁祝文化在世界各地的传播和交流史实，以彰显其作为中外友谊桥梁的现实意义。梁祝文化是新中国最先、最广、最高层走向海外的中国艺术，为国家外交和经济作出过杰出贡献。

游憩空间包括憩苑与乐苑，表演与游乐项目，包括化蝶雕塑、七彩人生、情侣岛、千岁石、百龄路、梅桂苑、夫妻桥等景点。游憩空间功能有三：憩苑是游客休闲游憩的主题空间，提供情境体验；乐苑是婚庆主题表演和梁祝爱情故事或中外经典爱情故事影视剧题材的表演场所；同时是旅游商业空间，实现旅游消费。

规划图件：

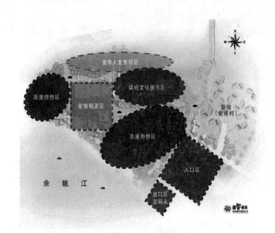 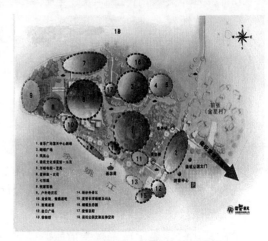

图3-8　梁祝公园总规项目功能区图　　　图3-9　梁祝公园总规项目设置图

资料来源：巅峰智业. http://www. davost. org/Case/zhutigongyuan/2011/02/24/14295011920. html.

【模块小结】

本模块首先论述了景区的区位定位理论，主要包括中心地学说、距离衰减法则、集聚规模经济、ReBAM、CRBD（环城游憩带、中央游憩商务区）等，这些理论主要说明和探讨地理空间对各种经济活动分布和区位的影响，它对景区区位的选择与定位具有重要意义；其次详细介绍了景区空间布局的原则、方法及其游线规划管理，它们对景区旅游发展空间规划部署具有指导意义、有利于景区资源要素的有效整合和管理；最后介绍了典型景区空间布局模式，主要包括常见景区空间布局模式、不同地域类型景区空间布局模式、景区空间布局实例等内容。

模块知识结构图

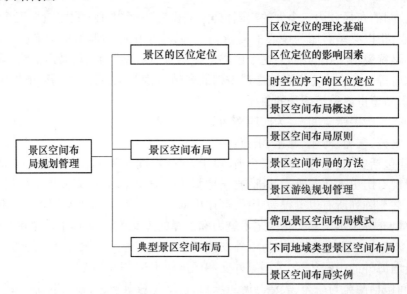

【课堂活动】

选择一个学校所在城市的景区，以小组为单位运用所学景区空间规划布局理论，对该景区空间布局的合理性进行分析评价，然后尝试对该景区空间进行重新规划布局。对景区空间进行分区,确定每个空间分区的面积和功能,并对各个空间分区的设计项目提出建议。

每个小组上交一张平面布局图,加上文字说明,评比出最佳的旅游景区空间布局规划。

【实训项目】

为景区设计游线

一、实训目的

1. 掌握景区游线设计的方法和原则。

2. 练习如何设计景区游线。

二、实训指导

1. 选择所在城市的旅游景区,要求不同小组(每组 4~6 人)选择不同的景区,进行游线设计。

2. 对照景区导游图或者平面图,进入该景区进行实地调查,将旅游区的旅游点——在图中标出。

3. 按照游线设计的相关知识,根据景区旅游资源特色和主题,为景区设计游线。

三、实训器材

景区导游图(或者平面图)、笔、尺子、计算机、互联网、记录本等。

四、实训报告

以小组为单位编写实训报告,要求阐明你所设计的游线及其设计的依据和优点。

模块四

景区主题定位、形象策划与管理

【学习目标】

◆ 了解景区形象对景区发展的意义。

◆ 熟悉景区定位概念及景区主题定位的次、景区主题形象的内涵及其特征、景区形象构成体系、景区形象塑造工具、景区形象传播要素,理解景区形象宣传口号设计的原则。

◆ 掌握景区主题形象定位的原则和方法、景区形象识别系统、景区主题形象设计程序及其传播渠道。

【能力目标】

◆ 能为景区形象定位。

◆ 能够参与设计景区形象识别系统、景区形象宣传口号,对景区主题形象传播策略提出建议。

情境一　景区主题定位

【案例导读】

清明上河园:宋文化的大观园

一、以旅游活化中国宋文化

坐落在七朝古都开封的清明上河园,是以北宋画家张择端的《清明上河图》为蓝本,按照1:1的比例建造的。园区拥有古船50多艘,房屋400余间,景观建筑面积3万多米^2,是中原大黄河旅游线上的重要景区。

清明上河园景区是中国最大的仿宋古代建筑群、中国最大的宋代历史剧目表演基地、中国最大的古代娱乐项目基地、中国最大的宋代商业文化展示基地。随着实景演出《大宋·东京梦华》华丽登场,清明上河园完美地从纸墨画卷中走了出来,成为浓缩宋文化经典的现代名园,完成了从名画到名园的跨越发展。同时,封存了千年的宋文化终于找到了产业依托,再也不用"锦衣夜行"了。

清明上河园对于宋文化的把握和挖掘表现在:一方面以主题公园的形式复原传世画作,

从而融入开封古城的丰厚宋文化底蕴;另一方面是不断挖掘北宋文化,以宋文化为灵魂,从景区建筑设计、店铺设置、节目创编、沿街叫卖到商品交易、服装、道具反映北宋社会的真实生活。

文化与旅游的激情碰撞,文化和产业之间的自由穿行,使得清明上河园成功地活化了宋代历史。如今,清明上河园不仅每年都要创编一批新剧目,而且还经常与文化部门和民间艺人合作,挖掘和扶持古代流传下来的民间艺术表演,如皮影、女子马球、水上傀儡等,清明上河园俨然成为了中国宋代的"迪斯尼乐园"。

二、用创新来提升传统文化生命力

作为以宋文化为主题的景区,清园不仅将宋文化以演出和表演的形式展现给广大游客,更将创新的思维"植入"景区发展策略中,以此提升传统文化的生命活力,扩大清明上河园的品牌知名度。

为增强景区的文化性,景区会集了诸如绣鞋坊、木兰织坊、陶泥坊、汴绣坊、年画坊、糕点坊等天下奇异手工作坊,在街巷中摆放了吹糖人、捏面人、糖画、糖葫芦等手工摊点。春节期间,景区推出了大宋民俗文化节。传统表演项目如盘鼓、舞龙舞狮、豫剧、杂技表演等都在景区民俗文化节中展示,其中节目中精彩部分保留于景区,常年为游客表演,让游客随时都能欣赏这些中国传统文化的瑰宝。

在节目编排上,景区从不拘泥于初级设计安排的一般性娱乐项目,每年都要根据市场调研结果和游客需求的变化召开剧目创编会,对现有剧目进行改编和创新,定期淘汰并新编1~2个剧目,从而实现节目的滚动更新,让进入园区游人真正感受到"一朝步入画卷,一日梦回千年"的时光倒流之感。

在对宋文化挖掘方面,清明上河园秉承"与时俱进,开拓创新"发展理念,给广大游客奉献出了丰盛的文化盛宴。2007年10月18日,成功推出投资1.35亿元的大型水上实景演出《大宋·东京梦华》,不仅深化了清明上河园的宋文化主题,而且大大丰富了景区的文化内涵,强化和提升了景区的娱乐功能。

作为文化与旅游相结合的产物,清明上河园创新地将宋文化融入景区发展的各个环节。经过多年的打造和包装,清明上河园已从一个人文景区提升到宋文化溯源地,成为传承优秀宋文化的典范。它的发展不仅见证了文化旅游强大的发展潜力,更诠释了一种独特的"清园文化现象"。

资料来源:中国文化报. http://www.admaimai.com/NewsPaper/NewsletterUrl.aspx? id=1615

思考

1. 如何理解旅游景区主题?

2. 清明上河园如何体现大宋文化主题?

➡️ 一、景区主题的概念

景区主题是景区规划与开发的理念和核心,是在景区建设和游客旅游活动过程中被不断地展示和体现出来的一种理念或价值观念。科学的主题定位必须能体现旅游地独特的地方性,符合景区的地脉、文脉和社会时尚,从而充分发挥景区资源优势,对游客产生巨大的吸引力。景区规划主题是由发展目标、发展功能和形象定位三大要素组成的有机体系。其中景区发展目标是根本性的决定因素,是实质性主体;景区功能定位则是由发展目标决定的内在功能;景区形象定位是发展目标的外在表现。景区主题的内涵可以归纳为"一体两翼"。

二 、景区主题定位的层次

（一）景区发展目标定位

景区发展目标定位是确定景区主题的第一步。在景区开发上，景区发展目标定位的内容具备多元化特征。一般意义上，景区发展目标的外延包括：经济发展目标、居民生活水平目标、社会安定目标、环境与文化遗产保护目标、基础设施发展目标等。而从时效上看，景区开发的目标分为总体战略目标和阶段性目标两大类型。制定景区开发目标的作用是监控景区开发的实际产出与总目标间的差距，以衡量景区开发的成功与否，找出原因加以反馈修正。如果就旅游业而言，景区开发的主要目标则是：追求商业利润与经济增长，促进环境保护；地方政府的目标强调增加就业、税收、外汇收入，关注人民生活水平提高及基础设施改善等。

在确定景区发展目标时，通常将区域国民经济发展总体目标、区域旅游产业发展总体目标与景区的自身发展相结合。目前为旅游规划界所公认的景区发展目标框架如下：

1. 满足个人需求

市场经济条件下，满足游客个人需求是景区最根本的目标之一。旅游需求主要包括：安静与休息，同时参与消遣和体育运动；回避喧嚣，同时与当地居民适当接触；接触自然与异域风俗，但要拥有家庭舒适感；隐匿或独居，但要有安全保障与闲暇机会。

2. 提供新奇经历

对多数游客而言，他们所向往的旅游经历是逃避常规生活中的拥挤、快节奏与污染。因此，景区发展目标应体现"回归自然"的特色，如安静、放松身心等；与阳光、海水、森林、山地等大自然亲密接触；异质文化与生活方式的新型体验。

3. 创造具有吸引力的景区及区域"旅游形象"

景区开发应尽可能赋予景区新的个性，并使其易于被辨识、记忆和传播，如地区资源特色的利用，采用当地材料建设；展示地区属性，创造特别旅游"气氛"；对设施赋予富有想象力的处理，反映区域风貌与气候属性；为游客提供与当地居民、工艺品和风俗习惯接触的机会。

（二）景区功能定位

1. 经济功能

景区开发将在地区经济产业结构及区域旅游市场格局中扮演何种角色，如地区经济的重要产业、先导产业、支柱产业等；区域旅游市场格局中的市场领导者、追求者、补缺者等。

2. 社会功能

景区对旅游需求适应的主要类型，它对应于旅游消费行为层次，根据旅游需求的不同可划分出不同的景区功能类型，如自然风光景区、度假区、综合景区、民间风情景区等。

3. 环境功能

景区开发与管理中对环境的影响作用。主要有依托利用环境型，如自然风光旅游区；有限开发型，如生态景区；改善环境型，如沙漠绿洲；人工改造环境型，如大型主题公园等。

（三）景区形象定位

景区形象定位是指在景区开发中，通过景区外观、环境、服务、公关活动在游客心目中确定明确的综合感知形象,借助此形象定位,使得该景区在游客人际传播和旅游市场中形成鲜明的个性和销售优势。景区形象定位时要体现:景区的物质景观形象、社会文化景观形象、旅游企业形象以及核心地区(地段)形象。景区物质景观形象是指景区所具有的体现旅游形象功能的那些景观,如景区的背景景观、核心景观和城镇建设景观等。社会文化景观形象是指当地居民的居住、生产、生活等活动构成目的地的社会文化景观。企业形象和核心地区(地段)形象是从当地的旅游企业和旅游核心区的形象来体现景区旅游形象定位的。

【思考与讨论】

1. 简述景区主题的概念。

2. 景区主题定位的层次有哪些? 应该如何理解?

【案例回放】

1. 如何理解景区主题?

景区主题是在景区建设和旅游活动过程中被不断地展示和体现出来的一种理念或价值观念。景区规划主题是由发展目标、发展功能和形象定位三大要素组成的有机体系。其中景区发展目标是根本性的决定因素,是实质性主体;景区功能定位则是由发展目标决定的内在功能;景区形象定位是发展目标的外在表现。

2. 清明上河园如何体现大宋文化主题

(1) 以旅游活化中国宋文化

清明上河园是依照北宋著名画家张择端的传世之作《清明上河图》为蓝本,按照 1∶1 的比例建造的。

清明上河园景区拥有中国最大仿宋古代建筑群、中国最大的宋代历史剧目表演基地、中国最大的古代娱乐项目基地、中国最大的宋代商业文化展示基地。实景演出《大宋·东京梦华》使得清明上河园完美地从纸墨画卷中走了出来,成为浓缩宋文化经典的现代名园,完成了从名画到名园的跨越发展。

为体现宋文化主题,清明上河园一方面以主题公园的形式在开封复原传世画作,融入开封丰厚的宋文化底蕴;另一方面是不断挖掘北宋文化,以宋文化为灵魂,从景区建筑设计、店铺设置、节目创编、沿街叫卖到商品交易、服装、道具反映北宋社会的真实生活。

旅游与文化结合使得清明上河园成功地活化了宋代历史。清园不仅每年要创编新剧目,而且还挖掘和扶持古代流传下来的民间艺术表演,如皮影、女子马球、水傀儡等,清明上河园成为了中国宋代的"迪斯尼乐园"。

(2) 用创新来提升传统文化生命力

为扩大清明上河园的品牌知名度、增强文化性,景区创新性地会集了绣鞋坊、木兰织坊、陶泥坊、汴绣坊、年画坊、糕点坊等天下奇异手工作坊,在街巷中摆放了吹糖人、捏面人、糖画、糖葫芦等手工摊点。节目编排上,景区每年根据市场需求,对现有剧目进行改编和创新,定期淘汰并新编 1~2 个剧目,从而实现节目的滚动更新,让游人真正感受到"一朝步入画卷,一日梦回千年"的时光倒流之感。

作为文化与旅游相结合的产物,清明上河园创新地将宋文化融入景区发展的各个环节。经过多年的打造和包装,清明上河园已从一个人文景区提升到宋文化溯源地,成为传承优秀宋文化的典范。

【技能训练】

选定你熟悉的景区,查找相关资料,讨论该景区的旅游主题及其主题定位层次。

【阅读资料】

吉林省旅游主题定位

（一）区域旅游发展定位

1. 旅游目的地特色定位

根据旅游发展状况、趋势和吉林旅游资源、区位等特点，将吉林省旅游目的地的性质和特色定位为：

◆ 国际知名的中温带山江湖森林生态旅游区。

◆ 中国最好的野营踏青胜地。

◆ 东北亚著名的冰雪旅游基地，中国最好的滑雪场。

◆ 原汁原味的满族、朝鲜族风情。

◆ 以东方金字塔为特色的高句丽京城史迹，满族王朝历史的起始与终结地。

◆ 辽金文化遗址，渤海古国。

◆ 中国唯一的跨俄、朝旅游区。

◆ 以现代化汽车城、电影城为代表的产业观光群。

2. 旅游产业发展定位

◆ 把旅游业发展成吉林新经济增长点、国民经济重点产业和第三产业的龙头、生态经济发展的示范产业。

◆ 旅游业发展以优势资源为基础，以市场需求为导向，突出优势、突出重点、突出品牌、突出特色。

◆ 自然生态、冰雪旅游、历史民俗、边境旅游与现代设施和游乐项目相结合，旅游产品要独具特色。

◆ 旅游项目的开发要走集约经营、高文化和高科技含量、不断创新的发展路子。

◆ 建设高品位的旅游设施，基础设施建设力求景观化、环境建设力求艺术化、接待设施建设力求达到天人合一境界。

◆ 旅游业发展追求经济高效益、社会广就业、生态可持续。

（二）旅游形象定位

形象定位是旅游目的地形象策划的前提。首先要对吉林进行地脉与文脉分析即地方性分析，综合研究自然地理、历史文化特征和现代民族民俗文化。吉林省地脉、文脉：气候温湿，河网密布，多变的植被景观，东部边陲，众多少数民族政权遗址，伪满旧址，多民族聚居区，电影制造和中国最早的汽车工业。

根据对吉林省地方性分析及其在游客心中的认知形象，将吉林省主题旅游形象确定为：

"吉水白山，林海雪原；满蒙风情，朝族胜地；北胡故国，伪满旧都。"

前两句定位主要出于以下考虑：

◆ 这两句的第一个字正好构成吉林的省名，而且《易经·林卦》中有言："知林，大君之宜，吉"，反映出中国传统思想中对人与自然和谐的重视，符合生态旅游的理念。

◆ 从吉林省自然资源方面来考虑，以长白山为代表的地貌景观丰富，山色秀丽，湖泊密布，河网纵横，森林覆盖率高，冰雪旅游资源突出，这一定位可同时反映出山、水、林、雪这四个特点，并同时突出吉林省以生态旅游为主的旅游业发展特色和长白山的龙头地位。

◆ 从对游客的认知调查结果考虑，吉林省的旅游资源在游客心目中认知程度最高的是其山水风光,这一定位可以充分体现吉林省在游客意境地图中的定位。

◆ "吉"字在汉语中有吉祥的含义,在旅游形象策划中大可借题发挥。

后四句定位主要是出于以下考虑:

◆ 在对吉林省游客的受众调查中,民俗风情在吉林省旅游资源中的认知程度较高。

◆ 历史上这里曾有过高句丽王国、由满族祖先靺鞨建立的古渤海国、辽金王国等北方少数民族政权,在中国历史上写下了浓重的一笔。

◆ "九·一八"事变后,在日本侵占东北的14年间,长春一直都是伪满州国的政治经济中心,留下可观的殖民地遗迹,是具有旅游吸引力的进行爱国主义教育的素材。

◆ 国际客源市场以日、韩游客为主,以此促使潜在的日、韩游客产生出游动机。

(三)旅游战略形象与宣传口号

1. 战略形象

根据对吉林省的旅游形象定位,其规划期内的战略形象可以表述为:

生态旅游、冰雪旅游、民俗旅游、史迹旅游、边境旅游

观光览胜、康体休闲、度假野营、文化体验、节庆会展(表4-11)。

2. 宣传口号

针对吉林省地方性研究及受众认知调查结果,吉林省旅游的主题宣传口号即主题形象定位为:吉水白山,林海雪原;满蒙风情,朝族胜地;北胡故国,伪满旧都。

表4-1 部分产品旅游形象(辅助口号)

产品类型	宣传口号
生态/自然旅游群	吉水白山,林海雪原 青山绿水松花湖,大湖湿地查干泡
冰雪/运动度假旅游群	冰雪乐园,动感吉林
历史/考古旅游群	北胡故国,伪满旧都
民族/民族旅游群	满蒙风情,朝族胜地
城市旅游/环城游憩群	融进自然,返璞归真
产业旅游群	汽车城、电影城、中国第一在长春
节事/会展旅游群	根据每次的主题策划不同的口号
边境/外境旅游群	一眼看三国,朝俄任你行

资料来源:http://wenku. baidu. com/view/146ea28102d276a200292e5b. html.

情境二　景区主题形象策划

【案例导读】

重庆市永川区松溉古镇形象策划

松溉镇位于重庆永川南端的长江北岸,因境内松子山、溉水而取名松溉。曾于明清时期两度置县。

松溉建镇历史悠久,保存着具有传统风貌和民族特色的人文遗址和民俗文化。镇内青石板老街约5千米,蜿蜒曲折,古朴韵味浓郁。有明清时代的四合院、雕楼、吊脚楼、古县衙、

皇帝御批祠堂——罗家祠堂、夫子坟、陈功堰等历史文化遗迹;拥有飞龙洞、长江温中坝、青紫山等自然景观;码头风情里的龙舟赛、龙灯、腰鼓、钱枪等民俗表演,别具特色。为此,相关专家为松溉镇提出了"百年松溉,巴渝上河图"的主题形象。

(1) 主题形象定位:"百年松溉,巴渝上河图"。

"百年松溉,巴渝上河图"主题形象定位是对松溉古镇整体风貌的高度浓缩和旅游发展目标的明确定位。

"百年松溉"。松溉古镇有上千年历史,明清两代曾是永川县衙所在地。据史料记载,永川兴于唐(776年),明清(1368年—1911年)时基本形成今日城镇格局,松溉是永川文化的发源地。场景化打造松溉古镇,百年浓缩千年精华。

"巴渝上河图",活态乡镇·水码头。长江流经松溉,古镇依山傍水,是松溉最大亮点。松溉因码头而极盛几百年,码头见证了松溉曾经的繁华和沧桑。码头文化是松溉古镇文化的重要内容。以码头为核心,打造松溉古镇的旅游特色。"巴渝上河图"是以松溉水码头文化为依托,神似而形不似地模仿《清明上河图》所描绘的景象。通过恢复码头交易、集镇贸易、马帮、民间活动等,让松溉古镇具有生命力。突出"到松溉,赶大场"的主题,打造具有巴渝特色的活态乡镇,借《清明上河图》之名,起到良好的传播效果。

(2) 主题形象口号:千年古镇·百年故事·十里飘香。

千年古镇:展示松溉古镇历史悠久,以厚重历史文化营造古镇场景。百年故事:凸显与其他古镇的不同,以百年浓缩松溉千年精华,如码头文化等。十里飘香:以酱香浓郁的腌腊制品成为活态古镇的旅游品牌和名品。

资料来源:牟红,杨梅.景区开发与管理教学指导案例集[M].北京:中国物资出版社,2008.

思考

1. 如何理解景区主题形象的内涵?

2. 重庆永川松溉主题形象是如何定位的?

一、景区主题形象的内涵

(一) 景区主题形象的概念

景区主题形象是一定时期和一定环境下,某一景区内外公众对景区认识后形成的总体评价,是景区的表现与特征在公众心目中的反映,它是景区历史、现实与未来的理性再现。

广义地讲景区形象应包括能被社会公众所感知的有关景区的各种外在表现,这种外在表现既包括有形的硬件设施,如景区的空间外观、标志标识、服务设施等,也包括无形的形象要素,如文化背景、人文环境、服务展示、公关活动等。

景区形象是整体概念,向公众传播的是一种抽象概括的模糊信息,是景区经营组织的营销理念,是企业文化、产品特色、服务品质,管理模式及社会贡献等诸多因素的综合体现,因此具有很强的可塑性和持久的影响力。

(二) 景区主题形象的特征

人们对景区形象的感知是建立在对旅游经历的反映上。旅游形象随人们所接受信息的变化而呈现动态变化,受亲友口头传播、学习教育与公众传媒的影响。景区主题形象特征:

1. 综合性

（1）内容的多层次性。景区形象内容分为物质表征和社会表征两方面。物质表征包括景区外观设计、环境氛围营造、休闲娱乐活动安排、服务质量高低、园林绿化、地理位置等。在物质表征中具有实质性的要素是以服务为主体的旅游产品质量，因为游客的满意度是由服务质量高低决定的。社会表征包括景区的人才储备、技术力量、经济效益、工作效率、福利待遇、公众关系、管理水平、方针政策等。在社会表征中，景区与公众关系是重要因素之一，协调好景区和公众间的关系是塑造良好形象的有效途径。

（2）心理感受的多面性。景区形象是景区在游客心目中的感性反映。每个游客的观察角度不同，因人而异，因地而异，因时而异，决定了游客对景区形象的心理感受呈现出多面性。如景区分别在员工和游客心目中形象的差异性。游客一般是从评价景区旅游产品角度来认识景区形象；而景区员工则是从景区工作环境、管理水平、福利待遇等方面来认识景区形象的。

2. 稳定性

首先，景区的物质基础，如景区建筑物、位置、设施、员工等，短期内不会有很大改变，因此，景区形象具有稳定性；其次，好美恶丑、从善弃恶等人之常情，决定了游客对景区具有大体相同的审美观和好恶感，这也决定了景区的形象具有相对稳定性。

形象的相对稳定性可以给景区带来两种完全相反的效果：对于主题形象良好的景区，相对稳定的良好形象，有利于景区的深入开发和经营管理，即使在服务和经营管理活动中出现了小问题，也能得到游客的谅解。而对于那些主题形象较差的景区，形象相对稳定性的负面效应会使这类景区难以马上摆脱不良形象所造成的消极后果。有时甚至作出许多积极的努力，仍不能得到游客理解和支持，惟有通过长期不懈努力才能逐渐改变公众对景区的不良看法。

3. 可塑性

景区主题形象的可塑性是指已在公众心目中形成的景区形象，由于服务质量改变等原因而发生改变，但这种形象改变是缓慢渐进的过程。为此，要使游客真正感受到旅游的乐趣，保持景区良好的形象，就必须保证每次服务有较高质量。若旅游产品质量得不到保证，对景区形成不太好的口碑，其他游客到该景区旅游的期望值就会降低，从而导致游客购买该旅游产品的兴趣下降，甚至破坏游客心目中的景区的主题形象。

（三）景区形象的作用

1. 有助于促进市场拓展和销售，提高当地公众的归属感

（1）良好而鲜明的景区形象，促使决策部门在众多旅游资源中识别出最核心的部分，以此把握未来旅游产品开发和市场拓展方向。为增加市场份额，决策部门致力于旅游形象的提炼、塑造和传播，建立独特的旅游形象。（2）鲜明的形象，促使当地公众了解本地开发旅游的潜力和前景，增强旅游意识，积极参与地方旅游的开发和建设。（3）对于旅游企业，独特的景区形象为旅行批发商和零售商，提供了产品组织及销售方面的技术支持。尤其是对于旅行社，其线路的组织和产品包装，与景区形象的建立与推广具有千丝万缕的联系。

2. 有助于景区形成竞争优势

个性鲜明、亲切感人的旅游形象以及高质量旅游产品可帮助景区在市场上较长时间占据垄断地位。如果景区产品质量一般，主题形象模糊，则很容易使游客感觉到旅游经历平淡无味，造成游客回头率低。纵观世界旅游发达国家和地区，无不具有鲜明的主题旅游形象，如瑞士的旅游形象为"世界公园"和"永久的中立国";西班牙为"3S 天堂"和"黄金海岸";中国香港特区为"购物天堂"和"动感之都"等。因此,在旅游开发中,形象的塑造是竞争力的核心。

3. 有助于景区在更高层面上整合资源

我国近几十年来旅游发展理念经历了资源导向、市场导向、产品导向和形象导向四个阶段。形象导向型的景区开发首先解决景区形象问题,研究游客针对规划的认知状态,设计一套有效传播景区目标形象的方式。景区开发规划的重心则应是着力统筹安排旅游形象体系内的诸要素,设计鲜明、独特的具有招徕性的景区形象,并以此吸引游客。这种以景区形象作为设计重点的规划理念有助于景区围绕"主题"这个核心整合资源,实现资源在更高层面上的配置。

4. 有助于激发旅游者的出游动机

景区旅游形象的建立,为游客的出游决策提供信息帮助。游客在选择出游目的地时,面对众多不熟悉的旅游地及旅游产品,常会犹豫不决。研究表明,影响旅游者决策行为的不一定总是距离、时间、成本等因素,景区的知名度、美誉度、认可度或其他因素更为重要。景区形象已成为影响人们选择旅游目的地的重要影响因素和景区最有力的竞争法宝之一。景区通过形象设计,可以增加识别度、美誉度,引起游客注意,诱发出行欲望,实现景区可持续发展。

【相关链接】

旅游景区主题形象策划需注意的八个问题

第一,主题形象概括要客观、准确、全面表现出旅游区的性质、特征。

第二,主题形象要充分考虑目标市场状况及其需求偏好。

第三,主题形象一定要能够被广泛认同和接受,不能产生根本的歧义。

第四,主题形象一定要有特色和新意,不可简单比附、套用。

第五,主题形象宣传口号要简练、易懂、易记,不能晦涩、深奥。

第六,主题形象的文字表述一定要有美感并能够产生美好的联想,要注意用词的感情色彩,这是由宣传的目的及其实现所要求的。

第七,主题形象宣传不能庸俗、粗俗、媚俗,一定要注意用词、提法的格调。

第八,主题形象可以适时作出调整,但要相对稳定,可以不断深化和丰富内涵。

资料来源:http://www.9618.com/html/2006103013302479x.html.

二、景区形象塑造工具

(一)传统宣传材料

传统形象宣传材料是指利用纸张、电台、电视等媒体进行景区形象宣传的物品或文字,如景区宣传册、电视或户外广告中见到的景区标志和吉祥物等。在设计该类宣传材料时应采用多种方式,如聘请专家策划,公开征集景区形象标志、标准形象图片、旅游吉祥物等。图案标志要简洁醒目、易于识别。一经选定要相对稳定、长期使用、反复宣传,给游客留下深刻的印象。

传统的形象塑造材料主要有:拍摄以景区自然景观、民族风情为主的 CD 集、宣传片、电视散文等;设计发行或者赠送风光系列明信片、画册、挂历、台历等;发展音像宣传,有奖征集优秀的、美化景区的歌曲,力争唱响一首主题歌;编制有关旅游景区的导游丛书、文化丛书、摄影丛书等;派遣文化、艺术团体到主要客源地参加演出、交流活动(表 4-2)。

表4-2 旅游景区形象塑造工具一览表

常规性形象表述	音像制品(VCD/家用/专用录像带等)	1. 30~60秒钟广告片(供媒体播放) 2. 8~10分钟宣传片(供旅行商对客咨询/媒体播映) 3. 45~60分钟风光片(供媒体播映/旅游者收藏/旅行商对游客咨询)
	印刷品	1. 新闻夹 2. 画册(可兼作纪念品供旅游者收藏,2~3年更新) 3. 主题性折页/单页 4. 旅游指南(供散客/背包旅游者专用) 5. 专业旅游指南(供旅行商用) 6. 宣传海报 7. 提供地图 8. 免费为当地游客分发的旅游快讯
	其他	建立网站、制作多媒体光盘、幻灯片
形象识别系统(TIS)	VI	系统化视觉设计及其应用
	MI	旅游景区服务理念识别
	BI	基于景区服务行为方式的形象塑造和识别
	HI	基于旅游者听力的景区形象识别设计
事件性形象表述	节庆活动、艺术表演、大型会议(政治、体育、商务、学术)、影视拍摄、作家/记者笔会、其他事件	

资料来源:马勇,李玺.旅游景区规划与项目设计[M].北京:中国旅游出版社,2008.

(二)景区形象识别系统(TIS)

1. 概念

景区形象识别系统(Tourism Identity System,TIS),是指通过对景区及其产品塑造被公众普遍认知的鲜明形象,实现树立良好形象,扩大市场份额,推动经济发展的管理战略。

TIS渊源于企业形象识别系统(Corporate Identity System,CIS),并受到地区形象识别系统(District Identity System,DIS)的影响。CIS是指企业有意识、有计划地将企业及品牌的特征向公众展示与传播,使公众在市场环境中对某个特定企业有标准化、差别化的印象,以便识别并留下良好的记忆,达到产生社会和经济效益的目的。

2. 内涵

TIS由理念识别系统(Mind Identity System,MIS)、行为识别系统(Behavior Identity System,BIS)和视觉识别系统(Visval Identity System,VIS)组成。随着获取信息渠道的多元化,识别系统中还出现了基于人类听觉感官的HIS听觉识别。

理念识别是TIS的灵魂或心脏,属于战略策略层,通过景区企业价值准则、文化观念、经营目标等,向大众传达景区独特的思想。设计内容包括经营理念、交易宗旨、事业目标、企业定位、企业观念、企业精神、企业格言、标准广告语等。

行为识别是TIS的一双手,属于战略执行层。规范着景区内部管理制度和外部社会活动的运作,必须以理念识别系统为前提和核心。通过景区员工行为及景区生产经营行为,传达景区管理特色。策划设计包括景区形象、个人形象、品牌形象、商务礼仪、接待礼仪、销售礼仪等。

视觉识别是TIS的一张脸,属于战略展开层。它通过标准字、标准色、图案、标志物、吉祥物、宣传口号、宣传标语、建筑外观、办公和公关用品、环境布置、标牌招牌、制服饰物、活动展示、交通工具等具体化的视觉系统符号,塑造出鲜明、有强烈冲击力的旅游形象。由于人们对景区形象的了解 70% 来自视觉识别系统,因此,景区形象应设计突显个性的标徽。

HI 听觉识别是特色化的音乐或声音,即通过独特设计的歌曲、乐曲或声音,在目标群体中传达信息,形成对该企业关注的识别系统,如景区主题歌等。

(三)旅游节事活动

旅游节事专指以各种节日、盛事的庆祝和举办为核心吸引力的一种特殊旅游形式。节事活动的举办因暂时性和短暂性,而将高质量的产品、服务、人力等众多因素围绕某一主题组织和整合,集中媒体传播报道,迅速提升景区知名度和美誉度。景区举办节事活动,使原来那些静止的吸引物(如自然和人文景观)变得生气勃勃,营造与平常迥异而浓厚的旅游氛围,同时又能作为催化剂促进景区各种要素的整合,塑造景区鲜明形象。通过主题节庆活动的策划和宣传,人们往往通过记住简单的口号、易记的词句就能把景区的名字同直观形象联在一起。成功运用节事活动加速品牌传播、带动旅游发展的案例很多,如海南博鳌亚洲经济论坛、九寨天堂等各类国际会议等,都是成功运用节事活动促进旅游品牌传播,带动景区发展的经典案例。

我国很多地区建立起的标志性旅游节事成为反映旅游地形象的指代物,如山东潍坊国际风筝节、大连国际时装节、青岛啤酒节、岳阳国际龙舟节、景德镇国际陶瓷节等。广州广交会是其在国际市场推广广州形象的重要节事,而与中国传统佳节——春节相连的广州花会,则是体现花城广州形象的地方性节事。少数民族节日因其独特的地方性,最易发展为标志性节事,如泼水节总是与傣族形象联系在一起的,那达慕大会也总是代表着蒙古族的形象,此外,宗教的固定传统节日,与庙会活动融合,也易发展为某一宗教圣地的标志性节事,例如福建、台湾等地的"妈祖圣诞日"活动,几乎成为当地最隆重的旅游节事活动。

从 1992 年开始,我国每年推出一个中国旅游的口号(表 4-3)。经国务院批准,自 2011 年起,每年 5 月 19 日(《徐霞客游记》开篇日)为"中国旅游日"。

表 4-3　中国历届大型旅游活动年主题一览表

年份	旅游宣传主题	宣传口号
1992	"友好观光游"	"游中国、交朋友"
1993	"山水风光游"	"锦绣河山遍中华,名山胜水任君游"
1994	"文物古迹游"	"五千年的风采,伴你中国之旅";"游东方文物的圣殿:中国"
1995	"民族风情游"	"中国:56 个民族的家";"众多的民族,各异的风情"
1996	"休闲度假游"	"96 中国:崭新的度假天地"
1997	"中国旅游年"	"12 亿人喜迎 97 旅游年";"游中国:全新的感觉"
1998	"华夏城乡游"	"现代城乡,多彩生活"
1999	"生态环境游"	"返璞归真,怡然自得"
2000	"神州世纪游"	"文明古国,世纪风采"
2001	"体育健身游"	"中国——新世纪、新感受"和"跨入崭新世纪,畅游神州大地"
2002	"民间艺术游"	"民间艺术,华夏瑰宝";"体验民间艺术,丰富旅游生活"
2003	"烹饪王国游"	"游历中华胜境,品尝天堂美食"
2004	"百姓生活游"	"游览名山大川、名胜古迹,体验百姓生活、民风民俗"
2005	"红色旅游年"	"红色旅游"
2006	"中国乡村游"	"新农村、新旅游、新体验、新风尚"

（续）

年份	旅游宣传主题	宣传口号
2007	"和谐城乡游"	"魅力乡村、活力城市、和谐中国"
2008	"中国奥运旅游年"	"北京奥运、相约中国"
2009	"中国生态旅游年"	"走进绿色旅游、感受生态文明"
2010	"中国世博旅游年"	"相约世博,精彩中国"
2011	"中华文化游"	"游中华,品文化""中华文化,魅力之旅"
2012	"中国欢乐健康游"	"旅游、欢乐、健康";"欢乐旅游、尽享健康";"欢乐中国游、健康伴你行"
2013	"中国海洋旅游年"	"体验海洋,游览中国"、"海洋旅游,引领未来"、"海洋旅游,精彩无限"

　　通过上述主题节庆活动,中国旅游的形象更加鲜明独特,极大促进了旅游业的发展。

　　旅游节庆活动的策划应注意各种节庆事件间的连贯性和一致性,相互补充和协调,使主题更加鲜明突出,从而避免形象的离散和自相矛盾,应注意:①主题塑造必须和景区吸引物相协调,举办多个节庆事件以使主题更加活泼、生动。②举办一个特别活动,使该活动成为景区永久性、制度化的旅游识别标志,使其为本景区所独有,并成为本地区象征。

　　总之,主题节庆事件需要具有一定影响力才能对景区形象的树立产生作用。

【相关链接】

旅游形象口号实例

西班牙:Everything under the sun 阳光下的一切

香港:魅力香港、万象之都。动感之都

纽约:I LOVE NEWYORK! 我爱纽约! ／万都之都 !

部分省市

北京市:东方古都、长城故乡;新北京、新奥运

上海市:上海,精彩每一天;新上海、新感受

福建省:福天福地福建游

湖南省:人文湘楚　山水湖南

海南省:寻梦海南岛　作客诗画中

西藏自治区:千山之宗　万水之源!

云南省:彩云之南　万绿之宗!

吉林省:雾凇冰雪,真情吉林

桂林市:桂林山水甲天下

苏州市、杭州市:上有天堂、下有苏杭

深圳:每天带给你新的希望、大理:风花雪月,逍遥天下

海南省:椰风海韵醉游人

哈尔滨市:冰城夏都,风情哈尔滨。

西安市:龙在中国,根在西安

银川市:塞上明珠,中国银川

成都市:成功之都、多彩之都、美食之都;休闲之都? 东方伊甸园;一座来了就不想离开的城市;

乐山市:乐山乐水乐在其中

都江堰:拜水都江堰,问道青城山

大连市:浪漫之都,中国大连

三亚市:天涯芳草,海角明珠

青岛市:海上都市　欧亚风情;心随帆动,驶向成功

泰安市:登泰山　保平安!

烟台市:人间仙境　梦幻烟台

承德市:游承德,皇帝的选择

洛阳市:国花牡丹城

开封市:七朝古都水映菊,寻梦北宋到开封;清明上河汴梁梦,包公断案开封城

厦门市:海上花园,温馨厦门

桂林市:桂林山水甲天下

曲阜市:孔子故里,东方圣城

五指山市:不登五指山,不算到海南

义乌市:小商品的海洋　购物者的天堂

平遥市:华夏第一古县城

主题公园

锦绣中华:一步跨进历史,一日畅游中国

中国民俗文化村:24 个村寨,56 个民族

世界之窗:世界与你共欢乐　您给我一天,我给您一个世界

苏州乐园:迪斯尼太远,去苏州乐园

杭州宋城:给我一天,还你千年

清明上河园:一朝步入画卷、一日梦回千年

三、景区形象设计程序

建立景区形象的程序包括前期基础性研究和后期显示性研究。基础性研究包括地方性研究、受众调查和分析、形象替代性分析等;显示性研究包括形象定位、口号设计、视觉符号设计等。

景区形象设计一般遵循整体性原则和差异性原则。景区形象是一个综合的形象系统,在总体形象之下包含着物质景区形象、地方文化形象、企业形象等多个二级系统,每个二级系统又包含若干三级系统或构成元素。整体性原则是指从形象设计的目的使产品更易于识别,差异性原则是指在景区形象设计中突出地方特性,与其他同类产品相区别(图4-1)。

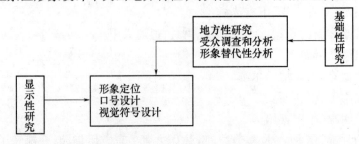

图 4-1　旅游形象的建立程序(据吴必虎、宋志清,2001)

（一）景区形象定位

形象定位是进行景区形象设计的前提，它为形象策划指出方向。形象定位是建立在地方性研究和受众调查（市场分析）基础之上的。地方性研究揭示地方的资源特色、文化背景；市场分析揭示公众对景区的认知和预期，两方面的综合构成旅游形象定位的前提。在此基础上通过对景区全面的形象化表述，提出景区形象的核心内容，即主题形象。它是对景区旅游资源及产品特色的高度概括，既要体现地方性，又要给游客以遐想，诱发出游欲望，同时要简洁凝练。理念核心的确定，既要在旅游地内部加以推广，包括对旅游管理部门、旅游企业和社区公众的推广，又要面对目标市场和潜在游客，进行旅游景区形象的推广。

1. 景区形象定位的概念

景区形象定位就是通过服务推广和宣传控制，在目标市场树立起景区独特的风格和吸引力，使景区形象深入公众的心中，形成鲜明而强烈的感知形象。景区形象定位就是塑造与目标市场相关的景区品牌形象的过程。其实质就是明确景区应在消费者心目中产生何种印象和地位。

针对景区个体来讲，形象定位的基础来源于景区自身的自然、人文旅游资源的独特内涵、优质服务及其精神风貌，是自身区别于其他景区的关键因素。

2. 景区形象定位的前提

（1）地方性研究

地方性研究是景区形象设计的基础。只有具有民族特色、地方特色和文化特色的景区品牌，其竞争力才具有持久性和独特性。地方性研究就是通过对景区地理文脉的分析，发现和提炼景区文化背景和地方特色，包括文化特质和自然特性，为景区形象定位提供本土特征基础。

（2）受众调查

从形象设计与传播的角度，景区形象传播的对象即公众。受众调查和市场定位是揭示公众对景区的认知和预期，确定目的地总体映像、选择促销口号的基础和技术前提。受众调查的目的之一是了解人们对景区形象的感知。具体方法包括采访受访者对景区的总体印象，对景区功能的满意度；引导被访者对景区进行感性描述；判断受访者认为最独特的吸引物等等。对目的地映像的定量评价一般用知名度和美誉度两个指标。知名度是指受众对景区的识别、记忆的程度，知名度本身无好坏之分，但好、坏两方面都会提高知名度；美誉度是指受众对景区的褒奖、赞誉、喜爱的程度。知名度与美誉度组合，构成了景区旅游形象的四种状态：众人皆知的好形象（美名远扬）；只是形象好、但不出名（知道的人都说好，只是知道的人不多）；形象不好且不出名（知道的人都说不好，但知道的人不多）、众人皆知的差形象（臭名远扬）。

3. 景区形象定位的原则

（1）主题标志化原则。主题体现的是景区的独特性，景区必须有鲜明的主题，并通过景观设计、建筑风格、项目策划、产品推广等将主题直观的表现出来，突出景区产品和服务的特色，树立景区的品牌，从而对游客形成强烈的视觉冲击和心理诱惑。

（2）内容差异化原则。内容差异化原则目的在于景区的形象与竞争者有明显的差别，从而创造独特的吸引力和核心竞争力。差异化原则利用了游客对特色的关注和忠诚。

（3）表现口号化原则。主题口号是景区形象定位最简练、直观的表述，也是使游客了解并记住景区形象的最有效方式之一。口号设计应遵循一定的原则：突出特色，体现地方特征；突出内涵，强调文化包装；突出个性，符合区域市场需求；突出鲜明，体现时代特色。

4. 景区形象定位三要素

(1) 主体个性,即景区主题的品质和价值个性,是指旅游企业、组织或旅游产品的品质和价值内涵的独特风格。形象定位必须以主体的物质要素和个性特征为基础,充分挖掘本地区的自然旅游资源特性和人文底蕴,并提炼加工成本地区独特的销售点或形象推广立足点。

(2) 传达方式,是指把景区主题准确地传递到目标受众的渠道和措施。传达方式主要有营销推广、广告与公关策划等宣传方式。有些景区的主题并不一定有太多优势,但如果传达到位,同样可以造就突出的与众不同的地区形象。

(3) 受众认知,指景区主题形象被受众所知晓的程度。在完成主题确定及使用有效的传达方式后,衡量形象定位完成的标志是受众认知。公众对于景区形象的认知和消费是一种文化性消费,他们在获得物质所需的同时,也获得了精神感受的满足。公众对某景区的认知程度直接决定了其潜在市场规模的大小,只有知晓该景区才有出游的可能。因此,对景区形象认知的受众范围越广、受众了解的景区信息越丰富则说明景区形象定位和传达的成效越理想。

5. 景区形象定位方法

(1) 超强定位,也称"领先定位"、"争雄定位",适宜于独一无二的垄断性景区。这些景区不易被模仿和替代、自身具有足够的吸引力和美誉度。如"五岳独尊"泰山、"美甲天下"桂林山水、"童话世界"九寨沟、"五岳归来不看山,黄山归来不看山"等都属此类定位。此类景区是少数,大量景区需依据本身实力、选择其他方法进行形象定位。

(2) 近强定位,也称"比附定位"、"借势定位"。景区定位宣传避开第一、抢占第二位,采取"次优"原则,强调与游客心中处于第一位的景区同属一类景区形象,借助"第一"的优势和光芒,利用他人声望抬高自己、扩大影响,获得广泛认知。如牙买加定位为"加勒比海中的夏威夷",从而使牙买加从加勒比海区众多海滨旅游地中脱颖而出。再如"东方夏威夷"(三亚)、"东方迪斯尼"(苏州乐园)、"东方威尼斯"(苏州)、"塞上江南"(银川)。这种定位策略谋求的是联带性、"借光"性竞争位置,适于景区初期打入新市场使用,但有其局限性。

(3) 对强定位,也称"逆向定位"、"对抗定位"。这种定位采取"反其道而行之"的策略,强调并宣传定位对象是游客心中居第一位的某类旅游形象的对立面和相反面,同时力争开辟一个游客易于接受的新形象阶梯。如深圳野生动物园的形象定位就属于逆向定位,它将人们心目中的动物园形象分为两类,一类是早已为人熟识的普通笼养式动物园,在中国这类动物园以北京动物园最著名,动物品种最丰富;另一类为开放式动物园,游客与动物的活动方式对调,人在"笼"(车)中,动物在"笼"外,从而建立起国内城市野生动物园的形象。野生动物世界的形象定位即是站在普通笼式动物园的反向形象阶梯上的定位。这种定位策略谋求的是挑战竞争对手、否定竞争对手、以此突现自身的竞争性定位。

(4) 避强定位,也称"寻空定位""缝隙定位"。游客期待着形象鲜明、独特的新类型景点的出现。缝隙定位的核心是寻找市场上产品形象还未占领的一些领域,发现和创造新的形象阶梯,树立与众不同、从未有过的主题形象,及时进入,让游客在心目中重新设定原有的形象序列,达到开辟新形象阶梯的目的。如中国第一个微缩景观"锦绣中华"的建立,使国内游客心中形成微缩景观的概念,并随着各地微缩景观的大量兴建,产生微缩景观形象阶梯,显然,"锦绣中华"比后来者处于强势地位。这种定位策略谋求的是与竞争对手"共荣共存""和平相处"的首创性、标新立异性竞争定位。开发中的景区最适宜采取这种定位方法。

(5) 名人效应定位。在有历史或现代名人留下足迹的景区,依托名人的形象和地位提升景区在游客心目中的地位。如岳阳楼与范仲淹、韶山与毛泽东、绍兴与鲁迅等,都采取或部分采取了名人效应形象定位策略。

（6）重新定位。该方法是适应景区发展周期和市场变化的再定位法。处于衰退期的景区再去宣传老形象,已不能适应旅游需求的新变化,无法产生号召力和吸引力。为此,景区采用重新定位的方法,把握新的市场需求,以新形象替换旧形象,激发新的旅游动机。

（二）旅游口号设计

旅游口号是景区形象定位的最终表述,是向游客传达景区品牌描述性和说服性信息的简短语言,是用于传递旅游目的地主题和形象的最好工具,也是旅游者易于接受的了解旅游地的最佳方式之一,在宣传景区和产品过程中起关键作用。成功的旅游口号一方面可以提炼景区的整体形象,提高旅游宣传的针对性,扩大旅游地的知名度和影响力;另一方面能够增加游客对景区的认知、兴趣和喜爱,引发游客出游和重游,增加品牌认知并强化品牌形象。

1. 旅游形象宣传口号创意模式

旅游形象宣传口号的创意设计类型一是资源导向型,即根据旅游资源来设计宣传口号;另一种是游客导向型,即从游客需求出发,向游客传递一种信息——通过到目的地旅游,游客将获得什么样的感受与体验。从宣传口号内容看,旅游地形象宣传口号创意设计模式主要有:

（1）资源主导型:如北京的"东方古都、长城故乡",浙江的"诗画江南,山水浙江",江西的"红色摇篮,绿色家园"、湖南的"人文湘楚 山水湖南"等。

（2）"借船出海"型:借助著名旅游地宣传自己。如苏州乐园的"迪斯尼太远,去苏州乐园";三亚的"不是夏威夷,胜似夏威夷";肇庆的"肇庆山水美如画. ,堪称东方日内瓦"等。

（3）利益许诺型:如深圳世界之窗的"您给我一天,我给您一个世界";山东曲阜的"旅游到曲阜,胜读十年书";杭州宋城的"给我一天,还你千年"。

（4）利益诱导型:如西安的"走进历史,感受人文,体验生活";深圳锦绣中华的"一步迈进历史,一日畅游中国";开封清明上河园的"一朝步入画卷、一日梦回千年"等。

（5）历史典故型:如承德避暑山庄的"皇帝的选择";南京的"博爱之都"。

（6）古今对接型:如浙江宁波的"东方商埠、时尚水都"。

（7）意味深长型:如黑龙江伊春的"伊春,森林里的故事……",表现小兴安岭的森林景色和资源特色,同时为受众留下一定的想象空间;江苏的旅游宣传口号"梦江苏"。

2. 旅游形象宣传口号设计的原则

（1）地方性原则。形象宣传口号应反映景区所在地的文脉、地脉和资源特色。文脉是指旅游地历史文化、社会经济、民俗风情等特征;地脉是指地貌、气候、土壤水文等自然环境特征。宣传口号设计时,要在地方性研究和受众调查基础上,将景区最具吸引力的优势高度抽象,提炼成朗朗上口、便于记忆,具有极强的煽动性和有效传播景区形象信息功能的话语。

（2）针对性原则。首先,要针对市场需求来设计,能够反映旅游需求的热点、主流和趋势。其次,在旅游宣传口号的设计时,应考虑到客源市场旅游需求的不同特点,设计不同的宣传口号。如江西旅游形象的宣传口号,对外为:"世界瓷都、白鹤王国",而对内为:"红色摇篮、绿色家园"。北京的对外宣传口号:"东方古都、长城故乡",对内宣传口号:"不到长城非好汉"。

（3）统一性原则。景区形象宣传口号可以设计一系列不同方案,但必须具有统一性,即围绕景区形象主题展开:一是时间上的统一。不同时间推出的宣传口号必须统筹规划。二是空间上的统一。虽然针对不同的客源市场采用不同的宣传口号,但不能脱离景区形象主题。

（4）感召性原则。具有新颖、时尚、别具一格、寓意深刻、朗朗上口的旅游形象宣传口号,往往能引起人们无尽的遐想，产生意想不到的号召力。旅游形象宣传口号可以采用"感性"的语言，诗化的意境体现景区形象对游客的感召力，使游客产生出游的冲动。

（5）时代性原则。通过应用符合时代语言文化的宣传口号，有效地展现景区形象，与目标市场潜在的游客实现有效沟通。在口号内容上，要反映现代旅游发展主流与趋势。如香港的宣传口号"万象之都"重新设计为"动感之都"就充分地体现了时代特征。

（6）艺术性原则。形象宣传口号需要通过媒介向受众传播，设计时应借鉴广告设计的技巧、方法，使宣传口号生动、凝练、优雅、新颖、具有感召力。内容上，要有文化内涵，运用民族文化增加其艺术色彩。表现形式上，要符合审美艺术情趣，巧妙运用各种修辞和句式，便于朗读、记忆和宣传；引用古诗词句，用浓缩的语言、精辟的文字、绝妙的组合……构造一个有吸引魅力的旅游形象，打动游客，成为游客深刻的记忆。

（7）稳定性原则。景区形象主题具有稳定性，因此形象宣传口号也应该保持相对稳定。当然稳定性是相对的，当景区形象需要重新定位时，其宣传口号也必须相应的调整或重新设计。

（三）视觉符号设计

除了宣传口号外，视觉传播符号系统也是景区形象的重要界面意象。在景区确定了核心形象定位和宣传口号后，需要从视觉上展现出自身的旅游形象，以便传媒对景区形象加以传播，因此需对景区形象视觉符号体系的设计提出理念性建议。视觉符号体系包括：景区的名称、标志及其应用延展；景区的标准色彩统、指示系统、内部交通设备视觉形象、服务设施、象征性吉祥物、户外广告；景区的品牌网站、形象代言人、旅游纪念品；景区企业形象、视觉形象等。景区的视觉景观还包括加强固定景点的视觉识别和活动型因素的视觉识别，前者指景点造型及其标志、标准字、标准色的赋予，后者指景区内演员和员工的标准服装和规范行为。标志符号系统的设计原则是，体现地方特色，简练、艺术性强、识别度高。视觉符号设计需要关注吸引力、独特性和结构等三要素；成功的视觉符号能体现活动、熟悉度、度假性、氛围等景区特征。视觉符号设计的核心是景区所在地的地方性要素，即运用图形、文字、色彩等设计元素，将景区形象的抽象理念转换成具体的视觉化符号，抽象而集中地体现景区的自然地理特征、历史文化特征、民俗文化特征等地方性要素，强化景区形象的视觉传达效果。

（四）听觉设计

品牌听觉设计的常用手法就是"让旅游插上歌声的翅膀"。例如，由日本著名歌星演唱的《无锡旅情》，让成群结队的日本人按歌索景来到无锡；像风靡一时的《太湖美》《太阳岛上》《请到天涯海角来》等都是旅游歌曲的佳作，这些歌曲使其所涉及的景区获益匪浅，可谓是"无心插柳柳成荫"。随着旅游业的发展，一些旅游景区、旅游企业纷纷出资请专业词曲作家为自己"量身订做"听觉标识，使旅游歌曲的创作进入了有意识创作时期。旅游歌曲若要打动人心，必须情景交融。创作时要把景区特色、内涵及一定的文化、思想、情绪，结合在景观之中。

（五）味觉包装

味觉包装是指就旅游六要素的"食"加以品牌化包装，使之具有旅游地所独有的点。如开封旅游规划中提到的鼓楼夜市、马豫兴桶子鸡、红薯泥、第一楼小笼包子等都是将旅游商品的食品味觉化、品牌化。品牌味觉化包装在特定环境下是影响游客购买决策的重要因素之一。

【思考与讨论】

1. 简述景区主题形象的基本含义及其特征。景区形象对景区发展的意义有哪些？
2. 简述景区形象的构成体系。
3. 如何理解景区形象塑造工具？
4. 简述景区形象定位的概念、前提、原则和方法。
5. 简述景区形象设计的程序。

【案例回放】

1. 如何理解景区主题形象的内涵

景区主题形象是指一定时期和一定环境下，公众对景区认识后形成的一种总体评价，是景区历史、现实与未来的一种理性再现。广义地讲，景区形象应包括能被公众所感知的有关景区的各种外在表现。这种外在表现既包括有形的硬件设施，如景区的外观、标志标识、服务设施等，也包括无形的如文化背景、人文环境、服务展示、公关活动等。景区形象的构成要素包括景区景观形象、服务产品形象、社会形象及其环境要素等。

2. 重庆永川松溉主题形象是如何定位的？

"百年松溉，巴渝上河图"主题形象定位是对松溉古镇整体风貌的高度浓缩和旅游发展目标的明确定位。

"百年松溉"。松溉古镇有上千年历史，明清两代曾是永川县衙所在地。据史料记载，永川兴于唐（776 年），明清（1368 年—1911 年）时基本形成今日城镇格局，松溉是永川文化的发源地。场景化打造松溉古镇，百年浓缩千年精华。

"巴渝上河图"，活态乡镇·水码头。长江流经松溉，古镇依山傍水，是松溉最大亮点。松溉因码头而极盛几百年，码头见证了松溉曾经的繁华和沧桑。码头文化是松溉古镇文化的重要内容。以码头为核心，打造松溉古镇的旅游特色。"巴渝上河图"是以松溉水码头文化为依托，神似而形不似地模仿《清明上河图》所描绘的景象。通过恢复码头交易、集镇贸易、马帮、民间活动等，让松溉古镇具有生命力。突出"到松溉，赶大场"的主题，打造具有巴渝特色的活态乡镇，借《清明上河图》之名，起到良好的传播效果。

【技能训练】

以小组为单位，收集整理你所在城市或某一著名景区的自然、人文旅游资源，按照本模块介绍的景区形象设计程序，在对其进行地方性研究、受众调查分析的基础上，尝试对其形象定位和旅游形象口号设计。

【阅读资料】

景区形象识别系统的设计要求

景区形象识别系统主要分为两大部分：其一为基本因素系统设计，其二为应用要素系统设计。

1. 基本因素系统的设计内容及要求

（1）标志：标志是指以特定、明确的造型、图案来代表景区，反映景区内涵和外在形象。

① 企业标志特征：识别性；领导性；同一性；造型性；延展性；系统性；时代性。

② 景区标志设计的主题题材：以景区品牌名称（景区名称）为题材；以景区名称首字为题材；以景区文化、经营理念为题材；以景区、品牌的传统历史文化或地域环境为题材。

（2）商标：商标就是商品的标志；景区从事商业行为的标志。

商标形式种类：文字商标；图形商标；组合商标；非形象商标。

商标构成要素:形象(图案、文字等);名称(读法);色彩。

商标功能(特征):注目性;易懂性;易被记忆、识别性;代表性;凭证性;保护性;注册性;宣传、美化功能;建立与提高景区品牌知名度功能。

商标设计要点:功能第一,注重传达作用;形式简洁、鲜明、通用化、易懂性;生动与富感染力、时代性。

(3)景区标准字:景区标准字是指将景区的形象或有关称谓整理、组合成一个群体的字体,透过文字可读性、说明性等明确化特征,创造景区独特风格,以达到景区识别的目的。

景区标准字的种类:景区名称标准字全称(中英文)、简称;品名标准字;固有产品名称标准字;活动标题标准字;宣传标准字。

标准字设计要领:是否符合产品形象;有否创新的风格、独特的形象;有无传达景区发展性、信赖感;有无满足购买年龄层的喜好;有无易读感、亲切感、美感。

标准字细节设计:确定造型;配置笔画;字形大小修正、字间宽幅修正;字体统一,明确排列方向。

(4)景区标准色

景区标准色是指景区指定某一特征的固定色彩或一组色彩系统,运用在所有视觉传达设计的媒体上,通过色彩具有的知觉刺激与心理反应,突出景区经营理念、产品特质、塑造和传达景区形象。

景区标准色种类:单色型;复色型;基本标准色+辅助标准色。

(5)景区造型(吉祥物):是指为强化景区性格、诉求产品特质,选择适宜的人物、动物或植物做成具象化的插图形式,透过平易近人的可爱造型,形成视觉焦点,使人产生强烈印象,塑造景区识别的造型符号。

景区造型的特点:说明性;亲切感、流畅性。

景区造型设计要点:故事性;历史性;动植物特性;考虑宗教信仰的忌讳,风俗习惯的好恶;体现民族性。

(6)景区象征图案:景区象征图案与视觉识别设计中的基本核心要素保持宾主关系,通过美观图案增加平面设计的展开运用,强化景区形象。补充景区形象的诉求力;增加设计要素的适应性;强化视觉感受的律动感。

设计要领:从标志图形衍生变化;另行设计单元形,与标志、标准字相协调。

(7)景区专用印刷字体:透过统一的专用字体,构造一致的视觉符号,应用在景区传播媒体、广告促销物、产品包装等方面,以传达景区统一形象。

设计要领:从现有字体中选择与景区性质相近的字体;与景区标准字体保持协调一致;注意字体大小运用场合;有条件的话,可设计与景区标准字统一风格的专用创新字体。

(8)基本要素组合规范:景区标志与标准字;商标与标准字;标志与象征图案(景区造型)。

2. 应用要素系统的设计内容及要求

应用要素系统是景区形象视觉识别基本要素在景区用品、传播媒体上的设计应用。

(1)应用要素项目确立。依据经济性和适用性原则,尽可能选择景区自身的传播媒体,确立应用要素项目。

(2)确定各个应用要素项目的标准尺度,以此绘制标准图样;然后在此基础上运用已经确定的基本要素进行新的统一视觉设计,绘制标准制图和实际效果图。

（3）应用要素系统设计的一般分类。

① 景区证件类：徽章、臂章、名片、名牌、胸牌、上岗证、工作证、出门证等。

② 办公用品类：信封、信纸、便笺、稿纸、文件袋（夹）、笔记本以及各种文具等。

③ 对外账票类：订单、采购单、通知书、明细表、委托单、送货单、收据、契约、其他票据等。

景区复合类：公司旗帜和招牌、各种指示板、照明、霓虹灯箱、指示用标志、大门标志等。

交通工具外观：运输用车、货车、客车、特殊车辆、起重类、船只、飞机等。

促销用品：广告宣传单、商品目录、商品介绍、业务明细表、展示用品、广告海报、招贴、手册、资料、视听软件、pop 类、问候卡、礼品袋等。

大众传播类：一般报纸、杂志广告版式、电视广告片头及片尾、其他大众传媒模式等。

商品包装类：包装盒（箱/袋）、各种商品容器、标贴、包装纸、粘胶带、防伪标志等。

服装类：男女工作服、制服、雨披、伞、钢盔、工作帽、领结、手帕、便服、文化衫等。

景区出版物、印刷品：杂志、报纸、公司简史、年鉴、年度报告书、调查报告、宣传资料、其他印刷品等。

待客用品：洽商柜台、专用食具、烟灰缸、客户用文具、背包等。

建筑物室内外观：建筑物外观、外墙标志、室内外统一形象装饰、建筑物门面、店面、百叶窗、卷帘门、室内壁饰、挂钟、指示牌、象征性雕塑等。

资料来源：吴必虎，俞曦. 旅游规划原理[M]. 北京：中国旅游出版社，2010

情境三　景区形象传播管理

【案例导读】

杭州乐园宣传策划案

一、品牌策划与定位

（一）品牌名称

"杭州乐园"通俗易懂，具有很强的地域性和品牌亲和力，给人以额外信任感。

（二）视觉识别

1. 颜色选择

通过对游客形象期望测试与调查及对竞争对手的形象力与目标消费者的形象期望的分析调查，以醒目的色调作为本品牌的主色，不但能给人以新鲜感，抓人眼球，达到引起注意的目的，同时能充分体现活力与激情，与公司诉求相吻合。

2. 视觉设计

（1）进行全新的 VI 形象设计，强调视觉感受和商业内涵，对企业的品牌定位、经营理念及其文化进行新的诠释。

（2）视觉符号主要包括品牌标志（LOGO）、公司名称、品牌专用字体、标准色及标准组合等。

（3）在品牌宣传设计及视觉上采用品牌视觉力的橙红色基调，并运用视觉反差，以达到抓人眼球的目的。

（三）品牌核心竞争力

独具特色，国际水准的设施和出众的安全性与贴心服务。

（四）品牌定位

锁定国际化形象,与江浙对手争夺市场,确立国际品牌强势形象;同时推出中低档游乐套票抢夺市场份额。

为消费者提供高质量产品,带来一种更具活力和激情的时尚生活。将生活与娱乐相连,力求拓展和丰富"杭州乐园"品牌的内涵,使之更有亲和力,更人性化。

OP1:缤纷色彩代表活力和激情,螺旋的几何形状蕴涵充分的想象力,以简洁明快的形式渲染出乐园的氛围(图4-2)。

图4-2 OP1

OP2:不规则四边形组合而成的动感空间,赋予丰富的色彩,在吸引目光的同时表达出灵动、活泼的含义(图4-3)。

OP3:涂鸦风格的文字迎合年轻人的审美,圆形的标志具有充分的张力能抓人眼球,活泼的组合更契合主题(图4-4)。

图4-3 OP2

图4-4 OP3

二、品牌推广策略

在广告宣传方面,着力通过硬性广告、主题公关活动形式打造公司产品品牌形象(表4-4)。

表4-4 品牌推广策略

广告市场策略	1.采取市场差异化的运作方式,通过与区域总代理合作,整合品牌推广 2.所有的广告行为必须坚持统一的策略原则,广告创意符合品牌形象,具有整体感、统一性。
广告形式	具体内容及实施
硬性广告	1.大户外广告牌:以交通枢纽,如机场或客车站,人流量大的位置为主 2.电视:在当地主流电视台播放乐园形象广告或常规性硬广告,图文信息广告为辅 3.广播:以当地收听率较高电台为主,播放企业形象广告或大型主题活动广告 4.报纸:形象广告或配合大型主题活动及软文宣传 5.公交车车身广告:企业形象、产品形象广告 6.条幅、挂旗:在大型娱乐街、景点、当地主要交通要道悬挂,扩大企业宣传的覆盖面,以较为低廉的费用迅速扩大并巩固品牌形象
主题活动	1.促销、展示活动:季节性折扣、一家三口儿童免票等 2.公关主题活动炒作:包括赞助公益事业、支持体育事业、社会性问题炒作等,用来引起媒体关注企业的发展,达到短时间提高企业的美誉度与知名度的目的
联合促销	1.在全国市场与国内国际知名品牌进行联合促销,作为品牌增值的一种有效途径 2.可与宋城实行团体联票,充分利用现有资源,相互创利的同时对于扩大知名度也有积极作用

资料来源:http://wenku.baidu.com/view/1dc6f0a9d1f34693daef3e2e.html.

思考

杭州乐园如何进行品牌策划与定位?其对外推广策略主要有哪些?

一、景区形象传播要素分析

按照传播学原理,景区形象传播策划应当从传播三要素传者、信息和受众分别进行设计。

(一)传播对象——受众的分析

景区形象传播的对象是受众,受众对景区形象认知和市场需求是形象传播的依据。研究游客对景区认知须做到:①根据景区形象等级和区位,确定主要客源市场;②分析客源地游客素质、欣赏习惯和消费行为,划分不同等级客源市场和消费群;③针对不同客源市场,实施不同形象传播策略;④研究游客需求,提供优质和个性化服务。形象传播的目的是使游客对景区形象形成良好的感知,这种感知包括对景点的实体感知和对人文环境的抽象感知,抽象感知是通过游客满意度来体现的。为此可采取随机面访的方式,进行景区形象问卷调查。以开封为例,阐述从形象认知和获取信息途径方面,展开旅游形象调查,为受众分析提供第一手资料(表4-5)。

1. 形象认知调查分析

表4-5 受众对开封旅游形象的认知

形象类别	形象描述
代表事物	清明上河园 龙亭 铁塔 大相国寺 水系工程 鼓楼夜市
现代城市整体形象	古朴 安逸 悠闲 交通拥挤 服务质量有待提高
发展中国家城市形象	自行车 人力三轮车 街头商贩
其他	北宋都城 菊花 包拯 杨家将 西瓜 小笼包子

结果显示,游客对开封印象分散而不鲜明,缺乏明确一致的认同,但古朴、闲适的印象相对集中。被调查景点中,清明上河园、龙亭、铁塔为游客必到之处。说明北宋古都是开封形象的基础,开封旅游形象传播应以此为依托,突出北宋文化,千年古都、北方水城形象。

2. 获取信息途径调查分析

获取信息途径调查分析见表4-6。

表4-6 游客了解开封的主要途径

途径种类	排序	备注
电视	1	新闻 广告 戏曲 电视剧
报刊、网络	2	新闻 广告 旅游网站 博客 游记
广播	3	新闻 广告 戏曲 曲艺
书籍	4	历史 文学作品、游记
口传	5	有开封旅游经历的人 亲朋好友
旅行社	6	通过电视、网络、报刊、广播等媒体及户外广告
其他	7	商贸活动 会展 互连网

主流媒体是游客了解开封的主要途径。作为古都,开封频现于电视、广播、网站、史书及各种艺术传播形式,具有广泛的知名度。商贸活动、会展等信息扩散方式的价值日益显现。

3. 受众基础调查分析

被调查者中,海外游客较少,但仍具一定的代表性。调查分析结果归纳如下:

① 海外游客主要来自受汉文化影响较大或华侨、华裔较多的国家和地区,如东亚、东南亚国家及港、澳、台地区,但人数较少,且多顺路一游,以开封作为主要目的地的较少。

② 国内客源市场主要由两大块组成,一是由发达地区及周边省份组成的外埠客源市场;一是由本市及周边城镇居民组成的本省旅游、游憩客源市场。

不同客源市场和受众的欣赏、消费习惯不同,宜采取相应的形象推广策略,如宣传历史文化游、宗教文化游、中原文化游、风土民情游等旅游项目,形成不同层次的促销热点。

(二)传播信息——传播载体的分析

1. 宣传口号

景区形象的传播信息应以地方文脉和地理环境为背景,以景观资源为基础,形成个性鲜明的宣传口号。如开封旅游形象主打宣传口号:七朝古都水映菊,寻梦北宋到开封;大宋皇城、菊香水韵。系列宣传口号:清明上河汴梁梦,包公断案开封城;领略北宋遗韵,探寻大宋文化;一朝步入画卷,一日梦回千年;领略黄河风情,感受北宋古韵……

2. 视觉形象特征

旅游视觉形象信息包括视觉景观和视觉符号两大类:视觉景观是形象传播的重要依托,包括城市空间格局、城墙、主要景区、城市入门景和广场、标志性建筑等要素,对此要精心设计,传播富有感召力的形象,对游客形成强烈的视觉冲击。视觉符号是符号解释系统,要清晰、易懂,传达和强化游客对旅游地形成的决策感知形象,包括旅游地标徽、标准字体、吉祥物、户外广告、交通工具等。视觉符号传播要注意景区形象的统一性,推广景区旅游整体形象。

(三)传播者的分析

旅游形象传播是在政府指导和干预下,需要城建、交通、文化、媒体、电信等部门的共同参与。建立激励机制,鼓励更多部门参与旅游形象的联合推广。加强域外协作,积极拓展传播渠道,发挥资金、资源和经验的合力,形成竞争优势。建立专家型队伍,对景区形象进行深入系统地研究,确定形象传播方案。区别不同受众,结合旅游地形象建设的实际,合理安排资金,多层次、低成本、高效益地实施传播策略。

【相关链接】

大理联袂天龙八部影视城:逍遥江湖

借天龙八部影视城及影视剧的拍摄,以之为杠杆和契机,整合、创新大理旅游品牌形象,在全国乃至世界范围掀起大理旅游继电影《五朵金花》之后的第二次高潮,撬动大理经济和文化板块。

第一,回归整合——资源大盘点;风花雪月!

(1)《五朵金花》的故乡——浪漫风情;(2)《天龙八部》的故乡——武侠传奇;(3)风花雪月——富有诗意的自然景观;(4)三塔、太和城、石宝山石窟、南诏铁柱——历史人文;(5)南诏国、大理国——古王国;(6)三道茶、三月街——白族风情;(7)茶马古道、南方丝绸之路——亚洲文化的十字路口;(8)佛之齐鲁、儒释道巫本主——开放、包容、一团和气的"妙香国"

第二,借势引爆——需求大揭底;逍遥天下!

(1)庄子《逍遥游》,仙风道骨、清静无为、自由自在的味道,有强大文化支撑和哲学意味,且与旅游相关。

(2)《洞仙歌》(《天龙八部》第32回目录)"且自逍遥没谁管",极其精准地描绘出旅游、居住、生活在大理的最生动、最突出的感受,是对"风花雪月"的最佳阐释,是消费者对大理旅游的需求和利益的最佳诉求。

（3）大理民俗传说故事,点点滴滴都在阐释着"逍遥"的概念:22 位皇帝中有 9 个禅位出家,淡薄名利,何其逍遥！东山将军与白姐错换鞋子,神仙偷情,何其逍遥！三道茶,一茶三味,何其逍遥！每处山水都有一个爱情神话,纵情山水,何其逍遥……！能准确概括大理所有的风情景观、人文历史,同时又能带给人丰富联想和感受,一定非"逍遥"二字莫属！南诏至大理国500 年来无内战、高人雅士、选胜登临、吟诗作画、赏花品茗、把酒临虚、笑谈英雄、皇帝出家、僧道还俗、神仙偷情、六教九流、共处一方、来去无踪……逍遥哉！

（4）将严肃文化与通俗文化、商业文化结合,"逍遥"可指游山玩水、琴棋书画、修仙成道、声色犬马。

"逍遥、江湖"符合大理格调:雅俗共赏、人神共处。视觉、听觉、味觉皆全;风情、人情、爱情、侠情情情动人,可赏、可玩、可见、可闻,风花雪月,完全之美,逍遥江湖！

"逍遥、江湖"使"风花雪月"与《天龙八部》水乳交融,可以说"风花雪月"就是武侠小说要营造的主要氛围——这一借势,可以说精准恰当、力沉势大。

资料来源:http://wenku.baidu.com/view/1a9f5f12f18583d0496459ae.html.

二、景区主题形象传播途径

景区主题形象要提高知名度和信誉度,必须通过适当的途径和成熟的营销战略予以推广。形象传播按照目标受众可分为对内传播和对外传播。针对本地市民的传播活动称之为对内传播,主要传播目标是提升市民的认同感、自豪感和参与感;针对潜在市场和游客的传播称为对外传播,主要传播目标是激发出游动机,使潜在游客变为现实游客。景区形象传播途径有:

（一）形象广告

广告是高度大众化的信息传递方式,传播面广,效率高、速度快。因此,通过广播、电视、报纸、书刊等传媒进行广告宣传,是景区树立和强化旅游形象的重要途径。

1. 景区广告的作用

广告的主要作用有:宣传景区产品和服务;刺激初步需求和选择性需求;削弱竞争者广告影响;提高景区销售效率;激发出游动机,加强游客信任;稳定景区销售,减少销售波动。

2. 景区广告的主要形式

大众传媒广告——主要指报纸广告、广播广告、电视广告、网络广告。

户外广告——LED 大屏幕、户外牌、广告画、交通工具广告。

自办宣传广告——旅游画册、旅游手册、宣传小册子、明信片、挂历、录像带、VCD 光盘、新闻电影、多媒体解说系统、导游图、门票、宣传折页、包装袋、信笺、名片等。

3. 景区广告的原则

景区广告应具有真实性、针对性、创造性、简明性、艺术性和合法性。①必须针对受众心理特征、消费偏好等设计广告方案,突出景区主题;②广告内容和形式尽可能独具特色;③广告内容应简明扼要,被受众接受,既不能太专业也不能太粗俗;④广告应图文并茂,声音或视觉效果俱佳,具有艺术感染力,给人以美的享受;⑤广告必须遵守国家相关政策法规,旅游企业特殊的产品和荣誉应该附有权威机构的证明。

（二）公共关系

公共关系策略是一种协调景区与公众关系,影响面广、影响力大,利于迅速塑造并传播良好旅游形象,使景区达到所希望的形象状态和标准的方法和手段。公关策略包括策划大型公关活动,如开业剪彩、周年纪念、庆功表彰、重要仪式、赞助活动、文化体育竞赛评选活动、名人示范举措、危机公关、新闻发布会等,对目标市场进行公关促销。

广告宣传是以媒体为基础的,而公关活动是以影响或"游说"小部分有影响力的目标群体为目的的,旅游公关往往是以获得媒体关注为目标。如按目标市场定位选择参加不同区域举办的旅交会就是通过与参会的旅行社和旅行商的交流以达到拓展营销渠道、增加游客量、传播品牌的公关活动。公关活动的目标包括传播信息、联络感情、改变态度和引起行动四个方面,目的是树立景区美好形象,提高知名度和美誉度。有时公关活动还有具体目标,如开辟新市场、创造良好消费环境、摆脱形象危机等。景区形象公关的基本策略包括制造和发布新闻、举办有影响力的活动。公关活动不需要向媒体付费,但可吸引媒体关注,从而达到传播信息的效果,被认为是低投入、高产出的传播方式。一则专题报道(或新闻)往往比一则广告宣传效果好。

公共关系策略的实施可考虑:①邀请参观。邀请旅行社主管,主流媒体记者、旅游专栏作家、艺术家、投资考察团等到景区访问、采访或体验生活,他们把感受写成文艺作品、拍成电影、电视片,以此来提升景区的社会影响力。②邀请度假。邀请国内有名望的专家学者、德高望重的社会人士、著名英雄人物和劳模、当年在国内引起广泛影响的其他人士(如奥运会金牌得主等)到景区度假。③授予代表性游客(名人、专家)旅游形象大使、"荣誉游客"称号。④在其他行业招商引资会上将旅游形象作为投资环境的一部分介绍。⑤举办专题文艺笔会、大型演出、电视综艺节目,进行专题报道。⑥游说公司、企业等,以福利或奖励等形式组织员工来景区旅游。⑦旅行尝试。邀请旅游代理商和批发商熟悉景区,体验推出的产品,使其更好地向游客宣传推销。⑧举办各种体育娱乐活动,如攀岩、风筝、秋千等比赛。⑨与《中国旅游报》、目标市场的报刊及著名网站等主流媒体联合举办游客评点景区有奖活动。游客可通过网络、报纸或景点现场评点等方式,从知名度、品牌定位、品牌传播、旅游环境和管理、发展潜力等方面对景点进行评价,达到有效传播景区形象的目的。⑩组织促销团到主要客源地进行有针对性的、主题式促销,加强与各旅游热点城市、口岸城市的促销联系,联合推出旅游产品。

（三）节庆活动

旅游节庆活动是将目的地的人地感知要素和人人感知要素有效整合的重要方式,在景区形象传播中起着重要的作用(如前述)。

（四）网络传播

互联网具有受众广、传播快、不受时空限制等特点,且能让游客获得融图、文、声于一体的全方位感受。因此,景区要建立网站、官方微博,并力争进入各主要网络搜索引擎,与热门站点建立链接,利用微博、微信、邮件等传播景区信息,吸引受众关注,产生旅游动机。

（五）口碑

口碑传播是游客完成旅游活动后,对旅游产品综合评价并向他人传播的过程。想得到良好口碑就应从旅游"吃、住、游、购、行、娱"六要素着手,营造游客满意而归的条件。另外,产品核心吸引力的打造、娱乐化和互动体验式的游憩方式、周到服务等同样是创造良好口碑的重要因素。

(六) 旅游展销的策划和设计

据统计,一个有 2000 展位的展览场所,一名观众若花 6 小时观展,平均在每个展位停留不到 2 分钟,因此须对旅游交易或展销推介活动精心策划。在与目的地文化差异较大的客源地布展,应充分考虑消除布展区居民对目的地存在的心理隔阂,即"异中求同";在文化差异趋同的地区布展,则应注意突出二者文化的差异性,即"同中求异",达到激发游客出游的目的。

【相关链接】

旅游形象传播的正面强化策略和负面消除策略

1. 正面强化策略

(1) 多样化形象。旅游地展示给游客的形象范围较广泛,可避免造成"该旅游地只有单一特点"的错觉。香港在 1998 年推广"香港——动感之都"形象计划中设计了许多表现当地旅游吸引物的图片、介绍当地艺术品的插画、抽象派油画、地区标志物、购物街、娱乐中心、国际会展活动等,这些多样化形象可使公众心目中的目的地形象更全面和丰富。在景区目标市场较多的情况下,它可以达到打动多个细分市场的旅游者的效果。

(2) 稳定性形象。当旅游地拥有一个正面形象时,便可采用不断利用旅游地发展的新信息去巩固和发展过去主题旅游形象的策略,使原有的正面形象不断得到强化、更加稳定。

2. 负面消除策略

(1) 幽默型形象。景区应以幽默方式建立新的亲切感人正面形象,对消除景区以往负面特征而言,该策略特别有效。应以照片、漫画形式向游客展示焕然一新的情景,并将这种形象作为校正景区主题旅游形象的工具。

(2) 否定型形象。此方法指不断向目标市场灌输本景区新的正面形象,而该新形象应特别针对过去负面形象进行否定,该策略对扭转原有不良形象的负面影响具有直接的效果。

总之景区的特色就在于其主题旅游形象,唯有充分发掘景区与众不同的风采、独特的个性和特有的文化底蕴,才能将景区主题旅游形象具体而鲜明地映入旅游者心目中,从而在旅游市场上形成独特的销售主张,进而产生巨大的旅游吸引力、诱惑力和感召力。

➡️三、景区形象传播过程控制

(一) 销售过程控制

形象销售过程控制将主要对营销要素当中的另外 3 个要素——价格、渠道、促销——进行整合。

价格:旅游形象传播中价格对品牌影响主要体现在景区对外销售的价格体系上,因此必须对景区、旅行社、旅行商等影响价格因素的主体进行整合,避免因价格战造成价格体系混乱而影响到目的地整体品牌形象。在此过程中旅游局发挥行业管理者主导作用非常重要。完整、统一的价格系统是旅游品牌内涵的重要支撑。

渠道:如何在营销渠道中充分体现旅游地品牌形象是旅游品牌整合传播系统中的重要环节。需要营销机构严格按照品牌整体形象的要求以统一的品牌形象出现。应在整体品牌形象下进行各自的渠道拓展工作,避免旅游地内的景区各自为战。如参加各种旅游展会活动要有统一的品牌形象(员工的服装、介绍和解说内容、场地布置、宣传品等);要有统一的价格和返利系统(针对旅行社、旅行商、大客户、团体、淡季优惠等);要有统一的高质量服务保障体系。

促销:旅游促销手段通常包括价格促销、捆绑优惠销售等。促销活动同时又可以与品牌传播活动相结合,在有组织的前提下,特别是在旅游淡季进行价格促销活动。

(二) 消费过程控制

品牌的消费过程控制主要是通过良好的服务,使游客在旅游中建立对品牌的信赖感和满意度,从而建立良好的品牌服务形象,形成良好的品牌口碑。消费过程从游客出发就开始了,以旅行团为例,设计以品牌宣传为主题的有奖竞答活动,既解决了游客在旅途时如何度过的问题又活跃了气氛,也以游客参与互动的形式潜移默化地宣传了品牌,并使游客对服务感到满意。总之,消费过程的控制就是服务质量和游客对品牌满意度的控制,其核心任务就是通过培训员工,使之充分认识到每个人都代表旅游品牌,倡导人人争当"品牌代言人"的服务意识。

【思考与讨论】

1. 如何理解景区形象传播的三要素?
2. 简述景区主题形象传播的主要途径。
3. 在景区形象传播中如何使用公共关系策略?
4. 如何进行景区形象传播过程控制?

【案例回放】

杭州乐园如何进行品牌策划与定位? 其对外推广策略主要有哪些?

杭州乐园进行品牌策划与定位的内容有:①品牌名称:杭州乐园。②视觉识别:采用品牌视觉力的橙红色基调,并运用视觉反差,以达到抓人眼球的目的。为此提出了三种 LOGO 方案。③品牌定位。锁定国际化形象,直接与江浙众多对手争夺市场,确立公司国际品牌的强势形象;同时也推出中、低档游乐套票抢夺市场份额。

对外推广策略:着力通过硬性广告、主题公关活动打造公司产品品牌形象。其中硬性广告有大户外广告牌、电视、广播、报纸:公交车车身广告、条幅、挂旗等;主题公关活动有促销、展示活动和公关主题活动炒作。

【技能训练】

选择一个你熟悉的旅游景区,收集相关资料,对其形象传播途径进行评价,并提出合理建议。

【阅读资料】

新西兰《指环王》奇迹

2003 年 12 月 1 日,新西兰首都惠灵顿万人空巷。由美国新线电影公司拍摄的电影《指环王》三部曲之《国王归来》在这里举行全球首映。这不仅是第一次好莱坞影片在新西兰全球首映,而且首映规模创造了历史纪录:人数达 10 万。一位影迷说:"这部影片将是新西兰电影史上的唯一,是所有新西兰人的骄傲。"

第一:《指环王》打造的旅游品牌

《指环王》三部曲无形之中,成就了一个经典的旅游品牌,新西兰的旅游业也因此有了鲜明的主题。

1. 旅游品牌定位:魔戒之国;

2. 旅游主题开发:在原有新西兰旅游基础上,推出探访新西兰南北岛各大新奇景点的"魔戒"主题游。

第二:影视业与旅游业的完美结合

这部好莱坞风格影片令远离美国的南太平洋国家新西兰获得了神奇力量。只要提起《指环王》,人们很自然地联想到新西兰,因为电影中神话般的"中土世界",正是取自新西兰南部一片风景壮丽、人烟稀少的地方。

新西兰国家旅游局发表的一项调查显示,每10个到新西兰旅游的外国游客中,就有1个声称是被《指环王》吸引来的,并且,这股热潮短期内不会停止。

第三、新西兰旅游业奇迹产生的启示

由此,利用强大影视资源,对剧中自然风光与人文特色展开特色品牌打造和营销传播,成为可能。

1.《指环王》对新西兰南部旅游地的整合营销传播;

2.《指环王》赋予了新西兰南部旅游鲜明的品牌价值、文化内涵。

影视、比赛等文化娱乐活动会让观众感同身受,产生身临其境的期望——旅游成了满足这种期望的最好方式。结合热门文娱活动进行深度旅游和特色旅游线路开发,将成为旅行社开发新品的趋势之一,也将被更广泛的消费者认同和接受。有关专家认为,新西兰可借力《指环王》,参考韩国影视剧与旅游的深度合作以及服饰、餐饮、影视周边产品联动的模式,充分利用互联网,进行全方位的传播。目前,互联网已经超过了"报纸""杂志""电视"等传统媒体,成为公众获取旅游信息的最重要的渠道,是旅游信息传播的第一媒体。

资料来源:http://wenku.baidu.com/view/1a9f5f12f18583d0496459ae.html.

【案例分析】

旅游目的地形象塑造案例

案例 4-1 北京案例

(1) 地格分析。在现存古都中,北京是世界古都群中历史最为悠久的城市之一,是东方古国的首都。

北京城的空间布局因深受中国古代农业文明和皇家集权政治模式的影响而与众不同。气宇轩昂的官殿构成城市核心,体现了皇权至上的精神。城市布局继承了传统的左祖右社、前朝后寝的形式,具有明确而壮丽的中轴线,棋盘式的街道,宽阔的道路,低缓舒展的天际线,青灰色的色调,独特的四合院民居建筑等。北京的传统风貌与欧洲古城间强烈的文化反差,是北京作为世界旅游中心城市的基础资源。

现代化建设方面,北京大型公共建筑日新月异的变化,对旅游者、特别是国内旅游者具有强烈吸引力。

(2) 认知调查。通过对国内外游客的问卷调查,总结游客对北京的认知如下:北京在国际游客心目中的形象呈现出两个方面:历史悠久的古老形象和较落后的第三世界城市形象。国内游客对北京的认知为三组形象:神圣、庄严的首都;美丽、干净、整洁的城市面貌;宏大、雄伟的城市景观。国内外游客对北京最重要吸引物的感知非常一致——长城、天安门和故宫为北京形象的代表。

(3) 核心理念(MI)。综合地格和认知分析,北京旅游定位为:具有首都风貌的国内首位旅游中心地和具有东方特色的一流国家旅游城市。品牌理念的关键要素:东方古都、全国旅游中心地、长城、国际旅游目的地等。宣传口号："东方古都·长城故乡"。

（4）视觉设计（VI）。根据北京目的地品牌理念，设计了相应的旅游标徽（图4-5）：该标徽以天坛和长城为基本素材，其中天坛图案为"北京"二字上下叠写的艺术形式，其下的长城城墙由"旅游"二字汉语拼音第一个字母""LY"组成。标徽整体形状呈正方形，具有首都城市庄严、端正的风格，但图案设计及文化含义又以简洁、明快的符号传播给旅游者较清晰的意象。北京旅游规划认同并继承了这一原有视觉方案。

图4-5 北京旅游标徽

案例4-2 杭州案例

"休闲""天堂""大运河""品质生活"、国际旅游城市始终贯穿于杭州旅游形象和品牌设计中。

（1）地格分析。杭州历史悠久，是中国首批国家历史文化名城。杭州曾是五代十国吴越国和南宋王朝两代建都地，是中国七大古都之一，是南宋的政治、经济、文化中心。杭州是古代旅游中心城市，素有"人间天堂"的美誉。杭州的深厚历史文化积淀，反映了杭州在江南文化上的代表性和中心性。杭州是浙江省政治、经济与文化中心，长三角副中心城市，中国最具幸福感的城市之一。

（2）认知调查。国内专家认为，西湖、天堂、休闲、柔美、爱情、水、江南、人文是最能够代表杭州的特质元素；国际专家认为，水（大运河）及水的意象、山水和谐与天堂等是杭州核心吸引力要素所在。

从市场需求来看，国内游客普遍追求一种闲适、恬淡、快乐的旅行生活，而风景优美则是朴素的基本需求。杭州特色的江南意象则是一种差异化的体验价值所在。而国际市场游客普遍追求的是一种区别于自身文化的差异体验，此外，便捷的交通、安全的环境与风景的优美则是海外游客最基本的需求。

（3）竞争分析。在同质化江南旅游中，主打度假、休闲概念。以休闲和幸福天堂的承诺，形成个性化。

（4）核心理念（MI）。杭州定位为：最具幸福感和江南个性的国际风景旅游城市与东方休闲之都。品牌理念的关键要素：幸福指数最高、江南风格、国际旅游目的地。宣传口号："东方休闲之都，人间幸福天堂。"

（5）视觉设计（VI）。根据品牌理念，设计的杭州视觉标志方案（图4-6）。该图案由"杭州"演绎而成，柳叶、三潭、湖水构成"杭"字，湖水、绸带构成"州"字。其中三潭印月的形象让人联想到西湖，同时围绕着三潭的柳叶、丝绸、流水等符号及其现代感的组合方式，使人产生更多想象与体验。近"之"字型的柳条，代表"之江"，围绕西湖，穿行杭州，象征着杭州从"西湖时

中文版　　　　　　　　　　　英文版

图4-6 杭州旅游品牌视觉标志（VI）

代"向"钱塘江时代"的大跨越。标志的动感和如水、如丝的飘逸,体现杭州休闲度假氛围、充满幸福感的价值取向;标志的动态感让人产生轻松的向心力。图案右上侧的"杭州:休闲之都、幸福天堂"是对杭州旅游品牌"东方休闲之都·人间幸福天堂"的简化表达。

案例4-3　西安案例

西安是受到欧美市场特别青睐的古都遗产旅游地,处理好国际吸引物与国际水平满意度间的关系是关键。

(1)地格分析。西安是世界四大古都之一(另外三个为雅典、开罗、罗马),先后有13个朝代在此建都,是中国历史上建都时间最长的城市。周、秦、汉、唐等王朝在西安定都留下的历史文化积淀是西安旅游最具吸引力的内容。唐朝的都城长安是当时东西方文化交流的中心,也是当时的世界旅行中心。

几千年历史文化积淀使西安形成了独有的沉稳、厚重、宽容、开放的格调和神韵风姿。

(2)认知调查。西安原有形象"华夏源头、丝路起点、千年古都、秦俑故乡"。网络调查显示游客对西安的印象是文化积淀深厚、充满历史感,描述西安频率最高的词语是:厚重、向往、怀念和雄壮。问卷调查显示,公众对西安旅游形象定位的认知与评价主要集中在西安的历史、文化、城市景观和城市气质四个方面。

(3)核心理念(MI)。根据分析,西安定位为:最具东方神韵的世界古都旅游目的地城市;旅游形象口号:中华五千年·寻根在西安。建立市场导向的形象体系。针对不同细分市场,推出不同的形象口号,并随时间变化而调整。面向入境市场(主要是欧美市场),近期(2005—2010年),使用"Xi'an:Home of Terra Cotta Warriors and More…"(西安:不仅是兵马俑的故乡)和"Xi'an:Where the Silk Road Starts"(西安,丝绸之路起点)。中远期(2011-2020)逐步调整为"Ancient Xian,Cradle of Chinese Civilization"(古都西安、中华文明源脉)。针对日韩市场,推出"大唐之都",针对东南亚国家,推出"盛唐·胜景·祖庭"。在汉字文化圈各国,推广使用"中华五千年,寻根在西安"。针对遗产旅游专门兴趣市场,使用"西方罗马、东方西安"。备选口号有:"品味西安,了解中国""东方神韵,世界古都""周琴风韵、汉唐气象""世界古都、华夏之根"等。

(4)视觉设计(VI)。西安视觉标志方案设计由西安汉语拼音 xi'an 变形而来(图4-7)第一个大写"X"有"沟通"与"坐标"双重含义,"周、秦、汉、唐"四朝的辉煌也交集成另一个"X"会聚在这里。将字母"i"转换成秦俑形象,凸显了西安秦文化。标志外围的线框是西安城墙的抽象化表达,也是古长安作为周、秦、汉、唐都城的抽象符号。整个图案本身采用热烈的红色,旨在表达西安这座历史名城千百年来长盛不衰的繁华。

中文（VI）

英文（VI）

图4-7　西安旅游品牌视觉标志(VI)

(5)行为识别(BI)。在确定西安品牌形象核心理念基础上,提出旅游品牌资产识别系统(表4-7),表明目的地品牌的方向、目标和存在意义,并通过唐都长安"T"字形轴线格局再现和解说,西安旅游吉祥物、市服的设计和推广,以及长安古乐申报世界非物质文化遗产等行动,帮助游客更好地识别西安品牌(表4-7)。

表4-7 西安旅游品牌资产识别系统

核心识别	价值提供	具有强烈历史文化感受的旅游体验
	旅游产品	具有世界级吸引的遗产旅游产品
	使用者	文化型旅游者,以及对历史和华夏文明感兴趣的人
延伸识别	产品范围	遗产旅游产品、文化旅游产品、美食旅游产品、自然生态旅游产品等
	旅游体验	辉煌的盛世文明遗产、中国传统文化、浓烈历史传奇色彩的温泉、气度奢华的唐娱乐体验、博大精深的饮食文化等
	品牌个性	渊博、大气、深刻,具有皇家气质但平易近人
价值体现	功能性利益	颇为值得的旅行,历史文化底蕴极其丰富的旅游目的地
	情感利益	国际游客——增进对东方文明的理解、感到放松和愉悦 国内游客——为祖国悠久的历史和辉煌的文明感到骄傲,民族自豪感得到满足,在传统文化的熏陶下身心得到放松
关　系		游客受到欢迎和尊重,西安为每个旅游者提供他想要的旅游产品和服务

资料来源:北京大学城市与环境学院旅游研究与规划中心等,2005c.

【模块小结】

　　本模块首先论述了景区主题定位的概念和层次,指出景区主题是在景区建设和游客旅游活动中被不断地展示和体现出来的一种理念或价值观念;景区主题定位包括景区发展目标定位,景区功能定位和景区形象定位三个层次。其次重点阐述了景区主题形象策划的理论和方法。包括景区主题形象的内涵(景区主题形象的概念、特征、作用)、景区形象的构成体系、景区形象塑造工具、景区形象设计程序。一般地,景区形象设计主要包括景区形象定位、旅游口号设计、视觉符号设计、听觉设计、味觉包装、意觉包装等步骤。最后,从旅游形象传播要素分析、景区主题形象传播途径、景区形象传播过程控制三方面对景区形象传播的理论和方法进行了论述。

　　模块知识结构图

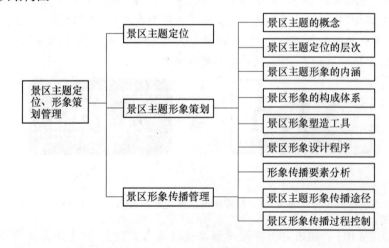

【课堂活动】

　　课堂上,让每位学生说出家乡旅游形象宣传口号及其内涵,并运用所学理论对该口号进行评价,对于它能否把家乡的资源特色、历史文化底蕴和内涵展示出来,提出自己的建议。

【实训项目】

景区形象模拟策划和传播

一、实训目的

通过对熟悉的景区进行旅游主题形象模拟策划和传播,理解并熟悉景区主题形象定位的内涵、原则和传播途径,掌握景区主题形象策划的程序、方法。

二、实训指导

1. 将学生 5～7 人分成一组,以小组为单位,选择一个比较熟悉的旅游景区。

2. 小组分工,对所选景区资源特色、景区所在地的地脉和文脉、客源市场以及受众现状进行调查。

3. 将收集的资料整理分析,根据所学理论和个人的理解,在小组范围内展开讨论,对所选景区进行全新的旅游主题形象定位和策划,设计相应的旅游形象宣传口号和视觉符号,提出景区形象传播方案。

4. 将小组的统一成果做成课件,推举小组发言人,向全班展示,并展开讨论。

5. 教师对各小组的成果总结、提炼,提出修改意见。

三、实训报告

学生按照讨论意见和教师建议修改实训结果,最后写出实训报告。

模块五

景区市场分析与营销管理

【学习目标】

◆ 了解景区市场分析的概念和内容、景区营销的内涵。

◆ 熟悉景区营销目标市场的细分和确定、旅游品牌内涵、景区品牌管理和经营。

◆ 掌握景区市场分析的内容、方法、旅游景区营销策略。

【能力目标】

◆ 能够运用所学理论,对旅游景区进行市场细分,并根据实际情况制定景区营销策略。

情境一　景区市场分析

【案例导读】

国内赴三亚假旅游者的需求与行为特征分析

1. 赴三亚度假旅游者人口统计学特征

三亚游客中男性略多于女性;已婚略多于未婚者;年龄多在 15～24 岁和 25～44 岁;文化程度度集中于大专或本科,占 71.25%;收入以中低档的 2001～4000 元最为集中,占 37.50%,其次是 4001～6000 元,占 23.75%。上述数字说明赴三亚度假旅游者集中于年轻人群,25～44 岁,具有大专以上的较高学历,收入中等偏高水平的各行业人员。

2. 赴三亚旅游频率、伴侣、旅游方式、信息渠道

赴三亚游客中,35% 是第一次前往,两次以上占 65%。旅游伙伴中,伴侣居第一位(28.75%);其次为同事或朋友(26.25%);家人占第三位,独自一人成行的(8.75%)。赴三亚的度假方式以"自己安排"最多(43.75%),其次是参加旅行社包价旅游团(17.5%)(6.25%)。获取度假地信息,以"互联网"为主,占 42.5%。

3. 度假旅游目的、动机与停留状况

赴三亚旅游目的,以"休闲放松"为第一目的,远高于第二目的"观光游览"。旅游动机中,享受海水、沙滩和阳光居首位(81.3%),其次为放松休息(53%),名列末位的是"结识新人群(3.8%)"。从停留时间看,多数停留 3 夜(33.75%)或 4 夜(23.75%),其次是停留 2 夜

(13.75%)和 5 夜(11.25%),达到和超过 1 周仅占 11.25%。从住宿地点看,70%的人住宿一个地方,25%的人住宿两个地方,住宿 3~4 个地方的占 3.75%。

　　4. 预期值与实际感受之间的比较,满意度与重游意向

　　到三亚度假实际感受与预期值之间的正负差距。前后好评率相当的有 5 项:"餐饮""文化民俗风情""度假地知名度""语言沟通方便程度""方便的用餐时间";下降幅度较大的有 8 项:"度假地景观""休闲康体娱乐设施""保健疗养设施""交通条件""服务与管理""当地居民态度与素质""儿童活动设施""客房上网条件"。另外,有 2 项在"最喜欢"评价层面上获得了上升值——硬件为"饭店区位",软件为"度假地氛围"。从单项数值看,"饭店区位"评价的上升幅度最大,而"当地居民态度与素质"评价的下降幅度最大。

　　对满意度与重游意向的调查显示,游客对三亚的满意度达到 80%(比较赞同与非常赞同两项之和),表示"值得再来"的人有 82.5%,表示"会向亲友推荐"的人有 83.75%。

　　5. 三亚国内度假旅游者区域分布

　　粤、沪、京 3 省市的游客占 10% 以上;浙、苏、湘、冀、陕 5 个省市的游客占 5%,川、鲁、津 3 省市的游客占 3.75%;琼、辽、黑 3 省份的游客占 2.5%;桂、闽、赣、云、皖、鄂、吉、内蒙古、藏等省区游客占 1.25%,其他省份则在本次调查中没有游客出现在三亚。

　　6. 对当地旅游产品的意见与建议

　　游客对三亚旅游的肯定评价有 3 类:气候好、景色美、总体感觉好;负面评价和建议按被提及频率高低排序:治安不好、交通不便、居民素质差、出租车不好、城市卫生差、景点票价高、海鲜价格贵、购物条件差。

资料来源:徐菊凤《度假旅游者需求与行为特征分析》http://www.china001.com/show_hdr.php.

　　思考

　　案例中主要从哪几个方面对国内赴三亚度假游客的需求与行为特征进行了分析? 一般来说,客源市场消费者行为分析主要包括哪些方面?

一、景区市场分析概述

(一)景区市场概念

　　广义的景区市场是指在景区旅游产品交换过程中反映的各种经济行为和经济关系的总和。在现代旅游经济中,景区市场反映了旅游需求者与供给者之间、旅游需求者之间、旅游供给者之间的关系,集中反映了景区旅游产品实现过程中的各种经济关系和经济行为。

　　狭义的景区市场是指在一定时间、一定地点对某种景区旅游产品具有支付能力的购买者,从这个意义上说,景区市场就是景区需求市场或景区客源市场。

　　通常,景区市场指的就是客源市场,这是由客源市场的重要性决定的。没有客源任何市场都形成不了。游客作为旅游活动的主体,它的存在是旅游业生存和发展的前提。旅游业的存在和发展某种意义上就是为满足游客的需求,为游客提供全方位服务。

(二)景区旅游市场分析

　　景区市场分析可按不同的角度分类,按景区市场分析的地域范围分为地方旅游市场调查、区域性旅游市场调查以及全国乃至世界旅游市场调查;按景区市场调研的主体可分成专业市场机构调查、景区自主调查以及其他科研机构调查等;按照景区开发和经营所处的阶段分为规

划开发型市场分析和经营管理型市场分析。

当景区处于规划开发阶段,景区市场分析的目的主要是为景区开发规划提供可行性依据,其关注的市场要素往往较为宏观,偏向于对景区所处市场环境的分析,期望得出的结论通常是对景区未来发展市场空间的评价。

当景区处于经营管理阶段,景区市场分析较为具体和细致。景区的经营管理,尤其在景区市场拓展方面,对于市场分析技术和营销手段的运用要求较高,关注的内容是那些对景区发展和市场营销战略产生决定性作用的市场要素,市场分析所期望得出的结论是对景区所处经营状况以及所处微观市场环境的评价,同时提出具体的应对市场环境变化的策略和方法。

二、景区市场分析内容

(一)景区旅游市场宏观环境分析

景区旅游市场宏观环境分析是指利用调查统计等方法对旅游市场的社会经济环境等相关信息进行调查和分析,主要包括人口、经济、社会文化、政治法律、距离等要素的分析。

1. 人口因素

人口是形成旅游市场最基本因素之一,人口数量、素质、分布及构成影响旅游需求。

(1)人口多的地区其潜在旅游需求也大,人口规模与市场发展潜力成正比。

(2)受教育程度高,了解外部世界的愿望更强烈,愿意通过旅游获得精神生活的满足。另外,受教育程度还对旅游偏好、购物及消费水平产生影响。

(3)不同年龄的人旅游需求不同。青少年精力充沛,好奇心强,旅游动机产生较易且强烈,但收入少,消费能力低。中年人社会地位相对稳固,旅游需求倾向于求实、求稳或出自爱好、享受以及满足子女要求等方面,但有家庭拖累。另外中年人因公务、商务目的出游机会较多,旅游需求规模大、消费水平高。老年人既有金钱又有时间,无家庭拖累,熟悉传统文化、易怀旧,但又受健康条件限制,因此喜爱清静、交通便利、轻松、舒缓的日程,目的地一般是能满足其怀古、访友、有益健康疗养的旅游胜地或文化类景点。

(4)不同性别的人旅游需求不同。男性比女性有更多公务外出机会和可自由支配时间,男性的主动、冒险、猎奇心理等,容易产生旅游需求和动机,并容易付诸实施;女性旅游动机的产生易受其他因素的影响和制约,实施也显得犹疑、迟滞和稳重。

(5)不同职业的人旅游需求不同。一般说,金融家、企业家、商务人员、公务员、医生、律师、演艺人员等收入较高,产生旅游需求尤其是远距离旅游需求可能性较大,其旅游消费较高;教师、研究人员学术交流机会较多,会议旅游是常见的旅游方式;而工人和农民由于收入较低,闲暇时间较少,外出旅游的频率不高,旅游消费水平也较低。

2. 经济因素

(1)国民经济发展水平。如果旅游客源国的国民生产总值高,旅游需求就会多,旅游规模和结构就相应提高和变化。国际经验统计认为,当一国人均国民生产总值达到 800 ~ 1000 美元时,居民将普遍产生国内旅游动机;达到 4000 ~ 10000 美元时,将产生国际旅游动机;超过10000 美元时,将产生洲际旅游动机。如我国入境人数通常都以发达国家的游客为主。

(2)个人收入水平和可自由支配收入状况。一方面收入越多,旅游需求越多;反之则少。另一方面,可自由支配收入的多少不仅影响旅游需求数量,而且影响需求结构。据美国户外游憩管理局统计,游客家庭收入与游憩活动参与率成正比:高收入家庭平均有 90% 的人参与年均 132 天的户外游憩;而低收入家庭参与率是 57%,年均游憩日数是 80 天。同时发现,富人和穷人参与游憩活动的类型和参与时间长短有所不同,这主要决定于参与这些活动的成本高低。

(3)旅游产品价格。旅游需求与旅游产品价格具有负相关关系,即当旅游产品价格上升时,旅游需求量就下降;当旅游产品价格下跌时,旅游需求量就会上升。

(4)货币汇率因素。当旅游目的国的货币相对客源国升值时,则意味着目的国旅游价格相对上涨,使来自客源国的入境游客人数及停留时间减少;反之当旅游目的国的货币相对客源国贬值时,使来自客源国的入境游客人数或停留时间增加。当客源国的货币升值时,则该国的出国游客或外出旅游停留时间会增加;反之,当客源国货币贬值时,则该国的出国游客数或旅游停留时间会减少。总之,汇率变化不一定引起国际旅游总量的增加或减少,但是会引起货币升值的接待国旅游需求的减少,而货币贬值的接待国旅游需求增加。

实际上,国际汇率的变化不仅直接影响到国际旅游需求,同时对国内旅游需求产生影响。主要表现为当一个国家的货币贬值时,意味着其出国旅游的费用增加,其居民的出国旅游需求减少,人们转而在国内旅游,从而使国内旅游需求得以增加。

3. 社会文化因素

不同国家具有不同文化背景,价值观、风俗、语言、宗教、审美和艺术等方面存在着差异,进而影响旅游需求,对旅游活动感受也有较大差异。在研究旅游市场时,必须注意分析游客所在国家或地区社会文化差异,以及由于社会文化影响所形成的消费习惯和需求心理,尽可能适应游客消费习惯和爱好,投其所好、避其所忌,促使旅游需求增加,扩大旅游市场份额。

4. 政治法律因素

政治稳定性是激发旅游需求增加的重要因素。不稳定的政治环境,游客需要承担各种风险,造成旅游需求下降。客源国政局稳定,政府对出境限制就少,有助于出境旅游需求的产生和实现;目的国政局稳定,社会治安良好,有助于吸引境外游客的来访,对发展入境旅游起积极作用。有时,某国家政局不稳,还会波及周围国家使得整个旅游圈的旅游需求普遍下降。

国家间有无外交关系以及双方关系的好坏都会对旅游需求产生不同的影响。两国间关系良好,则民间旅游往来也相应频繁;两国间关系紧张,双方民间往来也随之减少。如果两国间没有建立外交关系,则双方正常的旅游往来几乎不可能。即便两国邦交关系正常,无论客源国还是目的地国的某种政治因素,都会对两国居民的旅游需求产生影响。此外,客源国和目的国的有关法律以及执行情况,也对旅游需求产生着直接和间接的影响。

5. 距离因素

(1)客源地与景区间的经济距离。在旅游市场上,随着客源地与景区间经济距离的加大(往返交通费用增加、旅途中的时间增大),旅游需求会递减。

(2)客源地与景区的文化距离。文化距离主要是指客源地与目的地间的文化差异程度。不同国家和民族具有不同文化背景,在价值观、风俗、语言、宗教、审美和艺术等方面存在着差异,这些对人们旅游动机的产生、旅游活动的感受以及对旅游方式、旅游内容和旅游目的地的选择影响很大。一方面,客源地与景区间文化距离越大,对于好奇心强的游客和某些专门研究文化差异的人来说,吸引力也越大。如少数民族地区具有较强的旅游吸引力,除了优美的自然风光外,还在于独特的民俗风情。另一方面,文化距离对客源地与景区间人们的价值观、信念和思维方式产生重要影响,这种文化距离过大可能使人产生不安和恐惧,成为旅游行动的阻碍。而且,除了单纯的游山玩水,要对景区有深入体验,还需要有相关的背景知识和审美能力,如果文化差异太大,旅游者文化水平有限,就有可能无法理解景区旅游产品的文化内涵和价值,从而造成旅游者放弃对该旅游产品的购买,文化距离这时就成为扩大旅游需求的障碍。

在旅游市场分析时,必须注意分析旅游者所在国家或地区的社会文化,以及由于社会文化因素影响所形成的消费习惯和需求心理。尽可能按照者的消费习惯和爱好、投其所好、避其所忌,这样才能促使旅游需求不断增加。

(二)景区旅游产品与旅游市场关系的分析

1. 景区现有旅游产品和市场的分析

现有产品在现有市场上是否有扩大销售的机会,这需要对现有产品的市场生命力、市场需求量及竞争情况等有全面的认识,从而作出准确判断。如果尚未完全开发其潜力,则可考虑进行市场渗透,即通过改进广告、宣传和推销工作,在现有市场上扩大现有产品的销售。

2. 景区旅游市场的细分

为现有产品寻找新市场的方法是市场细分。通过市场营销研究和市场细分,可以了解不同消费群的需要和满足情况,在满足程度较低的子市场上,就可能存在着最好的市场机会。

3. 景区新产品的规划与开发

景区可通过增加设施、项目等,向现有市场提供新产品或改进产品,即通过产品开发,创造新的市场机会更好地满足目标市场多层次、多样化的需求。

(三)景区旅游市场规模与市场结构分析

1. 市场规模分析

市场规模有上限、下限之分。市场规模下限是指区开发所必需的最低旅游者数量,也称门槛人口。市场规模的上限通常是依据景区当地的社会、经济以及生态容量共同确定的。

通常采取趋势外推法、经济容量法以及目标指向法等三种方法对市场规模进行分析和预测。

趋势外推法是指在历史市场规模数据的基础上,通过预测计算得到的市场规模。

经济容量法是从景区接待设施的承载力出发,通过对目前已有的和将来要建设的接待设施容量进行估算得到的未来能够接待的市场规模。

目标指向法是以景区规划目标为依据,以旅游者平均消费规模为标准得出的旅游市场规模。

2. 市场结构分析

市场结构分析的目的是为了进行旅游市场细分和目标客源市场选择。旅游市场结构分析涉及客源区位和消费者行为两大部分。旅游客源区位一般被分为国际市场和国内市场。国际旅游客源市场又可按照洲别或国别进行细分,国内客源市场可以按照行政地域进一步细分。

(四)景区旅游资源竞争优势分析

1. 观赏价值

观赏价值是指风景资源能提供给游客美感的种类和强度。对观赏价值的评价可以从形象、色彩、动态、意境、风情、景观组合、技术性和协调性等方面考虑。

2. 独特性

不同类型旅游资源各具特色,同类型旅游资源内部个体间也存在较大差异。旅游资源的独特性是衡量其吸引力的重要因素,也是资源开发的决定条件之一。对独特性的评价可从知名度、奇特度、珍稀度等方面考虑,其中旅游资源的知名度很大程度上决定着景区的吸引力。

3. 规模

旅游资源的数量、密度和布局构成了旅游资源的规模。旅游资源的数量是指景区内可观赏景观的多少;密度是指景观资源的集中程度,可用单位面积内景观的数量去衡量;旅游资源的布局则指景观资源的分布和组合特征,它是资源优势和特色的重要表现。很明显,景观数量大、相对集中且布局合理的景区是理想的旅游开发区;反之,切不可盲目开发。

4. 历史价值

主要评价人文景观的历史久远性、保存完好性及社会影响力等。评价旅游资源历史价值时要注意:①旅游资源是否与重大历史事件、历史人物有关,文物古迹的数量与质量;②旅游资源是否体现某种文化特征,是否与文化活动有密切关系,是否有直接相关的文学作品和神话传说等。旅游资源类型越多,产生年代越久远,保存越完好,就越珍贵,其历史价值就越高。

5. 科学价值

主要评价旅游资源的自然或社会科学研究价值、科学普及与教育功能。自然和人文景观在形成、建造、结构、工艺生产等方面蕴涵的科学内容及其在科技史上的地位,造成的旅游资源科学价值的高低,及其开发利用价值。

(五) 景区竞争对手分析

现代旅游市场表现为供给大于需求的买方市场。旅游市场的特殊性必然导致旅游企业间的激烈竞争,首先旅游市场需求变化大、可替代性高,使得企业在把握市场动态,更好地适应需求方面,面临挑战,谁能争得更多的游客,谁就能占领市场上更多的份额;其次旅游产品的无形性和不可储存性,对于旅游企业意味着没有游客就无法生产,就不能产生效益,为此旅游企业更加注重对客源的争夺,想尽办法去抓住稍纵即逝的市场机会。

一个景区只有对竞争者的战略目标、优势和劣势、反应模式作出必要分析,才能在整体上对其有所了解,采取切实可行的应对措施。

1. 主要竞争者

不同规模和实力的竞争者对景区发展的影响不同。应针对主要竞争者进行分析,并将其与自身进行全方位比较评价,比较的重点应放在市场定位、产品设计和分销渠道等方面。

2. 竞争者战略

景区在市场竞争中,必须在战略上对竞争者进行分析和观察,收集竞争者的详细资料,进行持续跟踪观察,明白竞争者在做什么以及能做什么,在总体上掌握竞争者的战略趋势和构想,才能相应地制定出自己的经营战略和对策,从而在竞争中处于优势地位。

3. 竞争者目标

明确竞争者目标有助于景区采取相应措施以避开激烈竞争或采取不同竞争策略赢得市场。

4. 竞争者优势与劣势

景区要在竞争中获胜,就必须从经营业绩、发展潜力等方面分析评价竞争者的优劣势,评价指标有:竞争者规划开发与经营目标;现有市场占有率与市场地位;影响竞争者规划开发与经营的因素;扩大规模或退出行业所面临的障碍;营利能力及销售增长率。

5. 竞争者的反应模式

景区应充分估计竞争者会针对本景区作出什么市场反应。竞争对手按照其反应分为:

(1)缓慢反应者。竞争者面对竞争反应迟缓,且缺乏攻击力。这种情形可能由于:其一,竞争者深信自己顾客品牌忠诚;其二是竞争对手缺乏对市场变化的敏感性;三是竞争对手缺乏足够的资源和能力来作出反应,甚至正准备退出该行业。

(2)局部反应者。即竞争者只对竞争行为中的部分活动作出反应,对其他部分"视而不见"。这种情形可能是由于景区竞争行为中只有一部分对竞争者构成了威胁,也可能是因为竞争者受资金或人力限制,只能采取局部反应的做法。

(3)隐蔽反应者。是指表面上竞争者没有对竞争行为作出反应,实际上却在暗中实施早已酝酿成熟的应对方案。这种竞争反应模式虽然不直接,但容易造成"以假乱真,后发制人"的效果,并往往会给竞争对手造成出其不意的攻击。

(4)激进反应者。指竞争者对任何竞争行为都作出强烈、快速的回应或反击。出现此行为特征的原因有二:一是景区的竞争行为涉及竞争者的关键产品或市场,甚至对其根本利益造成了威胁;二是竞争者在长期的市场竞争中已经养成了一种争强好胜的习惯。

(六)客源市场信息及消费者行为分析

1. 客源市场信息

市场信息是反映市场发展变化趋势、市场活动、市场营销管理的各种消息、情况、资料和指令的统称。在激烈竞争的市场环境中,客源市场信息对于景区来讲尤其重要。

第一,旅游市场的复杂性要求重视客源市场信息。客源地市场环境与目的地市场环境存在明显差异,旅游市场调查可以为旅游开发规划提供第一手材料,指导开发者准确把握客源市场信息,及时作出切实可行的开发决策,才能抓住宝贵的市场机会,获取竞争优势。

第二,旅游需求的多样性和市场竞争的激烈性要求重视市场信息。旅游消费是文化内涵丰富的高层次消费,消费个性特征日益明显。只有掌握了旅游消费需求的变化信息,才能合理地制定旅游资源开发规划方案,寻找开发客源市场。因此,规划者不仅要了解旅游者现实需求,更要掌握其潜在欲望和心理动机,这样才能保持和扩大市场,争取竞争的主动权。

2. 客源市场消费者行为分析

旅游者消费行为的考察一般针对旅游决策、旅游者类别、旅游目的、旅游动机、旅行方式、停留时间、季节性以及消费水平和消费结构等内容。

(1)旅游者类别。即团体旅游还是个体旅游;观光游览、探亲访友、商务、会议、度假休闲、文体交流及其他;旅游者的年龄、性别、民族、职业、居住区等。

(2)购买能力。指旅游者的收入和消费水平及消费结构。消费结构包括长途交通、游览、住宿、餐饮、购物、娱乐、邮电通信、市内交通及其服务等。

(3)旅游购买者的情况。谁是主要购买者、忠实购买者、新产品首用者和购买决策者等。

(4)旅游者的欲望、购买动机、购买习惯、游览季节、游览目的、停留时间、付款方式等。

【思考与讨论】

1. 怎样理解旅游市场?

2. 景区市场分析的内容主要有哪些? 景区市场宏观环境分析包括哪几方面?

3. 规划开发型景区市场分析和经营管理型景区市场分析各自的侧重点是什么?

【案例回放】

案例中主要从哪几个方面对国内赴三亚度假旅游者的需求与行为特征进行分析的? 一般来说,客源市场消费者行为分析主要包括哪些方面?

案例中对国内赴三亚假旅游者的需求与行为特征分析主要包括:赴三亚度假旅游者人口统计学特征;赴三亚旅游频率、伴侣、旅游方式、信息渠道;度假旅游目的、动机与停留状况;预期值与实际感受之间的比较,满意度与重游意向;三亚国内度假旅游者区域分布;对当地旅游产品的意见与建议。

一般来说,客源市场消费者行为分析主要包括旅游者消费行为的考察、旅游决策、旅游者类别、旅游目的、旅游动机、旅行方式、停留时间、季节性以及消费水平和消费结构等内容。

【技能训练】

选择所在城市某景区,运用所学知识,分组对该景区的旅游市场宏观环境、景区旅游市场规模与市场结构、景区旅游资源竞争优势、景区竞争对手、景区客源市场信息及消费者行为进行调查分析,写出调查小结。

【阅读资料】

福建省永安市槐南乡乡村旅游市场分析

从供给方面看,槐南旅游资源较丰富。境内具有以国家级重点文物保护单位安贞堡为代表的人文景观和以普禅山为代表的自然景观。已开发了"安贞"系列农副产品、旅游纪念品及民俗节目。槐南的农家小吃各具特色;安贞堡周边的古银元市场是福建最大的交易集散地,开发的纪念品有银币、瓷器、竹制工艺品等。

从需求层面看,随着旅游业发展,游客需求更加多样化,生态旅游、休闲旅游必将成为旅游业发展主体,这给槐南旅游业发展提供了市场空间。但从整体上看,槐南乡旅游尚处于发展阶段,除安贞堡具有一定影响力外,其他旅游项目特色挖掘不够,旅游产业链较为松散,营销力度薄弱,旅游市场基本处于自发发展阶段。

客源市场结构

槐南乡旅游以国内客源为主,海外寻根、朝觐游客是客源重要构成部分。国内客源以永安境内及其周边近距离客源为主。近年远距离客源有所增加,这主要得益于把安贞堡与桃源洞、石林捆绑包装推介宣传的结果。

潜在客源市场分析

槐南潜在游客市场有:一是没有被周边景区吸引的游客;二是现有主要市场的扩大;三是其他潜在市场。

表5-1 槐南客源市场定位表

	近期
一级市场	三明、永安、大口等附近县市
二级市场	福州、厦门、泉州、龙岩及省内其他县市,广东、浙江等省份
三级市场	江西等周边省、长三角、珠三角等地区

资料来源:陈秋华.永安市槐南乡村旅游发展案例研究福建省教育厅社科研究项目(JA06082S).

情境二　景区品牌管理

【案例导读】

欢乐谷：中国连锁主题公园第一品牌

欢乐谷是中国旅游领军企业华侨城集团继锦绣中华、中国民俗文化村、世界之窗之后，成功兴建的新一代主题公园，也是中国第一个自主创新的主题公园连锁品牌。

1998年，华侨城旅游产业集群中的深圳欢乐谷在深圳湾畔应运而生，缔造了改革前沿城市的"欢乐神话"，成为中国文化主题旅游产业中最具代表性的创想符号。紧接着，欢乐谷成功迈出"欢乐大中国"的步伐，以深圳为策源地，北上京城，东进上海，西向成都，中落武汉，在中国各大经济核心区的中心城市，与时俱进。

欢乐谷承袭华侨城创想文化内核，集成世界高科技游乐设施、国际接轨的演艺精品、人文魅力的主题文化体验，用"动感、时尚、激情"的品牌个性，向都市人提供愉悦身心的多元化旅游休闲方式与都市娱乐产品。

在中国主题公园迎来发展机遇以及面临国内、国际双重竞争的挑战之际，欢乐谷始终以"创造、传递、分享快乐、引领主题公园产业的发展"为使命，襟怀打造世界一流的连锁主题公园的时代愿景。目前，随着深圳、北京、成都、上海、武汉五大欢乐谷相继落成运营，欢乐谷已经成为中国连锁主题公园第一品牌。2013年，天津欢乐谷也将横空出世，成为欢乐谷连锁品牌的第六个主题公园，为天津市民奉献全新的都市娱乐体验。

在未来道路上，欢乐谷连锁主题公园还将继续锐意进取，引领中国旅游产业不断升级，为中国人创造欢乐。

资料来源：上海证券报 http://finance.eastmoney.com/news/1349,20121205262062238.html.

思考

1. 为什么说欢乐谷是中国第一个自主创新的主题公园连锁品牌？
2. 如何树立旅游品牌？

➡ 一、品牌概述

品牌是一种错综复杂的象征，是产品属性、名称、包装、价格、历史、声誉、广告方式的无形总和。品牌能为顾客提供认为值得购买的功能利益及附加值的产品。品牌分为两个层面：一是品牌的精神层面，包含价值、个性、信誉，形象与时尚等；二是品牌的实体层面，如质量、功能、价格与外观等。菲利普·科特勒认为，品牌的精神层面更为重要："一个品牌最持久的含义应该是它的价值、文化、个性"。

从法律意义上说，品牌是一种商标，强调的是品牌的法律内涵，是它的商标注册情况、使用权、所有权、转让权等权属情况。

从经济的或市场的意义上来说，品牌是一种牌子，人们所注意的是这个牌子所代表的产品，这个商品的质量、性能、满足效用的程度，以及品牌本身所代表的产品的市场定位、文化内涵、消费者对品牌的认知程度等。品牌所表征的是产品的市场含义。

从文化或心理意义上说，品牌是一种口碑、格调，强调的是品牌的档次、名声、美誉和给人的好感等。一个响亮的牌子，其市场定义为"名牌"，其法律定义为"驰名商标"。

➡二、旅游品牌内涵

（一）旅游品牌的含义

旅游品牌是指景区经营者凭借其产品及服务确立的代表其产品及服务形象的名称、标记或符号，或它们的相互组合，是企业品牌和产品品牌的统一体，它体现着景区旅游产品的个性及消费者对此的高度认同，其目的是识别某个景区的产品或服务，并使其与竞争对手区别开来。

完整的旅游品牌应包含6层含义：①属性。一个旅游品牌可带给游客的特定属性，如景区自然优美、文化底蕴深厚、优质服务、持续可靠的承诺、良好的信誉、对人身心的关怀。②利益。旅游者购买旅游产品，并不仅针对属性，而是追求某种利益。对属性的需求可转化为功能和情感利益。③价值。旅游品牌还应体现旅游企业的某些价值观。如饭店品牌"希尔顿"体现了高水平的服务、可靠的承诺与宾至如归的感觉、对人性的关怀。④文化。景区品牌象征一种文化。如"泰山"所代表的是"岱宗文化""传统祭祀文化"。⑤个性。景区品牌应具有鲜明的个性。⑥旅游者。景区品牌有时还体现了购买这一旅游产品的是哪一类旅游者。如探险旅游品牌往往意味着购买这一类旅游产品的主要是勇于冒险的年轻人。

旅游品牌既可以是某一单项产品品牌、旅游企业品牌、旅游集团品牌或连锁品牌、公共性产品品牌，如欢乐谷、迪斯尼、西安兵马俑等；也可以是旅游地品牌，如北京、敦煌、桂林等。

景区品牌包括品牌名称和品牌标志两个部分。品牌名称是指能用语言表达的部分，如"苏州乐园""欢乐谷"。品牌标志是表示品牌中可以识别但不可以用语言表达的部分，一般用记号、图案、颜色等表示。如肯德基爷爷、麦当劳大叔、迪斯尼的米老鼠和维尼熊、长隆野生动物园的白老虎、苏州乐园的小狮子苏迪等都是品牌形象的标志。

（二）旅游品牌的功能和特征

1. 旅游品牌的功能

品牌是企业和产品的形象，是自身形象高度浓缩并精心设计再尽情发挥市场功能的标志物。优秀的品牌蕴涵着巨大的无形资产，它能够激发消费者的购买欲望，他们从自己的经验、意识和偏好出发，对品牌赋予价值权重，建立相关的联想。

对于景区著名品牌就意味着高知名度、高美誉度，景区效益＝品牌＋制度＋理财。景区品牌代表着品位、实力和安全感。景区树立独特的品牌对保持良好的吸引力、生命力具有重要意义。

2. 旅游品牌的特性

旅游品牌是企业的无形资产，它通过一系列物质载体来表现自己；具有一定的风险性和不确定性；具有明显的排他性，是市场竞争的工具。旅游品牌外部特征包括品牌识别元素，旅游产品的功能、质量、包装、价格及方便性等；内部特征指旅游品牌规划、品牌定位、品牌核心价值和品牌个性等。旅游企业必须以旅游产品为品牌基础，以名称标志为识别基础，以文化为核心，建立起具有独特风格的品牌形象，才能使旅游企业具有长久的生命力和强大的竞争力。

旅游品牌和一般的产品品牌相比，有其特殊性。旅游产品不仅是实物产品，而且还是服务产品。旅游品牌在形式上表现为公共品牌和企业品牌两种形态。

所谓公共品牌是指某区域所有的旅游企业所共享的旅游品牌。在区域内部，旅游品牌具有共享性,在区域之间,旅游品牌具有排他性。从企业品牌和公共品牌的关系来看,企业品牌是公共品牌的个性化,公共品牌是企业品牌的共性概括。如果一地旅游公共品牌形象好,受市场青睐,则该地旅游景区或企业品牌都将从中受益;反之,则一损俱损。

(三) 旅游品牌的划分

1. 按照旅游品牌的特色划分

按照旅游品牌的特色划分,可将旅游品牌分为景区企业品牌、景区项目品牌、景区资源品牌以及景区运作品牌或经营品牌。

景区企业品牌是指将景区作为具有个性的企业在市场中具有的知名度。通常,该类企业是以独特的企业文化或突出的经营理念和绩效为人们所认同,如迪斯尼公司、我国的宋城集团、华侨城等都是景区企业品牌的典型代表。在品牌支撑下,企业可通过管理输出、特许经营等方式迅速扩大景区的市场规模。

景区项目品牌则是指景区的品牌以其特色项目为基础,游客是通过该项目而认知景区。

景区资源品牌是在景区占有垄断性资源情况下,通过对旅游资源的包装和开发而形成的市场知名度,大部分知名景区都是依靠资源品牌,如北京故宫、九寨沟、神农架、泰山等。

景区运作品牌是一类比较特殊的景区品牌塑造方式,即通过具有个性的景区管理运作方式为人们所关注,从而产生知名效应。如开民营经济开发景区先河的碧峰峡景区就是典型的例子。

2. 按照旅游品牌所覆盖的旅游要素划分

按照所覆盖旅游要素划分,可将旅游品牌分为单项旅游品牌与综合旅游品牌。单项旅游品牌如旅游企业品牌、旅游集团品牌或连锁品牌、公共性产品品牌,如深圳欢乐谷、美国迪斯尼、西安兵马俑等,这一类品牌依靠旅游资源本身的条件形成。综合旅游品牌是指旅游地品牌,如北京、敦煌、桂林等,这一类品牌是区域旅游经过长期发展后而形成的。

三、旅游品牌的树立

(一) 旅游地品牌的培育

公共品牌具有公共产品的特性。在品牌度高的旅游区域,每个旅游企业都可从公共品牌中获利,然而由于存在"搭便车"的可能性,加之企业追求利益最大化,靠企业自觉投入公共品牌建设的力度不会很大,所以,公共品牌的培育主要依靠政府的投入和政府的组织作用来实施。

旅游地主题品牌建设要围绕两方面进行:一方面是加大营销投入,树立旅游地主题品牌形象;另一方面是围绕主题品牌进行资源产品整合。旅游地整体形象在区域旅游竞争中起着主导作用,故单个企业应联合起来整体促销,向外部推出旅游地整体形象。政府是旅游地品牌生产的主体,应在旅游地品牌营销中发挥主要作用。政府以自愿为前提,激励企业参与整体促销。品牌促销的一个重要途径是广告促销,这也是提高品牌价值的主要手段。

旅游地品牌建设资金来源渠道:首先,开征旅游税,实现以旅游养旅游的目的,为政府提供稳定的促销经费来源。其次建立旅游发展基金,采取收费、企业缴纳、投资运作等方式筹措。

旅游地品牌必须以景区或产品品牌来充实其品牌形象,没有丰富的景区或产品品牌,旅游地品牌无法具备实际品牌吸引力。一方面应开发景区产品品牌系列,并根据旅游地主题品牌推出拳头产品;另一方面,景区产品品牌必须以旅游地品牌来领衔,否则各自为政,无法形成整体性影响力。所以景区旅游业发展应整合旅游资源和产品,形成具有强大影响力和感召力的"大品牌",在大品牌统领下开发系列化产品,二者相互促进,共同促进景区旅游业腾飞。

(二)景区品牌的树立

1. 景区品牌定位

品牌定位,就是对品牌进行战略设计,以使其能在目标消费者心中占有一个独特的、有价值的位置。品牌定位明确、个性鲜明,形成一定的品位,消费者才会感到产品有别于替代品的特色,成为某一层次消费者文化品位的象征,从而得到认可,让顾客得到情感和理性的满足。

旅游产品不可储存、不可异地消费、不可试用性的特点,决定了旅游消费的实现首先要通过游客对景区产品或服务的感知。游客在选择景区时,其头脑中对景区的印象就起到了近乎决定性的作用。只有当景区品牌形象完整、系统、良好地表现出来,并被有效地传达到消费者的头脑中时,才有可能获得认识,被消费者选择。景区品牌定位已成为影响人们选择旅游产品和服务的重要因素之一。同时,景区搞好品牌定位,还有助于培养消费者品牌偏好与品牌忠诚;有效的品牌定位还可激发旅游动机的产生,满足游客个性化需求。

因此,景区品牌定位关键是解决发展方向和识别问题,旅游品牌定位须做到:第一,符合景区地脉、文脉(地方独特性,包括自然地理、历史和风俗习惯等)和时代发展,并不断创新。第二,差异化定位突出文化特色。通过提炼景区核心价值,明确细分市场,展开品牌营销。

2. 景区品牌设计

旅游品牌设计是将品牌核心价值通过多种形式展现出来,形成对品牌所蕴涵的文化和理念的认知。这种认知包括旅游企业对自身品牌形象的认知和旅游者的认知。

品牌设计由 MI(理念识别)、VI(视觉识别)和 BI(行为识别)构成完整的景区形象系统,其中 MI 即品牌设计的核心价值分析,是品牌识别的基础,表明了景区的特色;VI 和 BI 是 MI 的载体和具体表现形式,决定了景区品牌的核心价值能否被旅游者识别、认知以及认知的程度。

3. 景区品牌的包装

(1)理念包装。理念包装是指给品牌赋予特定的理念内涵,树立高品位的理念形象,并用简洁鲜明的语言表达出来。景区发展理念表明了景区的特色和本性。

(2)文化包装。挖掘景区人文价值,用一种或多种文化现象作为载体予以表达这种理念。

(3)物质包装。景区外在形象的营造,精心设计、创造精品;完善设施,创造优美环境。

4. 景区品牌商标化

景区注册商标的要素包括:商标名称或景区名称、标徽、标准字体、吉祥物或标志物。注册商标是一种无形资产,一种知识产权,可以买卖或转让。

【拓展与提高】

BTI 开发理论——品牌化旅游整合开发理论

BTI 开发理论(品牌化整合发展),是通过品牌化发展实现区域旅游整合。品牌化实质是指品牌的创立和延伸过程,其中品牌创立又包括品牌识别、品牌设计、品牌塑造和品牌传播四个方面。通过品牌的高凝聚力与旅游规划各技术层面的结合,可以实现旅游形象的识别化、旅游开发的一体化、旅游营销的整体化和旅游发展的持续化,从而达到旅游整合规划。这种旅游整合旨在扩大旅游活动范围,克服景区的狭小边界,增强其对外竞争地位。与其他开发规划相比,它的特殊功能主要表现在以下几个方面:

（1）打破各景区界限，有效利用旅游资源；

（2）扩大区域旅游活动范围，促进区域内部竞争，刺激旅游的发展；

（3）发挥知名景区和旅游企业的扩散效应，起到保护和促进弱小景区、新开发景区和旅游企业的作用；

（4）形成规模效应，加强区外的竞争能力；

（5）减轻区内知名景区的旺季压力，起到景区分流作用；

（6）协调各旅游实体的政策和发展战略，促进区域旅游业的全面发展；

（7）加强各旅游实体在旅游项目上的合作。

四、景区品牌的管理和经营

（一）景区品牌的管理

景区品牌管理就是指建立、维护和巩固品牌的全过程。通过监督控制品牌与游客之间关系的全方位管理过程，从而形成竞争优势，发挥品牌优势。品牌管理是全方位的管理，涉及品牌包装、视觉识别设计、广告、公共关系、产品和服务的形式与流程等要素，涉及企业各职能部门并贯穿于企业整个业务流程中，甚至在必要时需进行业务流程重组来达到管理效率的最优化。

对于采用多品牌战略和品牌延伸战略的旅游企业，还需要关注不同品牌间的相互关联和影响，力求使它们能够配合企业核心能力的发展，激发品牌价值衍生的能力。每个品牌既独立运作，又和其他品牌互动，形成整合共生的力量。具体而言，品牌管理包括：

1. 品牌产品管理

在品牌的保证下，旅游产品或服务管理具有丰富、准确、平稳、安全、新颖和有效的特点，可以提供给消费者质量恒定的产品。迪斯尼乐园统一管理模式和理念保障了全球所有迪斯尼的出品具有相同的特色和质量，从而给旅游者最大的保证。

2. 品牌市场管理

品牌市场管理是指在品牌发展中，对景区市场容量、变化趋势、市场占有率和影响力进行管理。品牌市场管理建立在把握游客和市场构成的基础上，为占领和开拓市场提供保证和支持。

3. 品牌形象管理

品牌形象管理包括景区品牌形象定位、形象传播、形象维护和品牌识别系统建立等，是品牌管理中最为直观的部分。景区品牌形象保护需注意：第一，注册商标尽可能与表征景区形象标识一致；对于地跨多行政区的景区要及时注册。第二，利用法律对企业商标进行排他性保护。第三，主动向游客和旅行商宣传自己的品牌、商标，提高识别力。

4. 品牌组织管理

品牌组织管理是指在品牌建设中进行资源配置、结构优化和人力资源训练管理，管理的主要内容是组织架构、人员配置、制度建设等。品牌组织管理使组织团队适应品牌的激烈竞争。

【相关链接】

千岛湖品牌的扩张

浙江淳安在扩张利用千岛湖品牌上做了大量卓有成效的工作，其一，建设"华东第一石林"景区、水上大世界等精品工程，并实施区域合作营销，增加千岛湖旅游容量；其二，加快房地产开发,创"千岛湖"生态人居品牌;其三,立足生态农业特色,加快轻工业发展,创"千岛湖"绿色无污染品牌。如饮料、饮用水开发、渔业资源开发、天然保健品、绿色食品加工业,"农夫山泉"纯净水就是一个突出案例;其四,实施农产品区域化发展,创"千岛湖"生态农业品牌,茶叶、桑蚕、畜禽、水果、蔬菜、干果等均属于千岛湖品牌辐射范围。

资料来源:千岛湖新闻网 http://www.qdhnews.com.cn/col1489/article.htm1? id=1100157.

(二) 旅游企业品牌的经营

1. 品牌延伸

景区因其资源的独特,一般都有一定的垄断性。如果只将其作为游览对象,景区则只能取得门票收入。只有深入挖掘景区文化内涵,形成景区的独有品牌,围绕"食、住、行、游、购、娱"六要素,实现旅游生产力要素的产业化,充分发挥品牌的影响力,依赖于品牌运营,使品牌在各个产业领域内得到延伸,才能做出规模。

品牌经营的重点在于品牌资产增值和品牌影响力提高。品牌经营强调质量、创新和开发,比如深圳华侨城控股公司旅游部一直致力于主题公园研究和经验推广,其旗下"欢乐谷"品牌,以深圳为策源地,在上海、北京、成都和武汉等地发展了多家连锁主题公园;品牌经营也致力于企业财务资本运作,但品牌经营的核心在于品牌影响力的培育、提高和增强,以品牌的力量去影响社会公众,以品牌的力量拓展市场,提高客户忠诚度,实现企业品牌资产的增值。

2. 品牌扩张

成功的品牌推广和传播所带来的认知度、忠诚度和高度的品牌联想,会形成品牌偏爱,促进消费和购买,带来高回报率。要形成品牌优势,必然要求有较大规模、专业技术、完善的服务程序、市场开拓能力,而只有规模化才能做到这一点。知名旅游企业利用在市场上的号召力和影响力,采取自创、收购兼并、特许经营、有偿使用等方式扩大品牌的经营范围和内容,目的在于形成规模优势,为此近年来酒店业、旅行社和景区纷纷走上集团化发展。即使是实力强的旅游企业,为了加快品牌发展的进程也会利用专业化的品牌。

【思考与讨论】

1. 简述旅游品牌的含义。按照旅游品牌的特色如何对旅游品牌进行分类?
2. 旅游品牌的树立包括哪些内容?
3. 如何进行旅游品牌的管理和经营?

【案例回放】

1. 为什么说欢乐谷是中国第一个自主创新的主题公园连锁品牌?

欢乐谷是华侨城集团继锦绣中华、中国民俗文化村、世界之窗之后,兴建的新一代主题公园。1998 年开业的深圳欢乐谷,已成为中国文化主题旅游产业中最具代表性的创想符号、中国主题公园行业的领跑者,是国内投资规模最大、设施最先进的现代主题乐园。截至 2012 年,深圳欢乐谷共接待海内外游客 3000 多万人次,入园人数连续 8 年居国内第一,并连续 4 年荣膺亚太十大主题公园。随着 2013 年天津欢乐谷的开业,欢乐谷连锁品牌将发展到 6 家,因此说欢乐谷已经成为中国连锁主题公园第一品牌。

2. 如何树立旅游品牌?

(1) 旅游品牌定位。第一,符合景区文脉和时代发展,并在此基础上不断创新。第二,差异化定位突出文化特色。通过提炼景区的核心价值,明确特定的细分市场,展开品牌营销。

(2) 旅游品牌设计。由 MI(理念识别)、VI(视觉识别)和 BI(行为识别)三部分构成完整的景区品牌形象系统。

（3）品牌的包装。主要包括理念包装、文化包装、物质包装、味觉包装等。

（4）品牌商标化。景区注册商标要素包括：商标名称或景区名称、标徽、标准字体、吉祥物或标志物。

（5）品牌传播。品牌传播直接关系到本景区的品牌理念能否被旅游者识别和接受。通用的品牌传播方式有广告、公共关系、促销、直销、互联网等。

【技能训练】

以小组为单位，收集相关资料，就知名旅游景区的品牌树立（包括定位、设计和包装）、管理和经营的成功经验展开讨论，运用所学知识加以评价，提出自己的见解。

【阅读资料】

"海峡旅游"品牌发展战略

2006年，国家旅游局把海峡两岸旅游区列为"十一五"中国优先发展的12个重点旅游区之首，提出打造"海峡旅游"品牌，共筑合作双赢平台，携手将海峡两岸旅游区建设成为世界级旅游目的地。

要树立"海峡旅游"的品牌，就必须首先树立"策划为先"的市场意识，引进专业力量，在对市场充分调研的基础上，对"海峡旅游"品牌进行整合策划、系统包装和持续传播。

（一）提高认识，加强海峡旅游品牌的意识管理

目前，海峡旅游区的精品和名品比较缺乏，大多数旅游资源处于小而散的状况。品牌化建设需要政府发挥主导作用，宣传旅游品牌的意识，发动旅游企业积极投入品牌建设的队伍中，以便提供更为优质的服务。

（二）从形象上塑造海峡旅游品牌的服务个性和审美个性

海峡旅游品牌在运作过程中，应注重整体形象的打造。主要包括海峡旅游景观的形象、旅游服务的形象、旅游管理的形象以及旅游地居民形象的打造。如更多地从审美的理念和角度去建设规划旅游景观、提高服务的个性化程度、提高政府的公共旅游管理水平，加强旅游地居民友好和文明的形象建设。

（三）借助两岸"五缘"关系。提高海峡旅游品牌的认同性

海峡两岸拥有独特的"五缘"关系，即地缘相近：厦门同安距小金门最近处只有1000多米，平潭距新竹仅68海里；血缘相亲：台湾同胞80%祖籍在福建；文缘相承：台湾通用方言是闽南语，民间习俗、信仰、戏曲、艺术等都是从福建传承过去的；法缘相循：闽台在政治和法律制度上渊源往深，从宋朝在台湾设立行政机构到台湾单独建省之前，台湾一直归福建省管辖，1885年台湾建省称"福建台湾省"；商缘相连：厦门经济特区、4个台商投资区、西岸农业合作区的建立为两岸商贸往来提供极大便利。这些都将成为海峡旅游区亲情文化品牌建设的主要推动力。相对于其他旅游区，海峡旅游区可以在充分展现中华民族优秀文化的基础上，结合本区域的特殊地方文化，提高海峡旅游品牌的文化价值个性，增强其在国内和国际上的吸引力。

（四）提高海峡旅游品牌的知名度和美誉度

海峡旅游品牌的特色性、美誉性和认同性都离不开强有力的宣传策划活动，为此，应当建立海峡旅游品牌营销管理的专业机构，以便更好地进行海峡旅游区的总体形象设计、整体营销、联动营销，进而推出相关的旅游产业集群品牌，提高海峡旅游品牌的知名度和美誉度。

资料来源：伍弦，论海峡旅游品牌的构建，科技和产业.2009年05期.

情境三　景区营销管理

【案例导读】

曼诺岛的可持续经营

曼诺岛是德国康新坦斯湖西北部的一个小岛,紧挨瑞士的东北边界、奥地利的西部边界和德国的西南边界。在罗马帝国时代,曼诺岛是罗马指挥官 Tiberius 的海军基地。在 15 世纪和 16 世纪,它成为 Alemannic 公爵的领地。1739～1746 年,在 Teutonic 骑士的监督下,岛上修建了城堡及巴洛克风格的圣玛丽教堂。现在还保留着 1853 年后作为 Baden 公爵领地时建造的房间。1974 年,曼诺岛成为一个慈善机构,因此曼诺岛是一个由众多建筑和丰富历史并且对户外活动很有吸引力的旅游目的地。

每年的 3 月中旬到 10 月中旬是曼诺岛的旅游旺季,其间"曼诺鲜花节"大受欢迎,吸引半径约 200 千米,游客约 170 万到 200 万人。从 10 月到来年 3 月,为曼诺岛淡季,吸引半径仅 50 千米,在这期间,游客最多只有几十万人。从 1986 年开始后的几年中,曼诺岛一直是一个很流行的暑假旅游目的地,而从 1993 年后,到访游客连续下降,以至于曼诺岛的经营出现亏损。为此,曼诺岛的经营者采取了一系列措施来解决这一问题:

经营者建造了一间聚集了多种珍稀植物的蝴蝶房、一间种植柑橘的豪华温室,在淡季组织其他花展,收集更多的户外珍稀植物,完善已有的郁金香、杜鹃、玫瑰等花展,使曼诺岛更符合享誉海外的"花岛"的地区形象。同时密切与机船公司、饭店、老式列车旅行社经营者、旅行代理商等合作,扩大旅游地与市场接触的机会。组织节事活动,将多种多样的服务组织起来形成一个独立的旅游产品组合。秋冬季节,由于户外的花展难以进行,重点转为对文化和餐饮的促销。1994 年曼诺岛鲜花节的门票为 14 德国马克,特别地附加展览收费 1 德国马克,在秋冬淡季,门票降至 5 德国马克,如果预订了餐馆进餐则可免费入园,其他展览则一律免费。餐饮备有两种不同风格,午餐是物美价廉的快餐,这是为一日游游客准备的,晚餐则是高档次高价位的,它适于曼诺岛上晚间餐饮的需求。对于曼诺岛的宣传工作,经营者则针对 200 千米范围内的游客,主要采取的宣传方法是报刊、海报、广播、直接信件和公关活动;200 千米以外的国内国际市场,则通过公关活动与旅游组织的组合广告进行宣传促销。另外,公司雇佣 36 个户外销售代表,覆盖了本地区、英国、法国、西班牙、意大利和瑞士,以及东欧和斯堪地纳维亚(半岛)。这些代表通过海报、宣传册、多语种录像等方式增加目的地的知名度,并鼓励旅游经营商安排包括曼诺岛在内的康斯坦斯湖旅行。最终,曼诺岛将通过这些努力接触到更广泛的市场。

资料来源:曼诺岛的可持续经营 http://wenku.baidu.com/view/9b037f8c84868762caaed57a.html.

思考

1. 曼诺岛的经营者在经营中采取了哪些营销策略?

2. 曼诺岛的经营者是如何巧妙地运用营销组合策略的?

➡一、景区营销管理的内涵和主要任务

(一)景区营销管理的内涵

景区营销是指景区组织为满足游客需要并实现自身经营和发展目标,而通过旅游市场实

现交换的一系列有计划、有组织的识别、预测和满足游客需求的社会和管理活动。

景区营销管理是通过旅游市场分析确定目标市场，为游客提供满意的产品和服务，使之获得预期的旅游体验，使景区产品实现交换的全过程的管理。

（二）景区营销管理的主要任务

1. 市场营销环境分析

分析市场营销环境有助于了解市场营销的机会和风险，发掘市场机会，开拓新的市场。

2. 市场调查与预测

旅游市场信息是景区进行营销决策的基础，实施和控制营销活动的依据。借助各种调查数据、预测方法和旅游信息处理技术，及时、准确地掌握旅游消费动向、竞争市场反馈等旅游市场信息及其发展变化趋势是打造旅游景区核心竞争力的重要保证。

3. 目标市场选择和定位

在现代旅游市场，竞争的深度和广度不断延展，竞争内容涉及方方面面，任何景区均不可能以自身有限的资源和力量，设计各种不同的旅游产品来全面满足各类游客的所有旅游需求。因此，通过市场细分，选择目标市场和准确定位是景区市场营销的主要内容。

4. 市场营销策略的制定

景区市场营销策略是旅游市场营销中的核心问题，一般包括：（1）旅游产品策略（2）旅游景区价格策略（3）营销渠道策略（4）旅游促销策略。

5. 景区市场营销控制与管理

景区要做好市场营销工作，有赖于有序的管理和控制。主要包括对营销活动的计划、组织、执行、评价，设置高效的营销组织机构，以及对营销人员的培训和管理等。

◗ 二、景区营销的基本特点

景区营销的特点是由景区产品和旅游市场的特点所决定的。景区产品是体验型产品，旅游市场具有异地性、高竞争、弹性大、季节性突出等特点，这些特点决定了景区营销在营销策略方面具有一般营销活动共性的同时，也存在着自身的特色，主要表现为：

（一）注重体验营销，关注游客整体体验

旅游产品是一种经历，其本质是体验，这种体验始于消费产品之前，并延续到产品消费之后，因此旅游营销强调自身特色使游客产生的美好体验。虽然游客旅游体验过程具有阶段性，其体验的关注点各不相同，但景区营销关注游客整体体验。旅游体验过程可分为：①访问前的期望阶段。②前往景区的旅行阶段。③景区度过的阶段。④返程旅行阶段。⑤造访留下好或坏的记忆，以及照片和纪念品等有形留念物。对于游客体验过程而言，景区经营者所能控制的仅是其中一部分，但游客却将其经历视为一个整体。他们不会区分哪些是景区经营商的责任，哪些超出了景区经营商的能力所及。因此，景区营销人员应当关注的是顾客的整体体验。

（二）以拉式策略为主，推拉组合；突出网络营销、广告营销、形象促销等手段

景区产品是无形的，具有不可移动性，游客必须亲自前往景区。这就意味着景区除了对旅行社和导游员采用推式促销策略外，更主要的是对旅游者展开促销攻势。因此网络营销、广告营销、形象营销等手段成为景区促销的主要手段。借助公众舆论和公共关系，传播景区形象和

信息引起公众的关注,各种路标、良好的道路指示牌和宣传册是景区营销极为重要的工具。

(三) 注重事件营销

旅游市场具有季节性,旺季和周末景区访问量大大高于淡季和工作日。景区营销必须处理好淡旺季的关系,事件营销是平衡淡旺季的重要手段。通过事件策划,可大大吸引游客的注意力,吸引游客到访。同时,利用各种方式,设法刺激"淡季"的需求,提高淡季的游客量。

旅游市场和景区易受大环境特别是时尚因素的影响。如:2005 年香港迪斯尼开园后,内地旅游市场"香港游"重新成为一条热线,香港被赋予新的内涵而成为人们追寻的时尚旅游地。所以,景区如果能抓住机遇不断推销自己,就可以达到事半功倍的效果。

【相关链接】

荷兰"海平面下的艺术之光"

为更好地推广荷兰深度游产品,继成功推广"探访世界上最美丽的春天"及"海平面下的骑行"大型主题活动后,荷兰旅游局结合凯撒国际旅行社"缤纷荷兰 6 日体验之旅"产品,与荷兰 5 家著名旅游机构一起合作推出"海平面下的艺术之光"网络游戏推广活动,目的在于巩固并提高荷兰业者在中国市场的知名度,促进更多本地业者参与荷兰旅游推广活动,同时吸引更多中国游客选择荷兰作为旅游目的地。

第一:"海平面下的艺术之光"通过网络游戏的形式将荷兰特色展示给参与游戏的消费者。游戏简单、有趣、轻松,内容活泼、丰富。参与者都有机会获得丰富的奖品,周周惊喜不断;另外,荷兰旅游局还将在活动最后通过抽奖产生"荷兰双人游大奖",中奖者可以亲身前往荷兰,领略海平面下国度的艺术魅力。清华大学总裁班网络营销专家刘东明认为网络时代的营销需要遵循网络营销41 原则,其中首要的是 interesting 利益原则,网络营销要趣味化,而游戏恰恰是娱乐化程度最大的。旅游美景与游戏融合自然让网民留恋忘返。

第二:将艺术作为主线贯穿整个行程是产品的一大亮点,参观阿姆斯特丹国立博物馆和凡高美术馆是重点,穿插乌特勒支音乐盒博物馆以增加产品的多样性和情趣,使游客花费较少的费用,尽可能享受更多精彩。此产品以其低廉的市价格、鲜明的特色,受到许多消费者和业者们的高度关注。

据统计,自 2005 年至 2007 年,中国游客到荷兰人数每年增长率为 15%;今年前 6 个月比2007 年同期增长 17%;2008 年"探访世界上最美丽的春天"主题活动人数相对于 2007 年增长36%,获得的成功是前所未有的。

资料来源:http://wenku.baidu.com/view/1a9f5f12f18583d0496459ae.html.

➲三、景区营销目标市场的确定及市场定位

(一) 目标市场选择的原则

目标市场选择是在市场细分的基础上进行的,即选出能为景区所利用,通过满足该市场需求实现景区发展目标的细分市场过程。有效的目标市场选择应遵循以下原则:

1. 可测量性

目标市场的可测量性是指市场的规模、市场购买潜力以及市场的未来发展走向可以测量。

2. 可进入性

可进入性是指景区目标市场应在经济、政策、文化上都具有可进入性,这是目标市场有效

性的重要前提。对于门槛较高的细分市场,要确定能有较好的收益,否则不是理想的目标市场。

3. 可盈利性

从经济性的角度考虑,盈利性无疑是景区关注的重要内容,因此,选择的目标市场应该在长期内保证景区在经济上受益。

4. 可操作性

可操作性是指在所选择的细分市场内,景区制定的营销策略能付诸实施,有效吸引该市场。

(二) 景区目标市场定位

景区目标市场定位是指景区要使自己或自己的旅游项目在目标顾客心目中树立某一与众不同或突出的地位。即景区要在目标顾客心目中树立起自己的形象。景区要在竞争激烈的旅游目标市场中获取竞争优势,就必须进行有效的市场定位,突出鲜明的个性,吸引受众注意,产生旅游动机,争取在目标市场上占有更大的市场份额。

【相关链接】

大堡礁全世界最好的工作

Sapient 公司是昆士兰州旅游局长期合作伙伴,每年都承担许多昆士兰旅游推广项目。2008 年初,公司接到推广大堡礁岛屿旅游项目时,有点为难。"全世界最好的工作"的设计师、Sapient 公司澳大利亚全国管理总监——迈克尔·布拉纳觉得需要一个能迅速吸引人们注意和打动消费者内心的全新策略方案。Sapient 的团队决定从消费者心理入手。"而成为一个当地居民,是体验文化的最好方式"布拉纳强调。布拉纳团队总结出一句话的营销策略:"感受大堡礁,生活在这里。"

第一:团队经过进一步讨论,又引入"工作"这个概念。

2009 年初,金融风暴席卷全球,失业率居高不下,人心惶惶。谁能够拥有一份稳定、高薪的工作,绝对是件令人羡慕的事情。为此,布拉纳团队考虑,让人们想象,能生活在大堡礁——不仅是旅游,而是拥有每小时 1400 澳元超高待遇的工作,工作既惬意又轻松。"这该会有多大的吸引力啊!谁能不为这份工作心动呢?"

第二:请你们帮我讲故事

当这些想法成熟后,布拉纳团队开始为世人讲述美丽的故事:在北半球一片阴沉和寒冷的时候,这里的热带岛屿阳光明媚,有一份惬意的工作正等着你。是的,这是"全世界最好的工作"。招聘的流程很漫长,这是布拉纳团队特意设计的,因为这样,世界各大媒体就会有充分时间持续报道。广告投放也非常简单。他们仅在澳洲主要客源国,如美国、欧盟、新西兰、新加坡、马来西亚、印度、中国、日本和韩国等,发放一些分类职位广告、职位列表和小型的横幅,引导人们登录网站。另外,布拉纳团队还利用网络的交互性,比如 Youtube、Twitter、社交网站等,使活动影响力不断延伸。经过 1 年的运作,"全世界最好的工作"的受众达到 30 亿,几乎占了全球总人口的一半;收到来自 202 个国家(地区)近 3.5 万份申请视频。全球每个国家(地区)都至少有一人发了申请;招聘网站的点击量超过 800 万,平均停留时间是 8.25 分钟;谷歌搜索词条"世界上最好的工作 + 岛",可搜到 4 万多条新闻链接和 23 万多个博客页面。

招聘活动结束的当天,昆士兰州州长安娜·布莱由衷地赞叹道:"'全世界最好的工作'不仅是一段令人赞叹的旅程,也是史上最成功的旅游营销战略!"

四、景区营销策略管理

景区营销策略管理是为了根据市场环境的变化,随时调整营销策略并将营销策略落到实处,保证营销活动的有效性,以取得最佳经济效益。主要景区营销策略有:

(一) 形象制胜战略

良好的形象有助于景区突出特色,传播经营理念,建立顾客忠诚度,最终实现营销目标。

景区形象能否得到有效传播会直接影响营销效果。为塑造鲜明形象,景区要投入大量人力、物力和财力。形象一旦树立,就会在公众心目中形成思维定势,要改变这种定势是很困难的。

为此,进行市场形象推广应把握三条原则:一是统一性,即在营销过程中,景区要用统一的标志和主题口号开展宣传,以树立自身整体形象;二是针对性,指景区应面对不同的细分市场推出相应的个体形象,从而达到强调旅游者特殊利益的目的;三是效益性,即景区要选择合适的宣传工具,力争以最少的投入将景区经营理念、产品特色等传达给尽可能多的公众。

(二) 竞争优势战略

竞争优势是所有营销战略的核心,因为每个景区的实力都是有限的,不可能占领全部市场。事实上,景区开发就是景区充分利用资源,发挥优势,实现营销目标的过程。制定竞争优势战略的两个步骤:一是对行业竞争状况和竞争对手分析评估;二是选择有效的营销竞争战略。

1. 景区 SWOT 分析

虽然 SWOT(优势、劣势、机会、威胁)分析不同于竞争对手评估,但景区优劣势本身就是相对于竞争对手而言的。通过 SWOT 分析(见表 5-2),景区可明确自身优势,改进或回避不足,把握有利于生存与发展的机会,将优势转变为景区竞争力,对景区制定营销决策具指导意义。

表 5-2　不同 SWOT 状态下的营销策略

SWOT 评价结果	营销原则	营销战略方向	营销决策
优势 + 机会	开拓	产品认知	占领市场、领导同行、增强景区实力
优势 + 威胁	进攻	品牌塑造	集中优势、果断还击、提高市场份额
劣势 + 机会	争取	个性凸显	随行就市、速战速决、抓住市场机会
劣势 + 威胁	保守	有效回收	降低费用、激流勇退、占领角落市场

2. 营销竞争战略的选择

营销竞争战略的选择应建立在对景区竞争地位判断的基础上,可选择的营销竞争战略有:

(1) 差异化战略。所谓差异化,即景区向消费者提供与众不同的产品或服务,且这种"不同"被游客认为是有价值的,他们愿意以相同或更高的价格去获得差异化的超值产品。创造差异化优势的因素可以是旅游产品的功能或其他特性,也可以是该产品营销体系中的某个环节,如支付方式、促销方式等,其基本前提是要得到游客认同。

(2) 低成本战略。低成本战略的竞争优势十分明显,在产品或服务质量得到游客认可的前提下,若景区以低价进入市场,必将获得较高的市场占有率;若以异质低价的产品与竞争对手抗衡,景区将获得更大的边际利润。要实现目标,景区需做好:一是努力达到景区最佳规模,争取规模经济效应;二是推进技术革新,降低成本;三是控制各项费用,提高资金利用率。

(3)集中战略。集中战略指景区集中人力、财力、物力,重点销售一种或几种产品,或对某种细分市场展开营销活动。它分为低成本集中和差异化集中两类,前者强调从特定细分市场取得成本差异换来更大经济回报,后者立足于有效地满足特定细分市场的顾客需求。集中战略能使景区凭借有限的资源参与竞争,并使营销活动更具针对性,因而在中小景区刚进入市场或一般景区销售处于成熟的旅游产品时多采用这种战略。

(4)市场领先战略。又称抢先营销战略,即景区总是把注意力集中于行业制高点,在营销组合各要素上都比竞争对手抢先一步,从而达到"先入为主"的目的。抢先营销战略主要有六条实现途径,即供应系统、新产品开发、产品价格、项目改进、目标市场和分销渠道。在实施市场领先营销战略时,景区必须小心谨慎,以免重蹈他人覆辙或为竞争对手铺路。

(三)景区产品品牌战略

1. 多品牌战略

多品牌战略指景区采用两个或两个以上的品牌。它针对旅游者的不同需求和利益创立不同的品牌,有助于提高市场吸引力;同时能够避免"一损俱损"的局面。如武陵源风景区下的黄狮寨、黄龙洞、十里画廊、宝峰湖、西海等,每一个景点都能成为一个品牌。

2. 品牌延伸战略

品牌延伸战略指利用已成功的品牌来带动旅游新品牌或改良品牌,争取形成"一荣俱荣"的局面。这样不仅能节省景区新产品的营销费用,还能节省品牌的设计费用。如华侨城旗下的深圳欢乐谷及北京、上海、成都和武汉等地的欢乐谷主题公园。

3. 全新品牌战略

全新品牌战略是指景区从无到有,创立全新的品牌。太多的品牌容易分散景区的资源,所以景区应该在适当时候将景区的资金集中于某一强势品牌采取创立全新品牌策略。

(四)产品升级战略

旅游产品是旅游市场开发的基础,一方面,景区必须根据市场需求开发设计适销对路的旅游产品;另一方面,特色鲜明、功能多样的旅游产品能有效地刺激和引导旅游需求。旅游产品升级战略主要注重:一是旅游新产品的开发;二是不同产品生命周期阶段旅游营销策略。

1. 旅游产品升级的具体内容

市场营销观点认为,凡是对产品整体概念中任何一部分进行创新并能给消费者带来新利益的产品,都可称为新产品。通常景区更加强调这种创新,因为创新意味着更畅销的旅游产品和更可观的销售收入。从改进的角度分析,旅游产品升级主要包括:

(1)产品形式创新。旅游产品是以目的地游览活动为基础的有形和无形要素的组合,一般由目的地形象、目的地景物及环境、目的地设施及服务、目的地可进入性、活动安排和价格等六要素构成。景区变换以上任何一种组合要素都能使产品形式发生变化,如改变交通工具、增加旅游景点等。产品形式创新往往不需要额外的支出,却能给旅游者带来耳目一新的感觉。

(2)产品功能提升。产品功能即旅游产品能带给顾客的利益和效用,是吸引旅游者的关键。从旅游需求的角度分析,产品功能提升主要包括两层含义:一是随着专项旅游的发展,旅游产品趋于专业化,以满足专项旅游者的特定需求;二是现代旅游活动向主题式、参与性方向发展,要求旅游产品在拥有核心功能的同时,应尽可能多地带给旅游者其他利益。

(3) 产品内容扩充。产品内容指的是旅游产品的有形部分,即景区在宣传册或报价单中标明的正式提供的产品,如旅游景点、风味饮食、文娱表演等。旅游产品内容扩充即指景区通过合理安排时间和控制成本,以相同的价格为顾客提供更多、更好的旅游供给要素。

(4) 服务质量强化。高品质的服务有助于景区提高顾客的满意度,从而建立起他们对本景区的品牌忠诚度。强化旅游服务质量主要通过景区信息提供、服务表现、售后服务等环节体现出来,其目的是提高旅游者旅行经历的方便度、安全度和愉悦度。

2. 产品生命周期各阶段的营销策略

通常旅游产品经历一个从研究、开发、投入市场,到成长、成熟和衰退直至退出市场的过程,景区在不同的生命周期阶段,面临的经营环境不同,采取的营销策略也各有侧重。

(1) 投入期。刚进入市场的景区尚未被游客了解,知名度低、游客少且增长缓慢,重点在于加大投入,创造知名度,培育市场形象。通过广告向目标市场传递信息,以刺激市场增长。

(2) 增长期。游客数量增速较快,经营者逐渐收回投资,景区应加强品牌宣传和销售渠道的管理,完善基础设施的配套建设,提高景区可进入性和加强市场促销。

(3) 平稳发展期。潜在顾客少,市场趋于饱和。景区的营销重点应放在市场占有率和开拓新需求上,依靠产品价格的差异化吸引客源;景区还要注重新产品和服务项目的开发,稳定质量,招徕回头客,同时还要改革营销组合,开辟多种营销渠道。

(4) 衰退或复苏期。景区应分析市场情况,对所有产品重新定位,找出问题根源,放弃疲软或落伍的产品,转向新产品的开发,尽可能缩短产品的衰退期,争取让景区尽快进入再生期。

(五) 网络营销战略

网络营销又称在线营销,即景区利用互联网开展市场调研,宣传产品或服务,实现网上交易以及处理售后事宜。网络营销为景区提供了全新的营销理念和方式。由于具备费用低、环节少、信息量大、营销范围广、营销全天候等特点,网络营销受到众多景区的青睐。

景区开展网络营销必须实现两大转变,一是经营理念上,由原有的二维结构(产量和质量)向四维结构(产量、质量、个性、时间)转变,其中,个性指旅游产品的特色和顾客的独特利益,时间指景区应通过互联网及时向潜在顾客提供最新产品或服务信息;二是在销售方式上,由面对面的销售向网上交谈的销售转变。旅游景区一般以下列方式来实施网络营销战略,即开设网站、官方微博、加入论坛、新闻组或公告栏,刊登在线广告和寄送电子邮件。

(六) 营销组合战略

营销组合是景区为达到在目标市场上的预期销售水平而对可控性营销变量进行优化组合和综合运用的管理活动。随着营销组合理论的产生,营销活动富有浓厚的"管理"色彩。通过设计合理的营销组合,景区充分利用一切资源,发挥整体优势,增强景区市场竞争力。

1. 组合旅游产品

产品是景区营销组合中最重要的因素,因为产品质量的提高及其组合结构的优化是景区提高自身竞争力的基础。景区在制定产品组合决策时,应注意:一是实施产品差异化战略,通过设计、宣传促销等行为来突出产品特色;二是旅游产品的开发与组合必须针对细分市场需要,实现适销对路;三是确保产品和服务质量,以树立良好的口碑吸引回头客;四是不断推出新的旅游产品(包括改良产品),从而赢得更多的顾客。

2. 实施促销方案

旅游促销的实质就是营销者通过合理的方式,将景区理念、产品及服务等相关信息传递给潜在游客。旅游促销方式一般有广告宣传、营业推广、人员推销及公共关系推介四种,其组合策略可分为推式策略和拉式策略。前者着眼于说服顾客采取购买行为,在促销方式上以人员推销为主,辅之以营业推广和公关活动;后者则立足于提高服务质量,强调产品特色,满足游客需求,在促销方式上多采用广告宣传和营业推广。

3. 组合分销渠道

分销渠道即由旅游产品使用权在转移过程中所经过的各个环节连接而成的通道,狭义上讲,就是旅游中间商的构成体系。旅游中间商具有市场调研、开拓市场、组合加工等功能。合理选择分销渠道,有助于景区扩大市场范围、节约营销费用和提高营销效率。旅游市场分销渠道组合主要包括分销渠道的选择,渠道成员的协调、激励与评估以及分销渠道的改进等内容。

4. 制定价格策略

合理的价格策略可提高景区竞争力,并有利于景区凭借现有资源获取更多利润。景区在制定价格策略时应充分考虑市场营销目标、产品成本及利润、顾客对产品或服务的认知价值、细分市场差异及可能的竞争性反应等五个基本因素。常用的定价策略有:一是景区推出新的产品或服务时,采取渗透价格策略,以尽快收回成本或提高市场占有率;二是针对关键细分市场展开价格促销活动,以提高本景区产品在主要细分市场中的份额,并削弱竞争者的地位;三是当景区能将产品成本控制到较低水平时,可采取合理的降价策略,以扩大销售量和阻止竞争者进入;四是以总额较低的价格提供系列产品或给予一定的折扣,以刺激中间商和旅游者的购买积极性;五是对某种旅游项目实行亏本销售,但同时通过高价售出其他配套产品来收回利润。

(七) 旅游销售激励策略

为促使潜在游客成行、现实游客延长停留时间和后期消费,应采取销售激励策略。如向游客赠送纪念品(吉祥物);发放购物商店、饭店的优惠券;淡季降价销售、奖励销售,吸引客源;对旅游代理商、批发商进行销售奖励和灵活的调节价格,充分发挥其市场中介作用。

【思考与讨论】

1. 简述景区营销管理的内涵、主要任务。
2. 景区营销的基本特点有哪些?
3. 简述景区营销目标市场选择的原则及其市场定位。
4. 景区营销策略主要有哪些?

【案例回放】

1. 曼诺岛的经营者在经营中采取了哪些营销策略?

曼诺岛的经营者在经营中主要通过形象广告、公共关系、节庆活动、口碑等途径采取了形象制胜、竞争优势、景区产品品牌、产品升级、营销组合、销售激励等营销策略,促使曼诺岛旅游可持续发展。

2. 曼诺岛的经营者是如何巧妙地运用营销组合策略的?

曼诺岛的经营者在不断打造曼诺岛"花岛"形象、丰富旅游产品内容和种类的同时,密切与机船公司、饭店、老式列车旅行社、旅行代理商等合作,扩大旅游地与市场接触的机会。组织节事活动,将多种多样的服务组织起来形成独立的旅游产品组合。在秋冬淡季,一方面将重点由户外花展转向对文化和餐饮的促销;另一方面实行打折优惠,门票由14德国马克降至5德国马克,在餐馆进餐可免费入园,其他展览一律免费。在宣传方面,进行了市场细分:针对200千米范围内的游客,主要采取的宣传方法是报刊、海报、广播、直接信件和公关活动;200千米以外的国内外市场,则通过公关活动与组合广告进行宣传促销。另外,公司雇佣覆盖了国内外很多地区的户外销售代表,通过海报、宣传册、多语种录像等方式增加目的地的知名度,并鼓励旅游商安排包括曼诺岛在内的康斯坦斯湖旅行。最终,曼诺岛将通过这些努力接触到更广泛的市场。

【技能训练】

以学习小组为单位,每组选择一个景区,查找相关资料,根据景区特色及目标市场情况,提出该景区营销策略,小组之间展开讨论。

【阅读资料】

智慧九寨的网络营销

1. 智慧九寨简介

2010年,首届九寨沟智慧景区论坛召开,提出了"智慧景区"这一理念,旨在以智慧创新思路为基础,以九寨沟承担的863重大课题项目《基于时空分流管理模式的RFID技术在自然生态保护区和地震遗址的应用研究》为契机,搭建景区信息化发展、交流、合作平台,共同探讨中国景区信息化推动运营管理、生态环境监测和旅游发展面临的问题。2011年,九寨沟景区根据3年来863科研项目的实践成果,进行了"智慧景区"的一期建设,着力于景区管理精细化、低碳化、移动化方向,共同推动智慧景区的实施建设。

"智慧九寨",是九寨沟景区管理智能化,它是建立在集成的、高速双向通信网络的基础上,通过先进的传感和测量技术、先进的控制方法以及先进的决策支持系统的应用,有效改善九寨景区商业运作和公共服务关系,实现了九寨沟旅游资源的优化使用、生态环境的有序开发和保护、游客满意度提升、产业效益最大化的目标。

2. 智慧九寨的即时影像营销

九寨沟将智慧旅游和网络营销进行了完美的结合。进入九寨沟官方网站,在导航条上可以很明显地看到智慧九寨这一项,里面包含了3D图库、全景展示、影像资料等与信息化相关的栏目,其中最值得一提的,当属智慧九寨的实时在线摄像头版块。实时在线,是一种通过即时的影像传送来向景区工作人员及游客提供景区情况的方式,与网络视频营销不同。网络视频营销是指在一些视频网站提供在线的视频播放服务,如景区可通过在视频网站上上传风光宣传片,将景区的产品与服务传递给众多的网民,达到直观的宣传效果,吸引更多游客前往,宣传效果要比传统广告更好。但是,与即时影像比起来,网络视频只是将景区的景色与服务最美的一面展示出来,并不能反映景区每时每刻的景象,而视频监控系统则可以做到这一点。视频监控系统利用监控探头对景区内的重要景点、客流集中、事故多发地段等地进行动态监测,将实时场景视频数据利用有线或无线网络传输至指挥调度中心。指挥中心通过电子屏幕可及时准确地了解景区内游人的数量和行动、动植物的生长情况、景区的防火等安全情况等,实现旅游者调控、观光车辆调配、动植物保护措施、消防人员调配等,保证了决策与指挥的正确性和及时性,有效保证了游客安全,预防了突发事件的发生。同时,数据流还与九寨沟的官方网站相连,提供给顾客在线的即时影像服务,顾客不仅可以通过即时影像观看到与自己所在位置相同时间的九寨沟景色,还能查看到景区当时的天气情况和人流状况,不仅为游客提供了更大的方便,还因为这种新的方式吸引了更多的游客浏览九寨沟的官方网站,从而通过网络营销对九寨沟景区进行了更好的宣传。

资料来源:http://www.cotsa.com/u/admin/Blog/t - 9369.

【案例分析】

玉龙雪山与《印象丽江》情缘

玉龙雪山,这座全球少有的城市雪山,是丽江旅游的核心品牌。玉龙雪山景区在 2007 年成为全国首批 66 家 5A 级景区之一,升级后的第一个动作是整合周边六个景区的经营权,做大丽江旅游核心品牌景区。

从景区营销角度看,玉龙雪山的做法,本质上是一种品牌扩展策略。所谓品牌扩展,是指景区在成功创立了一个高品质的知名品牌后,将这一品牌覆盖到其他景区产品,形成共同拥有一个家族品牌的旅游产品集群。为此,玉龙景区特邀张艺谋及其创作团队以丽江山水实景演出大型舞台剧《印象丽江》捆绑"玉龙景区"品牌。

第一:《印象丽江》:实景演出成功探秘。

大型山水实景演出《印象丽江》自 2004 年 3 月 20 日正式公演之后,引起了巨大轰动。根据玉龙雪山景区的统计,《印象丽江》自 2006 年 7 月 23 日公演以来,2007 年接待观众 23.64 万人,2008 年接待观众 60 万人,2009 年接待观众 140 万人,全年演出 927 场,每天演出 3~4 场,门票收入超过 1.5 亿元,净利润 7300 万元。《印象丽江》为什么能取得这样优异的市场业绩呢?就节目本身而言,主要是三个结合:丽江品牌与张艺谋品牌的结合、民间生活元素与实景演出艺术的结合、少数民族文化与雪山特殊环境的结合。

第二:《印象丽江》:营销管理方面最棘手的两个问题及解决办法。

1. 价格策略:如何制定门票价格政策

既要调动旅行社的积极性,又不能让利太多而减少演出收益。

对此,《印象丽江》却独辟蹊径,采取了超强势的、也是非均衡的门票价格政策。其基本思路是"抓大放小",门票优惠政策和销售奖励措施向战略合作旅行社大幅度倾斜。比如,大型地接社全年团队人数超过 5 万人,就能享受逐级累进的门票优惠和销售奖励;中小旅行社全年团队人数低于 5 万人,就很少或不能享受门票优惠。这种把鸡蛋放在少数几个篮子里的做法,看似具有很大的市场风险,但却成就了《印象丽江》的市场成功。

2. 渠道控制,如何选择渠道分销模式

《印象丽江》在市场营销过程中,渠道模式是"有选择的分销"。所谓"有选择的",是指景区并不针对所有旅行社实行分销,而是抓住旅游分销链上的某些关键环节,跟少数旅游代理商合作,逐步建立多层次的分销渠道。景区之所以这样做,是为了改变旅游市场的游戏规则,加强对客源市场的营销控制力。玉龙雪山景区的这种做法,并不是为了建立垂直分销的渠道体系,而是抓住旅游分销链上的关键环节,加强对客源市场的营销控制。限于国内旅游市场的发展水平,景区目前还不具备建立垂直分销渠道系统的企业能力和市场条件。事实上,玉龙雪山景区也没有放弃水平分销的传统模式,但对原有的渠道模式做了修正,收窄了分销渠道的水平宽度,减少了代理商数量和分销层次,并通过直接促销客源地市场,开展与大型组团社和地接社的战略合作,加强了景区对旅游分销链的营销控制,进而延伸了渠道分销的纵向深度,使之具有了垂直分销的某些形态特征。

资料来源:http://wenku.baidu.com/view/1a9f5f12f18583d0496459ae.html.

【模块小结】

本模块首先概述了景区市场分析的内容,主要包括景区旅游市场宏观环境分析、景区旅游产品与旅游市场关系分析、景区市场机会的评价和利用、景区旅游市场规模与市场结构分析、景区竞争优势分析、景区竞争对手分析、客源市场信息及消费者行为分析等内容;其次从旅游品牌内涵、旅游品牌的树立、品牌的管理和经营等方面阐述了景区品牌管理;再次,从景区营销管理的内涵和主要任务、景区营销的基本特点、景区营销的基本理论、景区营销目标市场的确定及市场定位、景区营销策略等方面,详细阐述了景区营销管理。

模块知识结构图

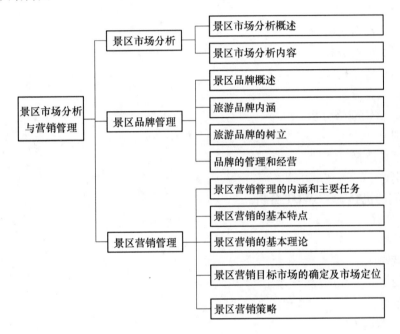

【课堂活动】

课堂上,学生运用所学理论知识,就某景区营销策划方案中景区环境、景区自身产品、市场细分、市场竞争及景区 SWOT 分析等内容展开讨论。

【实训项目】

制定景区营销策划方案

一、实训目的

通过为景区制定营销策划方案,熟悉景区市场分析的内容、景区营销管理的内涵、主要任务及景区目标市场选择的原则,掌握景区营销的主要策略。

二、实训指导

(一)将学生 5～7 人分成一组,以小组为单位,选择一个熟悉的旅游景区。

(二)小组分工对所选景区资源特色、景区主题形象、景区自身产品、客源市场、市场竞争进行调查分析。

(三)将收集的资料整理分析,根据所学理论,在小组范围内展开讨论,制定景区营销策划方案。

(四)将小组的统一成果做成课件,推举小组发言人,向全班展示,并展开讨论。

(五)教师对各小组的成果总结、提炼,提出修改意见。

三、景区营销策划方案框架

（一）前言

（二）行业特点和发展趋势分析

（三）经营简要回顾

（四）环境分析

1. 宏观环境分析

2. 自身产品分析

3. 市场竞争分析

（五）消费者分析

1. 社会总体消费态势分析

2. 旅游消费市场分析

3. 现有消费者分析

4. 潜在消费者分析

（六）市场营销战略分析

1. 市场细分

2. 目标市场选择

3. 市场定位

（七）我们的机会——SWOT 分析

（八）4P 分析

1. 产品策略

2. 价格策略

3. 渠道策略

4. 推销策略

（九）整合营销策略

四、实训报告

学生按照讨论意见和教师建议修改实训结果，最后写出景区营销方案。

模块六

景区服务设施规划与管理

【学习目标】

◆ 了解和熟悉景区配套服务设施规划理论在实际规划中的运用。

◆ 掌握住宿接待系统、商品购物系统、景区解说系统等景区配套服务设施的规划方法。

【能力目标】

◆ 能够运用相关理论分析评价景区住宿系统、商品购物系统、景区解说系统等景区服务设施的规划方案。

◆ 能够运用相关理论评价景区旅游商品类型、旅游购物场所布局及其环境设计,提出合理建议。

情境一 景区住宿接待系统规划管理

【案例导读】

景区规划中旅游住宿带来的启示

从木屋、茅屋、"碟屋"说起,可一口气说出四五十种旅游居住的类型,让我们看到了人们在休闲活动中对居住环境的追求。它给予旅游业内人士许多值得注意的地方,景区规划中旅游住宿带来的启示如下:

(1) 旅游和休闲娱乐中的居住问题,应该是旅游和娱乐的重要组成部分,在开发景区,营造娱乐园林的同时,居住环境的创新也十分重要,千篇一律的楼宇式星级旅游宾馆显然会让人乏味。

(2) 人们休闲生活的内容、地域、格调是多样化的,因此,休闲活动的居住空间也应该是多样化的。

(3) 人们外出旅游除了追求方便、舒适、浪漫和温馨的居住环境外,还有贴近自然,追求意境等更新、更高的追求。因此,设计者应为人们提供融入自然、创造意境的生存空间。

(4) 在习惯了宾馆式的周到服务后,人们对自助式的居住形式备感新鲜,创造出更多、更新的旅游住宿形式,也是挖掘休闲情趣的重要方面,可以给游人带来好奇和刺激。

早期的旅馆叫作"客栈"或"栈房",只为人们外出有一个过夜睡觉的地方。随着经济发达、社会文明的进步,旅馆从单一的住宿功能也逐渐增加了旅游、娱乐、餐饮和购物等许多综合性功能。这种发展和进步一刻都没有停止,进一步发展的外出居住环境一定会更加丰富多彩。

资料来源:北京华汉旅游规划设计研究院.http://www.bjhhlv.com/newsdetail/962.html.

思考

1. 景区规划中旅游住宿带来的启示有哪些?
2. 景区住宿接待设施主要有哪些类型?住宿接待系统规划要点有哪些?

一、景区住宿接待系统概述

景区是游客游憩体验的场所,为使游客得到满意服务,住宿接待服务必不可少。景区住宿接待主要以饭店为基本设施,并加上一定的辅助设施,形成景区配套服务的重要组成部分之一。按照景区住宿接待设施的规模、档次、经营模式,可以把它们划分为星级饭店、小型旅馆、特色小屋住宿和露营等几种主要类型。

(一) 星级饭店

为促进旅游业的发展,保护游客利益,便于饭店间的比较,国际上按照饭店的建筑设备、规模、服务质量、管理水平,对饭店的等级规定了统一的等级标准。用星的数量和设色表示旅游饭店的等级。星级分为五个等级,即一星级、二星级、三星级、四星级、五星级(含白金五星级)。最低为一星级,最高为白金五星级饭店。星级越高,表示旅游饭店的档次越高。

星级酒店住宿系统是所有景区住宿接待系统中最高档次的类型,在建筑设施和服务标准上有严格规定,可使游客获得舒适的感受,享受较高的住宿生活,当然也要支付较高费用,因为星级饭店投资高、建设周期长、适用范围少,一般只适合规模大的景区和高级度假景区。

(二) 小型旅馆

小型旅馆是指规模、投资额和营业额均较小的旅馆。有学者认为拥有25间客房以下的旅馆即为小型旅馆,而在我国的旅游年鉴中只以50间客房为最小限度。具体包括乡村旅馆、商业小旅馆、提供床位及早餐的家庭旅馆、汽车旅馆和青年旅馆等。在服务项目方面,小型旅馆具有很强的针对性和个性。如青年旅馆,在建筑风格、饭店店标的设计以及设施设备的配备上,都突出了当代年轻人的特色与个性这个主题,进入青年旅馆就等于进入了年轻人的世界。

(三) 特色小屋住宅

特色小屋式住宿接待系统是根据景区的自然和人文环境设计出的具有当地特色的住宿系统。该类住宿接待系统在为游客提供住宿服务的同时,让游客感受景区内特有的自然和人文氛围。但是该类接待设施往往较为简陋,服务内容也较为有限。如在开封清明上河园景区中,独具宋代风情的馆驿,既是游客观赏的对象,也是供游客住宿的场所。

(四) 露营式接待设施

露营是一种短时的户外生活方式,为工程、军事、测绘、旅游等需要而特设临时的户外驻扎区,包括营帐、草棚、车房等简易的短时户外居住所。露营式接待设施即在景区中开辟一块专用营地作为游客夜间露营休息的场所,游客则使用自带露营设施,如露营车、帐篷或租用景区内提供的露营设施实现住宿。此种住宿接待方式是景区相对简陋的住宿接待设施。露营式接待设施较易受外界环境的干扰,因此,一般只有在特定的季节或旅游旺季时才对游客开放。

在进行景区设施规划时,一定要在保护景区环境的前提下,尽可能满足游客要求。为此,特色小屋和露营式的接待设施是景区接待设施的最佳选择。

二、住宿接待系统规划管理

景区住宿接待系统规划指导思想是旅游饭店设施的建设必须以客源市场为导向,根据客源流量、流向、构成和消费水平来确定饭店的数量、布局、档次和类型。下面以饭店型接待设施为例,对景区住宿接待系统规划管理加以论述。

(一) 选址规划

景区饭店型接待设施在选址上要重点考虑交通、景观、能源、绿色生态这几个因素。

1. 交通

景区饭店型接待设施必须位于景区内、外部交通的连接点,方便游客出入景区,另外选址时不可位于太过嘈杂的地段如交通要道,以保证酒店有一个相对安静的休息环境。

2. 景观

景区内特别是位于度假区的饭店,要注意饭店与周围景观环境的关系,一是饭店建筑的风格要与景区景观保持一致,不可破坏景区整体风格,避免产生不协调的感观;二是饭店建筑不可影响景区中的景观视线,特别是楼层较高、体量巨大的饭店,选址时如果考虑不周就会对景区的景观造成视觉破坏。为此,景区饭店在选址时要尽量位于相对独立的区域。

3. 能源

饭店型接待设施,尤其是星级饭店,因为设备齐全、配套设施多、服务类型多,所以对能源需求较大。为此,饭店选址时要考虑能源分配的问题,选择不与景区其他游乐和服务设施在能源分配产生冲突的区域,如酒店在选址时尽量远离大型游乐场等能源消耗集中的区域。

4. 绿色生态

景区的饭店业是高能耗、环境成本高投入的产业。据统计,一家三星级酒店每年排放污水10万吨。每天产生以吨计的垃圾废弃物,对景区自然环境造成威胁,同时,游客的活动如休闲、娱乐,也会对景区的人文生态造成破坏,出现景区商业化和城市化,丧失原有的风情。所以景区在选址时要有绿色生态的观念,避免破坏景区的自然和人文生态。

因修建饭店而大兴土木,直接影响是造成植被破坏和水土流失,间接影响是大量酒店废弃物会污染环境。因此,除游客接待中心,景区大部分接待设施应提倡民居接待或建造与环境和谐的生态小木屋和富有民族特色的帐篷。民居接待,既节约资金,又为当地原住民增加收入开辟了门路,并缓解了旅游淡旺季客源矛盾,提高其经济效益,是接待设施设计中比较好的思路。

基于以上分析,饭店型住宿接待设施选址不应设置在景区的核心区域,以免破坏景区的整体风格和环境,应选择在景区僻静的地段,但要保证交通便捷,还要实现景区能源的合理分配。

(二) 床位规划

床位预测直接影响着景区日后的发展,必须严格限定其规模和标准,做到定性、定量、定位、定用地范围,确保预测的科学性和可操作性。床位预测一般采用如下公式进行计算:

床位数 = (平均停留天数×年住宿人数)/(年旅游天数×床位利用率)

式中四项指标值选取要考虑：第一，景区不同，取值也不同。由于景区在区位条件、知名度等方面存在着巨大差异，因此，各景区实际取值会相差较远。如比较成熟景区，其游客的停留天数、年住宿人数等可能远远大于新开发的景区，因而必须斟酌选取切合实际的指标值。第二，规划期段不同，取值不同。旅游规划一般分三期，在各规划期段内，景区成熟度不同。前期一般是起步期，游客数量较少，停留时间也较短；中期后，随着景区旅游产品和基础设施的完善，游客的数量和停留时间均有较大的提高，因此在指标的选取上一般要较前期高。

床位规划时，还要考虑到与此有关的客房数的预测和直接服务人员的估算两个数据。

1. 客房数预测

根据旅游者的不同需求和经济状况，旅游客房设计有多种类型，常见的是单人间、双人间、三人以上的集体间等。标准间的数量为总床位数除以2。在双人间的基础上也设一些自然单间，以满足个别游客的特殊需求，一般为双人间总客房的 10% ~ 15%。

客房的计算方法为：

总房间数 = (B/2) + (B/2) × 10% − (B/2) × 2.5%

式中　B——床位数；

　　　10%——自然单间所占比例；

　　　2.5%——自然单间重复数比例。

2. 直接服务人员估算

直接服务人员的估算以床位数为基础，根据景区实际情况选取相应比例系数进行测算。

直接服务人员 = 床位数 × 直接服务人员与床位数的比例

这个比例从国际上看，一般为 1∶1 左右，在中国的具体国情下，这个比例要高得多，一般从 1∶12 到 1∶110 不等。景区等级不同、设施档次不同，所取比例也不同，等级越高，档次越高，比例也相应越高。

（三）档次规划

档次规划包括住宿设施等级定位和相互比例关系的确定。住宿设施根据设施及服务完备度，分为星级饭店、非星级饭店、一般招待所及社会旅馆和家庭旅馆等。其中，星级饭店又可分为一星级、二星级、三星级、四星级和五星级五个档次。档次规划的等级定位，就是要合理地选择与景区相应的住宿设施，并且各等级的设施间要保持适当比例，坚持高、中、低档相结合，以中、低档为主，以满足大众游客的需求。总要求是控制规模，尽量少建和不建超豪华型饭店，以能接近当地自然和文化的普通型住宿设施为主，主要是在服务档次上加以改善、提高。

（四）外观及体量

饭店型接待设施外观和规模的规划要求是特色化、生态化和景观化。

1. 特色化

特色化的饭店外观设计要求饭店的外形与景区特色一致，建筑形式采用本地特有的建筑样式。如西班牙的一些景区建造的中世纪古城堡式饭店，从饭店外观到内部装饰都保持了浓郁的民族气息，并出租盔甲、毛驴、马车等具有中世纪风情、为旅游添情趣的设备。有的景区还修建了外表看似草屋的接待设施，但其室内干净、舒适，拥有各种现代化的生活设施。如瑞士的宫殿式饭店，其外观如同旧式的宫殿，饭店内装修和陈列古色古香。

特色化的饭店设计能使游客获得更为强烈的旅游氛围，同时也会加深对该接待设施的美好印象。我国古代园林、宗教寺庙等历史文化类景区，许多用于住宿接待的设施能够较好地实现与景区特色的对接,在外观上与景区风格一致。如开封清明上河园,供游客下榻的饭店——馆驿,古色古香的宋代建筑风格更好地诠释了园区北宋文化主题。

2. 生态化

景区饭店型接待设施外观的生态化是要求尽可能利用本地材料或本地的建筑工艺来建造,做到与周边生态环境相协调,如通过利用当地已有的建筑来充当饭店的载体,以减少景区内建设新建筑而带来的生态冲击。国内外有许多景区就充分利用景区内已有的建筑,如客栈、磨坊、城堡、宫殿等作为饭店的载体,通过内外部的装修使其获得新的功能价值和生命力。在建筑形式上,同样可以与当地的生态环境相结合,如墨西哥的"沙丘酒店"就是将客房隐藏于沙丘之下,既不破坏沙滩的自然景观,游客也可以获得非同寻常的感受。

除自然生态化外,景区饭店还可体现当地的人文生态。如位于云南丽江景区内的第一湾酒店除了利用本地的建筑材料外,还非常注重东巴文化的营造,体现了自然和人文的生态性。

3. 景观化

饭店型接待设施是景区景观中的有机组成部分,饭店的外观设计要具有观赏性。通常,景区中的饭店倾向于中小体量、不应高于10层,这样一是可减少饭店中对电力、机械设备的依赖,降低建设成本;二是可充分利用当地的材料和施工力量;三是与景区协调、不破坏景观视线。如印尼著名度假胜地巴厘岛规定,饭店建筑只能建到三层楼高度,且不能超过棕榈树。这样规定对于景区景观保护具有重要意义。

【思考与讨论】

1. 住宿接待系统规划应重点考虑哪些方面?

2. 景区饭店型接待设施的外观及体量规划有何要求?

【案例回放】

1. 景区规划中旅游住宿带来的启示有哪些?

由于居住是外出旅游和休闲娱乐的重要组成部分,为了使游客乘兴而来、满意而归,在进行景区住宿规划时,应当更加注重如何创新景区居住环境;如何使居住空间更加多样化;景区住宿如何融入自然、创造意境;从而创造出更多、更新的住宿形式等。

2. 景区住宿接待设施主要有哪些类型?住宿接待系统规划管理要点有哪些?

按照景区住宿接待设施的规模、档次、经营模式,可以把它们划分为星级饭店、小型旅馆、特色小屋住宿和露营等几种主要类型。住宿接待系统规划要点主要有:选址规划;床位规划;档次规划、外观及体量等。

【技能训练】

收集资料对某5A景区的住宿设施进行调查,对其选址、档次、外观、住宿形式及其与周边环境的协调性等方面进行评价,提出合理建议。

【阅读资料】

景区中特色小屋的分类和选址

特色小屋是指位于景区内、具有独特外观、以木屋和竹楼最为多见的游客居住的小屋。特色小屋最初形态可追溯到北欧丹麦、挪威、瑞士、芬兰的登山小屋,内部采取通铺的形式。后来,该类小屋被引用到景区中,成为游客在景区中度假休息的重要场所。

(一)特色小屋的分类

与其他类型的住宿设施相比,景区中的特色小屋更加注重游客的私密性,侧重于为游客提供具有乡土气息或与自然十分接近的静谧生活体验。因此,景区内设立的特色小屋大多可容纳2~6人。按照这种小屋的配置情况和目标市场群体,可以分为家庭型小屋和蜜月型小屋。

蜜月型小屋是指在一个单层小屋内只提供一个住宿单元,具有高度的私密性和住宿空间的完整性,不受外人干扰。一般只供1~2人住宿。屋内的基本设施为卧室、起居室、卫生间各一间,有条件的还配有厨房。

家庭型小屋则在单层或双层小屋内,提供2~3间卧室,一个起居室、一个厨房以及1~2个卫生间,供2~6人住宿。这种配置的特色小屋往往可根据游客人数作出弹性调整,因此,适合家庭和旅游小团体。

（二）区位选址

建设特色小屋主要是为游客提供一种轻松自然的生活,因此,小屋一般位于景区中景观优美的地区,无论是山地森林还是滨海湖泊地区都可建设与环境相适应的特色小屋。特色小屋的选址应依照以下标准:

1. 选址的周边环境要求

景色优美,具有视野良好的景观点;地质稳定、坚固,避免在有断层或土质疏松容易塌陷的地区建小屋;充足的采光、良好的通风和排水;气候温和;白天温差大、过热/过冷或者常有大风、暴雨的地区不适宜建小屋;必须要有较为广阔的腹地,以便为日后的扩充发展提供潜力空间;具有良好的可进入性,交通方便;环境的自然性强,受人为破坏少;具有充足的水源供应;在中近距离内,为游客提供休闲活动。

2. 小屋选址的细部环境要求

小屋建设处地形要平坦,坡度不大于30%（出于对排水和用地平衡等方面的考虑,一般将小屋设置在坡度为15%~25%的坡地上。为避免大规模的挖填方工程,需要减少小屋的占地面积）;小屋以南向朝阳的坡地为佳;以逆向坡的地质为最佳,可避免施工时土石松塌滑落;位于景观线上,可眺望优美的景观;具有大型乔木遮荫、避风,需要灌木隔音并保证私密性。

3. 不宜建设小屋的选址因素

景区内名胜古迹的保护范围以及景观范围之内;野生动物的栖息地、生育地和繁殖地等地区;地形、地质特殊的地区或者具有特殊自然现象的地区;珍稀的天然林或具有科考价值的人工林地;高山地带、逆风地带、自然草坪、灌木林以及乔木林等植被复原较为困难的地区;位于山棱线上的地区,或者对于眺望山棱线景观构成妨碍的地区;坡度大于30%的山坡;易于造成水土流失、山洪暴发或坍塌的地区。

（三）外观及体量

1. 小屋的外观设计

（1）建筑材料选择。应根据景区自然环境选择适宜的建筑材料。如在山林地区,以木头、石片、石块、竹子、茅草等材料与环境配合;在滨海区域则可选用石灰岩等各种自然石材或石块、石片、人工石材、红砖、木材、白水泥粉刷等。切忌使用玻璃幕墙、马赛克贴面、卷帘门窗以及简易铁皮棚屋。

（2）建筑外观样式。建筑样式要与景区的自然和人文环境相协调。根据景区所在地民族特色选择小屋的建筑样式,如壮族地区可选用木制"干栏式"建筑,彝族地区则可采取土墙、木顶的"土撑房"平顶式建筑,苗族区域则可采取土木结构的"吊脚楼"样式。从环境的协调性方面看,由于这些小屋大多位于山林、海滨、湖滨等地带,为了和天际线以及起伏的景观轮廓相协调,房顶造型应尽量使用斜屋顶式。

（3）外部颜色设计。颜色设计同样应与景区的环境相协调。如山林地区最好不要选择绿色,因为人工合成的绿漆始终较自然界的绿色鲜艳,无法与天然的绿色相搭配。因此,在树木较多的地区可以采取冷灰、暗灰、淡褐、淡咖啡、黑褐、棕黄等颜色为主要色调,这样较易于与环境融合。海滨地区则以白墙红瓦、白墙蓝瓦或淡褐、冷灰、暗灰、淡蓝、淡黄、米白、砖红、紫灰等颜色为宜。

2．小屋的体量设计

小屋体量设计以不影响观景点观赏景观为基本原则。通常情况下，在小屋占地面积上，蜜月型独栋式小屋不得小于 50 米^2，家庭型独栋式小屋占地则不得小于 80 米^2。

3．小屋的环境设计

小屋环境设计的目的是为了给游客营造良好的私密性空间以及景观视线效果。可通过乔木、灌木以及缓冲区的设置，为小屋营造出静谧的气氛，保障游客的私密性。同时在小屋周边景观环境的营造上，不一定要四周都视野开阔，只要在阳台或起居室处拥有良好的景观视线效果即可。而对于小屋周边的环境，应尽量保持其自然度，如果环境确实差，可以适当造景，但是切忌过度人工化。

资料来源：马勇，李玺.旅游景区规划与项目设计［M］.北京：中国旅游出版社，2008.

情境二　景区商品购物系统规划管理

【案例导读】

清明上河园景区购物体系建设

清明上河园购物场所除在出入口处设有旅游购物商店外，还建有中国最大的宋代商业文化展示基地，有经营商户 100 多家，经营旅游商品种类近万种，商品具有景区特色和本地特色。清园购物场所郊外与城内部分按照张择端《清明上河图》1∶1 的比例复原再现，景区沿河而建的商铺近百间，皆按原图建筑造型进行修建，主次分明，设计线路合理；河岸码头的十千脚店、文绣院、民俗街、食街等场所为游客所钟爱。各店铺的招牌、幌子、旗帜按图中所示的进行仿古复原，再现了千年前东京汴梁商贾云集、市井繁华的景象。

清明上河园旅游商品包括邮品系列、旅游纪念品、特色手工艺品等。邮品系列有纪念邮票、纪念卡、特种邮票、普通邮票、纪念戳、特种邮资明信片、邮资封、纪念封、内展封、外展封以及各种集邮邮品，有关开封旅游风景票品等；旅游纪念品有清明上河图、清明上河园 VCD 光盘、风光图片、图书、钥匙链、文化衫等；特色手工艺品有朱仙镇木版年画、汴绣、葫芦画、玻璃画、泥人、糖人、面人、草编制品、花生糕、剪纸、扇子、布老虎等。上述各类商品实行分区摆放，琳琅满目，游客可以自由选择，享受到周到的售后服务。

在商品销售管理方面，清园设商务部对购物场所进行专门管理，制定了《商户管理控制程序》《商户管理规定》和《商户量化管理条例》，包括质量管理、价格管理、计量管理、位置管理、售后管理等细则。商户文明经商，无尾随兜售、强买强卖现象。经营人员着宋装营业，是园内特殊景观，与园区融为一体。

思考

1．清明上河园商品购物场所是如何布局的？旅游商品主要包括哪些类型？

2．传统旅游商品购物设施规划包括哪些内容？

➡️一、旅游商品概述

（一）旅游商品概念

旅游商品是指游客在旅游地或异地购买并携回使用、送礼、收藏或在旅途中使用、消费的物品。包括各种工艺品、文物复制品、土特产品、文化艺术品、旅游纪念品、日用品等。旅游商品对游客具有实用性、纪念性、礼品性和收藏性,是旅游经济活动中不可缺少的因素和游客游览活动的延伸与继续,也是衡量一个国家、地区乃至景区旅游业发展水平的标志。

(二)旅游商品特点

旅游商品既具有一般商品的共性,又具有其特殊性,主要表现有:

1. 销售对象不同

旅游商品的销售对象游客而不是大众,大众对此热情不高,一般商品销售对象是大众。

2. 旅游商品的品种、档次、特色要求不同

旅游属于基本生活需要满足后的较高档次需求,而旅游商品又是游客旅游过程的一个缩影或点缀,因此对商品的品种、档次、造型、包装等都有更高要求;另一方面,旅游商品在一定程度上反映了景区发展水平、文化背景等,对景区起到宣传促销作用,所以对旅游商品的开发有着更高的要求。旅游商品除具一般商品价值外,还具有艺术、欣赏、纪念、地位价值。

(1)文化性。文化是旅游的内涵和灵魂,旅游商品是文化的载体和表现形式。文化渊源是旅游商品的生命力所在,它通过艺术手段、科技手段把文化充分表现在物化载体上,反映出景区的文化内涵。如外国游客到中国喜欢购买丝绸、茶叶、瓷器、旗袍、直襟衣服、绣花鞋等商品,正是因为其具有中国文化的特色。又如丽江东巴文字木刻画、云南傣族的贝叶经等。

(2)观赏性。旅游本质是游客追求美的享受过程。为满足游客需求,旅游商品在创作上多追求工艺美,设计新颖奇特、美观别致,极具艺术观赏价值。旅游商品越具有艺术性,感染力就越强,游客就越喜爱。如,高级砚台不只是实用的文具,更是可供陈列欣赏的艺术珍品。

(3)标志性。旅游商品是旅游目的地的标志,景区特色和异质文化的物质载体。游客选购能突出地方特色和民族风格的商品,作为馈赠亲友的礼物。如苏州刺绣、杭州丝绸、北京脸谱、鼻烟壶和景泰蓝、东北三宝、青海冬虫夏草。因此,地方特色是旅游纪念品最为本质的特征。

(4)纪念性。旅游活动从游客角度看是一段短暂的经历,是一种心理体验和精神享受,旅游商品是游客旅游经历的物化,是其日后重温美好旅游经历的象征和载体,所以纪念性是旅游商品的显著特征。所以,游客购买旅游商品是为了能够在将来回忆起曾经快乐的旅游过程。游客所选择的商品大多与特定的历史、文化环境氛围相一致的、具有明显的纪念性的商品。这类商品通常是景区最具特色的商品,如福州牛角梳、天津的"泥人张"等。

(5)易携带性。旅游商品须具备"小、轻、快、灵"等易于携带、保管的基本特征。游客需要长途跋涉,要求商品便于携带,即使不能携带随其流动的商品也要便于寄送或托运。

3. 销售网点的布局不同

旅游商品销售网点主要根据游客可能活动的空间进行分布,如在城市的繁华商业地带、景区的出入口、名胜古迹附近、宾馆饭店及购物中心等。

4. 经营活动的波动性大

旅游商品是旅游活动重要组成部分,而旅游活动又具有脆弱性、波动性、季节性等特点,同时游客购物具有偏好性,这些都会对旅游商品的生产和销售产生直接影响。

(三)旅游商品分类

旅游商品主要销售对象是游客,游客构成复杂,年龄、性别、职业、收入、地位的不同决定了其兴趣、爱好的不同,这些促使旅游商品种类繁多、内涵丰富。

1. 旅游纪念品

旅游纪念品,是指以景区的文化古迹、历史人物和事件或自然风光为题材制作的纪念商品,如纪念章、泰山石、无锡泥人、世博会吉祥物等。这类商品品种多、题材广泛、数量大,具有文化性、地域性、纪念性强等特点,深受旅游者欢迎,在旅游商品中占有重要地位。

2. 工艺美术品

工艺美术品,是以美术技巧制成的各种与实用相结合并有欣赏价值的物品。中国工艺美术品类繁多,花色不胜枚举。包括陶瓷、雕塑、玉器、织锦、刺绣、印染、花边、编结、地毯和壁毯、漆器、金属工艺品、工艺画、首饰等。工艺美术品凝聚着传统工艺和地方文化特色。

3. 土特产品

土特产品指旅游目的地出产的、反映地方特色的产品。包括各种有地方特色的名酒、名茶、名贵中药材、畜牧产品和其他农副产品,既可馈赠亲友,又可自用和留作纪念。因具有一定地域垄断性和“绿色”性,为广大旅游者所喜爱。

4. 文物古玩及仿制品

文物古玩及仿制品包括不属于国家禁止出口的古玩及仿制品、出土文物复制品等。这类商品反映我国一定时期的历史文化、生产力水平等,文化特征明显,一般价格较高,但深受专业人士喜爱,在国际旅游中具有较强的创汇能力。

5. 旅游日用品

旅游日用品指游客在旅游中购买的具有旅游实用价值的生活用品,如草帽、手杖、折伞、扇子、服装等。这类商品既有实用价值又兼具纪念意义,对旅游产品宣传和促销起辅助作用。

二、游客购物心理

(一)顾客购物动机

1. 感情动机

感情动机指顾客对某一特定产品,并不十分慎重地考虑到必须购买的理由而产生冲动的购买行动。动人的店头广告、陈列等,常促使顾客“冲动购买”。引起强烈购买欲的感情有不甘落后、自尊心、追求快乐、追求变化、爱情、恐怖心、幻想心、想与众不同。

2. 理性的动机

理性的动机指对某一特定商品的购买充分考虑其“实用性”。理性的动机包括是否具有合理性、便利性、品质一致性、价格经济性、导游服务信赖等。

(二)游客购物心理

(1) 求实心理,即追求商品的使用价值。中低收入阶层的游客,在旅游过程中购买所需用品时,特别注重商品的质量和用途,要求商品的经济实惠、经久耐用、实用方便。

(2) 求名心理,即追求名牌和有名望的商品。有求名动机的游客,往往不太注重商品的效用和价格,而是注重商品的威望、象征和纪念意义,并在感情冲动中做出购买决定。这类游客希望在景区购买到具有纪念意义的工艺美术品、古董复制品等旅游商品。一方面是为了留作纪念,很多游客喜欢把在旅游点买的纪念品连同在旅行中拍的照片保存起来,留待日后据此回忆难忘的旅行生活;另一方面是为了带回去馈赠亲友,并以此提高自己的声望和社会地位。

(3) 求美心理,即重视商品的艺术欣赏价值。游客外出旅游,不仅希望欣赏到美景,也希望能购买到富有美感的旅游商品。他们往往重视商品的款式、包装以及对环境的装饰作用。

（4）求新心理，即追求商品的新颖、奇特、时尚。购物时，具有新的颜色、款式、材质、情趣等新颖商品，可满足游客求新心理，缓解紧张的工作节奏，调节枯燥、单调、烦闷的生活。人们在旅游地看到平时在家看不到的东西时，就产生好奇感和购买的欲望。如西安的兵马俑复制品、南京雨花石，江南乡村的竹制品、藤制品等成为那里游客乐于购买的商品。

（5）求廉心理，即追求价格低廉、经济实惠的商品。这类游客购物时，注意力放在价格上，希望购买同等价值的商品能少花钱，喜欢买简单的甚至不包装的商品，以节省开支。当然，旅游活动本身是高消费享受活动，游客通常不会像普通消费者那样过分追求廉价。

（6）求趣心理，不同的游客由于生活经历、宗教信仰、受教育程度、家庭背景等方面的不同，兴趣、爱好也各不相同。旅游过程中，他们只重视购买与自己兴趣、爱好有关的商品。

（7）求知心理，有些游客喜欢售货员和导游能介绍商品特色、制作过程，字画年代、其作者的逸闻及鉴别商品优劣的知识等。他们对当场作画或刻制的商品及有关资料说明特别感兴趣。

（8）求尊重心理，这种心理是游客在购物时的共同需要。如希望售货员能热情回答提出的问题、任其挑选商品、不怕麻烦、彬彬有礼、尊重他们的爱好、习俗、生活习惯等。

游客的购物动机是多种并存的，其中求新、求美、求名、求尊重是主要的。要求景区在开发旅游商品时，要考虑游客心理的多样性和层次性，要重视多功能旅游商品的设计和生产。

三、旅游商品开发规划管理

旅游商品属于非基本旅游产品，需求弹性较大。据统计，目前国内的旅游购物消费仅占旅游消费 20%，国际上旅游商品的消费已占全部旅游消费的 40%，发达国家高达 60%。因此，开发出高质量、高水平、高品位的旅游商品，可挖掘旅游经济的潜力，提高景区的经济效益。

（一）切准市场脉搏、凸显文化内涵

产品的开发设计，是为了适应市场，赢得消费者。游客来自不同的地区，文化背景、年龄和职业的不同形成了不同的消费心理和消费类型。为了激发游客的消费需求，在开发设计旅游纪念品时要深入研究游客的消费心理，切准市场脉搏。大多数旅游地都有独特、深厚的文化内涵，在旅游商品开发设计中融入这些文化元素，不仅承载了深厚的文化底蕴、民间传统，而且渗透出浓郁的地域特色和品牌优势，凸显独特的文化内涵。同时，旅游纪念品设计要进行改良、创新，包括造型设计、材料、制作工艺及营销方式，只有不断创新，才能刺激游客的消费，适应市场变化，使之与相对固定的经典纪念品相辅相成，构成多维商品结构。

中华世纪坛既是旅游景点又具有博物馆功能，它在商品开发上兼顾了市场需求和文化内涵两方面。以 2008 年世纪坛举办的"古典与唯美——西蒙基金会藏欧洲 19 世纪绘画精品展"为例，该展就是根据消费人群的特点，充分挖掘作品的艺术元素，开发出书签、画片、仿真油画、铅笔盒、橡皮、丝巾、魔方、拼图等多种类别的旅游商品，市场反应和售出情况非常好。

（二）美观、实用、时尚

根据游客消费行为调查，美观、小巧、实用的旅游商品，深受欢迎。一般纪念品在投入市场前半年就要开始设计，提炼具有代表性、影响力、受欢迎的元素。比如美国大都会博物馆选取文物类元素就特别巧妙：几枚古钱币，组合成精致的手链；巨大的羊头，转换成小巧的项链坠。他们不是单纯地复制微缩文物，而是提炼设计元素，让商品既美观又实用。

（三）良好的创作环境

政府、相关机构和企业应积极扶持并开展旅游商品的设计开发工作。通过举办设计比赛，推出有影响、受欢迎的旅游商品。如 2008 年北京市旅游局在全市建立了 7 家旅游纪念品示范店，统一品牌为"北京礼物"。"北京礼物"店要求 70% 是自己景区特色的旅游产品，30% 是北京市旅游商品大赛获奖并能进行批量生产的纪念品。2009 年通过"中国设计交易市场项目"促成了世界著名的 Alessi 设计公司为故宫进行皇城文化系列产品的开发，以西方的角度诠释东方文化，使故宫的形象更国际化。通过政府和企业合作，促使更多优秀专业队伍加入旅游商品开发设计的行列中，全国形成百花齐放的格局，为开发地方特色旅游商品，营造良好的创作环境。

旅游商品不是单纯的商品，它浓缩着地方民俗风情，沉淀着旅行的记忆。对旅游纪念品推陈出新，传承旧工艺，提出新理念，开发新种类，设计出具有浓郁地域文化特色的新时代旅游商品，完善旅游市场，宣扬地域文化，拉动中国经济发展都有积极意义。

（四）优化外观设计，提升商品形象

旅游商品包装设计应体现地方特色与时代精神。旅游是为了体验当地民俗风情，越具有"地方特色"的商品对游客吸引力越大。因此，在旅游商品包装上融入地方文化的设计是必不可少的。一般情况下应选择以自然材料为主的包装材料，如用纸、竹、木、泥、植物的茎叶等天然材料，因地制宜、量材施用地设计制作各种包装物品。

旅游商品的包装实现统一化和系列化有助于景区品牌形象的塑造。旅游商品的包装一般属于销售包装，可分为独立设计包装和通用设计包装。独立设计包装是指对每一种商品进行单独包装设计。而通用设计包装则是指对不同种类、不同层次的商品采用统一的包装设计。这些旅游商品的销售既是对旅游景区的宣传，也是商品品牌的延伸。

旅游商品包装的人性化设计往往能起到事半功倍的效果。人性化设计就是要求设计者关注细节，为游客考虑，便于携带，以此受到游客的青睐。

旅游商品作为特殊的旅游资源，不仅能增加旅游收入，而且起着对外宣传的作用。因此加快旅游商品开发，既能提高旅游业经济效益，又能扩大景区知名度，促进旅游形象传播。

【拓展与提高】

文物复制品如秦始皇兵马俑、三星堆青铜面具和唐三彩，其他纪念品如带有独特徽记和特色的少林寺明信片、故宫纪念币、西安旅游纪念马甲、三星堆博物馆开馆纪念封等，它们比起其他特色旅游产品，除资源性价值和垄断性价值外，还具有附加性价值。这种附加性价值使旅游纪念品具有以下几方面的功能：

其一是宣传、广告功能。旅游纪念品可以随着游客的足迹散布到四面八方，把该旅游地的特殊徽记带到世界各地，为该旅游地进行最广泛最直观而且是免费的宣传，为该旅游地招徕更多的游客。

其二是收藏、欣赏价值。喜爱旅游的人一般都具有较高的审美情趣和生活情趣，精美的纪念品本身就是艺术品，具有较高的收藏和鉴赏价值。收藏和鉴赏这些纪念品对旅游者来说是美好的精神享受。

其三是投资增加功能。"今日的精品，明日的文物"。旅游纪念品是特色旅游商品，它因存载了该商品的垄断性价值和该景点所在地的社会文化内涵，随着时间的推移而将成为文物，具有一定投资增值作用。

其四,有的纪念品还具实用性,即使用价值。如三星堆开馆纪念封、少林寺明信片、西安旅游马甲等。

四、旅游商品购物体系规划管理

（一）旅游商品的选择

1. 旅游用品的选择策略

对于游客在为实现特定目的而购买的旅游商品如香客进香所需香火等,尽力做到品种、档次齐全,满足不同游客的需求。对于游客在游览中所需的日常用品如饮料、食品等,选择有二:一是品牌商品,最好是全国知名品牌;二是当地特色商品。游客在景区无法了解当地商品及零售商的信誉,购买自己使用过的或熟悉的品牌成为最明智的选择,为避免游览中出现不必要的食品安全问题,游客更倾向于购买最好的品牌以保障游览顺利。当地特色小吃价格便宜,不仅能降低经济风险,而且能满足游客猎奇心理,因此当地特色小吃也是景区的一道风景。

2. 旅游纪念品的选择策略

旅游纪念品是旅游商品中品种最多、数量最大、销量最好的商品,也是最受游客青睐的物品。景区选择何种旅游纪念品出售,不仅关系到自身效益.而且关系到游客的满意度。

首先,景区销售的旅游纪念品必须具有地方特色。这种地方特色可能来自当地的自然资源,如东北三宝、青海的冬虫夏草等土特产品;可能来自当地特有的民族文化、宗教信仰、民俗等,如丽江东巴文字木刻画、云南傣族的贝叶经;可能来自地区的经济比较优势,如城市的名牌商品、边境旅游中极具价格优势的边境贸易商品;可能来自历史因素,如洛阳的唐三彩、北京全聚德烤鸭;也可能来自景点自身,如仿秦俑、埃菲尔铁塔模型。

其次,销售的旅游纪念品要和本景区景观、文化相协调,具有本景区特色。若一个旅游地包含多个景区、有多种特色纪念品,其中一个景区应选择销售体现本景区自然、历史文化内涵的旅游纪念品。如果在每个景区都销售旅游地所有的纪念品,会使得各景区间的旅游纪念品趋同,失去特色,降低了游客对本景区旅游纪念品的感知价值和本景区的整体感知印象。

例如西湖是旅游城市杭州的主要景区。西湖又包含雷峰塔、灵隐寺、岳王庙、西湖等多个景区,这些景区多数都有旅游购物设施。杭州特色旅游纪念品主要有丝绸及丝绸制品、王星记扇子、张小泉剪刀、天堂伞、西湖藕粉等。若灵隐寺景区的购物商店里把上述旅游纪念品都摆上销售显然是不合适的,灵隐寺景区就应仅销售与佛教有关的纪念品,而丝绸及丝绸制品适合在丝绸博物馆销售,王星记扇子、张小泉剪刀等在西湖周边的专卖店销售是最好的选择。

再次,景区销售的旅游纪念品还要具有专有性。专有性是指本景区所销售的纪念品只在此销售,在其他景区是购买不到的。它是"到此一游"的标志。旅游纪念品真正的意义不在于这件物品的价值,重要的是它可以证明游客曾到过什么地方,曾经有过什么经历。如果一件商品在游客居住地或其他很多地方都能买得到,那么游客购买的意义就不大了。

目前商品流通十分便利,许多特产或名牌产品在全国各大中城市都能得到,东部城市能买到青海的冬虫夏草、新疆的和田玉和哈密瓜;西部大中城市也能买到东部的商品,南北同理。让游客在旅游地买到非此地买不到的商品已属不易。再加上旅游商品创新不足、产品单调雷同的现实,使得景区销售专有性纪念品很难。这需要旅游商品开发、经营、管理者共同去努力。

当专有性不能从材质、艺术形式、造型、工艺等方面体现时,可在景区旅游纪念品包装的醒目位置或纪念品本身某部位刻印"某景区专售""某景区监制""景区专有标志"等字样或图案,以有别于其他类似产品,使其赋有专有性。

(二) 旅游商品购物设施规划

1. 传统旅游商品购物设施规划

(1) 选址。景区内旅游购物设施宜选在景区风景线的必经之路,这样不仅能保证最大客流量,同时也能确保有购物需求的游客不至于错失购买机会。为此,购物网点应选在:

① 景区出入口处。入口处适宜销售游客游览中必需的商品,如香客到寺院进香的香火、登山手杖等;出口处适宜销售纪念品和土特产品,此类商品游客往往在游览的最后阶段购买。

② 各分区接待服务处。游客在游览中遇到具有吸引力的旅游商品,往往乐于选购,因此应在游程中将购物网点和游憩、休闲设施紧密结合,以便游客在休憩过程中选购旅游商品,如桂林阳朔游览途中的购物街,将休闲娱乐与购物有机结合在一起。

③ 特殊景点现场。游客在游览中会产生情景式即时消费,这种机会出现突然,能给游客带来意外惊喜的满足,游客即时产生购买需求并作出购买决策。如黄山景区的某特殊景点的悬崖边上悬挂连心锁,以示情人心心相印、忠贞不渝,这类商品的销售则应布局在现场。

如果景区面积较大,游客在游览中物质、能量消耗较多,游览中需要补充饮料、食品或其他物品,此类商品的销售可在主风景线上择点做插入式布局。

(2) 环境设计。景区规划中要把旅游商品购物设施作为其中重要辅助设施考虑进去,其建筑物的风格应与主体建筑协调,与景区整体风格相吻合,使之融于周围自然与文化环境,成为景区的有机组成部分。《旅游景区质量等级的划分与评定》中,对景区购物场所环境的要求:

① 外部环境。购物场所不破坏景区主要景观;不妨碍游览;不与游客抢占道路和观景空间;购物场所建筑造型、色彩、材质与环境相协调;布局合理,广告标志不过分影响观景效果。

② 内部环境。对购物场所进行集中管理,环境整洁,秩序良好;无围追兜售、强卖强买现象;陈列方式合理;购物商店装饰色调适宜;室内照明均匀、光线柔和、亮度适宜;室内空气新鲜、流通充分,温度和湿度宜人;有供游客休息游憩的场所。

(3) 服务质量。《旅游景区质量等级的划分与评定》中对购物服务质量的要求:有专门的管理机构,对购物服务的质量、价格(需明码标价)、计量、位置、售后服务等有统一的管理措施和手段;所售商品应具有景区和本地区特色,商品具有独特的产品形象并形成外在的企业标志;员工着岗位服饰,佩戴工牌;员工服务规范,举止文明,热情大方,服务态度、效果及质量好;能够针对不同客源群,提供个性化服务;能够提供至少一种外语的购物服务。

2. 旅游商品规划的创新

旅游商品规划创新主要指运用互联网、电子商务、供应链管理模式实现旅游商品的虚拟化经营。景区旅游商品虚拟化经营,是指景区以核心企业的身份,为实现经营目标,集中精力发展核心业务,运用供应链管理模式,筛选、吸纳和组合企业内外一切可利用资源,将非核心业务外包的经营模式。主要采取的形式有虚拟生产和虚拟销售。

虚拟生产就是景区将旅游商品的生产外包到本地或异地具有生产能力的合作企业,让其按照协议代为加工。虚拟销售就是景区运用供应链管理模式,将销售端分布到各地,使具有地方特色、资源优势或价格优势的旅游商品实现异地销售。这种经营方式拓宽了旅游商品的市场范围,创新性地实现游客在旅游目的地购物,返回居住地取货的异地取货模式。

【思考与讨论】

1. 简述旅游商品的概念、特点和分类。

2. 旅游者购物心理有哪些类型?

3. 旅游商品规划开发策略有哪些?

4. 旅游商品购物体系规划管理主要包括哪些内容?

【案例回放】

1. 清明上河园商品购物场所是如何布局的? 旅游商品主要包括哪些类型?

清明上河园除在出入口处设有旅游购物商店外,沿河而建的商铺近百间,皆按原图建筑造型进行修建,主次分明,设计线路合理;河岸码头,各种小铺随处可见。各店铺的招牌、幌子、旗帜按图中所示进行仿古复原,再现了千年前东京汴梁商贾云集、市井繁华的景象,购物场所与景观相互融合、浑然一体。

清明上河园旅游商品种类繁多,包括邮品系列、旅游纪念品、特色民间手工艺品等。

2. 传统旅游商品购物设施规划包括哪些内容?

传统旅游商品购物设施规划包括①选址:购物设施宜选在风景线必经之路,这样既能保证最大客流量,也能确保有购物需求的游客不错失购买机会。即购物网点应选在景区出入口、各分区接待处及景点现场等处。②环境设计:购物设施建筑风格应与景区主体建筑和整体风格相吻合,使之融于周围自然与文化环境,成为景区有机组成部分。③服务质量管理:要遵循国家标准《旅游景区质量等级的划分与评定》中的要求进行规范管理。

【技能训练】

考察一个景区旅游商品类型、旅游购物场所布局及其环境设计,运用所学知识进行评价,提出你的建议。

【阅读资料】

旅游纪念品分类

旅游纪念品是指为回忆一次旅游而购买的商品,是纪念特殊时期或经历的事物。旅游纪念品的自然风格和经济价值能帮助游客记忆那段不同于日常生活的经历,如对人、地点和事件的记忆。Gordon(1986)将纪念品分为五类:图像纪念品;自然物质纪念品;象征纪念品;标记纪念品和地方特色纪念品,如表 6-1。

表 6-1　旅游纪念品分类

纪念品类别	举例
图像纪念品	明信片、书本、招贴画、照片
自然物质纪念品	石头、贝壳、植物、木头、化石、骨头、松球
象征纪念品	著名景物的复制品、缩微模型、能够代表购买地形象的制品
标记纪念品	不具有当地特色但是具有文字或标志的产品,如咖啡杯、茶杯垫、调羹
地方特色纪念品	具有当地特色的产品、食物、饮品、烹饪用品、衣物、手工制品

资料来源:吴必虎,俞曦.旅游规划原理[M].北京:中国旅游出版社,2010.

情境三　景区解说系统规划管理

【案例导读】

河南第一家智慧型景区建成 手机自动讲解

近日,乔先生到万仙山游玩惊奇地发现,在景区门口免费下载手机客户端后,就可轻松地浏览景区各个景点,规划自己的游程,然后像汽车导航一样带领自己在景区游玩,在各个景点,手机自动讲解。景区给每位安装系统的游客配备的贴身小秘书,不但使游客随时能给自己定位,掌握游程进度,还可与游伴沟通交流,为其定位,并将游玩感受和轨迹发在微博上,和朋友分享。

乔先生使用的手机客户端叫畅游手机智能景区系统,正是该项目使万仙山成为河南第一家初步建成的智慧型景区,是一种新型自导式景区解说系统。这套系统目前还处在体验版,整个系统完成之后,万仙山景区就真正实现了智慧旅游。该系统将免费提供给游客,在景区网站或门口免费下载,为游客提供全新的体验。

所谓智慧旅游就是利用云计算、物联网等新技术,通过互联网,借助便携终端上网设备,感知旅游资源、旅游活动、地理环境、旅游者等方面的信息,实现信息共享,并在服务、管理、经营等方面智能化,实现旅游业的信息化。2008 年 IBM 首次提出"智慧地球"概念,"智慧景区"就是"智慧地球"在旅游中的实际应用。

畅游手机智能景区系统是把最新的旅游理论研究成果、旅游理念与智能手机及 3G 结合起来,主要有服务模块、管理模块和营销模块,凭 3G 手机的无线网络和 GPS 定位轻松实现智慧旅游,并在景区管理和营销等方面实现智能化。目前游客在景区所体验的是第一期服务模块,除了上述功能外,最大特点和创新就是把景区建设成多媒体景区,游客可随时通过文字、图片、音像了解景区,甚至是一棵树、一块石头的介绍,满足游客的个性化需求。未来系统建设完毕,即可让万仙山完全智能化,让旅游更轻松的同时,获得全新的体验。

智慧旅游是未来旅游发展的趋势,智慧旅游的内涵在于"景区智能化、旅游自助化、参与互动化、行为社交化、服务智能化"。当旅游业和高科技结合,必然带来行业革命,同时也为游客带来全新的感受和体验。

资料来源:http://travel. hangzhou. com. cn/lyzx/content/2012 - 08/24/content_4351653. htm.

思考

1. 何谓智慧旅游?为什么说畅游手机智能景区系统是一种新型的自导式景区解说系统?

2. 自导式解说系统规划具体包括哪些方面的内容?

一、景区解说系统构成

旅游解说是指通过运用沟通媒介帮助游客了解特定信息,达到保护资源、服务和教育的功能,实现资源、游客、景区及其管理部门间互动交流过程。世界旅游组织指出,解说系统是旅游地教育功能、服务功能、使用功能得以发挥的必要基础,是管理者用来管理游客的关键工具。进入 21 世纪,人们越来越关注旅游体验的质量和个性化服务,景区经营进入品牌、形象和文化竞争的时代,解说规划便成为旅游规划的一项重要基础工作。

景区解说系统由软件(导游员、解说员、咨询服务等具有能动性的解说)和硬件部分(导游图、导游画册、牌示、多媒体、幻灯片、语音解说、资料展示栏柜等)构成。从解说系统为游客提供信息服务的媒体形式来分析,可将其分为向导式解说服务和自导式解说服务两类。

二、向导式解说系统规划管理

向导式解说即人员解说,亦称导游解说,以具有能动性的导游向游客主动的、动态的信息传导为主要方式。职责包括:信息咨询、导游活动、解说等。最大特点是双向沟通,回答游客的问题,因人而异提供个性化服务。解说人员包括导游、讲解员、志愿解说者及其他能提供相关信息的人员(包括当地居民、旅游者本身等)。旅游者也是一种解说媒介,他会把自己到某地旅游的经历和感受介绍给别人。由于导游掌握有较多专业知识,向导式解说系统的信息量一般比较丰富,但它的可靠性和准确性不确定,由导游员素质决定。向导式解说系统的要求:

第一,解说主题力求变化。介绍一个主题后,最好能穿插一些与之有关的话题,只是选择一种主题易显得枯燥。如在讲解与人物有关的景观时,插入与人物有关的故事,引起游客共鸣。

第二,以提问方式开始解说,制造悬念,引起游客好奇心。讲解过程中向游客提出问题,让游客参与回答,以加深游客的印象,同时缩短游客与讲解员的距离。

第三,运用对比方法。讲解游客陌生内容时,同其他内容对比,使游客更好地理解景物。

第四,注意游客反馈。人员解说最大优点是双向式沟通,解说员应注意从游客的反馈中了解游客对解说主题的了解、兴趣程度及其意见,以便调整解说内容,并改进景区产品和管理。

第五,讲解内容的健康性。对自然风物和人文历史的解说要正确真实,向游客宣传美与善,不能胡乱攀扯、任意附会、故弄玄虚、哗众取宠而败坏游客的雅兴。

【相关链接】

表6-2 《旅游景区质量等级的划分与评定》对于不同等级旅游景区的解说系统的相关要求

AAAAA级景区	AAAA级景区	AAA级景区	AA级景区	A级景区
a) 游客中心位置合理,规模适度,设施齐全,功能体现充分。咨询服务人员配备齐全,业务熟练,服务热情。 b) 各种引导标志(导游全景图、导览图、标志牌、景物介绍牌等)造型特色突出,艺术感和文化气息浓厚,能烘托总体环境。标志牌和景物介绍牌设置合理。 c) 公众信息资料(如研究论著、科普读物、综合画册、音像制品、导游图和导游材料等)特色突出,品种齐全,内容丰富,文字优美,制作精美,适时更新。 d) 导游员(讲解员)持证上岗,人数及语种能满足游客需要。普通话达标率100%。导游员(讲解员)应具备大专以上文化程度,其中本科以上不少于30%。 e) 导游(讲解)词科学、准确、有文采。服务具有针对性,强调个性化,服务达到GB/T15971—1995中4.5.3和第5章要求。 f) 公共信息图形符号的设置合理,设计精美,特色突出,有艺术感和文化气息,符合GB/T10001.1的规定	a) 游客中心位置合理,规模适度,设施齐全,功能完善。咨询服务人员配备齐全,业务熟练,服务热情。 b) 各种引导标志(包括导游全景图、导览图、标志牌、景物介绍牌等)造型有特色,与景观环境相协调。标志牌和景物介绍牌设置合理。 c) 公众信息资料(如研究论著、科普读物、综合画册、音像制品、导游图和导游材料等)特色突出,品种齐全,内容丰富,制作良好,适时更新。 d) 导游员(讲解员)持证上岗,人数及语种能满足游客需要。普通话达标率100%。导游员(讲解员)应具备高中以上文化程度,其中大专以上不少于40%。 e) 导游(讲解)词科学、准确、生动。导游服务质量达到GB/T15971—1995中4.5.3和第5章要求。 f) 公共信息图形符号的设置合理,设计精美,有特色,有艺术感,符合GB/T10001.1的规定	a) 游客中心位置合理,规模适度,设施、功能齐备。游客中心有服务人员,业务熟悉,服务热情。 b) 各种引导标志(包括导游全景图、导览图、标志牌、景物介绍牌等)造型有特色,与景观环境相协调。标志牌和景物介绍牌设置合理。 c) 公众信息资料(如研究论著、科普读物、综合画册、音像制品、导游图和导游材料等)有特色,品种全,内容丰富,制作良好,适时更新 d) 导游员(讲解员)持证上岗,人数及语种能满足游客需要。普通话达标率100%。导游员(讲解员)均应具备高中以上文化程度,其中大专以上不少于20% e) 导游(讲解)词科学、准确、生动,导游服务质量达到GB/T15971—1995中4.5.3和第5章要求。 f) 公共信息图形符号的设置合理,设计有特色,符合GB/T10001.1的规定	a) 有为游客提供咨询服务的游客中心或相应场所,咨询服务人员业务熟悉,服务热情 b) 各种引导标志(包括导游全景图、导览图、标志牌、景物介绍牌等)清晰美观,与景观环境基本协调。标志牌和景物介绍牌设置合理 c) 公众信息资料(如研究论著、科普读物、综合画册、音像制品、导游图和导游材料等)品种多,内容丰富,制作较好 d) 导游员(讲解员)持证上岗,人数及语种能满足游客需要。普通话达标率100%。导游员(讲解员)均应具备高中以上文化程度 e) 导游(讲解)词科学、准确、生动。导游服务质量达到GB/T15971—1995中4.5.3和第5章要求 f) 公共信息图形符号的设置合理,规范醒目,符合GB/T10001.1的规定	a) 有为游客提供咨询服务的场所,服务人员业务熟悉,服务热情 b) 各种公众信息资料(包括导游全景图、标志牌、景物介绍牌等)与景观环境基本协调。标志牌和景物介绍牌设置基本合理 c) 宣传教育材料(如研究论著、科普读物、综合画册、音像制品、导游图和导游材料等)品种多,内容丰富,制作较好 d) 导游员(讲解员)持证上岗,人数及语种能基本满足游客需要。普通话达标率100%。导游员(讲解员)应具高中以上文化程度 e) 导游(讲解)词科学、准确、生动。导游服务质量达到GB/T15971—1995中4.5.3和第5章要求 f) 公共信息图形符号的设置基本合理,基本符合GB/T10001.1的规定

资料来源:旅游景区质量等级的划分与评定.GB/T 17775—2003.

三、自导式解说系统规划管理

自导式解说即非人员解说。一般是由书面材料、标准公共信息图形符号、语音等无生命设施、设备向游客提供静态的、被动的信息服务。它的形式包括音视设备、标志、牌示、出版物、自导式步道、互联网及游客中心展示设施等。其中标志和牌示是最主要的表达方式。景区使用的标志分为行政管理标志、方向标志、限制标志、解说标志等若干种。由于受篇幅、容量限制，自导式解说系统的信息量有一定限度。换一个角度，正是由于这一限制，自导式解说系统的解说内容一般都经过精心地挑选和设计，具有较强的可行性和权威性。游客获取自导式解说系统提供的信息没有时间限制，可根据个人爱好、兴趣和体力自由决定获取信息的时间长短、速度和数量。自导式解说系统容易受到自然和人为的破坏。自导式解说系统规划具体包括：

（一）交通导引解说系统

由于城市道路交通的错综复杂和快速繁忙，如果没有良好的交通导引系统，要实现交通畅通是不可能的。而在人口密度较小的自然景区，游客对当地交通环境十分陌生，如果没有良好的交通导引系统，就会迷失方向。因此在进入景区各主要干道及景区内小径都必须设置景区道路标志牌。标志牌必须醒目、清晰，与周围环境相融，体现景区特色，具有较强吸引力。

（二）接待设施和物业管理中的解说系统

景区接待设施包括各类宾馆、餐饮、购物等场所，对附设设施的使用、位置、预订等配置，应提供多语种解说系统予以清晰说明。解说要力求以游客为中心，体现对游客的关怀与温情。如"小心地滑""小心碰头""请抓紧扶手"等警示解说，看似简单，但能取得出人意料的效果。

（三）游客中心的解说服务和印刷物解说

游客服务中心多建在景区入口处或接待大厅。游客接待服务中心向游客免费提供各种有关景区的资料，负责解答游客的疑问。同时要在机场、车站、宾馆、各分散景点等游客集中流动处设立咨询站，免费向游客提供阅读资料。这种印刷物一般包含：景区有什么可看的，怎样找到它们；游客正在看的是什么；为什么要设立该类景区，如名胜区、自然保护区、生态博物馆、主题公园；是什么使游客再次光临；为不同时间的游览提出建议，展开不同旅游主题活动等。

（四）景区解说系统

景区解说的目的是通过实物、模型、景观及现场资料向公众介绍关于文化和自然旅游资源的意义及相互关系，并与游客亲身经历相结合以指导他们旅游活动。景区解说系统一般由软件部分（导游员、解说员、咨询服务等具有能动性的解说）和硬件部分（导游图、画册、牌示、录像带、幻灯片、语音解说、自助导游系统、资料展示栏柜等多种表现形式）构成。

（五）展览规划

展览规划是景区与游客进行信息交流的有效手段。制定展览规划的方针包括：选择一个主题；了解观众，根据其需要提供展品；明确展览目的，如教育、娱乐、激发游兴或公共关系；决定展览形式，如画板（文章、图表、照片）、实物、标本、西洋镜、模型或活物展示。

（六）面向特殊人群的解说

旅游解说系统应考虑特殊人群的需要。特殊人群是指残障人士、儿童、老人、国际游客等，他们与一般公众对解说的要求有所不同。规划时需要更加方便的设计、专门化的媒体形式；而国际游客需要向他们提供翻译成他们能够阅读的文字解说服务。

不同类型解说媒介特点不同，具有不同解说效果，表6-3为各种旅游解说媒介的优缺点。

表6-3 各种旅游解说媒介的优缺点

类别	媒介	优点	缺点
向导式解说系统	人员解说	能动性与互动性强；游客与导游互动，具有亲切感；可根据游客兴趣和需求适时调整解说的内容和形式；可适时处理突发性事件；充分发挥导游的各种潜能	讲解时间受限；服务人数受限，无法协调旅游淡旺季讲解人员的用工矛盾；人员招聘、培训成本高，需要严密的管理；解说效果受讲解员文化素养和解说技巧的影响
自导式解说系统	形象标识	形象鲜明，吸引力强；容易激发人们的旅游动机、让人们记住	要求专业设计；一旦形成，不易改变
	影视解说	效果好而持久，适合解说特定的主题；可用于介绍生疏的题材和复杂的景物；景区内外均可使用；使游客能看到原本无法接近或看见的地方、动植物、季节风光；具有写实性、产生视听觉效果，形成情感上的冲击；提供良好的简介，激发游客的想象力；同时服务众多游客；服务残障人士	并非任何地方均可使用；需要支持设备、定期维修和经常性的检测；一些人认为它没有效果或无亲和性；制作难度大，所需经费多，修改困难
	语音解说	通过耳机解说，减少周围干扰；能实现音响效果戏剧化，吸引力较高	音响效果受设备影响；成本高、一次只供一位游客使用、互动性差
	幻灯解说	制作简单；突出重点，可同时欣赏摄影艺术；更换内容方便	受拍摄、配音和文字水平的制约；不是动态的视觉效果，视觉上的真实感受不如电影
	陈列解说	集中展示，方便参观；实物配以照片、图表、模型，易理解；不受天气及蚊虫等外界干扰	长时间参观易疲倦；陈列项目多而细，对游客的吸引力会递减
	指示牌解说	设立于被解说物旁，对照性强，形式与环境相融；耐久性、稳定性强，可反复阅读，不受时间限制；可同时供多人使用	露天放置，易受天气光线等外界因素影响而损坏；文字有限，信息量有限，且更新速度慢
	展览互联网	游客可根据自己的速度和兴趣观赏；可展示和该地点有关的标本物品；展示三维空间的实体物品；可提高游客的参与感；可借助印刷品或视听器材来达到更佳的效果；信息量大；时效性强；费用低；不受时间限制	容易受损坏；需要安全维护措施；容易分散游客注意力；对有顺序而大多靠口述的故事而言，表达效果受影响；可能存在虚假性；不能当面交流
	出版物印刷品	使用时间长久，具有纪念价值，可用于旅游之前的初步了解、旅游中的引导和旅游后的回味；可用多种语言撰写，适合国际游客需要；可对景区作全面详细的介绍；信息全且易更新；携带方便；具有纪念价值；游客可依自己速度阅读；辅助人员解说之不足	要求游客有一定的文化水平；需要分发系统支持；冗长的文字可能使游客觉得厌烦；游客可能乱丢而制造废弃物；需专业人员撰稿、设计，否则无法表达出清晰的意向而降低游客兴趣；须不断修订以保持正确性；出版物多在景区出售，在旅游之前不易获得
	游客中心	能提供各种现时的解说服务；容量大，可同时接纳许多游客；设施齐全，可以整合多种解说媒介，提供个性化解说服务	占地面积大，投资大；管理复杂

【思考与讨论】

1. 何谓景区解说系统？简述景区解说系统的构成。

2. 向导式解说系统和自导式解说系统具体规划需要注意哪些方面？

【案例回放】

1. 何谓智慧旅游？为什么说畅游手机智能景区系统是一种新型自导式景区解说系统？

智慧旅游就是利用云计算、物联网等新技术，通过互联网，借助便携终端上网设备，感知旅游资源、旅游活动、地理环境、旅游者等信息，实现信息共享，并在服务、管理、经营等方面智能化，实现旅游信息化。

畅游手机智能景区系统是把最新旅游理论研究成果、旅游理念与智能手机及 3G 结合起来，使用该系统游客可轻松浏览景区各个景点，规划游程，然后像汽车导航一样带领自己在景区游玩，手机自动讲解。景区给安装系统的游客配备的贴身小秘书，不但使游客能随时定位，掌握游程进度，还可与游伴沟通，为其定位，并将游玩感受和轨迹发在微博上，和朋友分享。另外该系统还利用最新技术把景区建设成多媒体景区，游客可随时通过文字、图片、音像了解景区，甚至是一棵树、一块石头的介绍，满足游客的个性化需求，借助该系统游客就可轻松自在的在景区尽情地游玩，因此畅游手机智能系统是一种新型的自导式景区解说系统。

2. 自导式解说系统规划具体包括哪些方面的内容

自导式解说系统规划具体包括交通导引解说系统；接待设施和物业管理中的解说系统、游客中心的讲解服务和印刷物解说、景区解说系统、展览规划和面向特殊人群的解说等方面。

【技能训练】

对所在城市某个景区解说媒介类型进行调查，运用所学知识对其进行评价，提出可操作性的合理化建议。

【阅读资料】

景区标牌

标牌是一种载有图案、标记符号、文字说明等内容的提供解说、标记、指引、广告、装饰等服务的功能牌。其特征是直观简洁、易于标记。景区标牌是向游客传递信息的服务系统，是景区不可缺少的基本构件。

一、标牌的分类

按照解说对象和内容，可分为吸引解说标牌、旅游设施标牌、环境解说标牌和旅游管理标牌；按照标牌制作选用材料，可分为天然材料标牌和人工合成材料标牌；按照标牌的功能，分为解说功能标牌、指示引导功能标牌、警示提醒功能标牌和宣传功能标牌。

二、标牌的布局

（一）标牌布局原则

1. 各类标牌数量充足，不宜杂、多、滥

从美学和实用的角度出发。标牌摆放要美观醒目。各类型标牌按其功能和需要，位置合理，数量充足。不能因过多的标牌而阻挡景观，失去美感，破坏游览氛围。在推陈出新的同时，要"活而不乱"。

2. 布局选址应服从环境，融于自然

各类标牌的布置应顺应自然，与自然环境和谐相融，不妨碍观赏景物，不遮挡景观，避免喧宾夺主。

3. 标牌应有适宜的布局地点、安放高度和角度

标牌要有合适的布局地点,注意安放高度、角度和与观赏者的距离,确保游客能以最佳的观赏角度和最舒适的方式观看。公路沿线的标牌设置尤其要考虑高度距离,让过往的车辆能及时看到各介绍牌和指示牌的内容。

(二)标牌的选址

标牌主要分布在景区出入口、景观周围、通往景区道路沿线处,游客服务中心、景区服务设施集中地等处。

1. 景区入口处

主要有景区导游全景图、风光图、游客须知等,全景指示图提供游览线路安排建议,设置于客流聚集处、旅游信息服务中心、停车场及主要景区(点)入口或内侧开阔处,内容包括景区的平面图与概况。

(1)景区导游全景图。设置于景区大门外售票处附近,与景区简介、游客须知并排摆放。内容包括景区平面布局图、游览道路和服务设施分布(游览车换乘地、商亭、餐厅、公厕等)及主要景点的文字、图片介绍。

(2)游客须知。售票处明显位置应悬挂票价表、购票须知、营业时间、项目介绍和游览须知等服务指南。一些重要提示如"禁止烟火"的标志应醒目地安放在景区入口,强化游客防火意识和环境保护意识。

2. 景点出入口处

主要有出入口标志、景点名牌和景点介绍牌等。

3. 景区道路沿线

在景区内步游道沿线游客便于停留的地方,如观景台、观景点,设立环境解说牌,让游客获得信息;景区内各主要通道、岔路口处设置向导标牌和各类交通标志牌;根据需要设置友情提示牌,如提示该处负氧离子浓度,勿喧哗和勿乱扔垃圾等;在游道沿线设置安全标志。景区风光牌设置于干道通往景区的交通节点,以展示景区最佳风光为主,辅以简明的景区形象导语,向过往游客传播景区形象,对前往景区的游客起提示作用。

景区不同地方的标牌各不相同,不同内容的标牌在不同地方的聚集程度也有所不同。景观标牌聚集在景观分布密集处,功能提示牌出现在景点出入口处,导示牌出现在景点出入口处、步游道转弯处和岔路口处,为游客指引游览线路。安全提示牌、公益提示牌、友情提示牌等根据景点情况酌情布局。

资料来源:郑耀星.旅游景区开发与管理[M].北京:旅游教育出版社,2010.

【案例】

合肥市三河古镇旅游解说系统设计

三河古镇作为合肥市重要的 AAAA 级景区,建立一套完善的旅游解说系统必不可少。

1. 交通网络导引解说系统设计

车站等交通节点是游客的集散地,游客由节点进入或离开景区,从中感知到对景区的第一印象,节点在解说系统总体结构中作用突出。初期在景区入口免费提供介绍三河景区、农家旅馆、旅行社、娱乐场所、交通等各种旅游服务信息的旅游地图、画册。中远期可设立游客触摸式电脑咨询系统,加大旅游宣传力度。

在景区入口设置三河各景区大幅宣传画,集中展示宣传三河古镇的主要旅游资源,塑造良好的三河古镇旅游整体形象。加强外语特别是英文解说力度,交通导引牌示应中英文对照。

加大交通线路引导牌示的宣传范围,在合铜公路上设景区方向、位置的导引牌示。

2. 接待设施解说系统设计

在三河国际大酒店内,其牌示及餐厅内的菜单须中英文对照。大厅内设置中英文标注的宾馆楼层平面图,便于客人了解宾馆的结构和布局。大厅前台、服务台、行李保管处提供内容丰富的外文服务,包括外汇兑换、天气预报、咨询等,有适量的中英文免费资料及牌示。商务中心提供复印、国际直拨电话、传真、E-mail等信息服务。客房内要有较完善的英文解说服务。

一些表演当地传统曲艺、民俗的重要娱乐场所及大型节庆活动需增加外文解说服务。一些重要的大型、特色购物商店也需增外文解说服务。直接对游客服务的工作人员能用外文与游客进行简单对话。

3. 景区解说系统设计

(1)全景牌示。以徽派建筑封火墙为设计灵感,在游客接待中心设置大型全景牌示,各交通节点设置中型全景牌示。重新设计的全景图,增加了 You Are Here 以便于游客快速定位。将公厕、停车场等公共设施改为国际统一图标表示,更加直观和美观。更正了以往全景图景点标注错误的问题(如图6-1)。

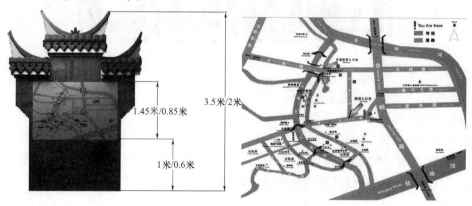

图6-1 全景图示

(2)指路牌示。采用仿古木制箭头式,三维指向功能。牌示中文采用隶书、白色、加粗字体,英文采用 Cambria、白色、加粗字体。牌示柱子顶端设有三河古镇景区 logo,达到统一景区牌示形象的目的(如图6-2)。

(3)景点解说牌示。以矩形为主要形状,外框设计为简洁抽象化的木雕窗花纹饰。牌示材质采用红杉木,坚固耐腐蚀。牌示中英文字体、颜色同(2)。(图6-3)。

图6-2 指路牌示

图6-3 景点解说牌示

（4）忠告牌示。图标采用国际通用忠告图标，或采用浅显易懂的简化图标。牌示材质为红杉木，坚固耐腐蚀。牌示中英文字体、颜色同（2）。忠告牌内容，如"请勿吸烟""当心落水"（如图6-4）。

图6-4　忠告牌示

（5）服务牌示。牌示图标采用国际统一标志，牌示材料为红杉木（图6-5）。

图6-5　服务牌示

4. 可携性（出版物）解说系统设计

（1）导游图解说。导游图分为两面，一面图示介绍景区，对景区的线路、重要设施（包括厕所、电话亭等公用设施）、服务项目、景点位置等要标志清楚，方便游客游览。对景区内特殊节点要重点标志，方便走散的游客与同伴重逢。地图还应对不同旅游线路进行简单解说以方便游客选择自己所喜欢的项目。还可标明通往镇内主要景区的交通线路、通行时间等信息。导游图需中英文对照，并注意及时修订。

（2）画册解说。把各景区列入介绍三河古镇的精美画册、挂历、明信片，中英文对照，并注意及时修订。

（3）书籍解说。目前，没有介绍三河古镇的专门书籍，介绍合肥各景区的书籍少且内容不丰富，设计粗糙。随着三河古镇和合肥其他景区旅游开发的深入，结合一些新景区、新项目开发，可出版配有图片的相关旅游书籍，介绍三河古镇旅游资源、三河历史、挖掘文化内涵，展示历史积淀。

（4）光盘解说。制作介绍三河各景区、景点的旅游光盘，中英文对照，进行整体宣传。

资料来源：http://wenku.baidu.com/view/93bdbb0d4a7302768e99394f.html.

【模块小结】

本模块介绍了景区住宿接待系统、景区商品购物系统和景区解说系统等的规划管理内容。在住宿接待系统规划管理中，首先叙述了景区住宿接待系统包括星级饭店、小型旅馆、特色小屋和露营等类型。接着以饭店型接待设施为例，从选址、床位、档次和外观及体量等方面对景区住宿接待系统规划加以论述。在景区商品购物系统规划中，重点阐述了旅游商品内涵、游客购物心理、旅游商品规划和旅游商品购物体系规划管理。最后，在景区解说系统规划管理中，论述了景区解说系统构成、向导式解说系统和自导式解说系统规划管理等内容。

模块知识结构图

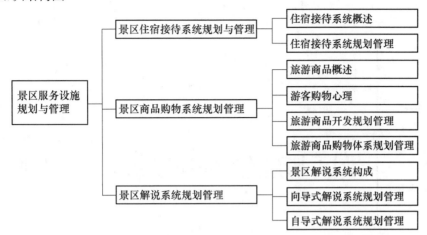

【课堂活动】

针对各类解说媒介的优缺点展开讨论,分析它们各自适合哪种类型的游客和哪类景区的解说。

【实训项目】

为某景区旅游商品及其购物设施进行规划。

一、实训目的

通过各种渠道收集、整理并分析所选景区的旅游商品及其购物设施的相关资料,运用所学知识,对景区旅游商品的选择、购物设施的选址、环境设计和服务质量管理制定可操作性方案,以达到:

1. 掌握景区旅游商品的选择策略。

2. 熟悉景区旅游商品购物设施规划方法和原则。

二、实训器材

计算机、互联网、数码相机、景区导游图、皮尺、笔、记录本等。

三、实训指导

1. 根据选定景区的面积大小进行分组,一般5~8人一组。

2. 每个小组分别制定规划计划、撰写规划方案。

3. 通过各种渠道调查选定景区旅游商品、购物设施选址及其购物环境的现状。

4. 实地调查,做好笔录和拍照,填写旅游商品、购物设施选址、环境及其服务质量的调查表。

5. 整理分析资料,小组讨论提出建议,并编写实训报告。

四、实训报告

以小组为单位编写实训报告,要求阐明所制定的景区旅游商品的选择、购物设施的选址、环境设计和服务质量管理方案的依据和优点。

模块七

景区基础设施开发规划与管理

【学习目标】

◆ 了解和熟悉旅游景区基础设施开发规划的基本内容。

◆ 掌握景区道路开发规划、景区停车场开发规划、电力系统开发规划、景区给排水开发规划、景区环卫工程开发规划的基本方法。

【能力目标】

◆ 能够运用所学理论对景区基础设施开发规划作出评价,并提出可行性建议。

情境一 景区道路开发规划管理

【案例导读】

福建安溪县金谷茶果观光园道路交通规划

道路现状

园区与外界联系的公路有两条:一是从河美村经尚芸村连接307省道的交通主干道,目前路况一般,路面窄小;二是从河美村至美洋村的交通干道,路况一般,路面窄小。两条路线都无班车或专线车经过。

园区内的主要干道已基本建设完毕,从园区入口处到山顶都是水泥路面,路程1.5千米左右;从园区入口处通往太王陵朝圣旅游区的道路也建设完毕;有机茶园和生态观光果园内的支干道还未建设。

道路规划设计

本着建造畅通、安全、便捷、舒适和生态交通的原则,园区内部交通网络设计采用分级设计:

(1) 主干道。主干道是作为外界通往园区的交通要道,因此,应对主干道进行规范化设计。主干道路面宽不小于4.5米,路基5米,水泥路面,可通行汽车;此外,在主干道沿路设园区标志、交通指示牌等路牌,险峻路段设防护栏等。主干道通往园区大门入口处和太王陵朝圣旅游区入口处。

（2）次干道。次干道贯穿园区各功能区,包括旅游综合服务区、山水茶文化旅游区、生态观光果园、生态有机茶园等,创造迅捷、舒适的交通条件。茶园和果园内的支干道路面宽2.5米,路基3米,水泥路面,可通行轿车,主干道已基本建设完毕,主要服务于游览、后勤机动车道及游客自驾车通道。在次干道沿路设功能区标志、交通指示牌等路牌;险峻路段设防护栏,并结合造景需要,或错落置石,或植被覆盖,尽可能和环境相协调。在山脚通向山顶的次干道上建立一条百米生态绿廊。树种选用山乌桕、山杜英、银杏等观赏性较强的树种。

（3）游步道。游步道是连接各功能区内及森林景观的景点和建筑物的小道,为游客游览园区景点和通往各项目区提供迅捷、方便的交通条件。应尽可能利用原有小路,随山就势,少动土方,蜿蜒曲折,自然布置。道路宽1.5米左右,铺砌路面。铺砌材料,可以就地取材,或石块拼砌,或以卵石组成图案,或以原木做成阶梯;当游步道坡度较陡时,应随坡筑成踏步,并且每隔100米设一个休息平台。

资料来源:http://www.anxitur.com/show.asp? id=229.

思考

1. 景区交通道路设施主要有哪些类型? 安溪县金谷茶果观光园的道路主要有哪些类型?

2. 景区道路开发规划应符合哪些规定? 对步行道设计开发规划有什么要求?

景区基础设施包括道路设施、电力设施、供排水设施、邮政和信息服务设施等。基础设施的完备程度、质量高低直接影响到景区产品质量,也是保证景区正常运营的基本保障。

一、道路设施类型及其开发规划原则

道路和交通设施是景区构成要素之一,除了交通功能外,还具有集散和引导游客、划分景观层次等功能。景区道路设施主要包括车行道、停车场、步行道以及特殊交通道等。

（一）道路设施类型

1. 车行道

车行道指供景区内机动车以及非机动车辆行驶的道路,分为主要车行道和次级车行道。

（1）主要车行道以车辆行驶为主,且为车辆的快行道,要实现人车分流,以免发生危险。

（2）次级车行道由于车辆较少且车速较慢,可采用人车共用车道的形式进行规划和设计。

（3）车行道要求路面平整,无尘土,符合安全行车要求。

（4）配备的设施包括:各景点供游客上下车的站牌、根据道路交通情况设立的交通标志等。

（5）注重环保。景区内要尽可能使用电瓶车、液化汽车等利于环保的交通工具。

2. 停车场

停车场一般位于景区出入口的外围。对景区停车场一般有如下要求:

（1）规模适中。停车场的大小应根据游客日流量、游客到景区所乘坐交通工具的方式、旅游旺季的停车位需求,按照"比平季略高,旺季可调剂"的原则,综合考虑停车场建设。

（2）建筑与景观协调。停车场的建筑须与景区景观相协调。如人文景区停车场的设施和建筑一般应仿造景区的建筑风格及特点建设。

（3）合理布局、设施齐全。停车场一般设置在相隔游览区出入口一定距离处,游人须下车步行一段时间再进入游览区,从而保证游览区、景点的安静及组景要求。停车场需设立停车线、回车线,大型停车场应进行分区,一般分为大车景区和小车景区,分别设立出口和入口。

(4)设施齐全,优化管理。停车场一般应配备汽车维修、清洗保养、消防设施等。同时,停车场必须要有专人管理,指挥车辆出入,保证车辆安全。

(5)地面应平整、坚实。无论是生态化地面、还是砂砾地面、泥土地面,都要平整、坚实。

(6)注重环保。国内不少景区都建成了生态停车场,生态停车场是指有绿化停车线、绿化停车面、绿化隔离线的停车场。

3. 步行道

步行道是供游客游览的主要道路,车辆不能进入。步行道按其等级分为主要步行道、次级步行道以及小路径等;按步行道的坡度可分为水平步行道和阶梯状步行道;按步行道的地表状态可分为人工步行道和自然步行道。步行道对游客的体验程度具有重要影响,设计有如下要求:

(1)便于观赏。步行道具有将各景点、景物等相互串联而形成完整的景观游览体系,以引导游人至最佳观赏点和观赏面、把主景观最美的特质展现给游客的功能。因此开辟时要因景制宜,随地势而曲折起伏,在主景观的不同观赏角度和距离,设计不同的观景点,让游客从不同角度重复观赏,强化感受,以形成入景、展开、酝酿、高潮、尾声的观景序列。尽量为环形,不让游客走回头路,始终有新奇感。山路建设要注意安全,在危险处设置与环境协调的安全护栏,要考虑高峰时相互避让的宽度,防止阻塞和险情出现。

(2)形式多样。步行道可有曲直、宽窄、平险之分。应根据景观自然特点,保持自然风貌,使游人在游览线路上有登山、越岭、穿林和涉水,不断变幻空间、变幻视线,丰富体验。具体线路可有多条:险、平,索道线、步行线等,供不同年龄、不同兴趣的游人选择。

(3)就地取材。路面材质应就地取材,可选用青石板、大理石、石条、青砖、鹅卵石、水泥、木头、木板、竹板等生态材料。如黄龙景区在钙华景观上,铺设色彩相近、错落有致的木板游道;香格里拉的碧塔海曾主要采用弹石马帮道:大多数的山岳型景区在山体上开凿石板游道,在小溪上架设石拱桥;而大多数的古城、古村落选择石板路、卵石路以及青砖游道。

(4)兼顾游憩。景区道路在突出交通功能的同时,还要兼顾游客游憩需求。将景区道路建成为氛围轻松、游憩设施完备、景观视线优美的休闲、观光、游憩场所。根据游览线路的长度和攀登的高度,适时设立休息点,使游客随处可安,灵活行止。休息点要设立观景的亭、台、廊,配备供游客休息的椅子、凳子等设施。

(5)设施齐全。步行游览道要求配备相应的设施:与景观协调的垃圾箱、公厕、指示标牌,距离适宜的饮料、小吃供应点等。

(6)便于管理。步行道管理主要是保洁、路面维护、设备更新等,应注意管理的便利性。

4. 特殊交通道

特殊交通道是指景区中特殊交通工具使用的交通道路。根据景区不同的位置和地形状况,景区内常见的特殊交通工具主要有索道、缆车、踏步电梯、水面交通、空中交通,如水城威尼斯的小船刚朵拉、峨眉山的轿子、玉龙雪山的马帮、杭州雷峰塔的踏步电梯都是富有特色的交通工具,增加了景区的吸引力。

在景区内交通道路设计时,如果适当配置具有特色的交通工具,能增加旅游的趣味性,强化体验。特殊交通道的管理一般涉及环境管理、游客行为管理、设备设施维护、安全保障等。

(二)规划原则

道路规划要因地制宜。道路和停车场的开拓及重建,必须以保护和维护生态平衡为首要条件,绝不能破坏自然及人文景观的完整性。步行路的开辟要利用现状,结合地形,既要注意景观效果,又要注意经济效益。停车场及周围附属设施,应集中分散相结合,方便管理,停靠汽车站的选点应起到疏导游人量、方便游人的作用。人流和货流、车行和步行、内部和外部等流线应尽量减少相互之间的干扰,并尽可能考虑到各种不同素质游人的实际需要。

景区道路应符合以下规定:合理利用地形,因地制宜地选线,同景区和环境相配合;对景观敏感地段,应用直观透视演示进行检验,提出相应的景观控制要求;不得因追求某种道路等级而损伤景观与地貌,不得损坏景物和景观;应避免深挖高填,因道路通过而形成的竖向创伤面的高度或竖向砌筑面的高度,均不得大于道路宽度,并应对创伤面提出恢复性补救措施。

【相关链接】

景区游览道路设计建设研究

景区游览道路设计要符合规划要求,道路宽度要满足景区游客流量和容量需求,游览道要有特色。选材宜自然、古朴、粗犷和就地取材,要与周边环境相协调。游览道路要依山就势、自然流畅,顺理成章地融于自然。

游览道不仅要起到引导、分区、分隔、连通各景观游览观光功能,还要起到变化、点缀、增景、增色的景观作用;游览道要把各有特点的景观如:新、奇、特、险、峻、幽、秀、伟、壮及把美化、香化、洁化、季化(花卉、竹、灌木、乔木、地被植物)等组织起来有机连成一幅"美妙多变、层次丰富"的立体自然画卷,使游人在游览过程中达到步移景异的意境,让游人在游览过程被眼前的"自然美景、天然画卷"所陶醉,使游人达到"回味无穷、流连忘返"的境界。完善配套设施要注意:

(1)沿途:应设有游览线路的路牌和标志、简介说明及文人墨宝点缀充实景点(既要有自然美景、又要有文化内涵)、休息亭、亲水平台、观景台、安全设施、应急设施、公厕、购物场所以及各种基础设施配套项目。

(2)入口处:应设有进出口标志、停车场、人员集散广场、售票房、询问处、休息室、应急医疗室、用餐场所、导游室等功能齐全的设施。

(3)仿木游览道设计建设:仿木的质感、纹理、色泽、外形、形状、年轮等,要逼真自然,安全粗细的尺寸搭配,要符合旅游道路整体要求。

(4)仿石游览道路:仿石的质感、石纹、石质粗细要与周围的岩石相符,要达到以假乱真且融于周边环境,尽量不留人工痕迹。

(5)可在景观险峻和水景壮观变化丰富处,采用透明材料设计施工成观景台或游览道让游人在毫无遮挡中欣赏全方位美景且犹如悬空飘在其上,犹如神仙感受。

(6)游览点的终点:应设在景观最完美、壮观和丰富的开阔之处,宜留有一定面积的观景台、留影处,让游人达到终点时欣赏美景长期处于最佳兴奋、陶醉、痴迷的高潮境界。

游览结束尽量不走回头路,这有利于游客的安全和道路通畅,路程不宜太远,让游客一直保留游览过程中这段美好兴奋的回忆。游览道不仅起到交通的功能,还要达到增景、增色的景观效果,游览道与周边的自然环境相协调、道路自然流畅,使自然环境与游览道达到相辅相成相得益彰的要求。

资料来源:王春生 http://wenku.baidu.com/view/3779cb22aaea998fcc220ea0.html.

二、景区道路的景观开发规划管理

（一）道路的景观

道路景观是指道路中由地形、动植物、建筑、景点、小品等组成的各种物理形态的总称。

游客的景观感受具有四维性，即通过视觉、听觉、嗅觉以及触觉四种主要感官来感知道路景观。视觉对应的器官是眼睛，这是景观最初的感觉器官，它主要对道路周边的有形景象加以反映，以光波为主要载体，如道路两边物体的形象、颜色、质感等。听觉对应的器官为耳朵，主要对道路两边的声音做出反应，以声波为主要载体，如周边的人工和自然声响：风声、雨声、流水声、动物叫声、音乐等。嗅觉以鼻为感觉器官，对道路沿线气味加以感知，如各种香味。触觉以身体系统为感觉器官，注重对道路环境的综合感受，如温度、湿度、气流、风速等。

（二）道路景观的构成要素

道路景观的构成要素主要有景物、景感以及主客观条件等三类。景物是指道路景观中物体本身。它是构成景观的物质基础。景感则是指游客通过自身的感观对景物的反应，包括直接反应和间接反应。直接反应是通过四个感官对景观的认识，间接反应则是在直接感知的基础上，根据想象等思维活动而形成的对景观的进一步认识。主客观条件则是对游客感受景观产生影响的自然、社会、人文环境和因素的总和。一般而言，在不同的旅游环境中，游客对同类景观会产生不同的感受，如面对洞庭湖和西湖，人们就会产生不同的情感。

（三）景区道路的景观规划

景区道路景观规划是指综合运用艺术、技术、生态学、环境科学以及旅游者行为学等领域知识，对道路两旁景观元素设计和整合的技术过程。其中旅游者行为学对景观规划具有重要影响，表现在速度与视野视距的关系，心理兴奋曲线以及生理疲劳曲线对道路景观规划的指导。

1. 景区道路景观规划的影响因素

（1）运动速度与视野和视距。游客的运动方式主要有乘机动车、骑自行车和步行三种。3种运动方式速度不同，其观景时的视距和视野也不同。运动中观景者的视距会随运动速度的加快而逐渐增大，而视野则会随着运动速度的加快而缩小。因此，道路景观设计应根据游客观景的方式对景观规划和设计。如乘坐汽车观光的游客关注的景观远且范围较窄，应重点注意道路远景的规划；步行者的景观视线较近，关注范围广泛，要注重从细节和近处的景观营造着手。

（2）心理兴奋曲线。心理兴奋曲线是对游客旅游过程中心理过程的刻画。随着旅游进程的不断深入，游客心情逐渐兴奋，到达最高潮后又逐渐减退。道路景观设计应在初期不断提起游客兴趣，旅游近结束阶段则要保持游客兴奋状态，以此加深游客对景区印象。可见，游客结束旅游后返程道路的景观设计对景区发展同样重要。

（3）生理疲劳曲线。游客的生理疲劳是随着旅游过程的延伸而逐步增加的，但是，途中适当的休息和观赏能在一定程度上降低游客的疲劳度。景区道路景观设计的一个重要目的就是为游客劳累的旅途带来惊喜和轻松。因此，景观规划应估计游客的生理状态，在适当的路段设置具有较高观赏性的景观，让游客驻足停留休憩，从而降低其生理疲劳度。

2. 景区道路景观规划

（1）步移景异。景区道路应布置在不同景物附近，疏密相间、错落有致、步步有景、段段不同，道路就像一条线，将各种风景串联起来，使游客感到"一步一个景，十步一层天"。

（2）豁然开朗。游览道路设计中，采取"欲露先藏"和"欲扬先抑"的手法，使游览空间由狭小、阴暗突然变得宽广、明亮，给游客带来"山重水复疑无路，柳暗花明又一村"的欣喜。

（3）曲径通幽。游览道路规划时，根据景区特点，有意使游览道路迂回曲折，视域狭小，光线阴暗，声响寂静。或上下盘绕，或穿林越洞，或临池俯田，或入谷探幽。

（4）渐入佳境。合理安排道路沿线的景物，不要把最精华的景点安排在前面，而应沿着游览线的时空顺序，一个比一个好，使游客情趣不断提高，逐渐达到高潮，然后结束。

（5）跌宕起伏。游览道路线串联的景物，按一定节奏，将不同层次、等级的景点有机组合，构成不同的风景序列，形成一定的韵律和节奏，使游客产生跌宕起伏的视觉快感。

【思考与讨论】

1. 简述景区道路的景观规划。

2. 景区道路线形设计包括哪些内容？

【案例回放】

1. 景区交通道路设施主要有哪些类型？安溪县金谷茶果观光园的道路主要有哪些类型？

景区交通道路设施主要有车行道、停车场、步行道、特殊交通道等。

安溪县金谷茶果观光园的道路主要有：①主干道，通往园区大门入口处和太王陵朝圣旅游区入口处，是外界通往园区的交通要道。②次干道，贯穿园区的旅游综合服务区、山水茶文化旅游区、生态观光果园、生态有机茶园等各个功能区。③游步道，是连接各功能区内及森林景观的景点和建筑物的小道，为游客游览园区景点和通往各项目区提供迅捷、方便的交通条件。

2. 旅游景区道路规划应符合哪些规定？对步行道设计规划有什么要求？

景区道路规划应做到：合理利用地形，因地制宜地选线，同景区和环境相配合；对景观敏感地段，应用直观透视演示进行检验，提出相应的景观控制要求；不得因追求某种道路等级标准而损伤景源与地貌，不得损坏景物和景观；应避免深挖高填，因道路通过而形成的竖向创伤面的高度或竖向砌筑面的高度，均不得大于道路宽度，并应对创伤面提出恢复性补救措施。

在步行道设计规划时应注意：①便于观赏。开辟时要因景制宜，随地势而曲折起伏，在主景观的不同观赏角度和距离，设计不同的观景点，让游客从不同角度重复观赏，强化感受，尽量为环形，不让游客走回头路，始终有新奇感。②注意安全。在危险处设置与环境协调的安全护栏，要考虑高峰时相互避让的宽度，防止阻塞和险情出现。③形式多样。步行道有曲直、宽窄、平险之分。④就地取材。路面材质根据景区的情况就地取材，采用青石板、大理石、石条、青砖、鹅卵石、水泥、木头、木板、竹板等。⑤兼顾游憩。将景区道路规划建设成为氛围轻松、游憩设施完备、景观视线优美的休闲、观光、游憩场所。⑥设施齐全。与景观协调的垃圾箱、公厕、指示标牌，距离适宜的饮料、小吃供应点等。⑥便于管理。步行道管理主要是日常保洁、路面维护、配套设备更新等，其设计应注意管理的便利性。

【技能训练】

选择某一景区，调查其交通道路设施主要有哪些？运用所学理论对其道路设施设计的合理性进行评价。

【阅读资料】

一、旅游交通现状调查与交通流量的预测

（一）旅游地旅游交通现状调查

要使旅游交通规划具有更强的科学性、可操作性与现实意义，就必须深入分析规划区旅游交通规划的现状。

1. 旅游地外部交通现状分析

主要对规划区对外交通总体结构进行分析，一要重点分析公路运输、铁路运输、航空运输、河运运输、海运运输、特种交通工具运输等与全国各地乃至世界各地的通达性；二要评估规划区交通设施条件情况：铁路站、客运站的等级及车站设备条件等，各类公路的等级，空港的等级与设备条件等。

2. 旅游地内部交通现状分析

一方面是规划区内的城市交通现状，规划区城市公交系统主要由两个部分组成，即城市公共交通子系统和城市出租车子系统。综合分析交通工具的种类、数量、质量、城市交通基础设施改善状况，这些要素都为旅游交通规划提供重要的依据。另一方面是规划区旅游景区（点）交通现状分析，主要对旅游景区（点）交通线路的组成、交通工具的种类与结构、交通舒适度、旅游交通的接待能力等进行综合分析。

（二）交通流量与交通设施数量需求的预测

旅游地交通设施数量需求预测要以旅游地的交通流量预测为依据。一个比较成熟的景区或旅游城市，其交通模式基本上包括飞机、火车、汽车、游船等，形成了立体交通网络，因此，规划者要分别估算各种交通线路上的流量，进而确定未来所需要交通设施的数量。根据国内景区客运车辆的状况：近中期游客乘坐大客车的比例为55%、中型客车的比例为25%、小型客车比例仅占20%。远期，国内私人小轿车的比例将会增加。以每辆大客车乘坐30人，中客车乘坐15人，小客车乘坐3人计算，结合游客数量，就知道未来某个时期的公路流量，从而可以为道路、停车场等交通设施规划提供依据，进而也能预测未来该时期的交通设施需求量。

二、旅游交通设施开发规划的原则

（一）满足旅游业发展的需求

随着旅游资源开发和旅游地知名度提高，客流量必然会增长，客观要求旅游交通设施规划具有前瞻性。

（二）因地制宜，保护旅游资源

景区道路交通建设规划，要根据景区自然地势而定。这样既可节省资金；也可减少对自然环境的破坏。

（三）尽量利用已有设施

在旅游地开发过程中，需要投资的方面很多，如果专门为某一景区或景点修建一条公路或铁路、机场，往往很难实现盈亏平衡。因此，在旅游地规划中，应尽可能利用当地已有的交通设施。

（四）新建的交通线路应该尽量一线多点

由于景区道路交通建设属于基础设施投资，成本较高。为达到充分利用的目的，新规划修建的道路和交通线路应连接多处景点，这样在这条旅游交通线上营运的车辆和人流量将大大增加，利用率将大大提高。此外，对于旅游线路的组织也有益处，一条旅游线贯穿多个景区可起到缩短旅行时间、相对延长游玩时间的效果。

资料来源：崔莉.旅游交通管理[M].北京：清华大学出版社，2007.

情境二　景区停车场开发规划管理

【案例导读】

　　葛山景区具有便捷的外围区际交通条件和城市交通体系。106 国道横穿葛山景区,直抵鄂黄大桥,将景区分割为葛山山体主体景区和葛洪药用植物园景区两个部分。规划中的城市主干道沿葛山西边通过。

　　葛山景区内部交通系统由停车场、公共交通站点、车行道、步行主干道和步行小道构成。

　　停车系统规划有主停车场 1 处、临时和小型停车场 3 处、回车场 2 处。对停车场的使用要求:团队用车、自驾车、单位车等集中停放在主停车场。农家乐和葛洪山庄附设的临时停车场主要用于特殊接待;游乐场附设的停车场主要用于团体对游乐设施的使用。

　　公共交通站点主要供通过城市交通体系来葛山旅游的游客使用,站点设置在葛山山门广场边,与主停车场形成一体。

　　葛山内部车行道主要有 3 条:一条是葛山山门左侧用于特殊接待上山的车行道(已基本建成),设置在半山的回车场只做临时停车;二是从吕田铺过徐下湾、许上湾到葛山游乐场的车行道,是在现有土路基础上改造建成;三是环绕葛洪药用植物园车行道,是适应景区建设的新道路。葛山景区内的车行道均按照宽 3 米的标准建设。

　　葛山景区的游路系统主要由主干步行道和步行小道组成。主干步行道为 1.5 米的石阶路、半硬化沙石路以及部分水泥路面;步行小道为 1m 宽的石阶路和沙石路面(半硬化)。营造自然与生态化的游路系统。

资料来源:王云. 现代旅游规划设计案例,青岛:青岛出版社,2004.

　　思考

　　1. 葛山景区的停车场怎样规划?

　　2. 葛山景区停车场规划和内外道路系统怎样协调?

➡ 一、景区停车场概述

　　停车场一般位于景区出入口的外围,随着国内自驾车旅游的兴起,对景区停车场的需求规模越来越大。景区要根据游客日流量、游客到景区所乘坐交通工具的方式、旅游旺季的停车位需求,按照"比平季略高,旺季可调剂"的原则综合考虑停车场建设的大小。停车场地面分为生态化地面、砂砾地面、泥土地面等类型,但不管哪种地面,都应平整、坚实。国内不少景区都建成了生态停车场,生态停车场是指有绿化停车线、绿化停车面、绿化隔离线的停车场。

➡ 二、景区停车场开发规划应考虑因素

(一)设计原则

　　(1)为减少车辆对景区内部、特别是主要景点的交通干扰,增加环境容量,应在重要景点进出口边缘地带及通向尽端式景点的道路附近,设置专用停车场地或留有备用地。

　　(2)停车场应按不同类型及性质的车辆,分别安排场地停车,以确保进出安全与交通疏散,提高停车场使用效率,同时应尽量远离交叉口,避免交通组织复杂化。

（3）停车场内交通路线必须明确，宜采用单向行驶路线。避免交叉，并与进出口行驶方向一致。为便于管理，可采用划白线或彩色水泥混凝土块，作为指示停车位置和行驶通道的范围。

（4）停车场设计须综合考虑场内路面结构、绿化、照明、排水以及停车场的性质配置相应的附属设施。

（二）停车场面积确定

确定停车场面积，首先要计算单位停车面积，然后按计划停车数量来估算停车场用地面积。单位停车面积，是根据车辆长、宽度的轮廓尺寸、车辆最小转弯半径、车辆停放排列形式、发车方式和车辆集散要求等因素决定。其中以垂直后退式停车方式占地面积最小，平行式停车方式占地面积最大。初步计算停车场面积时，可按每辆汽车 25 米^2（包括通行道）标准计算。

对景区停车场要求：停车场建筑须与景区景观相协调。如人文景区停车场的设施和建筑应与景区建筑风格一致，与景区景观融为一体。停车场需设立停车线、回车线，大型的停车场应进行分区，一般分为大车区和小车区，分别设立出口和入口。停车场一般应配备汽车维修、清洗保养、消防等设施。停车场必须要有专人管理，指挥车辆出入，保证车辆安全。

（三）车辆和行人的安全

停车场规划要考虑车辆和行人的安全性，其中包括行人和车辆的动线分离、车辆的保全与安全、车辆间的相互负面影响等。

（四）旅游者停车行为方式

停车场设计时要考虑当地或周边地区驾驶员和游客的行为方式。如驾驶员的停车习惯、游客的下车位置等。如，游客在停车场外下车，则应在进出口处设置较大的蓄车空间，供游客上下车时使用，以免因为游客上下车而导致交通拥堵。如果游客在停车场内下车，则应对停车位的宽度进行预留，防止两辆车相邻停靠时相互影响游客安全；并且在停车场内应规划设计与车行道分离的游客步行道，供停车场内下车的游客安全进入景区。

（五）停车场对环境的影响

停车场往往位于景区的入口处附近，通常也将该区域称为景区第一形象区域。因此，该区域景观的好坏直接影响到游客对该景区的第一印象，规划时，要充分考虑停车场与旅游景观的关系，尽量营造良好的交通组织秩序，并塑造理想的景观效果。此外，停车场作为面积较大的人工设施，要考虑到其对周围自然环境的影响，以与自然景观和谐一致为基本原则。

三、景区停车场区位选择管理

（一）根据与景区关系确定区位

景区的空间规模对停车场区位的选择有直接的影响，按照停车场与景区空间上的位置关系可分为以下几种区位类型：

1. 景区外部集中布局

当景区内部腹地空间较为有限，不宜作为停车场地或景观不容破坏时，可以在景区外部开辟一个地块作为景区停车场，所有旅游者的车辆均停泊于停车场中。

2. 景区外部分散布局

当景区停车场设置于景区外部时,若外部空间也较为狭长或不适宜作为集中停车场,可采取分散布置停车场的方式,在该布局模式下,车辆对道路的交通压力减小,但是,由于停车场空间上较为分散,往往会增加停车后游客的步行距离。

3. 景区内部集中布局

如果景区有足够空间或环境允许将停车场开在景区内,可在景区内靠近大门处开辟一处主停车场,所有游客车辆均可在该停车场停泊。但由于该停车场靠近主门景,需要注重停车场环境景观的营造和交通流量的疏导,避免因交通秩序混乱而破坏景区入口处的景观。

4. 景区内部分散布局

对内部面积较大且景点间距离较远,徒步行走不便的景区,停车场应采取景区内部分散布局的模式。在景区内几个主要景点附近设立停车场,以方便游客游览时停车之需。但该停车场布局模式将增加景区内道路交通的负荷,并对游客的安全造成一定影响。在停车场设计时,可通过植被或景观建筑将停车场与周边环境隔离,以保证景区内景观美感与和谐。

(二) 根据环境和景观确定区位

停车场规划时要尽量避免对景区的环境和景观造成破坏。停车场的景观负面效应主要表现在:一是停车场对景区景观风格的破坏;二是停车场对环境意境的破坏。一般而言,停车场无论是在景区外部还是在景区内,都应与整个景区的风格保持一致。因此,停车场要结合景区的整体格调进行设计。

大门景是景区内的第一印象区,是景区形象塑造的关键环节。为此,大多数景区都将停车场远离大门设置。这样游客下车后步行到景区大门能够有足够的时间和空间感受景区的文化氛围。此外,远离景区大门设置停车场还可以避免车辆与游客之间的相互干扰。

(三) 根据环境和景观确定区位

停车场作为旅游交通工具停放场所,车辆的快速疏导是关键。通常,景区停车场应布置于景区快速通道附近,如景区外部联通道分岔口处。如果此地距景区主入口尚有一段距离,则可考虑另设一处转运站,利用电瓶车、观光火车或马车等特色交通工具将游客运送到景区大门处。

➡ 四、景区停车场内部功能分区管理

(一) 空间功能分区

通常情况下,停车场的空间功能分区要按照从大到小的原则,逐级进行。

首先划分大的功能区域,然后逐级划分小的区域,最后进行停车位的规划。在进行功能分区规划时,应顺应停车场规划地块的地形,如果有高差则可选择适当的形式,如阶梯状布局加以处理。其中,当小分区划分停车位时,无论采取何种停车角度,一般不要超过 4 列停车位。

(二) 出入口

出入口是车辆进出停车场的空间。出入口处还要进行收费等操作,有的车辆还会在出入口处停留寻找车位,因此,停车场地出入口规划时要尽量避免因为设计不周全而造成景区停车场的拥堵。首先,停车场的进出口数量要少,而且入口和出口要分开设置。其次,停车场出入口要考虑停车寻找停车位以及汽车转向等操作,最好预先留出蓄车的空间,并且道路的宽度设计上要有所放宽,以免在出入口造成堵塞。最后,如果在出入口处进行收费,则应设计成两车道宽度,以便能同时让两辆车收费通行,加快车辆进出的效率。

(三) 通道设计

停车场通道是车辆和行人的道路,一般停车场车行道分为四个级别:第一级通道,过渡性道路,是停车场出入口与停车场区外道路间的连接系统;第二级通道,停车场出入口到停车场内各大分区的连接道路;第三级通道,停车场各大分区内联系各小分区的收集性通道;第四级通道,小分区内部连接各停车位的通道。

停车场通道在车辆行驶的方向上,可以设置为单行线或双行线,但是两者各有优劣。使用单行线的通道,道路所占面积较小,且能够有效防止车辆的相撞和交叉路口的危险。但是,单行线会增加车辆运行的距离。如果使用双行线的通道则可以大大缩短车辆在停车场中运行的距离。所以,往往在道路行驶方向的控制上,将单行线和双行线结合起来使用。

车辆通道宽度要求单行道3.5米,双行道5.5米以上。通道设计中,还要为驾驶员或其他行人设计人行步道。通常从行人的安全角度考虑,将人行步道和车辆通道分隔。

(四) 停车位规划

停车位是停车场功能分区中的核心内容。停车位空间设置要根据停车方式来设计。

1. 常见停车方式

(1) 按照停车的方向分类。按照行驶的方向可以分为车头先入式和车尾倒退式。

① 车头先入式。又称前进停车。该停车方式在进入车位时较为容易,但是驶离车位时则具有一定的危险性。在空间占用上,该停车方式所需通道面积较大,每个车位所需的面积也较大。使用该停车方式的优势在于能够使得车辆停放非常整齐。

② 车尾倒退式又称倒退停车,其特点与前进停车正好相反。

(2) 按照停车的角度和形式分类

① 平行停车,即车辆的首尾相连停在一条单线上。

② 单列直角停车,即只有一列停车位,车位与通道之间成直角。

③ 单列斜角停车,只有一列车位,车位与通道之间的夹角为斜角。斜角又可分为30度、45度、60度3种。

④ 多列直角停车,有多列停车位,停车位与通道之间成直角。

⑤ 多列斜角停车,有多列车位,车位与通道之间的夹角为斜角。

⑥ 交叉停车,有多列车位,且车位之间相互交错形成"人"字形。

2. 车位规划技术指标

停车位的设计要根据不同的停车方式来分别设计。停车位的规划技术指标主要包括停车位的面积和停车位的路面铺装两个内容。

(1) 车位的面积。根据不同停车方式和车辆类型,可大致估算出停车通道的宽度 W,与通道方向垂直的停车深度 D,停车宽度 W',最终可以得到车位所需的宽度以及每个车位的面积。

$$车位所需宽度\ W'' = W + 2D$$

$$车位所需面积 A = W''/2 \times W'$$

式中,小型客车以 6 米长、2.5 米宽为准,大型客车以 12 米长、4 米宽为准。

(2)车位的铺装。停车场通道的路面可采取混凝土、沥青以及沥青混凝土路面等作为铺筑材料。停车位则可利用鹅卵石或砖块作为铺面。砖块之间的缝隙可考虑植草加强水土保持并作为绿化。在以自然景观为主要特色的景区,为避免造成生硬的视觉效果,也可以不对停车场的通道和停车位进行铺装,保持其环境的原始状态,只要对边坡等处加以适当强化处理即可。

(五)中转区域开发规划

当景区停车场远离景区主入口时,需设计游客中转区域,方便游客乘坐特色交通工具进入景区。停车场中转区域有两种方式,一是紧邻停车场设置;二是与停车场分散设置。

将中转区域与景区停车场紧邻设置是将中转区域作为景区停车场的一个重要分区,通过专门的步道连接各个停车小分区和中转区域。

当停车场腹地较小时,应将停车场和中转区域分开设置,但两者间的距离不可过远,一般距离在 200~300 米为宜,最远不超过 500 米。要注重在前往中转区域的沿途进行景观优化。

【思考与讨论】

1. 景区停车场规划应考虑因素?
2. 如何进行景区停车场区位选择?
3. 停车场内部功能分区主要包括哪些内容?

【案例回放】

1. 葛山景区的停车场怎样规划?

停车系统规划有主停车场 1 处、临时和小型停车场 3 处、回车场 2 处。对停车场的使用要求:团队用车、自驾车、单位车等集中停放在主停车场农家乐和葛洪山庄附设的临时停车场主要用于特殊接待;游乐场附设的停车场主要用于团体对游乐设施的使用。

公共交通站点主要供通过城市交通体系来葛山旅游的游客使用,站点设置在葛山山门广场边,与主停车场形成一体。

2. 停车场规划和内外道路系统怎样协调?

葛山景区外部交通:106 国道横穿葛山景区,直抵鄂黄大桥。将景区分割为葛山山体主体景区和葛洪药用植物园景区两个部分。规划中的城市主干道沿葛山西边通过。

葛山景区内部道路由车行道、步行主干道和步行小道构成。车行道主要有 3 条:一条是葛山山门左侧用于特殊接待上山的车行道(现已基本建成),设置在半山的回车场只做临时停车;二是从吕田铺过徐下湾、许上湾到葛山游乐场的车行道,是在现有土路的基础上改造建设;三是环绕葛洪药用植物园的车行道,是适应景区建设的新道路。景区游路系统主要由主干步行道和步行小道组成。主干步行道为 1.5 米的石阶路、半硬化沙石路以及部分水泥路面;步行小道为 1 米宽的石阶路和沙石路面(半硬化)。营造自然与生态化的游路系统。

【技能训练】

以小组为单位,对所在城市主要景区的停车场进行调查,运用所学理论对所调查的停车场进行分析评价,提出合理化建议。

【阅读资料】

资料一:表7-1 机动车外廓设计尺寸简表

车型	项目					
	总长	总宽	总高	前悬	轴距	后悬
小型汽车	5	1.8	1.6	1.0	2.7	1.3
普通汽车	12	2.5	4.0	1.5	6.5	4.0
铰链车	18	2.5	4.0	1.7	5.8/6.7	3.8

资料二:表7-2 各种停车方式所需停车位面积一览表

车种	停车角度	停车方向	通道宽度(米)	停车深度 D(米)	停车宽度 W'(米)	停车位宽度 W''(米)	停车位面积 A(平方米)
小客车	30度	前进停车	3.80	5.17	5.00	14.14	35.35
	45度	前进停车	3.80	6.01	3.54	15.82	28.00
	45度交叉型	前进停车	3.80	6.01	3.54	15.82	28.00
	60度	前进停车	6.30	6.45	2.88	19.20	27.65
	60度	后退停车	5.70	6.45	2.88	18.60	26.78
	90度	前进停车	7.50	6.00	2.50	19.50	24.38
	90度	后退停车	6.70	6.00	2.50	18.70	26.38
大客车	30度	前进停车	5.08	9.46	8.00	24.00	96.00
	45度	前进停车	4.85	11.31	5.66	27.47	77.74
	45度交叉型	前进停车	4.85	11.31	5.66	27.47	77.74
	60度	前进停车	9.60	12.39	4.62	34.38	79.42
	60度	后退停车	8.90	12.39	4.62	33.68	77.80
	90度	前进停车	10.06	12.00	4.00	34.06	68.12
	90度	后退停车	9.90	12.00	4.00	33.90	67.80

资料来源:马勇,李玺.旅游景区规划与项目设计[M].北京:中国旅游出版社,2008.

情境三　景区电力电信开发规划管理

【案例导读】

贵州盘县丹霞山景区电力供应与开发规划

1. 供电现状及规划原则

只有丹霞山接待处有一定的电力设施,电源为凡口发电厂,通过110千伏架空电缆输往仁化氮肥厂,经变压站降压后,由黄屋接往丹霞山山上、山下各用电处。目前山上有小型变压器,可供电100千瓦,自己尚没有自备的发电机。旅游服务设施与工厂、农田电动排灌需电之间的矛盾比较严重,经常出现晚上停电现象,不利于旅游服务质量的提高。随着风景名胜区内旅游服务系统的完善,目前的供电现状已不能适应旅游服务的需要,所以,需要对风景区内的供电系统进行全面规划。规划应从远期着想,主要输电线路35千伏和10千伏一次按规划投资,分支线配合各接待区的建设要求,分期实施,使供电方式经济、合理、现实,投资省、见效快。为防止重点旅游接待点夜间停电现象的发生,规划考虑这些重点区用两个电源供电;风景旅游区内,任何建设都必须以景观资源保护为前提,风景区的空架输电线路对风景视觉环境破坏很大,具体线路的设计和施工必须避开高敏感区和风景质量较高的地区,尽可能地铺设地下电缆。

2. 供电规划

用电负荷规划。用电负荷规划为高档床位(有电视、电冰箱、空调、热水器)500瓦,中档床位(有电视、空调、热水器)200瓦,普通床位50瓦,服务人员每人50瓦;近期综合最大用电负荷342.4千瓦,中期692.8千瓦,远期1482.4千瓦。

电源。风景区的供电分别从三个地方引入:一是从由凡口到仁化氮肥厂的110千伏高压线接入;二是从由凡口经凡口畜牧场、黄子塘,大井到静村的110千伏高压线接入;三是由风景区南端高压线接入。第一条线路主要给丹霞旅游镇、瑶塘休养村和丹霞山接待区供电;第二条主要给夏富、巴寨、金龟岩各接待区供电,并作为瑶塘和丹霞山接待区的第二电源;第三条主要为矮寨旅游村供电。

资料来源:http://www.soujump.com/jq/13744790.aspx.

思考

盘县丹霞山景区供电常面临的问题是什么?该景区供电规划的主要内容及其原则有哪些?

一、景区电力开发规划内容

在旅游地,特别是旅游旺季,对电力系统有很高的要求。景区供电必须实现平稳、充足、可持续。供电工程也必须注意不破坏旅游资源且安全可靠。

(一)电力开发规划所需基础资料

1. 地区电力网资料

电力网资料包括电力网布置图、电压等级、变电站位置及容量、供应区内容、现有及计划修建电力线的回路线。

2. 电源资料

现有及已计划的电厂与发电量,近年最高电力负荷及存在问题。

3. 电力负荷情况

近年用电量及增长情况、最大负荷、电压等级、供电可靠性等。

4. 输电线路

输电线路长度、线路升压及改进可能性资料。

5. 本规划区各用电区的发展规模预测数据

(二)景区供电工程系统

景区供电工程系统由电源工程和输配电网络组成。

1. 电源工程

景区电源工程主要有电厂和区域变电所(站)等电源设施。景区区域变电所(站)是区域电网上供给景区电源所接入的变电所(站)。区域变电所(站)通常是大于或等于110千伏电压的高压变电所(站)或超高压变电所(站)。

2. 输配电网络工程

输配电网络工程由输送电网与配电网组成。景区输送电网含有景区变电所(站)和区域变电所(站)接入的输送电线路等设施。

(三) 电力设施规划要点

在确定景区及景区各功能区的用电负荷后,要确定电厂(站)、变电所、配电所的位置、容量与数量,还要确定高压走向,高压走廊位置,低压接线方式,架空线距游览路的最小平行距离,地下电缆位置。布局位置要考虑以下因素:①输电距离尽可能短;②便于电压质量的提高和线路的引入、引出;③地质稳定安全的地区;④不受积水或洪水淹没的威胁;⑤不影响邻近设施;⑥不破坏生态环境和公园景观。

➡ 二、景区邮政及信息服务设施开发规划管理

景区邮政及信息服务系统由邮政、电信、广播、电视四个部分组成。

(一) 邮政系统

邮政系统通常有邮政局(所)、邮政通信枢纽、报刊门市部、邮票门市部、邮亭等设施。邮政局(所)经营邮件传递、报刊发行、电报及邮政储蓄等业务。邮政通信枢纽收发、分拣各种邮件。景区要能为游客提供电报、邮寄、包裹、特快专递等服务,等级较高的景区应开放国内电报业务,安装载波电话终端和载波电报等设备。如果景区规模较小,则应在可能的情况下设立邮电支局、营业处等。

(二) 电信系统

旅游者对电信设施的要求比较高,要求服务迅速、方便、安全、准确,因此旅游地的电信要达到技术先进、质量优良、灵活性强、业务齐全、体系完整的要求。电信系统按通信方式分为有线电通信和无线电通信两部分。电信设施规划要注意以下几点:①电信网点的设置必须便于旅游服务活动的开展及游客的使用;②设备选型应简易方便,功能可靠;③设施坚固适用,工程量小,投资少;④景区内电信服务的线路、设置等要以不破坏景区内景观为原则。⑤线路的敷设要考虑对天际线的影响,电话亭的设置要考虑与周边环境的协调性,以免因颜色、材质以及风格等方面的迥异而让游客产生突兀的感觉。

(三) 广播系统

广播系统有无线电广播和有线广播两种方式。一个大的旅游地可以规划无线广播设施。在景区内,一般要设置有线广播设施,一方面可以播放背景音乐;另一方面可以传递各种信息。有线广播应根据需要,设置在游客相对集中的地区,但应尽量避免造成噪声污染。

(四) 电视系统

电视系统有无线电视和有线电视(含闭路电视)两种方式。旅游地电视系统规划主要内容是要把当地电视信号接入景区,在当地电视信号覆盖不到的景区,可考虑建立电视差转台进行接入,一般情况下景区应接入高质量的有线电视信号。

此外,处于安全和管理的需要,应在景区相关区域设置实时监控保安系统。

【思考与讨论】

1. 景区电力开发规划所需基础资料有哪些? 电力设施规划要点有哪些?

2. 简述景区邮政及信息服务设施开发规划管理的内容。

【案例回放】

盘县丹霞山景区供电面临的问题是什么? 该景区供电规划的主要内容及其原则有哪些?

盘县丹霞山景区供电常面临的问题是:旅游服务设施与工厂、农田电动排灌需电之间的矛盾比较严重,经常出现晚上停电现象,不利于旅游服务质量的提高。

该景区供电规划的主要内容包括用电负荷和电源规划。

规划的原则:第一,规划应从远期着想,主要输电线路一次按规划投资,分支线配合各接待区的建设要求,分期实施。第二,对重点旅游接待点用两个电源供电,以防夜间停电现象的发生。第三,景区内任何建设必须以景观资源保护为前提,高空输电线路对风景视觉环境破坏很大,具体线路的设计和施工必须避开高敏感区和风景质量较高的地区,尽可能地铺设地下电缆。

【技能训练】

调查所在城市某景区邮政及信息服务设施,运用所学知识加以阐述和评价。

【阅读资料】

云南玉溪映月潭休闲文化中心电力、通信工程规划

(一)电力规划

1. 供电设施规划原则

(1)需求原则。充分考虑旅游产业的发展和景区的规模大小来估算用电量,这是供电规划的根本原则。

(2)供电可靠性原则。以高压供电形式向各景区、景点供电,重要景点采用双回路供电,保证供电质量和供电能力,提高供电可靠性,以保证景区旅游业的正常运转。

(3)景观原则。各种供电设施,变电所、变压器、供电线路,尤其是输电线路、杆、塔,在选择位置、架设方式、线路走向等方面,均应不破坏旅游景区的景观环境和景区的自然景观形象。

(4)发展原则。随着景区旅游业的发展,用电规模亦逐渐增加,供电设施应充分考虑长远发展的需要。供电能力、变压器的容量设计应大一些。

(5)安全原则。供配电、用电设施设计以用电安全为首要,应确保供电、配电与用电设备的安全运行。变电所周围应架设护栏,保证游客的人身安全。

2. 电源及设施线路规划

根据国家要求,进入景区的高低电压电线必须走地下电力电缆。本规划所有供电线路均采用直埋方式敷设,深埋不低于1.0米(冻土层以下0.2米),所有线路通道处均采用镀锌钢管保护。按照接待设施规划,统一进行输电线路网的规划布局。保证逐步增加的电力需求。在游客中心、重点接待区配置小型发电机,提供应急电源。

3. 路灯及景的亮化工程

规划各功能区道路均设置路灯照明,各类建筑及主要景点统一进行建筑艺术灯光设计,应因地制宜,与环境相协调。规划线路均采用直埋,深埋不低于0.8米。

(二)通信规划

1. 旅游通信设施建设原则

(1)采用先进技术和设备,开通各旅游区(旅游景点)与外界的多通路、大容量的通信干线,形成可靠的对外联系信息通道。

(2)各旅游区内的通信设施应形成网络,并覆盖整个旅游区,以利于旅游区管理。

(3)各种线路宜埋地敷设,旅游区内不得有架空线穿越,以保护旅游区内的自然景观和游客的观景视野。

(4)各种通信设施应做到环境安全,服务方便,技术合理,经济实用。

2.旅游通信设施建设规划

目前,已有的通信系统能够满足基本的通信需要,为保证通信网络及时、准确、可靠、连续传递信息,满足景区建设和方便游客,规划在景区内设置一定数量的公话亭、IC卡电话。宾馆和旅游度假区应设立电视控制中心,并入玉溪市有线电视网,电话线路亦采用直接埋地方式敷设。规划在中期后,建立映月潭休闲文化中心门户网站、电子政务系统、电子商务系统、多媒体会议系统、企业财务监控系统和视频监控系统;设立网上订票、订房、结算业务,发展网上直销;建立景区通信基础设施平台(通信基础设施系统、语言通信、数据通信网络,提供对各业务系统多元数据传输支持)。

资料来源:http://www.ynagri.gov.cn/yx/ht/news3372/220903/3466949.shtml.

情境四　景区给排水开发规划管理

【案例导读】

云南峨山县万亩茶园景区给排水规划

峨山县旅游给排水规划包括水源、生活用水供应、消防用水、污水处理、天然水排放等。

(1)水源。峨山县各主要旅游景点、景区均有茂密广阔的森林植被,水源丰富,积水面积大。另外,各景点、景区还可以由水库供水。主要供水水库包括:新村水库、回龙水库、仙人洞水库、红石岩取水口。

(2)生活用水设施规划。峨山部分景区生活用水属于未经处理的管道引水,旅游发展的中远期规划,需要建设景区饮用自来水厂,包括蓄水池、净水成立设备等。

(3)消防用水。旅游景点、景区内,特别是接待中心、住宿餐饮部门要进一步完善消防设施设备。

消防用水按同一时间火灾次数 2 次考虑,灭火用水量为 25 升/秒,时间为 2 小时,总用水量为 180 米^3。

(4)污水处理。旅游区开发所带来的污水如果没有很好地处理,将会很大程度影响景区的环境,甚至于影响到景区来来的发展。峨山县城要设置一座污水处理厂,位于小街的由义村,设计规模 4 万立方米/日,规划控制用地 5 公顷,采用二级处理。到时,各旅游区污水必须进行污水处理。各景区下水管渠以重力流排水为原则,应具体考虑各景点、景区地形条件的限制。由于输水距离较远,在中途设置提升泵站 2 座。对无法使用污水处理厂的设备的旅游区,设置小型污水汇集处理池,按国家污水排放标准,达标排放。

(5)天然水排放。峨山县景区所在地山区较多,为不影响旅游接待,必须对天然降水进行输导,特别是主要景区的公路、接待中心,应该铺设输水管道,引导雨水,防止出现暴雨塌方、雨天路滑等现象,保障游客安全。

资料来源:峨山彝族自治县旅游业发展总体规划修编.http://www.stats.yn.gov.cn/canton_model1.

思考：
峨山县万亩茶园给排水规划包括哪些内容？景区排水规划的主要内容有哪些？

一、景区给水开发规划管理

景区一般是根据旅游地用水需求，截取天然地表水或地下水，经过一定处理，使其符合国家规定的饮用水卫生标准，然后用经济合理的输配方式，输送到各用水区，以保证景区用水。因此，景区给水规划的内容包括对景区用水总量进行估算、取水和净水规划及输配水规划等。

（一）用水量估算

给水规划首先要估算景区用水量。景区用水量一般用景区用水高峰时的用水量来表示，而要测算高峰的用水量首先要知道一般景区用水标准，其次要知道各类型用水主体的数量，即住宿游客、一日游客、常驻人员、服务人员用水量及景区绿地喷洒和道路喷洒量及消防用水面积，最后把各类型用水主体的数量乘以各自的用水标准并加总就可得到旅游用水需求总量。

（二）取水和净水规划

取水规划包括寻找干净水源（含地表水、地下水），确定取水口、设计相应的取水设施等内容。景区取水首先要找到水源地。水源地的选择应先从景区内部入手，可以建立高位水库、蓄水池、拦河坝等，利用重力供水，也可以选择地下水丰富的地方作为水源地。水源如果是来自地表河流，其取水口应位于居民区和污染源的上游。取水设施一般有取水构筑物、提升原水的一级泵站以及输送原水到净水工程的输水管等，在一些特殊情况下，还包括为蓄、引景区水源所筑的水闸、堤坝等设施。净水规划包括确定净水方案和设计相应净水设施等，净水设施主要有自来水厂、清水库、输送净水的二级泵站等设施。

（三）输配水规划

输配水规划包括输配方案的确定和输配水管网及其他设施的布局等。对于输配方案，有条件的景区最好采用集中管网输水，无条件的小型景区也可利用简易管线自流引水。如果是集中管网输水，其输配水设施主要包括从净水工程输入供配水管网的输水管道、供配水管网以及调节水量、水压的高压水池、水塔、清水增压泵站等。输配水管网的布置应根据景区用水特征，并注意：①针对用水区分散的特点，采用分区、分层、就近供水原则，布置供水管网；②对产加工区等，可设立水厂；③管网应尽量布置在整个供水区域，无论正常工作还是局部管网发生故障，都能保障不中断供水；④干管隐蔽，沿规划道路布置，管线符合管线综合设计的要求。

【拓展与提高】

建筑中水

随着游客流量的增长，诸如张家界国家森林公园等景区，淡水资源不足日趋严重。一些海岛景区更是如此。因此，污水的资源化及其综合利用已被人们普遍重视，并被列为国家重点研究课题。建筑中水工程，即是在旅游景区的建筑及别墅小区中，利用生活污水和废水（如宾馆冷却水），经集流净化处理后，回用于该区内，补充作为生活杂用。中水工程，是一种介于建筑物生活给水与排水系统之间的杂用供水方式，故可简称为"建筑中水"。中水工程既能节省水资源,又使污水无害化,是保护风景区旅游环境、防治水污染和缓解景区水资源不足的重要途径。国家已颁布了杂用水水质标准,制定了《建筑中水设计规范》CECS30·91,以便在全国统一推广。

二、景区排水开发规划管理

排水规划的内容包括:估算规划期雨水和污水排放量,研究雨水排放方法和污水处理方法;污水处理设施(包括排污管、渠等)布局等。

(一)雨水、污水排放量测算

对景区排水设施规划,首先要对雨水及污水排放量进行测算。雨水排放量主要依据历史气象资料及景区地质特征来估测,而污水排放量的测算较为简单,景区的污水构成量一般为给水总量的80%,通过前面给水规划中确定的给水量就很容易大概知道污水排放量。

(二)雨水排放方法

景区雨水排放主要依赖自然排水,即雨水就近用明渠方式排入河道或沟溪,形成自然排水系统。但在特殊地段,不能自然排水或自然排水不畅的地段,要设立排水暗沟。在道路工程设施建设的同时要预留足够的泻水通道。为使污水处理设施能正常运作,污水管中不宜排入雨水。

(三)污水排放方法

对于污水的处理,因其排放点分散或地形复杂,一般采用分区就近处理后排放。有条件的地方可将处理后的废水用于灌溉农田、果园、林木等。排水量大的单位,可单独或几家联合建设污水处理设备,经集中处理后排放。排水量小的单位,可采用多级沉淀过滤消毒后,排入隐蔽的山谷,自然净化。

(四)污水处理设施的布局

景区内污水采用相对独立集中处理的方式,即每个功能分区专建污水处理站。每一景区采取集中收集污水、单独处理,通过各小区内污水管道网把分散的污水集中到污水池,然后采用埋地式一体化成套污水处理设备来处理。

【思考与讨论】

1. 景区给水规划的主要内容有哪些?

2. 旅游景区雨水、污水怎样排放?

【案例回放】

峨山县万亩茶园给排水规划包括哪些内容?景区排水规划的主要内容有哪些?

峨山县旅游给排水规划包括水源、生活用水供应、消防用水、污水处理、天然水排放等。

景区排水规划的主要内容包括:估算规划期雨水和污水排放量,研究雨水排放方法和污水处理方法;污水处理设施(包括排污管、渠等)布局等。

【技能训练】

以小组为单位,对所在城市的景区给排水设施进行调查,并运用所学知识对其进行评价,提出建议。

【阅读资料】

安溪县金谷茶果园观光园给排水案例

（一）供水设计

1. 给水条件

园内通过建蓄水池获得部分用水，另有小溪流从园区山顶流下，今后将建坝形成一定蓄水量的小水库。

2. 用水量估算

供水规模是项目地内各类用水量的总和。各类用水量计算指标选择，综合考虑了项目地的气候特点、用水习惯和供水情况，计算范围包括公司办公楼、家庭式旅馆、度假小屋、茶文化展示馆、游客接待中心等旅游接待设施及职工办公生活用水；生产加工、有机茶园和生态观光果园灌溉用水；消防用水；公厕卫生用水。

根据用水指标，初步估算园区总用水量为330吨/日。

3. 水源的选择与保护

选择给水水源，首先应满足水质良好，水量丰富，便于保护的要求。园内各功能区的给水水源可因地制宜，就近解决。

对各种水源需做好保护措施：泉水：保护好上坡100米和下坡20米范围内的植被，严禁设置卫生设施和排放污水；溪流：上游100米、下游20米范围内不能排放污水、设置卫生设施，保护好两岸植被；水库：作好水源的保护，禁止在库区周围直接排放污水。

（二）排水设计

考虑到园区的地质地貌和土壤条件以及溪水、地表水为主要供水水源的实际情况，为了切实保护好水源，排水设计主要考虑：

1. 全面考虑，分类处理，污水排放应绕开生活区和风景点。

2. 设施建设应与环境相协调，讲究美观效应。

3. 保持区内环境卫生，确保游人与居民的健康。排水采用雨污分流制，雨水尽量考虑蓄水、利用，建筑物附近应设雨水截流沟。生活污水采用分散与集中，近、远相结合的方式，经过一至二级处理后，就近排入水体。

资料来源：北京华汉旅规划设计研究院.贵州省赤水国家级风景名胜区修建性详细规划.

情境五 景区环卫工程开发规划管理

【案例导读】

云南玉溪峨山县旅游环卫规划

（1）注重各景区饮用水的卫生条件的改善。水质良好、水量充足、取水方便是提高生活环境质量的基本条件。要改变目前一些旅游接待点随便使用饮用水的状况，保护游客的身体健康。

（2）改建、补建卫生公厕和粪便无公害化处理。卫生厕所建设不仅可以控制疾病的传染，还可改善旅游环境，同时对旅游形象的提升也有着重要的意义。

目前，峨山县大部分旅游区均已建起了公厕，但卫生标准远远达不到旅游厕所的标准，主要在于日常的维护欠缺。在旅游开发中，一方面对没有公厕的旅游点进行补建；另一方面对已有的达不到卫生标准的厕所进行改建,做到厕所洁净、无污垢、无堵塞。

（3）垃圾处理。峨山各景区内目前的垃圾处理设施规模很小,而且面对餐厅,布局极不合理。各景区应进行合理规划,修建垃圾处理池,对垃圾进行规范处理。严格进行垃圾分类,使垃圾既有利于重复利用,又能保持环境不被破坏。要在隐蔽的且远离核心景区之地设立垃圾场。在景区道路两旁每隔100米设一个垃圾箱,在游客相对集中的地方,增加设置密度。每个垃圾筒内均放置垃圾袋,由管理人员适时检查、清理、运送到垃圾处理站。景区要加强管理,同时要对游客加强宣传与教育,增强环卫意识、生态意识及爱护公共财物的意识,以维护景区的形象,保持整洁干净的环境。

资料来源:峨山县加快全县乡村旅游发展指导意见.

思考

玉溪峨山县旅游环卫规划包括哪些方面内容？如何进行景区垃圾的收集、处理？

➡️ 一、景区垃圾处理规划管理

（一）旅游垃圾问题

1. 垃圾的分类

旅游垃圾成分比较复杂,大致分为两类,即有机垃圾和无机垃圾。有机垃圾包括剩茶剩饭、瓜果皮核、菜根菜叶、蛋壳和树叶杂草、畜禽粪便、动物尸体等;无机垃圾包括各类塑料制品及包装物(塑料袋、塑料瓶、快餐饭盒、易拉罐、啤酒瓶;罐头盒、罐头瓶、胶卷盒、烟盒、冷饮盒、火腿肠外皮等)。若按旅游垃圾的来源分类,大致分为两种,即来自旅行游览活动的和来自旅游开发经营活动的垃圾。前者是指游客在旅游中产生的各类垃圾,且大多是国内游客所为;后者是指经营开发单位和个人在建造房屋、修路开道、接待服务等中产生的各类垃圾。

2. 旅游垃圾的收集

如果景区位于城区或城郊,旅游垃圾可纳入城市垃圾处理系统;如果景区远离城镇或运输不便,就要考虑旅游垃圾的处理问题。具体过程如下:

（1）旅游垃圾盛放装置的类型及要求:主要有金属垃圾箱桶、塑料垃圾箱桶、塑料袋、纸袋等。要求是不漏水、不生锈、结实耐用、有盖、易于清洗和携带。

（2）旅游垃圾盛放装置的数量和摆放:要根据游客数量来定。旅游旺季时要多些,旅游淡季时则少些;游客多的地方,如门口、停车场、住宿点、餐馆、商店摊位等处要多放一些,其他地方少放一些。垃圾箱桶要安放牢固,纸制和塑料垃圾袋可撑开放在专用的架子上,上面加盖。在有条件的地方,实行分类收集,采用不同颜色或不同形状的垃圾箱桶,也可放置不同的标志,引导游客处理用的架子上,上面加盖。在有条件的地方,实行分类收集,采用不同颜色或不同形状的垃圾箱桶,也可放置不同的标志,引导游客处理不同种类的垃圾。另外,也可在出售门票时把垃圾袋发给游客,以供盛放废弃物之用。

（3）垃圾的收集、清运:在旅游旺季,最好每日清理,如果游客不多或淡季,可根据具体情况处理。垃圾箱桶要及时清洗、消毒,收运垃圾最好选在开放时间之外,以免干扰游客。

3. 景区垃圾处理

如果景区位于城区或城郊,旅游垃圾可纳入城市垃圾处理系统;如果景区远离城镇或运输不便,就要考虑旅游垃圾的处理问题。

（二）旅游垃圾的处理

国内外垃圾处理的主要方法有卫生填埋法、堆肥法和焚烧法等。而无论哪一种,最终都要以无害化、资源化、减量化为标准。卫生填埋法最经济、实用,它的处理成本是堆肥法的1/3、焚烧法的1/10。西方发达国家由于土地资源、能源日益紧张,焚烧比例逐渐增加。填埋法作为最终处置手段,一直占有较大的比例。堆肥法是农业型发展中国家处理垃圾的主要形式。其他如热解法、填海和造山等垃圾处理新技术已取得新的进展。

我国垃圾数量不断增加,但其处理技术仍停留在初级阶段,大部分地区垃圾未采用科学卫生办法予以妥善处理,有些地区就地焚烧或易地填埋,严重污染了环境。今后,我国垃圾处理应以卫生填埋和高温堆肥为主,有条件的城市,特别是大中城市则大力发展垃圾焚烧技术。

二、景区旅游厕所规划管理

在景区卫生管理中,旅游厕所的建设档次、分布格局、方便程度和卫生水平,是直接影响游客旅行全过程的感受和衡量旅游服务质量高低的重要因素。我国对于旅游厕所的规划建设十分重视,2003年国家旅游局起草并发布了《旅游厕所质量等级的划分与评定标准》,并于2003年5月起付诸实施。该标准的颁布和实施,大大推动了我国旅游厕所建设和服务的标准化和规范化。下面就旅游厕所的选址、厕所外部配置以及内部建设标准等方面予以介绍。

（一）旅游厕所分类

1.按照建设性质分类

旅游厕所依其设置性质可分永久性厕所和临时性厕所,其中永久性厕所又可分为独立型厕所和附属型厕所。

（1）独立型厕所。独立型厕所是指在景区中单独设置,与其他设施不相连接的厕所。其特点是可避免与其他设施的主要活动产生相互干扰,适合于一般景区。

（2）附属型厕所。附属型厕所是指附属于其他建筑物之中,供公共使用的厕所。其特点是管理与维护均较方便,适合于不太拥挤的区域设置。

（3）临时性厕所。临时性厕所是指临时性设置,包括流动厕所。可解决因临时性活动的增加所带来的需求,适合于在地质土壤不良的河川、沙滩的附近或临时性人流量的场所设置。

2.按照质量等级分类

按照旅游厕所的硬件和服务的等级,我国又将旅游厕所分为五个星级。

厕所星级标志为五角星形状,分别用一颗、两颗、三颗、四颗、五颗五角星分别表示一星级、二星级、三星级、四星级和五星级。星级越高表示厕所等级越高。标志为具有1～5颗五角星及中英文对照文字的方形标牌。

（二）旅游厕所的选址

景区中旅游厕所的选址既要从游客的行为特征和需求考虑,表现出规划者对游客的人文关怀,又要注重厕所对景观和环境的影响。因此,旅游厕所在选址时应从下列角度考虑:

1.需求量

需求量是旅游厕所选址的首要因素。景区出入口、停车场、展览场地、服务中心、游憩活动区域都是游客集聚的空间,对厕所需求量也相对较大。因此,旅游厕所应优先布置于游客数量较多的场所。景区内厕所总量设置,应按照接待游客数量的2%估算。而男女厕位的比例则通过现场或其他同类景区调查取得相关数据。游客密度大的景区厕所服务半径较小,厕所数量或厕位要相应增加;游客密度小的地区厕所服务半径较大,厕所或厕位的供应数量可相应减少。

2. 景观

旅游厕所应回避设在主要风景线上或轴线上、对景处等位置,位置不可突出,离主要游览路线要有一定距离,如背对主要眺望区域或设立于较为隐蔽的区域,设置路标以小路连接。要巧借周围的自然景物,如石、树木、花草、竹林或攀缘植物,以掩蔽和遮挡。

景区厕所要与周围的环境相融合,既"藏"又"露",既不妨碍风景,又易于寻觅、方便游人、易于发现。在外观处理上,必须符合该景区的格调与地形特色,既不能过分讲究,又不能过分简陋,使之处于风景环境之中,而又置于景物之外;既不使游人视线停留,引人入胜,又不破坏景观,惹人讨厌;其色彩应尽量符合风景区的特色,切勿造成突兀、不协调的感受,运用色彩时还应考虑到未来的保养与维护。

3. 便利度

便利度是衡量旅游厕所选址好坏的重要指标。为方便游客找寻厕所,对于视线的引导以及动线的自导性都需深入研究。如果将厕所设立于较为隐蔽处,则应在醒目处设立指示标志。

4. 风向

自然型景区中的简易厕所容易产生异味,因此,在选址时应考虑布置于旅游旺季季风风向的下风处,避免因厕所的气味引起游客的不愉快。

5. 供水

景区的厕所通常采用冲洗式,因此,足够的水源是保持厕所清洁的重要条件。对于无法获得自来水的区域,厕所应尽量靠近水源充足之处。

6. 污染

与靠近水源相矛盾的是,旅游厕所污物无论采取化粪池还是地下渗透方式处理,都会造成一定的环境污染,因此,旅游厕所还应与水源保持相当的距离。

7. 地形

厕所所在区位的地形十分重要,一方面要保证游客能方便地入厕,特别是要关怀残疾游客的需求;另一方面,还要注重对游客私密性的保护。因此,旅游厕所一般要设置于地势平坦处,地势过高使得厕所显得过于突兀,地势过低则容易让厕所周围游客看见厕所内的行为。

(三)旅游厕所的配置

旅游厕所的配置是指旅游厕所内部要素配置以及旅游厕所与外部景区要素间关系的处理,包括旅游厕所出入口与外部动线的关系、男女厕所的配置、四周环境的营造以及外部造型等。

1. 旅游厕所出入口与外部动线的关系

(1)旅游厕所在规划时,一方面要考虑游客的方便;另一方面又要注意保证私密性,因此,在处理厕所出入口与外部动线关系时应进行折中处理。

(2)面对动线时的退缩处理。如果旅游厕所选址处具有较为充足的腹地,则可选择将其出入口面对主要动线,只是应将厕所向后退缩一定的距离,避免与主动线直接接触。出入口向后退缩形成的空间,可以通过植栽、选景等方式予以遮蔽,从而保证旅游厕所的隐蔽性和私密性。

（3）侧面动线的处理方式。在旅游厕所规划地腹地空间较为紧凑的情况下，为避免出入口直面景区主动线，也选择将厕所的出入口侧面主动线，并进行适当遮蔽的处理方式。

2. 男女厕所的配置

景区厕所无论大小一般都应实行男女厕所分别设置，男女之间比例关系参照相关规范或通过实地调查得出。在男女厕所方位设置时，一般将其出入口通道设置为相对式，以避开动线的相互干扰。如果男女厕所在动线系统上有先后次序关系时，以男使用者不经过女厕所为原则。厕所入口处应设"男厕""女厕"的明显标志。外宾用的厕所要用人头像象征。一般入口处设 1.8 米高的屏墙以遮挡视线。

3. 四周环境的营造

旅游厕所四周环境的营造包括道路的处理、植栽的选择以及附属设施的规划。

（1）厕所外围道路的处理。厕所外围道路是游客前往厕所的必经之路，因此在道路铺面的处理上，一方面要让游客能够顺利舒适地到达；另一方面则要求对保持厕所的整洁卫生有利。因此，通向厕所的外围道路应加以适当的抬高，并采用硬质铺面进行处理。这样除可以防止因雨水淹没通道而使游客行走不便外，还可以减少游客将泥沙带入厕所内的可能性。

（2）厕所周边植栽的选择。厕所周边的植栽主要考虑环境的美化以及厕所私密性的保护，因此一般都采取高大的树木与低矮的绿篱相互配合的方式。

（3）厕所附属设施的规划。为了方便游客，优质旅游厕所还应从游客的切身需求出发，为其提供附属服务设施和项目。如我国《旅游厕所质量等级的划分与评定标准》中就规定了我国星级旅游厕所应该提供的相应附属服务，如五星级旅游厕所就应提供小件寄存、公用电话、休息椅凳、影视设备以及售货等附属设施和服务。

（4）厕所应设在阳光充足、通风良好、排水顺畅的地段。最好在厕所附近栽种一些带有香味的花木，如南方地区可种植白兰花、茉莉花、米兰等，北方地区可种植丁香、珍珠梅、合欢、中国槐等，来冲淡厕所散发的不好闻的气味。

4. 厕所外观造型

（1）外形。旅游厕所外形的设计与景区类型有密切联系。就自然型景区而言，在景区大门，停车场或游客服务中心地带，旅游厕所可以采取现代化的外观设计；景区内部厕所则应与自然环境一致，采取较为原始的外观形式。文化型景区的所有旅游厕所都应采取与当地文化氛围一致的外观造型，这样才能保证景区形象的一致性，给游客以独特的个性化感受。

（2）材料。旅游厕所在建设材料的选择上应把握两个原则：一是要经久耐用且易于维修；二是要具有当地特色，如山区可以采用石板材或竹木等材料。

（3）色彩。旅游厕所在外部颜色上应与景区总体色调保持一致，不能让游客觉得过于突兀。

5. 旅游厕所内部设施及服务

国家旅游局起草的《旅游厕所质量等级的划分与评定标准（GB/T18973—2003）》（简称"星级厕所标准"）就我国旅游星级厕所的内部设施与服务标准作了详细的规定。

星级厕所标准主要对厕所设计及建设、特殊人群适应性、厕位、洁手设备、粪便处理、如厕所环境、标志以及管理等八个方面进行了详细规定。

【思考与讨论】

1. 在进行景区垃圾收集、处理时应注意什么问题？

2. 进行旅游厕所的选址和旅游厕所的配置时应考虑哪些因素？

【案例回放】

玉溪峨山县旅游环卫规划包括哪些方面内容？如何进行景区垃圾的收集、处理？

玉溪峨山县旅游环卫规划包括以下几方面的内容：注重各景区饮用水的卫生条件的改善；改建、补建卫生公厕和粪便无公害化处理；垃圾处理。

景区区垃圾的收集、处理

如果景区位于城区或城郊，旅游垃圾可纳入城市垃圾处理系统；如果景区远离城镇或运输不便，就要考虑旅游垃圾的处理问题。需要注意：

首先，要将旅游垃圾盛放在结实耐用、有盖、易于清洗和携带的金属垃圾箱桶、塑料垃圾箱桶、塑料袋、纸袋等装置内。

其次，要注意旅游垃圾盛放装置的数量和摆放。垃圾箱要根据游客数量来定；要将垃圾箱摆放在游客多的地方，如门口、停车场、住宿点、餐馆、商店摊位等处要多放一些，其他地方少放一些。

再次，在有条件的地方，实行分类收集，采用不同颜色或不同形状的垃圾箱桶，也可放置不同的标志，引导游客处理不同种类的垃圾。另外，也可在出售门票时把垃圾袋发给游客，以供盛放废弃物之用。

第四，及时对垃圾收集、清运。在旅游旺季，最好每日清理，如果游客不多或在旅游淡季，可根据具体情况处理。垃圾箱桶要及时清洗、消毒，收运垃圾最好选在开放时间之外，以免干扰游客。

【技能训练】

对所在城市景区的垃圾箱和厕所进行调查，运用所学知识加以评价并提出建议。

【阅读资料】

云南省玉溪市红塔区旅游基础设施建设

1. 邮电通信

配合旅游业发展，邮电发展要求：一是在各景区健全户外电话网络、移动通信、互联网服务等通信服务；二是完善各旅游饭店的邮电通信设施，客房全部实现直拨国内外长途和宽带接入互联网、在主要景区实现无线上网；三是在广电管理部门指导下，涉外饭店安装可接收境外节目卫星电视接收系统，满足海外游客的需要。

2. 旅游厕所建设

建立现代化的符合旅游需要的旅游厕所是提升景区档次、增强文明程度的重要举措。目前，红塔区大部分景区均已建有公厕，但很多公厕卫生标准远远达不到旅游厕所的标准，主要在于日常维护的欠缺。在旅游开发中，一方面对没有公厕的旅游点进行补建；另一方面对已有的不达标的厕所进行改建，做到厕所洁净、无污垢、无堵塞。在全区主要景区（点）修建30个设施齐全的旅游或环保型厕所，满足游客需求。

3. 医疗救援设施

在各主要景区建立完善紧急救援机制，设立旅游医务室，配备一流的急救设备。设专职或兼职医务人员1~2名。熟练掌握突发事件处理的方案和技术，胜任急救职责、妥善及时处理，并完全准确地记录事故档案。在各景区、主要道路，醒目地标示呼救电话，与县、市医院建立急救协作机制，作为危重病人的可靠依托。

4. 旅游标志设施建设

在各景区门口、岔路口补充或设立指示性标牌,补充或设立规定性标牌、说明性标牌、解释性标牌和宣传性标牌,介绍景点、景区的有关情况。标志的制作应突出红塔区旅游特色,采用多语种结合,和国际接轨。

资料来源:玉溪市"十一五"旅游发展规划.

【案例】

湖北省鄂州市葛山风景区服务设施案例

1. 餐饮设施

考虑到葛山紧邻城区,旅游者过夜的可能性较小,来葛山旅游的行为特征多集中在每天10:00—16:00 之间,在葛山旅游区内向游客主要提供午餐服务。中远期以每天游客容量2000 人的标准估算,排除自带午餐的部分散客和在城区用餐的团队,同时考虑到吸引的城市消费者等多种因素,以 30%的标准估计,葛山需要具有向 600 人提供就餐的能力,加上中、晚餐分流,中午应具备向 300~400 人提供就餐的能力。以 400 个餐位为标准,农家乐设置 150个、山门区设置 100 个、葛洪山庄设置 50 个、药膳基地设置 100 个。近期建设过程中,重点建设葛洪山庄、农家乐和山门区餐饮设施,餐位达到 200 个。

所有提供餐饮服务的场所必须达到国家旅游局规定的同类餐饮设施的二星级标准,葛洪山庄、药疗基地等达到三星级标准。

杏林湾规划设施中有提供茶室、酒肆服务的场所杏花村,规模较小,为两层竹材阁楼,能同时容纳 30 人。

2. 购物设施

葛山的店铺式购物设施主要分布在山门区、农家乐、葛洪山庄、游乐园和药膳基地,主要出售鄂州旅游商品和纪念品、葛山特有文化旅游商品和纪念品、葛山生产的绿色农产品。购物设施建筑面积应在 1000 平方米。

在游客休息的空间设置游路上的景观化、生态化的售卖厅,主要提供小食品、饮料、纪念品等服务,同时代理部分固定电话服务和问讯服务。

3. 生态旅游厕所规划

葛山景区内的厕所均采用生态化旅游厕所标准进行建设。葛山景区的厕所包括附设在建筑物内的厕所和公共旅游厕所两类。公共旅游厕所集中在较大的景区和一些游路交点。游客较集中的农家乐、游乐园、山门区、药膳基地景区厕所设施蹲位较多,一般在 10 个(男 7 女 3);在其他区域厕所蹲位较少,一般为 3 个(男 2 女 1)。

资料来源:王云.现代旅游规划设计案例,青岛:青岛出版社,2004.

【模块小结】

本模块第一,概述了景区道路开发规划基本理论,包括道路设施类型及其规划原则和景区道路的景观规划管理等内容。第二,介绍了景区停车场开发规划,主要内容有景区停车场规划应考虑的因素、停车场的区位选择及其内部功能分区。第三,阐述了景区电力电信开发规划,包括电力规划以及景区邮政信息服务设施规划等内容。第四,介绍了景区给排水开发规划的内容。第五,阐述了景区环卫工程开发规划,主要包括景区垃圾处理规划以及景区旅游厕所规划,其中旅游厕所规划重点介绍了旅游厕所分类、旅游厕所选址、旅游厕所配置等内容。

模块知识结构图

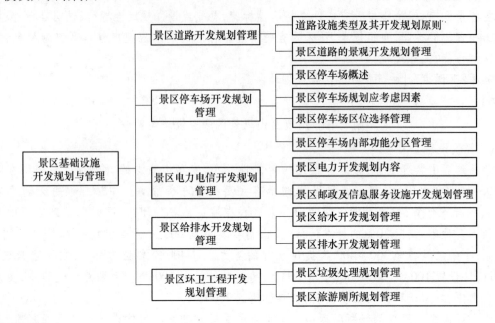

【课堂活动】

根据国家旅游局起草的《旅游厕所质量等级的划分与评定标准(GB/T18973—2003)》,就所在城市景区星级旅游厕所的内部设施与服务标准,从厕所设计及建设、特殊人群适应性、厕位、洁手设备、粪便处理、厕所环境、标识以及管理等八个方面,进行评价并提出合理化建议。

【实训项目】

为景区设计停车场

一、实训目的

1. 熟悉景区停车场设计需要考虑的因素。

2. 掌握景区停车场区位选择及其内部功能分区的原则和方法。

3. 练习如何设计景区停车场。

二、实训指导

1. 选择所在城市的旅游景区,要求不同小组(4～6人)选择不同的景区,进行停车场设计。

2. 对照景区导游图或者平面图,对该景区周边环境、交通通达性及其车辆进行实地调查,将拟设计的景区停车场在图中标出。

3. 按照景区停车场规划的相关知识,根据景区实际情况,为景区设计停车场。

三、实训器材

景区导游图(或者平面图)、笔、尺子、计算机、互联网、记录本等。

四、实训报告

以小组为单位编写实训报告,要求阐明你所设计的停车场及其设计的依据和优点。

模块八

景区园务管理

【知识目标】

◆ 理解景区服务的内涵、景区服务标准化管理。

◆ 熟悉景区游客类型和旅游行为特征、景区安全事故的发生规律、景区过度发展的消极影响、景区环境绿化的基本原则、景区观赏植物的配置、景区卫生管理措施等。

◆ 掌握游客行为的管理方法、景区常见游乐项目安全管理和常见事故处理方法、景区绿化管理的措施。

【能力目标】

◆ 能够在景区规划中关注旅游者行为规范问题。

◆ 能够在景区规划中为景区服务质量标准和景区环境管理规划提出合理化建议。

◆ 能够运用景区常见事故处理方法妥善处理各种安全事故。

情境一　景区服务标准化管理

【案例导读】

迪斯尼的 SCSE 法则

"SCSE"是著名主题公园迪斯尼乐园的经营理念和员工对待游客须遵循的行为准则,也是迪斯尼经久不衰的重要法宝之一。所谓"SCSE",即安全(safety)、礼貌(courtesy)、表演(show)和效率(efficiency)。

(1) 安全(safety)。为确保绝对安全,东京迪斯尼乐园以"人海战术"安排为数众多的员工随时在园内巡视游客的安全。深夜游客离去后,园区有约 300 名员工进行扫除。他们冲洗、油漆、换装小灯泡、捡拾烟蒂等;如作业手册上所规定的"次晨进入园区的第一位客人,不管在任何地方,即使是婴儿爬行,也很安全"。

(2) 礼貌(courtesy)。东京迪斯尼乐园接待与服务的原则是——所有的客人都是"VIP"。单从每一位工作人员的仪表装束就可看出东京迪斯尼乐园对礼貌的重视。

"迪斯尼仪表"(Disney look)里对男员工的发型、染发、鬓角、胡须、装饰物、指甲、工作服等 15 个方面进行了规定,对女员工的发型、头发长度、发饰以及化妆的粉底、腮红、睫毛膏、眼影、眼线、假睫毛、口红、耳环、项链、戒指、指甲、指甲油、香水等 27 个方面进行了规定。所有员工必须依据"迪斯尼仪表"的规定去做,才能佩戴工牌,出现在每位游客面前。为此,东京迪斯尼乐园员工一直给人"有良好教养"的感觉。

"迪斯尼微笑(disney smile)"里规定:微笑时,要露出浅笑、注视游客的眼睛;同时挺直背脊、精神集中、不得将双手盘在胸前。如果遇到迷路的小孩,员工不是走过去、站着就行了,而是一定要蹲下来、与小孩齐眉高、一只膝盖着地地与小孩说话。这就是迪斯尼式的"礼貌"。

(3)表演(show)。有了安全、有了礼貌,并不能给予游客"新奇的体验"(experience),要创造一个充满高娱乐价值的世界,就必须加入戏剧性的表演节目。

沃尔特·迪斯尼提出,"乐园的一切都是'表演',而且每天都是'首演'",这成为东京迪斯尼乐园奉行不渝的准则。通过"表演","迪斯尼人"希望把自己也当成迪斯尼"风景"之一。为此,不论前台演员(清洁人员)还是后台的演员(操作员),都穿上戏服,站在舞台上表演。正因为如此,东京迪斯尼乐园曾被外界认为是"错将游乐事业当演艺事业",东京迪斯尼乐园经过努力成为群起而效仿的典范。

(4)效率(efficiency)。迪斯尼乐园外围的停车场,最大负载达 1.2 万辆;员工引导车辆进入停车场,会直接引导车尾调入停车空间,这样车子回去时,就不需倒车而可迅速离去。在园内各项精彩游乐项目中,交通工具型的游乐设施占大多数,这也是巧妙、迅速地将游客输送到各区的方法之一,以提高效率。园内每个定点设施,都配有电话,设施外的区域则配有无线电话,指挥中心随时与各有关单位联系,以便紧急应对突发事件。

东京迪斯尼乐园内以电脑为操作平台的"经营管理控制中心"——"TOPICS",大大提高了工作效率。它集合处理来自园区内各项设施、商店、餐饮、停车场信息,成为园内经营管理的"基本情报站"。如园内正前方,安装有游客进出园区的计数器。计数器上的记录资料会直接连接到电脑终端机上,迅速计算入园人数、出园人数以及滞留园区人数,随时掌握园区游客的情况。这个中心的功能,犹如人体的"心脏"。

资料来源:邹统钎.旅游景区开发与经营经典案例[M].北京:旅游教育出版社,2003.

思考

1. 迪斯尼乐园最重要经营理念和员工必须遵循的基本行为准则是什么? 突发事件下如何应用 SCSE 法则?

2. 景区应当从哪些方面提高服务质量?

一、景区服务

(一)景区服务的概念

景区服务是指景区的管理者和员工在特定旅游资源环境下,凭借相应的服务设施,为游客提供的显性服务和隐性服务的过程。其中显性服务是指那些可以用感官察觉到的和构成服务基本特性的利益。如导游讲解、各类旅游服务设施等。隐性服务是指顾客能模糊感到的由服务带来的精神收获,或服务的非本质特性。例如微笑、礼貌和尊重、等待时可以观看展览、迪斯尼乐园的游览经历、游乐场的设备是否放心、是否被迫等待等。

(二)景区服务的内容

景区提供或生产的服务具有很高的综合性,它由多种服务内容组合而成。主要包括:

（1）旅游吸引物和旅游活动服务——固定景物,如建筑物、雕塑、自然景物等;活动景物或运动景物,如各种表演性的节目(包括纯观赏性节目和可参与性节目)。

（2）旅游纪念服务——摄像、照相设备、电池、胶卷等。

（3）导游服务——景点讲解、电子导游等。

（4）入门接待服务——检票、疏导游客等。

（5）游览服务——旅游线路的设计、安排、推荐等。

（6）售票服务——回答游客对票价的询问、点票、收款找零等。

（7）游客管理服务——维护游览秩序、处理游客投诉及游人游览中所遇到的各类问题。

（8）生活服务——餐饮服务、日用品零售服务。

（9）安全服务——确保一切旅游设施如景物、交通设施和交通工具、娱乐设施等的安全可靠、性能良好,维护景区治安。

（10）卫生服务——保持景区环境卫生的整洁,设立足够的卫生设施,配备足够环卫人员。

（11）娱乐服务——按场地可分为舞台类、广场类、村寨类、街头类、流动类(如大蓬车歌舞)、特有类(枪战场、滑翔基地)等;按活动规模和提供频率分为小型常规娱乐和大型主题娱乐。

（12）商品服务——提供各种旅游商品。

（13）告别客人服务——视情况致告别词或安排送别仪式、主动征求意见以便改进未来工作。

（14）其他服务——如存物服务、休憩服务(贵宾休息厅)等。

【相关链接】

优质的服务

亲爱的迪斯尼:

我们家四口人最近曾一起到迪斯尼神奇王国中,共同度过了一个快乐假期。因为一件事件的发生,更让我们感到这趟旅行的美妙。

当我们到达太空山的最前面时,我们发现家里的小葛洛莉因为手上拿着冰淇淋而无法搭乘这个游乐设施。当时我们很为难,不知该怎么办,小葛洛莉也急哭了。就在此时,贵公司的一位现场员工——墨菲先生出现了。他告诉小葛洛莉,愿意帮她拿着冰淇淋。小葛洛莉听到后快活极了。当小葛洛莉玩完太空山之旅,和家人走到门口时,她的"新朋友"正拿着她的冰淇淋等着她了。现在,你我应该都知道发生什么事情了吧。因为我们都知道冰淇淋在加州的夏天只能放置20分钟左右。墨菲先生知道我们要走出来的时间,所以就在我们出来的30秒之前,先买了一个新的冰淇淋来。

小葛洛莉说了声:"谢谢!"但是,我想她不会发现这不是同一个冰淇淋。我知道,完全是因为这个人的出现,让我们的旅行变得非同寻常。非常感谢你们为我们所做的一切。

忠实的迪斯尼迷 卡门·瑞斐拉

以上是一位游客写给迪斯尼的感谢信,因为工作人员墨菲先生的优质服务的迪斯尼赢得了良好的口碑,被授于迪斯尼精神奖,并获得一枚银质奖牌。这封感谢信让我们知道,一位优质的服务员能为一个企业带来什么。

资料来源:董观志,苏影.主题公园营运力管理.[M]北京:中国旅游出版社,2005.

二、景区服务标准化管理

景区服务的标准化是其可持续发展最基本策略。景区旅游产品的特性、服务的标准化和差异化,是影响游客满意度的主要因素,将会直接影响到景区的核心竞争力。

(一)景区服务质量标准的制定

实施景区服务的标准化,必须制定景区服务质量标准和基本流程,以实现"有章可循"。在制定质量标准时,首先根据景区的自身情况,确定服务的主要内容,做到全面、系统、合理,同时参照国家相关标准,制定出旅游交通、游览设施、环境卫生等硬件标准以及服务态度、服务方式与技巧、服务仪容仪表、服务时效、综合服务等软件标准。制定服务质量标准的原则:

(1)满足游客的需求。

(2)符合景区自身实际情况,能为员工接受,具有可行性。

(3)突出重点。景区服务中,人们无法预料各个环节中的每个细节。因此,质量控制应抓住景区服务中的关键进行局部和重点的规范,能够反映景区特色,能激发员工的积极性与工作热情,并使员工感到工作具有挑战性。

(4)时效性。随着景区经营内外部条件的变化、目标客源市场的变化、消费者生活水平的提高等,景区的服务质量标准要及时作出调整,避免时过境迁,使质量标准成为摆设。

(5)灵活性。游客消费行为以及自身素质不同,在执行每一次服务时不能受固有质量标准制约,做到服务的柔性化。如在餐饮服务时,有些正式场合,可能需要服务员全程服务,包括倒酒水服务,但是有些非正式场合,游客可能只要自娱自乐即可。

(二)制定服务质量标准应该注意的问题

制定服务质量标准是一个复杂、繁冗的过程,管理者需要对旅游资源、景区环境及员工的实际情况进行客观评估,需要对目标客源市场进行全面、深入的调查与了解;同时,一方面要注重景区内各部门之间相互协调以及与一线服务人员的充分沟通,以取得标准的可执行信息;另一方面要关注与游客之间的沟通,以分析标准的缺陷与优点所在。

1. 确定景区的基本服务空间标准

任何一个景区都有其适合的容量,只有在这一容量范围内,景区服务的载体——旅游资源或旅游设施才能得到较好的保护,保持较好的可游赏性,景区内的游览环境才符合游客的消费需求与心理承载力,景区的服务质量才能得到认可。因此要根据旅游环境容量理论,来确定景区最佳客流量以及客流量的上限。

在旅游旺季可以运用该标准来控制旅游人数,一方面可以保证游客在景区内有一个基本的活动、游赏空间,如敦煌莫高窟、杭州雷峰塔景区均对游客量有一定的限制;另一方面可以保护景区的资源与生态环境,如杭州西溪湿地等设定了每日最高客流量。

2. 制定服务质量标准的实施细则

旅游服务质量标准的执行,必须配套相应的实施细则,使之具有可操作性。景区管理者应根据景区的服务质量目标,结合具体岗位实际制定不同的服务规范与要求,尽量加以量化。目前,许多景区对环卫人员的清洁工作有明确的量化要求,一般提倡5分钟保洁法,即环卫人员在自己管辖范围内必须在5分钟内将地上的垃圾清扫干净;部分景区要求环卫人员每天必须清扫若干次责任管辖区域或每隔30分钟(高峰期每隔15分钟)清扫一次管辖区域等。但是,由于景区服务产品和服务运作系统的特殊性,实行全面严格的规范化和量化依然存在较大的难度,但是可在以下几方面进行尝试。

(1)服务工作的内容实行量化测评。每个岗位根据服务性质,制定出可量化的测评标准。如景区的导服人员,对新来游客必须在游客到来3分钟内到位服务率达到95%以上。

(2)服务响应时间的量化限定。每项服务从游客提出服务要求到提供服务都应该有一个限定的时间,以保证服务的时效性。比如,游客投诉必须在多少时间内给予答复,检票服务人员必须在几秒钟内完成检票工作,餐厅服务人员必须在游客就座后几分钟内提供服务等。

(3)服务人员基本素质的量化标准。景区应该对从业人员的基本素质有一个明确的量化标准,如学历、普通话水平、技能水平、动作、姿势、语气等。

(4)服务界面的服务流程操作应规范化、标准化。在景区服务的各个环节当中,通常能与游客面对面服务的有停车服务、票务服务、咨询服务、景区交通服务、游乐项目服务、导游服务、餐饮住宿服务等。这些服务界面的每一个环节都需要制定规范的操作流程。

3. 注意市场信息的回馈与分析

服务质量标准的制定首先是为了满足市场、游客的需要,因此必须加强对客源市场的调查,取得服务质量标准执行的效果信息。具体应做好:第一,设立专门机构,配备专职人员系统地从事客源市场的调查、分析与研究工作。第二,建立多渠道的信息反馈机制,创建市场信息网络,包括投诉咨询中心、网络(包括即时通信工具,如QQ、MSN)、电话、信箱,能够让游客轻松自如地将自己的感受反馈给景区管理人员。第三,把握市场对服务质量的看法,对收集到的各种信息及时加以筛选、分析,预测需求变化趋势,掌握游客的空间行为规律,及时更新服务质量标准。第四,建立跟踪调查制度,实现动态调整服务标准。对旅游活动项目、服务流程与技术、服务设施、服务人员等都要进行全面跟踪调整,对其中不符合市场需求或不符合景区实际情况的服务标准给予修改或调整。

"5W2H"被广泛应用于服务质量管理之中,它为景区从业人员提供了一种工作或服务的基本方法与技巧,在景区服务质量标准的制定过程中也可将其用于市场调查与分析。其思路主要源自"Who"、"Why"、"What"、"Where"、"When"、"How many"、"How much",具体含义如下:

Who:指谁会来景区,即景区的客源市场是什么? 在市场分析中,要明确服务对象是什么。

Why:游客为什么要来景区? 游客来景区的动机或目的是什么? 目的不同的游客对服务期望值也不一样。休闲度假型游客对服务质量的期望明显高于自助观光型游客的服务质量期望。

What:明确了谁会来及为什么来之后,还应了解游客感兴趣的游览活动与游乐项目是什么,以及需要什么样的服务。

Where:游客在何地需要人员服务与设施服务。

When:游客在何时会产生服务需要。

How many:游客的服务需求量有多大。

How much:游客能接受的服务价格大概在什么水平,或游客的服务消费商品有多高。

4. 重视信息收集与有效沟通,修正和完善质量标准

景区可通过建立内部服务质量管理信息系统,帮助管理者全面了解景区服务质量、游客所关注的服务内容、游客对服务质量的满意度、服务人员对当前服务质量标准的理解能力与执行态度、服务质量管理与执行成本与效益情况等,以全面促进景区服务质量的提高,同时保证景

区有关游览、服务等信息能够及时反馈给游客,如客流高峰期通过服务质量管理信息系统实现有效的分流,提高旅游环境质量。作为景区服务人员,还应学会与游客交流与沟通,尤其是要学会非语言沟通技巧,在游客发出服务请求前就为其服务,则使游客倍感温馨。为此应做到:

首先是要有勇气开口,当发现游客出现犹豫或者其他需要帮忙、服务的情况时,应该率先开口询问"您好,我有什么可以为您效劳的吗?""您好,需要帮忙吗?"等,做到主动服务。其次,态度要诚恳,使游客能够信任你。第三,在服务过程中,必须选择合适的时机,创造良好的氛围。比如,某游客因为想上洗手间而急得团团转,而此时该游客身边又有其他朋友在,此时就要选择合适的时机,乘其朋友不注意的时候给该游客指明洗手间的位置,否则很容易引起尴尬与难堪。第四,提高表达能力,准确传递信息。比如景区导游必须对游客的文化水平、经验和接受能力有个初步的了解,然后根据对方的具体情况来确定自己的表达方式和用词;选择准确的词汇和语气;注意逻辑性和条理性,对重要的地方要加上强调性的说明;借助手势、动作、表情等来帮助思想和感情上的沟通,以加深游客对景区的了解。第五,注重双向沟通,及时纠正偏差。由于信息接受者容易从自己的角度来理解信息而导致误解,因此当游客提出要求的时候,应注重信息反馈,善于体察游客需求,及时调整或改善服务质量。第六要学会倾听,掌握倾听的技巧,以保证自己获取服务要求信息的完整性。

5. 总体量化考核标准

根据 ISO9001 质量体系与 ISO14001 环境管理体系,对那些能够反映服务质量的主要指标进行量化。例如,武夷山国家级自然保护区(管委会)认为"保护是前提,服务质量是生命,游客满意是根本",由此在景区导入 ISO9001 质量体系与 ISO14001 环境管理体系,公开发布环境质量标准;顾客满意率90%以上、顾客投诉率低于0.06%。

【相关链接】

我国拟出台旅游法

旅游法草案于 2012 年 8 月 27 日首次提请全国人大常委会审议。此次提请审议的旅游法草案共设十章 98 条,对旅游者、旅游规划和促进、旅游经营、旅游服务合同、旅游安全、旅游监管、权利救济等内容作了规定。

(一)规范"零负团费"等旅游市场乱象

针对"零负团费",草案规定旅行社不得以低于成本的价格招徕、组织、接待旅游者。针对强迫购物和另行付费,草案规定旅行社组织、接待团队旅游不得指定购物场所,不得强迫或者变相强迫购物,不得安排任何形式的另行付费旅游项目,导游服务费用应在包价旅游合同中明示;同时明确包价旅游合同内容必须包括旅游行程安排、游览娱乐项目的具体内容和时间、自由活动时间安排、旅游费用及其交纳等,旅行社不得在包价旅游合同约定之外安排收费项目或者另行收取费用。

针对旅游产品和服务质量不高,草案规定旅行社组织旅游活动应当向合格的供应商订购产品和服务,包价旅游合同内容应当明确交通、住宿、餐饮等旅游服务的安排和标准。

(二)实行旅游者流量控制制度

景区实行旅游者流量控制制度,不得超过景区主管部门核定的最大承载量接待旅游者。旅游者可能达到或者超过最大承载量时,景区应向当地人民政府报告,景区和当地人民政府应当及时采取疏导、分流等措施。旅游经营者应当依法取得安全生产资质,严格执行有关标准、安全技术规范以及消防的有关规定,制定游客安全保护制度和应急预案。县级以上人民政府应当依法将旅游应急管理纳入政府应急管理体系,制定应急预案,建立旅游突发事件应对机制。突发事件发生后,当地人民政府及其有关部门和机构应当采取措施开展救援,并协助游客返回出发地或者游客指定的合理地点。

（三）如强迫购物旅行社将被停业或吊销经营许可证

旅行社安排旅游者在指定场所购物、强迫或者变相强迫购物、安排另行付费旅游项目的,由旅游行政主管部门责令改正,没收违法所得,处 5 万元以上 20 万元以下罚款;初犯的并处停业整顿;再犯的吊销旅行社业务经营许可证和相关人员的导游证、领队证。

草案还对导游索取小费作出法律责任规定。旅游经营者及从业人员违法索取小费的,由旅游行政主管部门没收违法所得,对旅游经营者处 1 万元以上 10 万元以下罚款,对从业人员处 1000 元以上 3 万元以下罚款,情节严重的,吊销旅行社业务经营许可证;导游人员、领队人员违反规定情节严重的,吊销导游证或者领队证。

（四）景区门票价格变动应提前 6 个月公布

景区经主管部门批准方可有偿收取门票。利用公共资源开放的景区门票实行政府定价或政府指导价。其他景区门票实行市场定价,其价格应当向价格主管部门备案。景区门票价格变动应提前 6 个月公布。景区应当明示另行收费的游览项目。景区部分核心游览项目因故不能开放或无法提供服务的,应提前告知并相应减少收费。

资料来源:新华网,2012 年 08 月 27 日, http://news.xinhuanet.com/2012 - 08/27/c_112861550.htm.

三、景区质量管理的方法

（一）制度是质量的保证

1. 建立规章制度

规章制度的建立主要围绕旅游资源与环境保护管理制度的建设、游乐设施及其他安全管理制度建设、人力资源管理制度建设、监督制度建设等方面进行。

2. 自我管理与有效监督相结合

景区在提高员工自我管理意识的同时,要采取以内部监督为主、外部监督为辅的办法保障制度的执行。如当景区接到游客检举、投诉服务人员违规后,内部派人查实后作出严格处罚。

3. 违纪处理

景区要完善监督体系,除设质检部门外,各班组(站、点)要有监督员或巡视员;设立举报电话、信箱;经常组织抽查等。对违纪事件发出"违纪通知单";重大违纪事件要公开上墙;对经常发生危机事件的区域要固定"纪律黑点",重点整改;对典型个案要进行通报。

（二）强调日常管理和流动管理

景区大部分服务管理工作相对稳定但又琐碎,需要维持服务质量的稳定与高效,就必须每天、每时进行有效的监督与管理,使管理工作日常化、规范化。与此同时,景区地域面积较大,游客在景区的活动具有很大的流动性与随机性,还受到其他不确定因素的影响,如人流、成员、天气等,因此要提高服务效率,必然要求加强景区的流动管理。作为景区,流动巡视管理的重点是游客集散中心,如广场、重要景观节点、大型游乐项目、交通要道等一些关键点。景区环卫、保安、工商管理、游乐设施安全管理与抢修等职能与服务部门更应加强巡视管理,以保证第一时间赶到事发现场并解决问题,最大限度地节约时间。如大型游乐中心经常会碰到机械故障,管理人员与抢修人员都应处于待命状态,一有问题立即进行处理,类似于消防人员。

（三）实行授权管理

授权是指上级管理者赋予下级一定的权力和责任，使下属在一定的监督下，拥有相当的自主权而行动，并为此负责。由于景区服务运作系统的高度发散性及面对面服务的即时性特点，使得景区在坚持制度化管理的同时，还要实行授权管理。授权管理好处：提高员工的工作热情，增强其责任心；调动员工的积极性和创造性，使其可根据景区相关制度，针对游览过程中的实际情况作出相应的变更，以保证服务的灵活性，满足顾客需求。如某旅游团刚到景区就突遇暴雨而导致景区部分游乐设施、观赏项目无法开展，而这些项目本该是景区服务系统中比较重要的内容，这对远道而来的游客来讲是一种利益损失。此时，如果服务人员已被授权，根据实际情况给予游客一定的服务补偿，如赠送小礼品、安排室内游乐节目、赠送门票，则有可能会得到游客的理解。但是若没经授权，按固有规章制度，不停地向上级领导请示，不作任何服务补偿；或一味地归咎于不良天气原因，结果可能招致游客的抱怨与投诉，景区的形象也会受到影响。授权管理应该遵循的步骤和要求

第一，明确授权的目的。授权者必须向下属明确所授事项的任务及权责范围，使其能十分清楚地工作，避免出现既能越权又渎职的现象。

第二，职、权、责、利相当。为保证下属完成所分派的任务，并承担起相应责任，管理者必须授于其充分的权力并许以相应的利益。只有职责而没职权，就会使受权者无法顺利开展工作并承担应有的责任；只有职权而无职责，就会造成滥用权力。同时，授权还要做到责、利相当，即给予受权者的利益必须与其所承担的责任相当，有多大的责任就应承诺给予多大的利益。比如某景区董事会决定委派景区营销部门进行市场开拓工作，如果仅给予任务，而不给予相应的人力、物力与财力资源分配权的话，即使营销部门拥有良好的营销策划，也会因资金、人手不够而无法开展工作，即所谓"巧妇难为无米之炊"；但如果只给予配套的人力、物力和财务资源，但缺乏有效监督的话，则营销部门在营销过程中，可能出现资金挥霍、资源浪费等现象；同时如果董事会对营销部门工作成绩不予以奖励，则营销部门就会敷衍了事、缺乏办事动力。

第三，加强监督控制。对授权者来说，必须加强对受权者的监督与控制，建立信息反馈渠道，及时检查受权者的工作进展情况、完成任务的质量以及权力的使用情况，对执行不到位者及时予以指导与帮助。

（四）严格进行服务质量的控制

依据管理学原理的控制职能，结合景区服务的特性，对其质量控制必须强调以下控制方法。

1. 关键点控制

景区管理人员必须明白景区服务质量体系的主次与轻重关系，即抓住与控制目标关系最为密切、最容易出错的要点，对其重点控制，并实现以点串线、以线带面，达到全面控制的目的。这类控制方法，主要适用于那些规模较大、服务内容繁多、人员流动性较大的景区。在确定景区控制关键点时，必须考虑的因素：

（1）服务界面，即景区服务人员与游客接触点。如售票窗口、检票通道、餐厅、导游讲解。

（2）危险地段，即景区内相对危险、易出事故地段。如景区水上游乐中心、悬崖登高处等。

（3）薄弱环节，即景区内经常出现服务质量瑕疵的部门或环节。比如，景区内导游讲解人员经常会开小差，置游客于不顾，此时就应该加强对导游员的监督。

（4）集散中心，可以是景区的外部集散中心，也可以是内部主要景观的交叉节点（对于大型景区）。由于人员流动大且集中，最容易产生各种矛盾与问题。

（5）特色景点，即最能反映或代表景区特色的地段。比如，黄山的迎客松、莲花峰等。

因此，景区服务质量控制的重点主要包括停车场、服务集散中心、售票检票处、景区内餐厅与个体经营购物点等。

每个景区可依据景区经营的目的，分析自身服务质量控制的关键点，比如，名胜区与旅游度假区的服务质量控制重点就有所不同。我国大多数景区的旅游活动受景区自身资源与客源的影响，具有明显的时间指向性，关键点控制可以进一步引申为旅游旺季的质量控制。事实证明，旅游投诉集中发生在旅游旺季。

2. 实时信息控制

实时信息指事情一发生就产生的信息。实时信息控制要求管理者能够及时了解即时出现的信息并迅速作出响应，对发展中的事件实施有效控制，提高服务的速度与效率，避免出现游客过长的等候。比如黄山景区中的迎客松就设置了24小时的监控管理，主要监测病虫害情况、冬季雪压情况以及游客对迎客松的影响情况，一旦出现异样，就立即采取措施加以防范。某些景区的水上游乐中心，均设置统一的安全监控中心，以防止有游客跌落水中。由于景区服务具有广域性、复杂性，尤其是大型自然型景区，使得实时信息控制更具重要的意义。

显然，景区容量有限、服务人员相对缺乏是目前影响景区服务质量的主要因素。因此，景区可加强各个景观节点或服务区的监控，对进出游客的实时信息进行监控，然后根据附近景区的情况，及时调度服务人员数量或疏导游客，进行有效分流。

3. 前馈控制

以往景区的服务质量控制大都通过反馈控制来实现，即出现游客投诉时，景区着手调查、处理服务质量问题。虽然，反馈控制目前仍得到广泛应用，但简单的反馈控制并不能有效地解决一切控制问题，因为从发现服务问题到纠正服务偏差、改善服务质量存在着时间延迟现象，而且已在游客心中留下不好的印象。为解决这个问题，景区应注重前馈控制，防患于未然。

所谓前馈控制又称指导将来的控制，是通过情况观察、信息收集与分析、规律的掌握、趋势的预测，预计未来可能发生的问题，在其未发生前就采取措施加以防止。比如，黄金周来临前，景区为提升服务质量，都会对所有服务设施加以检修，提高服务设施的运转效率与安全性，同时加强对员工的动员，以改善服务质量。前馈控制的着眼点是通过预测对被控对象的投入和过程进行控制，以保证获得所期望的产出，并可较好地解决时滞带来的问题。如咨询服务部经理根据以往观察发现，工作时某些员工间的闲聊现象，因此在旅游高峰来临前，就专门找该类员工谈话，告知工作时应专心致志，不能闲聊，否则会增加游客等待时间，影响服务质量并进一步损害景区形象。之后员工自然会对自己的缺点有所重视，并尽量去避免。

旅游旺季出现的诸多问题多与没有很好地实施前馈控制有关，管理者事先缺少信息，无法预测可能出现的问题及应急预案，碰到问题就无所适从，导致旺季服务质量下降、投诉增多。如在刚开始实行黄金周制度时，部分景区管理部门在思想上认识不足，结果在大量游客涌入时不知所措，服务质量大打折扣，服务问题、安全问题、市场问题等接踵而至，投诉率激增。到2005年黄金周，甚至出现了黄金周的"七年之痒"与黄金周遭遇"滑铁卢"等诸多报道，很多人认为黄金周就是"票是一票难求，住是能住就行，吃是凑合着吃，看是满眼屁股脑袋"的戏言，可见不少景区都在黄金周期间遭遇了难题。经几年实践，很多景区对假日旅游有了一定的了解，对假日旅游有了充分的前期准备，在前馈控制方面作了大量工作，使投诉率大大降低。

（五）培养高素质的"快乐"服务人员

景区只有通过经营旅游产品来获取利润。旅游产品的特征之一是同一性，即生产与消费过程同步。而游客是通过景区服务人员的敬业态度、业务技能以及特定环境下情绪状态的综合反映以及工作准确率及效率等要素来评价旅游产品质量的。"快乐员工"是景区高质量产品的重要保证，也是旅游企业核心竞争力之一。

造就"快乐"员工并使之长期保持快乐，成了景区不断向游客提供高质量服务从而在激烈竞争的市场中站稳脚跟的关键性工作。为此，景区管理层应做到：第一，注重在企业内培养良好的人际关系和亲和的文化氛围。第二，要帮助员工进行职业规划管理，使员工不再仅仅是与某个岗位联系，而是有在多个工作岗位都能施展的能力。三是，建立科学、合理的薪酬制度。

（六）制定服务质量标准体系

由于景区服务具有低劳动力密度、低客户定制程度的性质，使得在提升景区服务质量过程中，必须着重于服务质量标准的制定与管理。在景区服务中，尤其是低劳动力密度与低客户定制程度方面，服务质量的标准化是质量管理的重点，同时要兼顾其他各方面的标准化管理，才能提高游客对景区服务质量的感知度和认知度，从而将游客行为向有利于景区发展的方向引导，保证旅游产品优质化的整体提高。

依据 ISO9000:2000 相关要求，景区的服务质量标准体系是一个持续改进的质量管理体系，需要明确管理职责，并与游客服务人员等相关利益群体进行不断地沟通、分析，才能满足游客的需求，如图 8－1 所示。此外，景区还应该加强特色性、创造性服务标准的研究与策划，而不能拘泥于现有服务质量标准体系；也可以加强与外地景区或国际知名景区的交流与合作，相互借鉴；邀请游客参与制定景区服务质量标准的制定，因为游客是产品与服务的最终消费者。

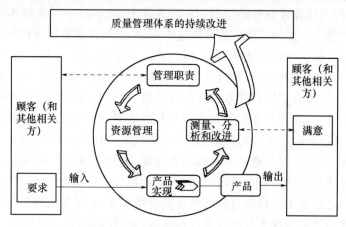

图 8－1　ISO9000：2000 模型

资料来源：毛雅君等.采用 ISO9000 标准构建服务质量管理体系案例分析[J].国家图书馆学刊,2006.

（七）完善监督和激励机制

1. 建立诚信旅游服务机制，加强社会监督

要建立诚信机制，加强社会督促，增强景区的向心力与品牌形象。"诚信是一种道德规范,也是一种道德制度",质量诚信机制是景区大力倡导诚实守信职业道德的关键,诚信服务一经对外宣传并成为游客青睐的对象之一,便使景区的各项服务与承诺、景区服务人员的服务行为接受社会的公开监督,让游客切实感受到景区开展诚信服务的诚意和决心。此外,建立诚信服务监督机制,可以增强服务人员对游客诚信服务的自觉性,以高质量的服务赢得游客的信赖。

2. 完善旅游服务质量测评机制

目前,景区各级管理层都在研究如何提高服务质量的问题。然而总是存在着相当的差距,其中主要原因一方面是景区内部人员包括管理层对景区服务质量的标准、口径不统一,造成同样的服务内容由不同的服务人员完成效果不一样;另一方面是不同游客的服务需求差异明显,服务人员没有完全掌握游客的特色性需求所在。因此,景区要注重现行旅游服务质量监控与测评,找出服务体系的差距与存在的问题。

3. 重视旅游服务人员激励机制的建设

激励机制主要包含,一方面是要激发景区员工的服务创新能力。这种创新能力与景区的可持续发展息息相关,服务质量标准化能够激发员工的服务创新能力。在标准化框架内,景区扩展适应游客需求的主观能动性空间,鼓励员工与游客直接交流时及时发现问题、分析问题和解决问题,激发他们在"关键时刻"的服务创新意识,使员工产生强烈的工作责任感和满意感。另一方面是配套给景区服务人员的激励机制,即对于工作表现积极、游客评价较高的员工予以一定物质和精神奖励,尤其是合适、合理、到位的精神,会给予员工极大的动力与鼓舞。

【思考与讨论】

1. 简述景区服务的含义和景区服务的内容。

2. 景区服务质量标准制定的原则和应该注意的问题有哪些?

【案例回放】

1. 迪斯尼乐园重要的经营理念和员工须遵循的基本行为准则是什么? 突发事件下如何应用 SCSE 法则?

迪斯尼乐园的经营理念和员工对待游客必须遵循的基本行为准则是"SCSE"法则。所谓"SCSE",就是安全(safety)、礼貌(courtesy)、表演(show)和效率(efficiency)。

在迪斯尼乐园,如果遇到突发事件,员工只要遵循 SCSE 法则就行了。S:能否确保游客生命安全? C:是否彬彬有礼地处理问题? S:是否会破坏游客的雅兴? E:对于游客,这是不是迅速有效的解决方式?

对经理而言,员工引发问题并作出处理之后,还需要考虑以下内容:S:是否能够确保游客与员工的生命安全? C:是否彬彬有礼地处理问题? 员工行为是否得当? S:这样做是否会破坏游客的雅兴? 员工的行为是否得当? E:对游客而言,这是不是迅速有效的解决方式? 员工是否采取了迅速有效的解决方式?

2. 景区应当从哪些方面提高服务质量?

景区提高服务质量管理的方法主要有建立景区服务质量管理制度;加强日常管理和流动管理;实行授权管理(明确授权的目的、职、权、责、利相当,加强监督控制);严格进行服务质量的控制(关键点控制,实时信息控制,前馈控制);培养高素质的"快乐"服务人员;制定服务质量标准体系;完善监督和激励机制(建立诚信旅游服务机制,加强社会监督;完善旅游服务质量测评机制;重视旅游服务人员激励机制的建设)等。

【技能训练】

到景区体验如何遵循员工基本行为准则"SCSE",返校后分组讨论,写出实训总结。

【阅读资料】

ISO14000（环境管理体系国际标准）与 ISO9000（质量管理体系国际标准）

一、ISO（国际标准化组织）

ISO 是国际标准化组织（International Organization for Standardization）名称的英文缩写。国际标准化组织是由多国联合组成的非政府性国际标准化机构。到目前为止，ISO 有正式成员国 120 多个，我国是其中之一。每个成员国均有一个国内标准化机构与 ISO 相对应。国际标准化组织 1946 年成立于瑞士日内瓦，负责制定在世界范围内通用的国际标准，以推进国际贸易和科学技术的发展，加强国际间经济合作。

ISO 的技术工作是通过技术委员会（简称 TC）来进行的。根据工作需要，每个技术委员会可以设若干分委员会（SC），TC 和 SC 下面还可设立若干工作组（WG）。ISO 技术工作的成果是正式出版的国际标准，即 ISO 标准。

二、ISO9000 介绍

1. 什么是 ISO9000 系列标准

ISO9000 是质量管理和质量保证的一组序号，也称之为"族"。

ISO9000 系列国际标准被称作 ISO9000 族，是可以帮助各种类型的企业实施并运行有效的质量管理体系。

ISO9001 质量管理体系是国际化标准组织制定的，具有很强约束力，注重过程控制，以预防为主，并不断改进的质量管理体系。

它的核心内容是：以满足顾客及其他受益者明确的或活动及影响质量的全部因素都处于严格的受控状态，并通过不间断的质量体系审核及管理评审，不断改进和提高质量管理水平，确保预期的质量目标得以实现；核心思想是"预防为主，过程控制，持续改进"，并采用了 PDCA（计划—执行—检查—处理）循环原理，将每一项工作的每一个过程都进行严格控制，确保每个工作过程的质量，从而达到最佳的工作结果。

2. 2000 版 ISO9000 族标准的构成

（1）核心标准 4 个。

ISO9000：2000 基础和术语；ISO9001：2000 质量管理体系—要求；ISO9004：2000 质量管理体系—业绩改进指南；ISO19011 质量和环境管理审核指南。

（2）其他标准 1 个——ISO10012 测量设备的质量保证要求。

（3）技术报告若干份，现已列入计划的有。

ISO/TR10006 项目管理指南；ISO/TR10007 技术状态管理指南；ISO/TR10013 质量管理体系文件指南；ISO/TR10014 质量经济性指南；ISO/TR10015 教育和培训指南；ISO/TR10017 统计技术在 ISO9001 中的应用指南。

（4）小册子若干份。

3. 景区与 ISO

景区（点）实施 ISO9000 标准化质量管理，对内起到提高管理水平、提升服务品质、提高工作效率、降低经营风险的作用，对外意味着企业品牌、信誉和实力的增强，并逐渐与国际管理水平接轨。景区（点）实施 ISO9000 标准化质量管理是自身生存和发展的需要。

三、ISO14000 介绍

1. 什么是 ISO14000 系列标准

ISO14000 系列标准是国际标准化组织 ISO/TC207 负责起草的一份国际标准。

ISO14000 是一个系列的环境管理标准，包括了环境管理体系、环境审核、环境标志、生命周期分析等内容。

ISO 给 ISO14000 系列标准共预备了 100 个标准号,编号为 ISO14001～14100。

先后发布了 ISO14001、ISO14004、ISO14010、ISO14011 和 ISO14012、ISO14040 等六项国际标准。我国已将前五项等同转化为国家标准。

2. ISO14000 主要标准

ISO14001——环境管理体系—规范及使用指南

ISO14004——环境管理体系—原则、体系和支持通用指南

ISO14010——环境管理体系—通用指南控制

ISO14011——环境管理体系—审核程序/环境管理体系审核

ISO14012——环境管理体系—审核员资格要求

四、ISO14000 与 ISO9000 的关系

ISO14000 系列主要针对环境管理,而 ISO9000 系列主要针对质量管理。

(一)相同点

第一,都是自愿采用的管理性质的国际标准。

第二,可认证性:都可作为第三方审核认证的依据,获得第三方审核认证证书。

第三,强调系统化、文件化和程序化。

第四,都遵循相同的管理系统原理(PDCA)(P 计划、D 执行、C 检查、A 调整)。

第五,都强调持续改进。

(二)不同点

ISO14000 系列主要针对环境管理,而 ISO9000 系列主要针对质量管理。具体差异存在于(见表 8－1):

承诺对象不同:ISO9000 标准承诺对象是产品的使用者、消费者,按不同需要,以合同形式进行体现。ISO14000 系列标准受益者是全社会,是人类环境和人类自身共同需要的,所以 ISO14000 最低要求是达到政府规定的环境法律、法规与其他要求。

构成模式不同:ISO9000 质量管理模式是封闭的,而环境管理体系则是螺旋上升的开放模式,要求体系不断有所改进和提高;还包括审核认证依据及审核人员资格要求等方面的不同。

表 8－1 ISO14000 系列与 ISO9000 系列比较

区别	ISO14000	ISO9000
目的不同	目的主要是帮助建立、运行和不断改进环境管理体系,持续改善环境状况	目的是指导组织和运行质量体系,通过影响和改进质量活动过程的控制,达到提高组织的质量管理能力
控制对象不同	针对组织的活动、产品和服务的环境影响(副产品),建立起来的环境管理体系,确保满足社会对环境保护的要求	针对组织的产品质量(主产品),要求建立起来的质量体系满足组织管理和对顾客保证的需要
服务点不同	达到相关方满意	达到客户满意
要求的程度不同	规定组织在环境上首要要满足国家法律、法规要求	一般满足产品的要求

五、通过 ISO9001 质量管理体系 ISO14001 环境管理体系双认证的景区

目前我国有很多景区通过了 ISO9001 质量管理体系 ISO14001 环境管理体系双认证。景

区通过贯标认证,可利用世界最先进的管理模式,建立一套适应自身特点的规范化、标准化的管理体系,从具体的操作和实践看,一些通过认证的景区确实达到了提高管理水平和提升景区品牌竞争力的目的,但也有部分景区在贯标过程中及贯标后出现诸多问题,事倍而功半,并未取得预期效果。深究其因,景区贯标有其行业特殊性:首先,旅游业作为新兴产业,缺乏可借鉴的经验,许多问题至今仍在探索中;其次,我国以自然风景著名的景区多位于偏远闭塞的落后之地,经济基础较差,致使贯标所需的大量配套资金难以保证;此外,相对文化底蕴不厚,人员素质偏低,服务行业的自身特点也决定了标准不易保持,容易出现服务质量滑坡、环境保护力度削弱的现象,在景区旅游接待高峰,特别是黄金周,景区的安全卫生体系更是经历着严峻的考验。由此可见,在国际标准化管理的具体实施中,无论是贯标实施方的景区还是辅导审核的咨询认证机构都存在一些亟待解决的问题。

情境二　景区游客行为管理

【案例导读】

爱花,"动手"也无妨

"爱花,人之天性。若想伸手摸摸鲜花,花卉节也能满足游客的愿望。"记者昨日从第五届上海国际花卉节组委会获悉,一系列管理理念和手法的创新,让正在长风公园举行的花卉节"锦上添花":游客文明游园、爱花护花,为申城正在推进的"知荣辱、树新风、促和谐"精神文明建设增光添彩。

在免费开放的插花馆,每天都有成千上万的赏花人。组委会负责人说,以往的花卉展,游客往往因随手摆弄鲜花而受到"文明程度低下"的指责。"其实看到美丽的鲜花,想动手触摸是可以理解的。为此,花卉节专辟了插花馆,满足游客动手的愿望。"在"自然之子"展区,同样为孩子们开辟了娱乐活动场所。游客不仅能欣赏到由国际大师制作的沙雕作品,也能在专业人员的指导下,自己制作沙雕。"有了亲自动手的机会,游客们怎会动手去抠展区的沙雕作品呢?"正是这种"劝导+疏导"的管理方式,大大降低了游客不文明行为发生的概率。

记者留意到,以往花展阻隔游人与花卉的"一米线"消失了;部分奇花异卉前,隔离栏也降至30厘米,丝毫不妨碍游客赏花的雅兴;通往展馆的道路上,垃圾筒的数量也翻倍增加。人性化的景观设计,与人方便的管理服务,吸引了大量游客。据悉,花卉节开幕一周多以来,虽然遇上的雨天多于晴天,但游人兴致不减,参观人数约25万。不少赏花人还自觉担当起了护花使者。一位园区的志愿者说,花展期间也出现过个别游客跨越隔离栏,在花丛中拍照等不文明举止,"但第一个上前劝阻的,往往不是志愿者管理人员,而是随行的游客。"

资料来源:樊丽萍.爱花,"动手"也无妨[N].文汇报,2006-4-16,第一版.

思考

1. 上海长风公园采取什么措施对游客行为进行有效管理?
2. 游客行为的管理方法主要有哪些?

游客是景区服务对象,不仅是景区产品消费者,同时也是景区生产过程的重要环节,这是由景区产品生产与消费的同一性决定的。因此,旅游服务质量好坏不仅由景区服务人员决定,同样也取决于游客的行为与素质。因此,在提高景区员工服务质量同时,应注重对游客类型及其行为特征的了解。通过影响、控制、引导、沟通等渠道与方法,加强对游客行为的管理。

一、景区游客的类型与旅游行为特征

游客人格特征与游客行为间的关系密切而复杂。通过对游客人格类型和结构的分析,有助于景区员工更好地预测和引导游客行为。依据不同的划分方法,游客的类型可分为不同的种类。

(一) 根据游客的性格倾向来划分

心理学上,人的心灵有两种指向,指向个体内在的世界,叫内倾;指向外部环境,叫外倾。具体衍生到景区游客的分类上,可分为以自我为中心的游客和以他人为中心的游客两大类。以自我为中心的游客计较小事,考虑自己,一般忧心忡忡,心情有些压抑,不爱冒险。以他人为中心的游客一般喜欢冒险、自信、好奇、外向、急于与外界接触、喜欢在生活中作新的尝试(见表8-2)。

表8-2 不同类型游客对服务质量的期望差异

游客类型	性格倾向	行为特征	服务期望	景区类型
以自我为中心	内倾	斤斤计较,从众,不爱冒险	较高	比较成熟
以他人为中心	外倾	喜欢冒险	较低	比较新

资料来源:周国忠《旅游景区服务与管理实务》,南京,东南大学出版社,2007.

在一项专为调查景区受人们欢迎的程度为什么出现大幅度摆动而设计的研究中,人们分析发现,以自我为中心的游客和以他人为中心的游客在旅游行为的许多重要方面存在着明显的差别。从表8-2、表8-3中可以看到,以自我为中心的游客显然要求生活具有可测性,最强烈的旅游动机是休息和松弛一下,趋向于那些相对热门且相对比较成熟的景区或景点,对旅游服务质量的要求也相对较高;以他人为中心的游客则希望生活中有一些估计不到的东西,在景区游览中渴望有一些意外的发现或惊喜,相对更加喜欢那些比较偏远或安静、不太为人所知的景点,如能去一些没有听说过的地方,体验一些新的经历,避免千篇一律,会感到十分满意。对旅游服务质量的要求相对较低,自主性、自律性较强(见表8-3)。

表8-3 不同类型游客的旅游行为特点

以自我为中心游客	以他人为中心游客
选择熟悉的景区	选择非旅游地区
喜欢景区的一般活动	喜欢在新景区享受新鲜经验和发现的喜悦
选择日光浴和游乐场所,包括相当程度无拘无束的休息	喜欢新奇的,不寻常的旅游场所
活动量小	活动量大
喜欢能驱车前往的旅游点	喜欢坐飞机去目的地
喜欢正规的旅游设备,例如,设备齐全的旅馆、家庭式的饭店以及旅游商店	旅游设备只要包括一般或较好的旅馆和伙食,不一定要现代化大型旅馆,不喜欢逛吸引旅游者的商店
喜欢家庭的气氛,熟悉的娱乐活动,不喜欢外国的气氛	愿意会见和接触具有他们所不熟悉的文化和外国文化的居民
要准备好齐全的旅行行装,全部日程都要事先安排	旅游的安排只包括最基本的项目(交通工具和旅馆),留有较大的余地和灵活性

（二）根据游客的生活表现来划分

根据游客在生活中的表现或与他人之间的关系，可以划分为以下几种类型：

1. 神经质游客

神经质游客指的是具有敏感、易变等不完善人格的游客。神经质游客的特点：厌倦的、脾气乖戾的；急躁的、大惊小怪的；兴奋的、易激动的；无礼的、事必挑剔的；敏感的、难以预测的。

神经质类游客最难管理，对服务人员是最大的挑战。通常该类游客比例较小，但随着生活节奏日益加快，外在压力的增大，体验到的失败感越来越多，导致神经质的游客有增加的趋势。对于景区服务人员来说，没有选择客人的权利，只能给客人以舒适、抚慰、尊严、优质的服务。

2. 依赖性游客

该类游客特点：羞怯、易受感动、拿不定主意，没明确的心理预期与服务目标。主要包括人格不健全的幼稚性人格、初次出门的游客、年老和年幼难以自理者及不熟悉情况的外国客人。

这类游客需要更多的关注和同情，他们需要详细掌握景区所提供的服务项目、收费情况等。对这类游客如果不能给予充分关注，他们将难以充分享受和消费景区所能提供的各种产品，对于景区而言，不仅失去了商机，而且有可能在游客心目中造成不良的印象。

3. 使人难堪的游客

该类游客的特点：爱批评与抱怨、漠不关心、沉默寡言。他们好像有许多不平事、义愤填膺，原则对外的人；只会对别人提要求，而很少理解和关心别人，也从不由己推人，进行换位思考。因此，对这类客人要谨慎、周到、注意细节，在服务过程中要给予更多的关注。

比如该类游客在看到其他游客有不文明行为的时候会大声批评，但是其自己却也经常出现此类不文明的现象；看到服务人员已经忙得不可开交的时候，他们依然不依不饶，在那边叫嚷、捣乱。对于此类游客，最好是分配专门的服务员来服务。

4. 正常的游客

除了上述类型的游客外，绝大多数的游客属于有礼貌、理智、具有完全行为能力的正常人。对于此类游客，服务人员可充分发挥自己的聪明才智，把各种服务充分有效地提供给他们。

（三）根据游客的出游形式来划分

1. 团队游客及其行为特征

团队游客是由旅行社组织安排的，按照固定旅游线路、活动日程与内容，进行一日游或数日游的游客，人数一般在10人以上。团队游客的行为往往受到较多的约束，行程比较紧凑，灵活性差，游客在景区内多统一行动，在有限的时间内参观游览景区内核心的、比较重要的景点和景物，很难深入了解、观赏景区的全貌。因此，景区可事先根据旅行社的安排，按照他们的游览时间要求，制定出一条相对高效、省时、优质的旅游线路；还可向旅行社咨询服务对象的学历、职业背景，以便安排具备相应技术专长的服务人员配套服务。但是，由于是团队游客，所以一方面要加强与导游或领队的沟通，以便更好地了解游客的需求；另一方面，要加强对团队游客的个体行为的引导，防止出现跟风行为。

2. 散客式自助游客及其行为特征

散客是相对团队游客而言的自行结伴、自助型的游客，通常包括单个个人、小团体结伴出游的游客和家庭游游客等。他们根据自己的兴趣爱好,追求个性化、按照自己的意志自行决定旅游行程和线路,不受外界因素的影响与制约。散客旅游是人们追求自由与个性张扬,突破传统团体旅游的约束的表现,具有决策自主性、内容多样性和活动灵活性等特点,主要以经济收入水平较高的游客为主。他们在景区内逗留的时间或重游次数较多。散客一般人数在10人以下,以年轻人为主,且旅游过程存在着巨大的不确定性,无形之中就提高了对服务质量的要求。

(四) 根据游客生活方式来划分

1. 喜欢安静悠闲生活的游客

这类游客重视家庭,关心孩子,维护传统,爱好整洁,而且对生活环境、生活品位、身体健康异常注意。尽管他们有足够的钱用来旅游,但他们更愿意将较多的钱用来购置家具,花更多的时间维修和粉刷房屋等,目的就是为了有一个较好的生活环境。因此,他们对于一些幽静的度假也会十分欣赏。一般情况下,他们选择的景区都是环境宜人的湖滨、海岛、山庄等。他们喜欢这里清新的空气、明媚的阳光,喜欢去狩猎、钓鱼、与家人野餐。这种人喜欢平静的生活,不愿意冒险,而且对广告从来都抱怀疑态度——尤其是报纸和杂志上面的广告。

2. 喜欢交际的游客

这类游客思想活跃、外向、自信、易于接受新鲜事物,喜欢参加各种社会活动,认为旅游度假的含义不能局限于观光和休闲,而应该把它看成是结交新朋友、联络老朋友、扩大交往范围的良好时机。他们还喜欢到遥远的有异国情调的景区去旅游。

3. 对历史文化感兴趣的游客

对历史文化感兴趣的游客认为旅游应该有教育意义,能够增长见识,而娱乐只是次要的动机。他们认为旅游度假是了解他人、了解他们的习俗和特色文化的良机,是了解世界发展史上重要历史人物和重大事件的良机。

对历史感兴趣的游客之所以对受教育和增长见识重视,是因为他们把家庭和孩子看成是生活中最重要的部分,认为教育孩子是做家长的责任。因此他们认为假期应该是为孩子安排的,并且认为全家在一起度假是非常幸福的事情。景区面对此类游客,必然要求服务人员拥有良好的专业素质与专业知识背景,而不能像对待普通游客一样给他们讲解毫无特色和文化内涵的东西。

【阅读资料】

景区环保新招:拾得垃圾换礼品

据了解,由于部分游客环境意识较差,乱丢垃圾现象比较普遍,重庆天坑地缝景区干净清爽的自然环境遭受到了越来越严重的人为破坏。为此,景区经营公司出台了"垃圾换礼品"措施,凡进入景区的游客,每人发一个塑料袋,拾得垃圾者,就可任意挑选一样礼品。礼品包括具有珍藏价值的三峡石和具有当地特色的花补救底儿、茶叶等,景区管理者称,游客对这些礼品非常感兴趣,用垃圾换礼品的游客非常多。这种方式提醒人们,美丽的大自然要人人去爱护。
资料来源:中国广播网,http://www.cnr.cn/.

二、游客行为的管理方法

游客既是景区服务管理人员的管理对象,又是景区服务人员的服务对象,因此,需要景区服务人员在为游客提供服务和帮助的过程中,进行有效沟通,通过不断的提醒与引导,来影响游客的消费行为,使游客逐步建立起基于人性中善的公德心、责任心、羞耻心,以此来实现游客管理、提升服务质量的目的。

根据管理方法作用机制,可将景区游客管理方法分为激发型管理和约束型管理两种方法。

(一) 激发型管理方法

激发型管理方法是指景区通过激发游客的自我控制意识而保证其按照社会基本行为准则和景区游客行为规范行事。该管理方法的出发点在于认为"人性本善",每个人都有公德心、责任心、羞耻心等。因此,激发型管理方法认为游客的管理主要在于沟通和交流,以充分激发游客的自我约束能力。激发型管理的典型方法有引导、沟通等。

1. 引导

对于大多数景区,大量游客的涌入,一方面造成景区景观资源与生态环境的破坏,最终导致景区整体吸引力下降、旅游价值降低;另一方面还会引起游客对服务的不满意,导致投诉的增加。有些还可能给景区带来灾难性影响,如违章吸烟、燃放爆竹、违章野炊等行为很容易引起火灾,一旦发生,后果将不堪设想。

从最直接的影响来看,首先,游客的不文明行为给景区的环境管理、景观管理带来极大的困难;其次,游客的不文明行为本身往往成为其他游客游览活动中的视觉污染,影响游兴,破坏环境气氛,进而影响其他游客的游览质量;再次,游客的不文明行为往往会给自己的人身安全带来隐患。如到一些未开放的景区(点)游览、违章露营、随意给动物喂食、袭击动物、不按规定操作游艺器械等行为都可能给游客自身带来意外伤害。因此,景区服务人员正确引导游客的行为显得尤其重要。正确引导游客行为的方法:

(1) 组织引导

导游在带团进入景区前,要对游客进行文明旅游行为教育,说明景区的风俗习惯、礼仪规范、民族禁忌及行为方式,必要时组织文明旅游考试,签订"文明旅游承诺书"。旅游管理部门在导游考评、导游词设计等方面可适当增加有关环境特性和景观保护常识等内容,引导和鼓励导游负责任地行使好管理资源和保护环境的职责。如杭州淳安千岛湖为保护景区生态环境,明确要求导游要成为千岛湖的"环保大使",经常为导游开展环保知识讲座,把"千岛湖环境"作为导游上岗、年审培训的必修课,强化导游的环保意识。

导游在景区带团讲解时,如果将最佳观赏点事先引导,游客就不会大量集中在某些景点节点附近,避免了拥挤,自然就没有部分游客遮挡了其他游客视线的现象。这样,一方面由于个别游客无法直接靠近景观资源,自然无法对其下手破坏;另一方面,通过最佳观赏点的设置引导,可增加该景点的观赏空间与观赏效果,提升景区服务质量。如对杜牧的"停车坐爱枫林晚,霜叶红于二月花"意境的感受——从美学角度上说,观赏形态类似、色泽相近、视野较为广阔的图景,最好的赏读点是在距景观百米之外。因为,眼前的图景由于周边衬托了其他色彩或景色,譬如蓝天白云、山水花果、泉流飞虹……就像广角镜头把美景摄入眼帘,继而留在观赏者的心底。如果导游事先把这些观赏景观的基本知识告诉给游客,必定会起到很好的引导作用。

(2) 示范引导

示范引导是指在景区中,依托景区员工或其他游客的正面或负面行为来实现对游客的引导作用。如黄山景区在主要景观峰顶建有130多个攀岩固定环,每天有几十名环卫工人在落差近百米的悬崖绝壁上进行作业,捡拾游客随手丢弃在山中的垃圾。如果让游客一方面看到景区环卫工人充满危险而艰苦的工作环境;另一方面看到某些游客继续往山谷里随手仍垃圾,一定能在游客心目中产生巨大的影响,督促其不再向峡谷中随手乱扔物品,这就是通过示范方法激发游客的公德心和羞耻心的结果。此外,带队导游也要注意自己的言行,为游客树立好榜样。

（3）强制引导

① 根据景区自身的资源特点编制游客规则。美国旅行商协会制定的游客游览旅游地的戒律:

Ⅰ.要尊重地球脆弱性。意识到如果不保护环境,后代可能不会再看到独特而美丽的目的地了。

Ⅱ.只留下脚印,只带走照片;不折树枝,不乱扔杂物。

Ⅲ.充分了解你所参观的地方的地理、习俗、礼仪和文化。

Ⅳ.尊重别人的隐私和自尊,拍照时要征得别人的同意。

Ⅴ.不要购买使用濒危动植物制成的产品。

Ⅵ.要沿着划定的路线走,不打扰动物,不侵犯其自然栖息地,不破坏植物。

Ⅶ.了解并支持环境保护规划。

Ⅷ.只要可能,就步行或使用对环境无害的交通工具,机动车在停车时尽量关闭发动机。

Ⅸ.以实际行动支持景区内那些致力于节约能源和环境保护的企业。

Ⅹ.熟读有关旅行指南。

此外,制定比较完备的规章制度对可能出现的各种不文明行为,尤其是对故意破坏行为加大制约力度,并配备一定数量的管理人员约束游客的不文明行为,包括加强巡查、长期雇佣看护员、对违规行为实施罚款、使用闭路电视或摄影机监视等。

② 分区管理。如关闭某些地域的活动场所、禁止在某些区域或某些时间段内从事某些活动。

③ 限制利用量。如限制停留时间、限制团体规模、限制游客数量、禁止野营。

④ 限制活动。如禁止超出道路和游径的旅行、禁止营火晚会、禁止乱扔废物、禁止游客纵容马匹啃食植物等。

（4）教育引导

① 加强环保宣传。应加强环境保护问题重要性的宣传,提高公众的环保意识;要大力宣传旅游与生态环境保护间互惠互利的关系,使公众认识保护生态环境是旅游业可持续发展的前提;要大力宣传旅游活动可能会给环境造成的损害,尤其应让游客认识不文明旅游行为对旅游环境、景观的污染和破坏;政府部门应经常性地向游客、旅游地居民公布环境质量信息及污染对健康、经济、环境的损害。

② 增加环保旅游项目。国外许多生态旅游地在游客进入景区中心部位前,总是先通过展览、讲解培训等方式,对游客进行生态知识、游览规范等的教育和引导,旨在唤醒游客的生态责任意识。通过种种措施在景区内造就一种保护景观及周边环境、遵守游览规范的良好氛围,使游客时时意识到景区对其文明行为的期待,从而能约束自己的不文明旅游行为。

③ 对游客进行事前教育。向游客介绍活动类型、开放时间、场所。对来自不同文化背景的游客,避免其不当行为或失误引起投诉和对立。比如,介绍景区内应注意事项,环保政策;当地习俗,社会和宗教场所的行为规范,当地的小费习惯,在景区商店是否可以讨价还价,摄影时

应遵守的礼貌及其他与当地社会习俗和价值观等有关的问题。景区管理者要将这些信息及时传递给游客,在游客心目中树立起评判行为优劣的标准。事前教育可采用情况介绍、报告宣传材料、利用交通工具上的视听设备等方法进行。

④ 加强景区内居民的环保教育。引导居民积极参加环保活动,充分发挥其示范与监督作用。武夷山景区成立了由景区居民参加的"风景旅游资源保护协会",在保护资源环境、发挥示范作用方面取得了很好成效。张家界景区附近的居民总会在游客进入森林公园前提醒游客不要吸烟、用火,以防止森林火灾。景区内居民的示范和监督作用,可有效地预防游客不文明旅游行为的发生,有利于景区环境的保护。

⑤ 加强游客的旅游法规教育。围绕旅游合同开展各种宣传活动,让合同成为投诉和处理投诉的标准。每年在固定时间、公共场合宣传旅游质量监督管理所的行政职能。公布投诉电话,定期向媒体公布处理投诉的信息,着重宣传游客消费投诉处理的流程,增加投诉处理的透明度。

⑥ 编制旅游指南或手册。手册要色彩鲜艳,夺人眼目,生动有趣,有吸引力。要通过各种途径免费散发给游人,在游客购票时效果最好,虽然景区增加了一点费用,但可达到宣传效果,更让他们感觉到景区管理者对游客的一份关怀。

（5）实物设施引导

警示标志是借助某些物品或标志来提醒游客注意其自身行为,并告知游客各种安全注意事项。首先,要在景区明显位置悬挂和摆放规范且美观醒目的旅游标志,配合有亲和力的标志性说明文字及提醒文字,注意语言柔性化设计,切忌生硬,强迫,非人性化,达到游人自觉维护景区游览环境的目的。比如,"清洁的环境需要您的努力""留下的只有脚印,带走的只有照片""小动物是人类的好朋友""请勿前行""请勿吸烟"等。其次,完善景区各类配套服务设施,包括环卫设施、游憩设施等。当游客手中拿着垃圾时,一般不会拿在手中超过5分钟,如果5分钟内还找不到垃圾箱的话,最有可能就是现场处理,随手丢弃,因此,景区内各项便民设施如垃圾桶等的设置要合理、科学,可设计成卡通、景物状,材质、颜色要与景区融为一体,增强其观赏性。再次,可发放相应的宣传册或导游图。通过游客的自我学习,知道景区有哪些游览活动项目、有哪些旅游服务设施等,以便其各取所需。

2. 沟通

景区服务过程就是与游客的有效沟通过程。服务人员对游客需求的理解能力,直接影响服务质量;同时,游客对景区相关讯息的理解程度也直接影响其在景区内的消费行为。

（1）沟通的类型

① 言语沟通。一个人将自己的见解用明晰的语言,缜密的逻辑,再辅以传情达意的动作来表达,就使口头语言有了感染力。言语沟通的原则:

第一,要选择准确表达思想内容的语句。选用合适的语句,准确、恰当地表达自己的思想是与客人进行顺利交往的首要一环。"言不在多,达意则灵",交谈时要慎重地斟酌措辞。

第二,言语交往要符合特定的交往环境。言语交往的环境一般包括谈话对象、时间、场合、心理情绪等。讲话的语言要适应不同对象的特点,首先要弄清客人的年龄、身份、职业、文化修养等条件,针对不同的对象,交谈不同的内容,采用不同的语言形式。

② 非言语沟通。非言语沟通是人们通过使用非言语的方式来沟通感情、交流信息的过程,通常包括身体动作、面部表情、穿着打扮、交往距离等内容,一般称作身体语言。

第一，面部表情。面部的眼睛、眉毛、鼻子、嘴、脸颊肌肉，都是传达感情的工具。如人生气时会拉长脸，肌肉下沉；高兴时喜笑颜开，肌肉松弛。人惊异时张嘴、愤怒时闭嘴、蔑视时撇嘴、不高兴时翘嘴等。"眼睛是心灵的窗户"。眼睛凝视时间的长短，眼睑睁开的大小和眼睛的其他一些变化，都能传递最微妙的信息。

另外，面部表情中，微笑起着更大的作用，它能给客人以亲切与甜美的感受。首先，微笑帮助人镇定。当你第一次与客人交往，不免会感到羞怯与局促，微笑可帮你摆脱窘境。其次，微笑可提供思考的时间。有时碰到客人向你提出请求，而客人的请求由于种种原因不好满足。若板起脸来拒绝，往往会使客人产生反感。如果示以微笑，就能赢得思考时间，找到恰当的话题，不伤和气地解决问题。再次，微笑是信赖之本。微笑是一个人对他人的态度诚恳的表现，它能给人以亲切、友好的感受。同时，微笑是美的象征，是自信的表现，是礼貌的表示，是心理健康的标志。微笑性的表情语，配以文明用语，使无声语言与有声语言相得益彰。

第二，身姿动态。人的动作与姿势是人的思想感情和文化修养的外在体现。手势是言语交往的辅助手段。手势有情绪性的，恼怒时握拳，恐惧时掩鼻等；有指示性的，招手示意人过来，挥手示意人走开等；有描述性的，如用手比画东西的大小、方圆等。当然，手势的运用不可过多，不能无目的地指手画脚，故意造作，分散游客的注意力，运用手势要明确、精练和个性化。

坐姿和站相也是不容忽视的。入座时，要轻、要稳，不可响动过大。不论坐椅子还是坐沙发，姿势要自然端正，以坐一半为好，也可靠在沙发上，但忌半躺半坐。另外，站着与客人交谈，身体要正对着客人，腰要挺直，两腿不要抖动。

第三，服饰。人的服饰、发型、化妆、饰物等，可以反映一个人的身份、地位、性格、爱好等。由于旅游服务工作的特殊性，旅游工作人员一般统一穿着工作服装，而不宜穿戴得过于高贵、华丽，这既标明了自己的身份，也表明了对客人的尊重。

第四，空间距离。每个人都需要有属于自己的一定空间，并维护它，使之不受侵犯。在个体空间内，人会产生安全感、舒适感和自由感。当然，个体空间具有伸缩性，不同的人需要的个体空间的范围也不同，这与人们的心理、文化、地位以及人与人间的关系等因素有关。

了解人际交往中的空间距离，对旅游服务人员在与客人的交往中把握好交际的分寸十分重要。首先，要尊重客人的"空间距离"意识，不与客人说过头的话，开过头的玩笑。要善于控制自己的情绪与理智，与人接触保持一定的频率。不可过频或过疏，过频使人生厌，过疏显得冷淡。不要介入有关私人问题的评论，不要有意无意窥视客人的隐私。其次，要尊重客人的习惯和性格，随时注意客人对空间距离的反馈信号，要根据客人的信号调节自己的言行。否则，自己本无恶意的行为被客人误解，就会影响与客人的关系。最后，要追求共享空间的默契。默契是一种领悟、沟通与理解，要达到这种境界是不容易的。这需要人们遵守社会优良行为准则，具有较高的思维艺术和精神修养，以及人与人间的相互宽容和爱。

（2）可能存在的沟通障碍

首先是语言问题。一些地区的年长游客由于普通话水平的限制，导致其无法与服务人员正常交流，服务人员也就很难提供完全吻合游客需求的服务。同时，对于国外游客来讲，由于许多景区一线员工外语口语水平偏低，语言沟通问题尤为突出。即使有些景区配备了专业外语人员，但一般也仅限于英语或日语、韩语，缺乏其他语种的服务人员。

其次是理解问题。由于不同地区的民族拥有不同的风俗习惯，同样的服务礼仪在某些民族或国家属于必备服务要求，但是在某些民族或国家可能属于不礼貌的行为。比如，部分景区停车场或度假区的员工提供上下车服务,员工可能为了防止游客的头碰到车框会将手放在车框上,但是在某些国家则视之为侮辱。

第三,信息含糊或混乱。信息含糊主要是指沟通双方没有将要表达的信息表达完整。如服务人员在没听清游客提出的服务需求之前即展开服务,就可能出现服务质量问题。虽然有时候可能是游客自身信息传递有误,但作为景区服务质量管理人员,应该重复一遍游客的需求,以便得到确认,并将其服务需求记录下来以备忘。如对于那些喜怒无常的游客来讲,其提出的服务需求可能朝令夕改的情况,这些都会导致服务管理人员不知所措、无所适从。

第四,外部环境干扰。客流高峰期,游客提出的服务请求就可能受到外界噪声或同时收到多个请求信息的干扰,导致服务人员难以完全明白请求信息或者疲于应付过多的信息。同时,沟通时双方的距离、所处的场合、情绪、电话等传送媒介的质量等都会对沟通效果产生影响。

(3)掌握与游客的沟通技巧

加强与游客的相互理解,可获得游客更多的支持与帮助,克服对立、抵触情绪,减少误会和冲突,也容易实现质量管理目标。这就要求实施有效沟通,掌握与游客沟通技巧。

① 掌握有效沟通的基本要求。一是服务时目光接触,以给游客真诚的感觉,以达到相互交流的愉悦感。二是微笑服务,保持发自内心的微笑可以拉近彼此间的心理距离。三是表达含蓄,当无法满足游客要求时,回答一定要含蓄、婉转,既要投其所好,又要适度表现真实。如当游客抱怨度假小屋价格过高时,管理者不能当面否认,那样只会引起游客的不服气,应因势利导,说"价格是高了点,但是你得到的住宿环境、配套服务绝对是值得的"。四是服务人员表示对话题的兴趣,需要将身体轻微前倾并注视谈话对象的眼睛。此外,对游客的请求要积极回应;着装要整齐,但又不能过于严肃;语调要柔和,创造良好的沟通氛围;主动报名,争取让对方先记住你的姓名,然后争取记住对方的名字,互相理解,建立友好关系。

② 有效避免沟通中的过失。沟通失败是多数景区服务质量管理出错的主要原因之一。下面举例的沟通过失应竭力避免:对游客意见的简单评价,如"你是好人,可是……";空洞的安慰,如"不要着急,东西会找到的";自视专家,如"你根本就不了解……";讽刺甚至挖苦,尤其当着家长面批评孩子的不是;过分和不恰当的询问,会引起游客的不安,感觉个人隐私被干涉;命令或威胁游客;多余而无用的劝告,只会引起游客的反感与失望。

③ 与难"对付"游客的有效沟通。难"对付"的三种情况:一是游客确实有理,需要解决问题,如购买的纪念品有质量问题;二是可能是游客情绪波动所致;三是遇见"蛮横不讲理"的游客。与愤怒中的游客沟通时,婉转地指出游客的不礼貌。首要的是等其情绪稍微稳定就说:"您好,我还不了解您具体要求,消消气,心平气和地把您遇到的问题和要求讲清楚,我会竭尽全力帮助您的。"这时游客就会收敛暴躁的态度,大家在平和的心态下,问题自然不难解决。

(二)约束型管理方法

虽然从人性化角度看,激发型管理最为合理,它强调了对游客的尊重和相互沟通,但现实中约束型管理也是景区游客管理中必不可少的。

所谓约束型管理也称强制性管理,该方法在于明确制定相关行为准则,并借助强制力保障游客遵守规则在景区游览,否则将受到惩罚。

约束型管理必须保证景区规则制定的唯一性和实施的严格性。规则制定的唯一性是要求景区在制定相关行为规范时,其内容是唯一的。只有内容唯一的景区行为规则才能保证其在实施时获得较为稳定的运行秩序,否则针对同一条款可产生多种行为方式必然会给景区管理带来更大的麻烦。规则实施的严格性是对游客形成威慑力的前提,只有公平、公正的实施景区规则,对违规者严格执法,景区的行为规则才能为游客所信服和接受。

【思考与讨论】

1. 景区游客的类型与旅游行为特征有哪些?

2. 简述景区管理人员与游客沟通的类型、可能出现的障碍以及与游客沟通的技巧。

【案例回放】

1. 上海长风公园采取什么措施对游客行为进行有效管理?

长风公园管理者考虑到爱花是人的天性,于是采取了人性化管理方法。如为了满足人们爱花的天性,专辟了能亲自动手的插花馆;在"自然之子"展区,开辟了娱乐活动场所;游客在欣赏沙雕作品的同时还可制作沙雕。有了亲自动手的机会,游客们就不会动手去抠展区的沙雕作品。正是这种"劝导＋疏导"的管理方式,大大降低了游客不文明行为发生的概率。

2. 游客行为的管理方法主要有哪些?

游客行为的管理方法主要有激发型管理和约束型管理两种方法。激发型管理方法是指景区通过激发游客的自我控制意识而保证其按照社会基本行为准则和景区游客行为规范行事。该方法认为游客的管理主要在于沟通和交流,以充分激发游客的自我约束能力。激发型管理的典型方法有引导、沟通等。约束型管理也称强制性管理,即明确制定相关的行为准则,并借助强制力保障游客遵守规则,否则将受到惩罚。

【技能训练】

以小组为单位,先学习和讨论引导、沟通等激发型管理方法,然后分别扮演景区管理人员、导游和游客(注意角色互换),模拟用所学方法与游客沟通,并对其旅游行为进行有效引导。最后总结讨论模拟过程中的得失。

【阅读资料】

中国公民国内旅游文明行为公约

营造文明、和谐的旅游环境,关系到每位游客的切身利益。做文明游客是我们大家义务,请遵守以下公约:

(1) 维护环境卫生。不随地吐痰和口香糖,不乱扔废弃物,不在禁烟场所吸烟。

(2) 遵守公共秩序。不喧哗吵闹,排队遵守秩序,不并行挡道,不在公众场所高声交谈。

(3) 保护生态环境。不踩踏绿地,不摘折花木和果实,不追捉、投打、乱喂动物。

(4) 保护文物古迹。不在文物古迹上涂刻,不攀爬触摸文物,拍照摄像遵守规定。

(5) 爱惜公共设施。不污损客房用品,不损坏公用设施,不贪占小便宜,节约用水用电,用餐不浪费。

(6) 尊重别人权利。不强行和外宾合影,不对着别人打喷嚏,不长期占用公共设施,尊重服务人员的劳动,尊重各民族宗教习俗。

(7) 讲究以礼待人。衣着整洁得体,不在公共场所袒胸赤膊;礼让老幼病残,礼让女士;不讲粗话。

(8) 提倡健康娱乐。抵制封建迷信活动,拒绝黄、赌、毒。

中央文明办　国家旅游局

资料来源:新华网,http://news.xinhuanet.com/politics/2006－10/02/content_5164830.htm.

情境三　景区安全管理

乐清7游客被困　消防员人桩扎激流救人

8月31日下午,在乐清务工的重庆籍男子吴某、周某到灵山风景区游玩,之后到景区一处瀑布下方的水潭内游泳。当天下午5点30分左右,突然下起了暴雨,吴某、周某和其他7名游客进入瀑布下方的帘洞躲雨。

水潭通往外面的唯一通道是一条溪滩,随着溪水快速上涨,溪滩逐渐被淹没。除了吴某和一名游客发现不对及时转移外,周某和另外6名游客被迫转移至一处礁石上。

随着溪水不断上涨,礁石成了孤岛,可供7人落脚的地方越来越小。这7名游客和吴某等两人的手机,在转移时均被雨水浸湿,无法打电话。途经此处的另外3名游客看到这一幕,打电话报警。

当晚6点左右,消防、公安等救援人员赶到了现场,发现游客被困点位于峡谷底,周边均为悬崖峭壁。救援人员找到一处距离孤岛最近的安全点,消防战士携带绳索,相互保护上了孤岛。随后,一条救援绳固定在安全点与孤岛之间,架起"生命通道"。为保证安全,消防战士沿着救援绳来到激流中间,张开双手双脚形成"大"字,扎下"人桩",进一步固定"生命通道"。被困游客腰部拴上牵引绳,拽着救援绳,一步步挪向安全点。

资料来源:第一旅游网,www.toptour.cn,2012-09-02.

思考

1. 上述案例中。乐清游客被困,属于哪类旅游安全事件(事故)类型?

2. 旅游安全事件(事故)分为哪几种类型? 旅游景区安全事故发生后应该如何正确处理?

➡ 一、景区安全管理概述

(一)旅游安全的概念

广义的旅游安全指旅游现象中一切安全现象的总称,既包括旅游活动中各相关主体的安全现象,也包括人类活动中与旅游现象相关的安全事态和社会现象中与旅游活动相关的安全现象。例如,"恐怖主义"是社会政治现象,但它与旅游活动有关,因此,也属于旅游安全的广义范畴。

旅游安全指旅游活动中各相关主体的一切安全现象的总称,包括旅游活动各环节中的安全现象,也包括其中涉及人、设备、环境等相关主体的安全现象。既包括旅游活动中安全的观念、意识培育与安全理论等"上层建筑",也包括旅游活动中安全的防控、保障与管理等"物质基础"。

(二)景区旅游安全事故的发生规律

1. 旅游安全事件(事故)类型与景区的资源类型关系密切

旅游安全事故在自然旅游资源地发生的频率明显高于其他类型资源地。在自然资源型景区,旅游安全事故多与游客旅行技能、游客身体及心理素质、自然灾害以及景区设施设备等相关(见表8-4)。人文旅游资源型景区人口构成复杂集中,旅游活动以朝圣、观光、购物、饮食、娱乐等为主,人为造成的安全事故如盗窃、欺骗、食物中毒等占主要比例(见表8-5)。近年主题游乐园设施设备事故频发,完善主题景区机械游乐设施管理成为景区安全管理中的重要课题。

表8-4 自然资源类景区安全事故类型

目的地类型	旅游活动	安全事故类型	事故举例
地文景观	越野活动、登山、攀岩、山地自行车、滑翔、沙漠探险、滑雪等	机械类、自行车活动类、飞行活动类、跳跃类、撞击类、自然灾害类	外部创伤,机械事故,雪崩和洪水,泥石流等
水域风光	冲浪、滑水、帆板、游泳、潜水、跳水等	机动机械类,水域活动类,跳跃活动类,自然灾害,动植物伤害类	溺水,外部创伤,水生动物伤害等
生物景观	原始森林探险,观鸟,野生动物观赏,草原骑马	动物、植物伤害类,花草过敏类,野生水果中毒类	动物袭击(大象、非洲豹),花卉过敏,植物对皮肤伤害,蘑菇中毒等
其他	特殊天象、气候现象、极光、雪松、海市蜃楼、动物活动观赏	身体不适(由于海拔高度、气候变化、其他类引起)	高原病,极温伤害等
注:在自然资源类景区,社会环境原因造成的偷盗、抢劫、杀人等的旅游安全事故较少。但也不能完全忽略			

表8-5 人文旅游资源类景区安全事故类型

目的地类型	旅游活动	安全事故类型	事故举例
大型主题公园	刺激型娱乐活动,如海盗船、蹦极、家庭娱乐活动	设施、设备事故类;游客健康突变类;游客走失类	停电,撞伤,心脏病突发,儿童走失等
度假区	休闲、疗养、会议、冲浪、滑水、一般性观光	食物中毒类;欺骗、盗窃类;水域设备类;火灾类,恐怖事件类等	酒店食物中毒,游客财物被盗,炸弹爆炸等
首都城市	购物,会展,参观(博物馆,植物园,古建筑)等	购物欺骗类,市内交通事故,暴力抢劫,迷路,盗窃,食物中毒,健康突变,恐怖活动类,火灾类等	儿童走失,饭店食物中毒或摔伤,购买到假货
成熟的旅游中心地	一般观光;美食,刺激型娱乐活动;参加节庆活动;家庭渡假,疗养,购物	盗窃,暴力,抢劫类;食物中毒,健康突变;欺骗,恐怖活动类;设施设备事故类	撞伤,摔伤,食物中毒,购买到假货等
注:人文旅游资源类景区旅游活动以观光,购物,饮食,娱乐等为主,以人为造成的安全事故为主			

2. 景区旅游安全事故的发生与当地的社会治安及文化背景密切相关

在文化发展水平较高、社会治安好的地区,旅游地居民主动接受或参与旅游业,能与游客进行良好的沟通,则景区治安方面的安全事故发生率相对较低。若旅游地文化内涵丰富但社会发展滞后,就会因文化差异及居民的被动与反对而造成主客冲突,带来安全问题。特别是某些景区没有处理好经营者与当地居民利益关系,导致居民的抵触情绪,为安全管理带来隐患。

3. 景区旅游安全事故的发生率呈现较为明显的季节规律性和昼夜规律性

旅游安全与旅游流、旅游季节存在一定联系,表现出明显的时间规律性。首先,旅游安全事故的发生具有季节性,据统计90%以上的旅游安全事故发生在旅游旺季。其次,旅游安全事故的发生具有昼夜规律性。特别是社会治安事件,夜晚是旅游安全事故的高发时段,而清晨则是最为安全的时段。旅游安全的昼夜规律性与游客活动的时间规律、作息特点有较大关系。在一些山地或海滨景区,景区面积大,地形复杂,游客在求新求奇心理驱动下,可能夜出陶醉在异地美景中迟迟不归。夜幕和游客对异地的的陌生,都为旅游安全事件的发生埋下了祸根。而清晨游客大多尚在酣睡中,所以旅游安全事件发生较少。

【相关链接】

景区安全事件或事故分类

1. 犯罪

犯罪是景区安全中最常见的安全事件。由于景区游览往往是整个旅游活动的高潮,游客游兴高,常疏于防范,景区地形相对复杂,隐蔽性较强,加之景区游客数量旺季激增,这些都为景区犯罪提供了便利条件。景区犯罪使游客的游兴从高潮跌入低谷,对游客的伤害和打击的程度极大。

景区犯罪形式主要是盗窃、诈骗和抢劫,一般与财产型犯罪密切相关。如2003~2004年李氏兄弟在杭州西湖区开佛教工艺品商店,欺诈游客钱财200多万元;2003年一对新婚夫妇到张家界旅游被导游谋财害命。

2. 疾病

旅途劳累、旅游异地性或旅游地特殊的环境导致"水土不服"和食品卫生问题等可能诱发游客的疾病或食物中毒。如,游客在高海拔景区常会出现缺氧和高山反应病状,严重时可导致死亡。据有关资料,每年在前往尼泊尔的登山游客中,因缺氧和高山反应造成肺气肿、脑溢血而导致死亡的人数达20人左右。在我国西藏、青海等高海拔区也常常由于缺氧、高山反应而引发休克,甚至患上肺气肿等疾病。

3. 景区娱乐项目、器械及交通工具导致的事故

景区内的娱乐项目、器械及交通工具的事故对人们所造成的伤害是触目惊心的。如,1999年10月贵州省马岭河峡谷景区因索道钢丝绳断裂、吊厢坠落造成14人死亡、22人受伤;2010年6月29日,深圳东部华侨城大峡谷游乐项目"太空迷航"发生垮塌,造成6人死亡,10人受伤。2005年5月,奥地利蒂罗尔州著名景点索尔登,一块重750千克重的水泥桩从直升飞机上突然脱落,从300米空中直接坠落到下面正在运行的高山缆车上,造成9人死亡、10多人受伤。景区的交通工具同时又担负着娱乐或造景的功能,从某种意义上来说交通工具的娱乐形式是景区内交通的必然要求。景区内部交通的种类十分繁多庞杂,如有缆车、山体电梯、滑道、浮桥、栈道、漂流的竹筏或橡皮筏、中小型游船等。其中缆车、滑道、浮桥和漂流船只等事故时有发生。

4. 火灾

旅游业中因火灾与爆炸死亡的人数低于旅游交通事故,但是火灾与爆炸往往造成严重的后续反应,如基础设施破坏、财产损失等,甚至造成旅游经济系统的紊乱。2005年10月温州瓯海区吹台山上的无量寺发生火灾,寺内存放的200多吨蜡烛被引燃,造成寺内一座建筑被毁。火灾还会损坏旅游资源,如森林、木结构古建筑,火灾产生大量有毒的气体和粉尘,以及灭火过程中使用的大量化学品和水,都会对环境造成破坏。

5. 自然灾害

自然灾害是由天气、洪水等不可控的自然原因引起的安全问题。自然灾害对旅游活动具有破坏性,如飓风、台风、洪水、传染病等。典型的例子有2003年"非典",2004年"印度洋海啸",2005年"禽流感"等。

6. 其他安全事件

景区内椰子树砸死游人、鲨鱼袭击游人、与有毒昆虫或接触导致皮肤病或身体伤害、重大环境污染事故等。

以上安全事件或事故发生时对游客构成了危险,同样也对旅游产业人员构成了危险。

(三) 景区安全管理

景区安全管理是指为达到安全目的,有意识、有计划地针对景区旅游活动中的各种安全现象进行危险辨识、制定安全管理方针和管理措施,收集和应用法律法规和各种安全管理政策,进行安全教育、开展防范与控制活动并构建运作安全保障体系的各种行为的总称。

1. 景区危险源辨识

危险源辨识是识别危险源的存在并确定其性质的过程。景区危险源是指景区内存在的潜在不安全因素,它可能会导致游客在景区内活动时发生人身伤害或财产损失。

在景区安全管理工作中,危险源的辨识是非常重要的一步,可以游客在景区经过的场所为线索来进行景区危险源的辨识。对辨识出来的危险源应当分类进行管理,有些应通过制定和执行日常运行程序加以管理,有些需制定专门管理方案,如大型活动、节假日的游客接待等,并根据危险源可能引发的安全事故制定相关应急预案。

表8-6 景区危险源辨识

景区内的场所/活动	危险源	可能造成的后果
餐饮场所	食物不清洁/餐具消费不到位	游客食物中毒、传染病
山林	季节干燥,山林中点明火	山林起火、人员伤亡
山路	所铺设材料易打滑或易长青苔,山路比较陡	摔跤致伤
吊桥	栏杆设计过疏、桥面或栏杆长久失修,有损坏	坠崖、落水
缆车	突然停电、缆车机械故障	受惊、坠崖
漂流	水流变化、漂流船只进水、阀工技术不稳定	落水、人员伤亡
游艺机项目	机械故障、不符合乘坐条件的人上机玩乐、操作员操作不当	人员受惊、伤亡
商场购物	货物伪劣、价格虚高	财产损失
景区大型节庆活动	人群拥挤、疏散缓慢	盗窃、拥挤导致伤亡、人员走丢、人员失踪

【相关链接】

表8-7 《旅游区(点)质量等级的划分与评定》中关于"旅游安全"内容

标准等级	安全管理的内容
5A	a) 认真执行公安、交通、劳动、质量监督、旅游等有关部门制定和颁布的安全法规。建立完善的安全保卫制度,工作全面落实。 b) 消防、防盗、救护等设备齐全、完好、有效。交通、机电、游览、娱乐等设备完好,运行正常,无安全隐患。游乐园达到 GB/T16767—1997 规定的安全和服务标准。危险地段标志明显,防护设施齐备、有效,特殊地段有专人看守。 c) 建立紧急救援机制,设立医务室,并配备专职医务人员。设有突发事件处理预案,应急处理能力强,事故处理及时、妥当,档案记录准确、齐全

（续）

标准等级	安全管理的内容
4A	a) 认真执行公安、交通、劳动、质量监督、旅游等有关部门安全法规。建立完善的安全保卫制度,工作全面落实。 b) 消防、防盗、救护等设备齐全、完好、有效。交通、机电、游览、娱乐等设备完好,运行正常,无安全隐患。游乐园达到 GB/T16767～1997 规定的安全和服务标准。危险地段标志明显,防护设施齐备、有效,高峰期有专人看守。 c) 建立紧急救援机制,设立医务室,并配备医务人员。设有突发事件处理预案,应急处理能力强,事故处理及时、妥当,档案记录准确、齐全
3A	a) 认真执行公安、交通、劳动、质量监督、旅游等有关部门安全法规。建立完善的安全保卫制度,工作全面落实。 b) 消防、防盗、救护等设备齐全、完好、有效。交通、机电、游览、娱乐等设备完好,运行正常,无安全隐患。游乐园达到 GB/T16767 规定的安全和服务标准。危险地段标志明显,防护设施齐备、有效,高峰期有专人看守。 c) 建立紧急救援机制,设立医务室,至少配备兼职医务人员。设有突发事件处理预案,应急处理能力强,事故处理及时、妥当,档案记录准确、齐全
2A	a) 认真执行公安、交通、劳动、质量监督、旅游等有关部门安全法规。建立完善的安全保卫制度,工作全面落实。 b) 消防、防盗、救护设备齐全、完好、有效。交通、机电、游览、娱乐等设备完好,运行正常,无安全隐患。游乐园达到 GB 规定的安全和服务标准。危险地段标志明显,防护设施齐备、有效。 c) 建立紧急救援机制。配备游客常用药品。事故处理及时、妥当,档案记录完整
1A	a) 认真执行公安、交通、劳动、质量监督、旅游等部门安全法规。安全保卫制度健全,工作落实。 b) 消防、防盗、救护等设备齐全、完好、有效。交通、机电、游览、娱乐等设备完好,运行正常,无安全隐患。游乐园达到 GB 规定的安全和服务标准。危险地段标志明显,防护设施齐备、有效。 c) 事故处理及时、妥当,档案记录完整。配备游客常用药品

资料来源:旅游区（点）质量等级的划分与评定.（GB/T 17775—2003）国家质量监督检验检疫总局发布.

2. 景区安全管理体系的建立

景区安全管理的复杂性和综合性要求景区安全管理要有一套合理的系统进行规范。景区安全管理系统由安全预警系统、信息管理系统、控制机制系统和应急救援系统组成。

（1）景区安全预警系统。景区安全预警系统一是对可能发生事故及灾害的区域提前发出预警;二是对已发生事故发布报警信息,减少事故损失,保卫生命财产安全,控制其发展。

① 自然灾害预警。对于山地、海滨等易发生滑坡、泥石流、海啸、地震、大风、赤潮等自然灾害的敏感区,及时、准确的预警信息将有利于缓解和减少灾害等带来的巨大经济损失和对生命财产的威胁。景区安全预警系统可将气象、环境、地质、交通、海上救助等部门联网,实时监测地质、潮差、天气、海水水质等指标数据,进行对比分析,预测可能引发的各种严重危及旅游安全的灾难与事故;同时根据可能产生危害程度的不同,发出不同级别的警报。

② 环境污染预警。景区旅游对环境影响主要表现为:一是旅游活动。如 2006 年国庆期间,黄果树景区共接待游客 13.6 万人次,产生垃圾 400 多吨,仅游客每天扔掉的雨衣就高达 6000～8000 件。二是景区基础设施、景观建设,会破坏环境的原生性和完整性。为控制和缓解污染,确保游客身体健康,必须实时监测景区空气质量、气象要素、水质、单位面积游客量等,对污染物超标可能发生污染事故的地区发出预警信息,保证人们生命安全和环境的永续利用。

③ 环境容量预警。景区环境容量是指景区环境各要素在特定时期内所能承受的游客人数和旅游活动强度。环境容量预警旨在提醒游客合理选择相应时期的景区,避免游客过分集中、人满为患,而造成的对游客、旅游地生态环境和人文环境的损害与破坏。在景区旺季到来之前,做好游客量的预测,及时发布消息,将游客控制在所能承受的容量之内,以此减轻景区环境保护和安全保障压力。香港迪斯尼在 2006 年春节期间,禁止部分持票游客入园,此举引发轩然大波,但从安全管理的角度看,虽然景区前期预测不足,但其果断的应对措施还是值得称道的。

目前,许多景区或旅游地都在尝试采用新技术手段来提高预警工作的效率和准确性,如滨海城市旅游安全预警系统采用地理信息系统(GIS)、全球定位系统(GPS)、三维可视化(VS)和专家系统(ES)来收集信息、存储、运算和分析。但这一系统成本较高,只能在局部重点景区实施。对地区性自然灾害,如海啸、台风、泥石流等应制定操作性强的应急预案并定期演习。

④ 大型活动的风险预测评估。大型活动一般是人员密集的活动,进行风险预测评估,主要是评估正常情况下的步行人流组织水平和紧急情况下的人员疏散安全能力。评估时主要考虑:一是仪式活动举办场所的特点,包括建筑结构和功能,通道和出口设置、活动场所的位置及其通道设置等;二是参加大型活动的人员特点,主要包括人员组成、安全素养、对周围环境的熟悉程度等;三是可能发生或需要应对突发事件自身的特点。在综合考虑这些因素的基础上,可利用评估者丰富经验在实地调查基础上进行分析,有条件的可利用先进的疏散模拟软件对其进行定量分析,对大型活动的疏散安全能力进行全面准确的评估,制定出切实可行的应急预案。

(2)景区信息管理系统。信息管理系统对于景区安全的重要性主要是因为景区旅游安全有很强的不可预见性。不可预见性事故包括自然灾害和突发旅游安全事故。有些景区地处海啸、地震、台风、赤潮、泥石流等自然灾害发生的敏感区,及时、准确的预警将有利于缓解和减少经济损失和对游客生命财产的威胁。景区旅游安全信息管理系统主要有旅游安全信息的收集、分析、对策的制定和信息的发布等职能。景区安全管理系统中各项功能的实现都以信息为支撑,信息的转换、更新、传输为系统的正常运行提供必要保障。比如,若能及时准确地获取洪水、泥石流、地震、火山爆发以及大风、暴雨、冰冻等各种灾害性天气预报,并预料由此可能引发的各种严重危及旅游安全的自然灾害,管理部门就能采取安全保障应对措施;同时,把自然灾害可能给旅游活动带来的不便和危险告知游客,使之提高警惕,减少各种安全事故的发生。

景区安全信息发布的主要方式:①利用多种媒介方式及时发布安全信息,如通过景区网站、重要服务节点、宣传册、导游、广播等向游客发布本景区旅游过程中注意事项、安全提示、出行准备与自救方法,及时向旅行团队负责人电话或短信告知安全提示;②在景区网站、门票、宣传单上根据景区危险源的分布状况和控制重点进行危险标注,介绍景区安全保障状况,游览注意事项及在突发情况下应急措施等行为规范提醒,以提高游客安全防范意识;③在景区安全隐患处设立警告牌,并随时检查警告牌情况,做到及时醒目地提醒游客。

(3)控制机制系统。控制机制系统是对景区安全管理系统的控制,主要包含内部管理控制(包括景区旅游安全管理机构和旅游安全管理制度)、外部管理体系控制(包括旅游安全政策法规体系、旅游保险体系)以及相应的一系列防控、管理活动(包括对各种外包经营活动的监督管理;旅游活动管理;旅游设施设备的日常安全预防检查和管理;游客住宿安全;饮食安全的监督和管理;景区动物的管理等)。

（4）应急救援系统。为了能对景区各类安全事故快速、有效救援,景区应完善应急救援系统,配备专门的救援车等相关救援设备,制定救援制度和救援方案。如杭州西湖水域景区管理处和杭州移动完成西湖水域内百余条机动船 GPS 定位终端的安装工作,为划船手和管理人员配备了拥有卫星定位功能的手机。同时,水域管理处建立监控中心,实现对西湖内船舶实时监控和管理调度,遇突发情况,船工可通过 GPS 系统向监控中心求救,工作人员通过指挥中心大屏幕,立即寻找出事船只的位置,及时展开营救。此外,该系统还具有定位轨迹实时显示和查询功能,能准确地显示水域内船只的航行轨迹,可精确到每分钟,对于解决各类突发事件非常有效。景区应急救援系统包括核心机构(即旅游救援指挥中心,统管救援工作)、救援机构(分为医疗性和非医疗性救援机构两类)、直接外围机构[指旅游安全问题的发生地,即景区(点)、旅游企业等]、间接外围机构(包括保险机构、新闻媒体、通信部门等)在内,是由旅游接待单位、旅游救援中心、保险、社区医院、公安、武警、消防、通信、交通等多部门、多人员参与的社会联动系统。

【相关链接】

迪斯尼拒客:霸道的温柔

开张以来一直波澜不惊的香港迪斯尼,在春节期间有了大大的惊喜。由于游客爆满,迪斯尼乐园不得不连续两日对数百名稍后赶来的游客紧闭园门。被锁在门外的游客与迪斯尼员工发生争执。舆论对迪斯尼本土化欠缺、应变能力差、在中国香港摆谱、耍大牌等评价,使迪斯尼公司面临着一场不大不小的公关危机。

香港迪斯尼乐园副总裁安明智在事发后连续三次召开新闻发布会,向公众道歉。把一向奉为上帝的顾客拒之门外与其企业文化明显相悖,可见确实是低估了中国旅游市场的巨大潜力。

其实,人口大国的特色无处不在:一次招聘会蜂拥云集几万人甚至十几万人;足球比赛、文娱活动甚至超市的酬宾活动等,在狭小的空间内拥挤成千上万人是轻而易举的事情;春节期间,人头涌动更被看作节日的特色。我们更熟悉的场景是,在人群的推搡、挤压和挣扎中,有几个看起来很不友好的秩序维护人员做摆设,相信每参加一次这样活动都会增加人们对集体活动的恐惧。北京密云灯会踩踏事故更是给大家提出了警示。

游客们是用脚给景区投票的,决定因素包括了安全指数、地理位置、价位、服务态度、游乐指数等,迪斯尼的行为看似对"游客"的不尊重和怠慢,但相信它是希望在保证顾客安全的前提下,给顾客一个宁缺毋滥的迪斯尼旅程。从保证游客的安全和完美的娱乐体验来说,迪斯尼关门拒客是次中取优的决策,但事后对包销商和顾客的安抚才更能考验公司的危机处理能力。

资料来源:http://www.sina.com.cn.2006-02-10.

二、景区常见游乐项目安全管理和常见事故处理

随着新兴娱乐项目和各种漂流活动的大量涌现,各种游艺机和漂流项目的事故频频发生,其中有游乐设施的质量问题、游客自身行为的失误,更有工作人员操作的问题。参考国家相关标准,从游客安全角度出发,景区游乐项目的游客安全管理和常见事故的处理方法如下:

(一)景区游乐项目的游客安全管理

1. 游乐园项目的游客安全管理

游乐园项目主要指游艺机类的游乐设施,即采用沿轨道运动、回转运动、吊挂回转、场地上

运动、室内定置式运动等方式,承载游客游乐的现代机械设备组合;也包括承载游客在水面上进行游乐活动,由机械动力驱动、人力驱动或由游客自行操纵的设施。水上世界也属游乐园中一个专门类别,是专供游客游泳或嬉水等水上游乐运动的场所。《游乐园(场)安全和服务质量》中规定,游乐园应建立健全各项安全管理制度,在制定制度和程序时,应考虑到以下要求:

（1）人员要求。

机械游乐设施操作人员以及快艇、电瓶车的驾驶人员必须经过项目技术培训、考核,获得国家授权机构颁发的上岗证,持证上岗。对于快艇驾驶员景区应对其驾龄作出规定;严禁身患高血压、心脏病、癫痫等可能突发生理失控的操作人员上岗操作;操作人员应当接受应急事故处理的培训,熟练掌握如火灾、机械险情、游客突发疾病等事故的处理方法。

各种水上游乐设施必须认真执行《水上世界安全卫生管理规范》。要配备一定数量经过培训合格,掌握拯溺救生知识与技能的监护救生人员。

（2）安全服务要求。

游乐设施投入运行前,操作人员应按照"日常点检表"(《游乐园(场)安全和服务质量标准》GB/16767)对设施进行日常检查;景区指定的安全检查员也应在每日运营前例行检查,没有安全检查员签字的设施、设备不得投入营运。若发现问题应通知主管,并填写"维修申请单"报工程部维修,并在设施上悬挂"设施检修中"标志,经工程技术人员验收后方能继续营运。

在常规检查基础上,应根据游乐设施的特点进行无人情况下的试运行不少于两次,确认一切正常后,才能开机营业。操作人员在运行前应检查设施相关配套辅助用具的合格情况,如立体眼镜、配套安全装置、救生衣等,发现配套用具不合格或未齐备的情况严禁运行。

各游艺机应在醒目位置公布游客须知,并通过广播和操作员口头说明,告知乘坐游艺机的注意事项。谢绝不符合游艺机乘坐条件的游客参与游艺活动。水上世界的活动更要在广播中反复宣传,提醒游客注意安全,防止意外事故发生。

游客上游乐设施后,操作人员必须进行安全检查,帮助游客佩戴相应安全设施,如安全带、护肩、救生衣、搭接杆及其他护具等,并告知正确操作方法和技巧及相关安全注意事项。

操作人员根据设施运行要求,做好封场工作,确认无人进入危险区域后开始操作。

开机前先鸣铃提示,确认无任何险情时方可再开机;游艺机在运行中,操作人员严禁擅自离岗;密切注意游客动态,及时制止个别游客的不安全行为。游乐设施动作结束时,操作员应提醒游客安坐不动,待设备完全停稳后方可打开保险带、扣等,指挥游客依次从出口离开。

其他注意事项:游乐器械的两次运行之间,必须间隔合理的时间、空间和距离;对于可预见的事故易发部位,应设置相应的警告提示标志,并安排人员就近作好紧急情况的处理准备;遇有紧急事故发生,服务人员应立即参与抢救和疏散游客,执行相关紧急预案的程序规定;遇冰冻、雷雨、大风等恶劣天气应暂停营运,景区应当对各种天气下设施是否正常营运作出规定。

每天营运结束时,操作人员按照"日常点检表"作好使用完成的检查;将设施停靠在规定的位置,关闭电源,完成每天设施保养工作;将当天的检察日报表整理、汇总和保存。

对于水上世界,还应当随时向游客报告天气;安全使用化学药品,每天营业前对水面和水池底除尘一次;凡具有一定危险的项目设施,在每日运营前,要经过试运行;每天定时检查水质,用水的安全、卫生和水质的标准应符合国家标准和《水上世界安全卫生管理办法》的规定。

（3）设施设备要求

游艺机和游乐设施安装完毕后,经调试、负荷试验,运转正常,由运营单位的主管部门会同当地公安、劳动、技术监督部门对各项准备工作验收后,方可投入运营。

根据游乐设施申报制度,不同级别的游艺设施应向国家质检总局核准取得相应资质的检验检测机构提出定期检验要求。游乐设施除了进行日、周、月、节假日前和旺季开始前的例行检查外,设施设备必须按规定每年全面检修一次。在检修时对关键部件,本单位无力检测的,必须委托有资质的技术检验单位进行检验,严禁设备带故障运转。开放夜场的游乐园(场),其主要通道和公共场地应设有充足的灯光照明设备。各游艺机和游乐设施自身亦应有灯光照明。

水上世界的管理还应关注以下几点:

① 水上游乐项目应设立监视台,有专人值勤,监视台的数量和位置应能看清全池范围;②水上世界范围内的地面,确保无积水、无碎玻璃及其他尖锐物品;③各游乐场所、公共区域应设置安全通道,时刻保持通畅;④游乐区域、除封闭式外,均应按 GB8408 的规定设置安全栅栏;⑤严格按照消防规定设置防火设备,配备专人管理,定期检查;⑥有报警设施,并按 GB13495 设置报警器和火警电话标志;⑦在人群拥挤隐蔽的场所应当装置监视器;⑧露天水上世界应设置避雷装置;⑨有残疾人安全通道及其使用的设施;⑩有处理意外事故的急救设施、设备。

(4) 医疗急救设施

游乐园(场)内应设置为游客服务的医务室,医务室位置要合理,标志要明显;医务室应备有救护器材,能应付突发事故中伤病员的急救工作;医务室应配备具有医士以上资格的医生和训练有素的护理人员,能为游客进行一般性突发病痛的诊治和救护。

(5) 档案要求

景区必须建立完整的单机档案和人员培训档案。把设备购置、施工、安装、调试、试验、定期检查和运行过程中出现的问题及处理情况、检修和更换零部件情况、油料情况等,包括图纸和文字以及运营管理、操作、维修人员培训、教育、考核情况,全部记录存档备查。

2. 野生动物园的游客安全管理

近年国内动物园屡次发生的动物伤人事故多与当事人麻痹大意,忽视操作规程或管理疏漏有关。因此,园区应健全各项安全管理制度,在制定制度和程序时,应考虑以下几方面的要求:

(1) 人员要求。

景区驾驶员、导游、饲养员、清洁员、兽医、动物表演主持人等工作人员,必须接受园区动物习性、特点、操作注意事项及应急事故处理等特殊培训,持证上岗。工作人员应严格按操作规程工作,熟练掌握如火灾、车辆在猛兽区出现故障、游客受动物袭击事故的处理方法。

(2) 安全服务要求。

在动物放养区设置专人维护游览秩序,保障游客安全;游客在动物放养区追逐、打逗动物时,要及时进行制止;游客在园区内受到伤害时要及时处理;游客在园区内突然晕倒、跌伤等意外时要及时救助;在凶猛动物放养区,游客遇到危险时,要及时对其保护,并护送到安全场所;动物进入繁殖期时,要加强对动物看护,严防游客受到伤害。

设置专人维护游览车安全游览秩序;发现游客在猛兽区开启车门窗、将头臂探出车外等情况时,要及时制止并耐心地解释违反安全须知可能出现的不良后果;当游览车在凶猛动物放养区出现故障时,司乘人员应守护好门窗,确保游客安全。景区应向自备车游览的游客发放游览须知;如发现游客在凶猛动物放养区开启车窗、下车等情况时,要及时制止;自备车在凶猛动物放养区搁浅或出现故障时,管理人员发现或接到求助信息后要及时处理,严禁游客下车自救。

利用高架桥等游览通道步行参观凶猛动物展区,应当设立防护网等安全防护设施,并设专人看护;发现游客翻越防护设施要及时制止并耐心解释违反安全须知可能带来的后果。

游客在观看动物驯化表演时,要在凶猛动物驯化、表演场与游客观赏台之间设置隔离设施;在驯化或表演需游客参与时,驯化员要根据动物表现、表演要求选定适宜人员,确保参与人员安全;驯化或表演的凶猛动物逃逸时,工作人员应立即采取措施控制动物,以保证游客安全。

(3) 安全标识。

在野生动物园入口处,设立入园须知,明确规定游客严禁携带宠物入园;在园区入口处设立园区游览图,标记每个动物展区的确切位置及游览方式(车行或步行等),详细说明游客在游览中注意事项及在紧急状况时的求助方式;在车行区和步行区入口处醒目位置设立标志,明确游客游览方式;在凶猛动物放养区位置设立警示牌,明确标有"动物凶猛、关闭车窗、严禁下车"等类似的警示标志;较温顺的动物在进入繁殖期时,应在醒目位置设立"动物进入繁殖期,请勿靠近"等警示标志;在"神经质性"动物放养区(如:长颈鹿、羚羊等),必须设立"动物易惊"等类似标志,并详细说明注意事项;在园区的醒目位置设立防火标志;门票或景区游览手册上应标有野生动物园游览路线及安全须知。

(4) 设施设备要求。

景区应建立景区设施设备一览表,并对景区设施设备采取日常检查和维修工作,特别是对直接涉及游客安全的某些设施设备要及时维修保养。这些设备包括景区游览车、动物的隔离栅栏、动物笼舍的门和其他防护设备。其他安全设备要求同游乐园项目的游客安全管理第(3)点。

(5) 医疗急救设施的要求[见游乐园项目的游客安全管理第(4)点]。

3. 漂流项目的安全管理

漂流是指漂流经营企业组织游客在特定水域,利用船只、木筏、竹排、橡皮艇等漂流工具进行的各种旅游活动。根据亲水性、漂流旅游可粗略分成亲水性弱的漂流旅游和亲水性强的漂流旅游两种。漂流旅游因其观赏性或刺激性而受到游客欢迎,但作为一种特种旅游活动,漂流旅游尤其是亲水性较强的漂流旅游的危险性也是比较高的。

为加强漂流旅游安全管理,促进漂流旅游有序发展,国家旅游局颁布并实施了《漂流旅游安全管理暂行办法》,对漂流企业的资质审批、安全组织机构、安全管理制度建立、漂流事故处理程序、漂流工具的管理、操作人员的管理、漂流环境卫生等方面作了较为全面的规定。

(1) 漂流水域的要求。

漂流水域必须符合以下标准:漂流旅游活动应当在当地水运部门考察核定的,符合安全标准的水域内进行;水域宽度、深度和水文地理情况适宜漂流,无可致漂流工具翻覆的漩涡和暗礁;水域两岸地质情况良好,无滑坡、崩岸等危及漂流安全的隐患;漂流经过的地域社会治安和自然安全情况良好,无危害安全的野兽出没;漂流水域内不得留有监视盲区,深水区、危险区至少设置一名救生人员;对容易发生危险的水域,应有明显的警示标志。

(2) 漂流设施和工具的要求。

漂流设施和漂流工具经有关部门检验,持有载客定额、载重量、适航内容合格证书;漂流设施、工具须按定期检查,严禁使用有事故隐患和超过安全期限的的漂流设施;核定载客量;配备足够的安全救生装备;有专供漂流工具停靠并配备足够的救生设备和服务设施的码头。

(3) 漂流工作人员的要求。

责任心强,身体健康;漂流救生员经专门培训,掌握救生知识与技能,持证上岗;熟悉漂流操作程序、安全规章制度和知识,并能熟练使用安全救生设备进行救护;向游客介绍漂流工具上的安全设施及使用方法,说明漂流中安全注意事项和发生意外事故的救护办法;婉拒患有精神病、心脏病、高血压、痴呆病等病症患者及孕妇、老人、小孩和残病人等参加漂流活动（在漂流售票处等地应有醒目告示）；由游客自行或参与操作河流工具进行漂流的，应事先将有关注意事项详细告知游客，并在易发生事故的危险地段安排专人负责安全监护。

（二）景区常见安全事故处理

1. 旅游景区安全事故的处理程序

（1）陪同人员应立即上报主管部门，主管部门应及时报告归口管理部门。

（2）会同事故发生地有关单位严格保护现场。

（3）协同有关部门进行抢救、侦察。

（4）单位负责人应及时赶赴现场处理。

（5）特别重大事故，应严格按照国务院《特别重大事故调查程序暂行规定》进行处理。

景区安全事故处理流程如下：

上报：陪同人员——→所在旅行社——→组团社——→所在地旅游主管部门——→各相关职能部门——→当地人民政府/上级旅游主管部门——→省级人民政府。

事故处理：维持现场秩序，疏导群众——→协助与配合医疗、公安、医疗急救、保险、交通、卫生防疫、质检、活动主办单位及主管机关、外事、司法、民政等部门处理相关抢救、调查取证、勘查、理赔、处罚、调解、诉讼及善后等事宜——→写出事故发生报告。

2. 景区火灾事故处理

火灾是景区较常见、危害较大的安全事故之一。景区发生火灾事故可按以下方法处理：

（1）组织灭火。发生火灾或发现火情的单位或人员应立即报警，讲清失火部位、火势大小。报警中心接到报警后，应立即报告负责人，并根据总负责人批示呼叫消防队并拉响警铃。报警中心指示总机播放录音，告知火情、稳定客人情绪。总负责人、安全部经理、消防队、导游、医务人员等应立即赶赴现场一方面疏散游客，引导自救；另一方面指挥现场救火。迅速查明起火准确部位和发生火灾的主要原因，采取灭火措施，组织抢救伤病员和老、弱、病、幼旅游者。

（2）保护火灾现场。注意发现和保护起火点。清理残火时，不要轻易拆除和移动物体，尽可能保护燃烧时的状态。火灾扑灭后，应立即划出警戒区，禁止无关人员进入，经公安部门同意后勘查和清理火灾现场。勘查人员进入现场时，不随便走动。进入重点勘查区人员应有所限制。

（3）调查火灾原因。景区火灾发生基本分三类：思想麻痹、违规操作引发火灾；自然起火，如自燃、雷击等；人为纵火。对这些原因，主要采用调查访问、现场勘查和技术鉴定等方法。

① 调查访问。调查对象包括最先发现火灾报警的人、最后离开起火点的人、熟悉起火点周围情况的人、最先到达起火点的人、火灾受害人等。调查内容包括火灾发生的准确时间、起火的准确部位、火灾前后现场情况。②现场勘查。包括对火灾周围环境的勘查，对着火建筑物和火灾区域的初步勘查，对物证、痕迹的详细勘查和对证人的详细询问等。③技术鉴定。借助科学技术手段和化学分析试验、电工原理鉴定、物理鉴定和模拟试验等进行技术鉴定。

3. 景区重大盗窃事故处理

景区重大盗窃事故指发生在景区内的客人或企业的大笔现金、贵重物品被盗事件或景区贵重设施设备被盗事件。景区安全部一旦接到报案，应迅速作出如下反应与处理：

（1）了解情况，保护现场。查明发现事故经过，了解情况，采取切实有效的措施保护现场。

（2）向警方报案，划定勘查范围，确定勘查顺序。盗窃现场勘查重点是：第一，现场进出口的勘查。第二，被盗财物场所勘查。第三，现场周围的勘查。

（3）分析判断案情，确定嫌疑人。经过勘查分析，判断案情，如果不是外部来人作案，即可在划定范围内，通过调查访问，发现嫌疑人。

4. 游客死亡事故处理

景区内游客死亡处理应注意三个环节：

（1）游客病危时。当发现客人突然患病，应立即报告景区负责人或值班经理，在领导安排下组织抢救。在抢救病危客人过程中，必须要有患者家属、领队或亲朋好友在场。

（2）游客死亡确定。一经发现游客在景区死亡，应立即报告当地公安局，并通知死者所属旅游团负责人。如正常死亡，善后处理由接待单位负责。无接待单位的，由公安机关会同有关部门共同处理。如非正常死亡，应保护好现场，由公安机关取证处理。尸体在处理前应妥为保存。

① 通知死者单位或家属。凡属正常死亡的，在通报公安部门后，由接待或工作单位负责通知家属。如死者无接待单位，由景区或公安部门负责通知。

② 出具证明。正常死亡的，由县级或县级以上医院出具死亡证明书。非正常死亡的，由公安机关或司法机关法医出具死亡鉴定书。

③ 死者遗物的清点和处理。清点死者遗物应有死者随行人员或家属及景区工作人员在场。如死者有遗嘱，应将遗嘱拍照或复制，原件交死者家属或所属单位。

④ 尸体的处理。遗体处理一般以当地火化为宜。遗体火化前，应由领队、死者家属或代表写出火化申请书，交景区保存。如死者家属要求将遗体运送回原籍，尸体要由医院作防腐处理，由殡仪馆成殓，并发给装殓证明书。遗体运送回原籍应有相关证明。

（3）其他注意事项。善后处理后，应由聘用或接待单位写出死亡善后处理情况报告，送主管单位、公安局等部门。内容包括死亡原因、抢救措施、诊断结果、善后处理情况等。对在华死亡的外国人要严格按照《中华人民共和国外交部关于外国人在华死亡后的处理程序》处理。

【思考与讨论】

1. 简述旅游安全和旅游景区安全管理的含义、景区旅游安全事故的发生规律。
2. 如何辨识景区危险源？
3. 简述景区常见安全事故处理方法。

【案例回放】

1. 案例中乐清游客被困，属于哪类旅游安全事件（事故）？

由于游客在游乐清时，突遇暴雨，溪水上涨，游客被困，因此属于自然灾害类旅游安全事件。

2. 旅游安全事件（事故）分为哪几种类型？旅游景区安全事故发生后应该如何正确处理。

旅游安全分为犯罪；疾病；娱乐项目、器械及交通工具导致的事故；火灾；自然灾害；其他安全事件等。

旅游景区安全事故发生后正确处理程序是：

上报：陪同人员——所在旅行社——组团社——所在地旅游主管部门——各相关职能部门——当地人民政府/上级旅游主管部门——省级人民政府

事故处理：维持现场秩序，疏导群众——协助与配合医疗、公安、保险、交通、防疫、质检、活动主办单位及主管机关、司法、民政等部门实施抢救、调查取证、理赔、处罚、调解、诉讼及善后等事宜——写出事故发生报告。

【技能训练】

1. 实习生李安在上岗第一天,游乐园的经理就让他顶替"太空船"的生病员工的岗位,在简单了解操作规程后,李安就上岗了。经理说这个机器操作起来很简单,一点儿也不复杂,课堂讨论这样做是否妥当。

2. 考察你所在城市的一个旅游景区,分析该景区的危险源。

【阅读资料】

<h3 style="text-align:center">火灾的预防和处置</h3>

(一)火灾的类型

按燃烧物质及特性,火灾分为 A、B、C、D 四类:A 类,指可燃固体物质火灾;B 类,指液体火灾和熔化的固体物质火灾;C 类,指可燃气体火灾;D 类,指可燃金属火灾,如钾、钠、镁、钛、锂、铝合金等物质的火灾。

(二)应根据不同类型火灾选择不同灭火剂

① 扑救 A 类火灾应选用水、泡沫、磷酸铵盐干粉灭火剂。

② 扑救 B 类火灾应选用干粉、泡沫灭火剂。扑救极性溶剂 B 类火灾不得选用化学泡沫、抗溶性泡沫灭火剂。

③ 扑救 C 类火灾应选用干粉、二氧化碳灭火剂。

④ 扑救 D 类火灾选用 7150 灭火剂以及沙、土等。

(三)防火的基本原理

防止燃烧条件的产生,不使燃烧三个条件相互结合并发生作用;采取限制、削弱燃烧条件发展的办法,阻止火势蔓延,这就是防火的基本原理。

(四)灭火的基本方法

冷却灭火法是将灭火剂直接喷洒在燃着的物体上,将可燃物的温度降到燃点下,终止燃烧。如用水灭火。

隔离灭火法是将燃烧物体与附近的可燃物质隔离或疏散开,使燃烧停止。

窒息灭火法是阻止空气流入燃烧区,或用不燃物冲淡空气,使燃烧物无氧而熄灭。如用泡沫灭油类火灾。

抑制灭火法,也称化学中断法,是使灭火剂参与燃烧反应历程中,使燃烧过程中产生游离基消失,而形成稳定分子或低活性游离基,使燃烧反应停止。如干粉灭火剂灭气体火灾。

(五)常用的灭火器

干粉灭火器、二氧化碳灭火器、泡沫灭火器。

1. 二氧化碳灭火器的使用方法及注意事项

使用方法:先拔出保险栓,再压下压把(或旋动阀门),将喷口对准火焰根部灭火。注意事项:使用时要戴手套,以免皮肤接触喷筒和喷射胶管,防止冻伤。扑救电器火灾时,如电压超过600 伏,应先断电后灭火。

2. 干粉灭火器的使用方法

与上述使用方法相同,需注意:干粉灭火器在使用前,应先把灭火器上下颠倒几次,使筒内干粉松动。在使用 ABC 干粉灭火器扑救固体火灾时,应使灭火喷嘴对准燃烧最猛烈处,左右扫射,并应尽量使干粉灭火剂均匀地喷洒在燃烧物表面,直至把火全部扑灭。因干粉的冷却作用甚微,灭火后一定要防止复燃。

(六)火场逃生方法

①利用登高消防车,挂钩梯两节梯连用逃生;利用建筑物通道或建筑物内设施逃生;②自

制器材逃生;③寻找避难处所逃生;④互救逃生;利用身边消防器材或其他器材边灭火边逃生。

（七）高层建筑火灾的逃生方法

一是尽量利用建筑内部设施逃生

①利用消防电梯、防烟楼梯、普通楼梯、封闭楼梯、观景楼梯逃生;②利用阳台、通廊、避难层、室内设置的缓降器、救生袋、安全绳等逃生;③利用墙边落水管逃生;将房间内的床单或窗帘等物品连接起来逃生。

二是不同部位、不同条件下的逃生方法

①当某楼层或某部位起火,且火势蔓延时,不可惊慌失措,应注意听火场广播,再选择合适的疏散路线和方法。②当房间内起火,且门已被封锁,通过阳台或走廊转移到相邻未起火房间,再行疏散。③听到火警,应首先试房门是否变热,若已变热,门就不能打开;若门未热,可通过正常途径逃离房间。④当某一防火分区着火,大火已将楼梯间封住,可先疏散到房顶,再从相邻未着火楼房的楼梯间疏散。⑤如建筑内火大、烟浓,要紧闭门窗,用水浇湿门窗、阻止火势蔓延,切不可打开门窗,更不可跳楼,想法与外界联系,等待救助。

三是自救、互救逃生

①利用楼层存放的消防器材扑救初起火灾。②运用身边物品自救逃生:如把床单、窗帘等接成绳滑绳自救;或将水淋湿门和墙壁,阻止火势。③对老、弱、病残、儿童及不熟悉环境的人引导疏散,共同逃生。

（八）影剧院火灾的逃生方法（应根据不同起火部位,选择相应的逃生方法）

①当舞台失火时,尽量靠近放映厅的一端,掌握时机逃生。②当观众厅失火时,可利用舞台、放映厅和观众厅各个出口逃生。③当放映厅失火时,可利用舞台和观众厅各个出口逃生。④不论何处起火,楼上的观众可从疏散门经楼梯向外疏散。此外,还可就地取材,利用窗帘等物品,自制救生器材,开辟疏散通道。

（九）歌舞厅、卡拉OK厅火灾的逃生方法

①保持冷静,辨明安全出口方向。②若歌舞厅设在楼层底层,可直接从窗口跳出;若设在二楼、三楼时,可抓住窗台往下滑,让双脚先落地;如果歌舞厅设在高层楼房或地下建筑中,则应参照高层建筑或地下建筑的火灾逃生方法逃生。③若舞厅逃生通道被大火和浓烟堵截,又找不到辅助救生设施时,只有暂时逃向火势较弱区间,向窗外发出求援信号,等待营救。④在逃生中要注意防止中毒。如用水打湿衣服捂住口腔和鼻孔,若一时找不到水,可用饮料代替;逃生行动中,应采用低姿行走或匍匐爬行,以减少烟气对人体的危害。

（十）火灾事故处理流程

①报警并疏散现场人员。②组织有序灭火、现场警戒、查明火源、关闭电源、通风系统、启用消防设施装备、转移可燃物开辟、疏通消防通道,引导救援、告诉被困者逃生途径、方法。③保护火灾现场。④协助调查。⑤善后处理(统计、追责、安抚与补偿、媒体信息处理)。

情境四 景区环境管理

【案例导读】

故宫单日游客达18万创纪录 执勤人员几近虚脱

昨天上午9时30分,故宫端门外便已人头攒动。游客数量已达4万余人,达到了平常双休日全天的水平。11时许,游客已逼近10万,而此时仍有源源不断的人流在向午门汇集。为应对客流最高峰,故宫方面已经布置了详细的预案。另外,又加开 4 个售票窗口,使全部售票窗口达到 34 个。由于端门至午门区域人流过于集中,现场安保人员一度疏导游客采取单行,避免交叉拥挤发生事故。

进入故宫后,工作人员和志愿者纷纷提醒游人可先参观两侧展览,不要全部聚集在中轴线上。但因为游客数量太多,为了保护文物安全,午门展厅采取了临时限流措施。

每年 10 月 2 日都是故宫面临的一道关口。2011 年这一天,12.78 万人游览故宫。昨天,这一纪录被刷新。截至下午 4 时止票,共有 18 万余人挤入故宫。其中 17.5 万多人现场购票,6000 余人网上预约购票。

这个数字都远远超过了故宫曾经对外公布的每日 8 万人限流数量。大量涌入的游客让故宫的文物不堪重负,人体呼吸出的二氧化碳会让古建筑的彩画和朱红色墙面褪色,游客酷爱摸门钉导致金漆脱落……

一天下来,故宫内不少执勤的工作人员累得几近虚脱,而走出故宫的游客也疲惫不堪。神武门外公交站旁,很多人已经不顾风度地席地而坐。故宫方面提醒游客,预计今天还是客流高峰,游客最好避开长假前 3 天,安排假期后几天来故宫参观,以保证旅游质量。

资料来源:腾讯网,http://news. qq. com/a/20121003/000024. htm. 2012 年 10 月 03 日 01:57.

思考

1. 什么是旅游容量、旅游最佳容量和旅游最大容量。

2. 故宫的旅游最佳容量、最大容量和每日限流数量分别是多少? 故宫公布每日限流量的目的是什么?

一、景区容量管理

(一) 景区容量概述

旅游容量,又称旅游环境容量或旅游承载力,即任何一个旅游地接待的旅游客流量在一定时间内应有的限度。旅游容量涉及旅游活动的空间、生态、经济以及社会、心理等许多方面。

旅游容量概念是多种容量概念的通称,是一个概念体系。实际运用中,可在加以说明的情况下,限定旅游容量特指具体地域的某一容量值。如在一地指各容量值中居于最小生态容量值,而在另一地则指居于最小感知容量值。这种特指后的旅游容量有实际可比意义,并可作为开发和管理目标。根据旅游容量中各种容量属性特征,可将其分为基本容量和非基本容量两个体系。

1. 基本容量

在旅游容量的基本概念体系中,有五种基本容量,它们又分为供给与需求两个方面:

(1) 旅游心理容量。也称旅游感知容量,指游客于某地从事旅游活动时,在不降低最佳旅游体验条件下,该旅游地所能容纳的旅游活动最大值。心理容量以游客感到拥挤和不畅快为限。如果游客心理容量受到影响,对景区感受就差,进而影响到景区声誉、减少游客重游率。

(2) 旅游资源容量,指在保持旅游资源质量前提下,一定时间内旅游资源所能容纳的旅游活动量。

(3) 旅游生态容量,又称旅游环境容量,指在一定时间内旅游点或景区自然生态环境不致退化的前提下,旅游场所能容纳的旅游活动量。旅游生态容量是一个可变因素,不同的技术、管理条件下,容量不同,先进的技术和有力的管理可扩大其生态容量。

（4）旅游经济发展容量，指在一定时间一定区域内，依其经济发展水平所决定的能被接纳的旅游活动量。一般说，景区发展离不开当地经济条件的支持。其主要影响包括基础设施容量、服务设施容量、经济发展水平和国民收入等。

（5）旅游社会地域容量，指旅游地的人口构成、宗教信仰、民俗风情、生活方式和社会文化程度以及国家政策等所决定的当地居民可接纳的和容忍的游客数量。通常，社会地域容量的问题并不突出，但落后地区在旅游开发之初此类问题比较明显。如，有"人类母系社会活化石"之称的摩梭人聚居区泸沽湖，由于至今保留着传统的母系社会形态"走婚"的习俗，吸引了游客过量涌入，不仅造成了环境污染，而且对当地民俗风情、生活方式与习惯造成了消极影响。

上述五个基本容量之间具有如下的规律性关系：

① 旅游经济发展容量与社会地域容量关系密切。通常，经济发展容量大，说明该地社会经济发展水平较高，旅游开发已久，居民对于外来游客习以为常，社会地域容量就大；反之亦然。

② 旅游感知容量受游客的价值观念、旅游活动类型、接待地的自然和社会经济条件的影响，因而同供给方的资源容量、生态容量、经济发展容量和社会地域容量都有一定程度的正相关关系，但供给方容量反过来却不受感知容量的影响。

③ 对于自然景区，旅游资源容量越大，旅游生态容量也会越大；反之，不一定成立。

④ 一个旅游区能够接待的旅游流量，取决于五个基本容量中最小的那一个。

2. 非基本容量

旅游非基本容量是指从多学科角度或从实践应用角度研究游人规模和景区的关系，是基本容量在时间和空间上的具体化和外延，是旅游开发和管理中可直接应用的工具。

（1）旅游最佳容量和旅游最大容量。旅游最佳容量，是景区管理的基本工具。由于对旅游容量的研究还远未达到给旅游开发规划人员提供一套最佳容量的建议的程度，所以，现在普遍运用的旅游最佳容量值是从景区现实接待水平及其他相关旅游容量标准（主要是感知容量）的基础上靠经验总结得出的。

旅游最大容量指最大旅游承受能力（或称旅游极限容量），是以旅游资源保护和旅游安全最低限为标准确定的最大接待量。即如果超过最大容量值，旅游资源就会遭受破坏、旅游安全事故就有可能发生。景区接待容量达到极限容量称为饱和，最大容量值也称饱和点。饱和分季节性和与非季节性两种。旅游需求时间分配不均可产生季节性饱和，旅游长期供给不足则产生非季节性饱和。最大容量是景区管理非常重要的指标，涉及景区游客管理、设施管理等问题。

（2）既有旅游容量和期望旅游容量。既有容量代表现在，期望容量代表未来。既有旅游容量是目前具有接待容量，或称实际旅游容量、已开发旅游容量。期望旅游容量是指景区未来某时能达到的容纳旅游活动的能力，也称规划旅游容量。二者区别在于时间上的前后不同。

（3）与旅游活动的空间尺度相联系的容量概念。旅游活动空间尺度也即所能开展旅游活动的空间范围大小。与之相关的旅游容量有景点旅游容量、景区旅游容量、旅游地容量、区域旅游容量。这种空间上的容量系列，是基于三方面的基本容量：旅游资源容量、旅游生态容量和设施中通道的容量。它们决定了空间尺度的旅游活动容纳能力，也决定了旅游地的开发规模。

旅游基本容量依据某一标准来确定阈值，而非基本容量往往要考虑诸多因素后才能确定景区的容量值。然而无论是基本容量还是非基本容量都具有以下共同点：

① 旅游容量值在某一时段相对稳定,表现为一个伸展不宽的值域,可以其中值作为容量值。

② 旅游容量值随着时间有一定的变化,其中经济发展容量和社会地域容量变化较快,而资源容量、生态容量、感知容量的变化相对慢一些。

③ 非基本容量随着基本容量的变化而变化。

④ 不同类型景区的旅游容量不同,即使是同一景区,景区的性质(承受的旅游活动类型)发生改变,旅游容量也随之改变。

景区容量在景区管理中有两个重要作用:一是保护景区的旅游资源和环境免遭破坏,景区的饱和与超载会使景区的生态环境受到影响,给旅游业的发展带来致命的影响。因而,测定旅游容量在于提醒人们景区能承受的游客数量和旅游活动强度,引起人们对旅游超载的重视,加强管理。另一个作用是保证游客在景区的体验质量,过分的拥挤和超载会使得游客感到压抑、混乱,导致情绪不满,从而影响旅游质量。

(二)景区过度发展的消极影响

旅游地和设施承受的旅游流量和活动量达到其极限容量,称之为旅游饱和。而超出极限容量值,即为旅游超载。景区接待的旅游流量达到合理容量为饱和,超过合理容量为超载。

1. 旅游饱和与超载发生的几种情况

第一,周期性饱和与超载和偶发性饱和与超载。周期性饱和与超载就是季节性饱和与超载,这是旅游饱和与超载中最常见的现象。它源于人类社会活动具有周期性规律的社会经济生活以及自然气候的周期性变化。如滨海旅游胜地总是在夏季人如潮涌,而滑雪胜地在冬季人满为患。偶发性饱和与超载常是由于旅游地或其附近发生了偶然的事件。这些事件在较短的时间内吸引了大量集中所导致的超载。偶发性的饱和与超载对环境的影响常易于消除,而周期性的饱和与超载往往会有较大的潜在威胁,处理不好很可能会给旅游地带来不可逆转的灾害。

第二,长期性饱和与超载和短期性饱和与超载。上述的周期性和偶发性饱和与超载两种情况是短期性饱和与超载的主要表现形式。在饱和与超载现象中,短期性饱和与超载是占绝大多数的。长期性饱和与超载的情况多发生于大城市与城市郊区,并且多发生于文化古迹景区或其他的人工旅游吸引物场所。如北京八达岭长城一年的游客人数已超过500万,常年出现人满为患的状况,显然已超过其承载能力。对于这种饱和与超载应采取严格的分流管理措施来应对。

第三,整体性饱和与超载和局部性饱和与超载。局部性饱和与超载,是指旅游地部分景区承受的旅游活动量已经超出景区容量,而其他的景区并不饱和的现象。整体性的饱和与超载是指旅游地域所有的景区和设施都承受了超出各自容量的旅游活动量。在多数情况下,旅游地的超载都是局部性的饱和与超载。但是,局部性饱和与超载往往容易造成旅游地尚未超载的假象,但局部性的饱和与超载的消极作用却已经产生了。

2. 旅游饱和与超载对于旅游景区环境和设施的消极影响

(1)加剧旅游资源的损耗。当旅游饱和与超载时,游客的践踏、抚摸、偷盗、乱写乱画及由于游客引起的温度和湿度变化都会导致旅游资源损耗的加剧。特别在旅游旺季,游客因拥挤或为走捷径而自行开辟道路,折损花草树木,导致土壤板结,干扰动植物的正常生长。如黄山迎客松之所以要隔离观赏,一方面是为了防止游客的刻画对树体造成损伤;另一方面也是为了防止过量游客的践踏导致土壤板结影响树木生长。

（2）水体污染。旅游地的饱和与超载给水体带来超过自净能力的危害，从而造成水体污染。水体污染对当地旅游业发展的打击是致命的。如被称为张家界"绿色明珠"的金鞭溪，由于过度开发，其水质已遭到严重污染，联合国教科文组织官员考察后对其发出了警告。

（3）交通问题。旅游旺季，大量游客涌入景区，车满为患引起景区乃至周边地区堵塞、污染、交通事故以及因停车不当造成植被破坏等交通问题，进而影响旅游地居民的工作和生活。

（4）大气污染。旅游地游客使用车辆的汽车尾气和生活废气，势必造成空气污染。

（5）对设施的影响。旅游容量超载势必会对旅游地的基础设施如交通、住宿、水电等造成巨大的压力，特别是长时间的旅游超载会给设施带来较大的破坏性，从而影响到游客的生命安全。如登山的护栏、缆车、游船及其他旅游设施等，因超载受到破坏后，会危及游客的生命。

此外，各地大量涌入的游客在宗教信仰、风俗习惯、价值观等方面与当地居民产生一定的矛盾，这些都会对旅游地治安及社会生活的各个方面产生一定的消极作用。

（三）景区容量的测量

1. 景区容量指标

（1）单位容量，是指单位旅游空间或设施所容纳旅游活动的能力，即景区某一场所或设施允许容纳的游客容量，又称合理容量，它要保证旅游活动的"快适性"低于资源保存的"忍耐度"。该指标的基点在于同景区承受的旅游活动相对应的基本空间标准。基本空间标准即景区某场所或设施在同一时间中每个游客所须具备的最小面积。单位容量与基本空间标准成反比。

旅游景区的容量 = 景区可利用面积 ÷ 基本空间标准 = 景区可利用面积 × 单位容量

基本空间标准的获得是长期经验积累或专项研究的结果，是通过对游客对同一旅游场所的拥挤是否满意的多次调查而获得。景区的类型和性质不同，基本空间标准也不同。国内外诸多研究已获得部分类型景区的游客空间占用标准，如表8-8、表8-9。

表8-8 旅游场所基本空间标准（日本）

场所	基本空间标准（m²/人）	备注
动物园	25	上野动物园
植物园	300	神代植物园
海水浴场	20	沙滩
钓鱼场	80	
游园地	10	
滑雪场	200	

表8-9 我国景区的基本空间标准

景区类型		基本空间标准（m²/人）	备注
古典园林景区		20	北京市林业局
山岳型景区		8	湖南省南岳管理局
城市自然风景公园		60	广西壮族自治区桂林市计划委员会
海滨浴场	海域	10	北戴河浴场
	沙滩	10	

（2）旅游资源容量。随着研究的进一步开展，旅游资源容量的测算方法也在不断地发展。这里介绍的旅游资源容量主要是以不同的尺度进行测算，是从旅游地最基本的景点到景区的。

景点是指游客从事旅游活动所占用的基本空间单元。如，一个海滩及岸边相关设施即构成一个景点。在自然风景区，一个观景点（如黄山风景区的清凉台、玉屏峰顶等）就是一个景点，景点容纳游客活动的能力为景点容量。对于景点的容量测算主要计算公式有：

$$C = L/T$$

式中：C 为全线容量，L 为全线长度，T 为全线人均占地长度。

$$Cl_s = L_s/T_l$$

式中：Cl_s 为线段容量，L_s 为线段长度，Tl 为线段人均占地长度。

$$C_p = S_p/S$$

式中：C_p 为观景点容量，S_p 为观景点面积，S 为观景点人均占地面积。

$$D_f = C_p T_r$$

式中：D_f 为观景点合理流量，T_r 为观景点周转率。

例：根据吴承照（1993）研究，黄山风景区温泉——玉屏楼——光明顶——北海——白鹅岭游览线路总长 15824 米，每一段容量单位都以人均 3 米计算，则线容量为 5275 人。根据张崇贷（1990）研究，黄山风景区玉屏楼游览面积为 585 米^2，单位面积指标取 5 米^2/人，1 天可以游览的时间为 10 小时，每人游览时间取 1 小时，周转率为 10，因此玉屏楼的日观景点合理流量为 $585 \div 5 \times 10 = 1170$（人）。

景区包括若干景点、连接景点间的道路以及构成旅游活动的环境，但又不为旅游活动直接占用的空间。国家旅游局（2003）制定的《旅游规划通则》附录 A 中，将旅游容量分为空间容量、设施容量、生态容量和社会心理容量四类，并提出，对一个旅游区来说，日空间容量与日设施容量的测算是最基本的要求。附录中还列出了日空间容量与日设施容量的公式：

日空间容量公式：$C = \sum C_i = \sum X_i \cdot Z_i / Y_i$

式中：C 为旅游区日空间总容量，数值上等于各分区（景点）日空间容量之和；C_i 为第 i 景点的可游览面积；X_i 为第 i 景点的可游览面积；Y_i 为第 i 景点的基本空间标准，即平均每位游客占用的合理游览空间；Z_i 为第 i 景点的日周转率。

日设施容量公式：$C = \sum C_i = \sum X_i \cdot Y_i$

日设施容量的计算方法与日空间容量的计算方法基本类似。

上述公式为量化景区旅游容量提供了可操作的方法，并在景区开发和管理中得到广泛应用。

（3）生态容量，是指一定时间内景区自然生态环境不致退化的前提下，旅游场所能容纳的旅游活动量。并非所有类型的景区都存在生态容量，人造的大规模旅游吸引物或文物古迹景区，本身并无自然生态之分，只有那些以自然为基础的景区才存在一个容纳旅游活动量的限度。

生态容量的确定，立足于维持当地原有自然生态质量。维持旅游地的自然生态质量，包含两个基本方面：第一，自然环境对于因旅游活动造成的生态直接消极影响（如有人对植物的践踏）能够承受性，即自然环境本身的再生能力能很快地消除这些消极影响。如，旅游旺季时，自然景区的植物遭受游客的践踏，但这些植物能在下一个旺季到来时恢复原有生长状况。第二，自然环境对于游客所产出的污染物能完全吸收与净化，如游客大量集中导致对水的污染可在短期内为当地自然生态系统所净化。严格地说，旅游开发后的景区生态质量不可能同开发前一模一样，只需将景区的生态系统维护在一个稳定的良性状态。

自然环境本身的再生能力能很快消除旅游活动对景区生态的消极影响，或自然环境对游客所产生的污染物能完全吸收和净化，而不需借助于人工来处理污染物，其旅游生态容量公式为

$$F_0 = \frac{\sum_{i=1}^{n} S_i T_i}{\sum_{i=1}^{n} P_i}$$

式中:F_0 为生态容量(日容量),即每日接待游客的最大允许量;P_i 为每位游客一天内产生的第 i 种污染物量;S_i 为自然生态环境净化与吸收第 i 种污染物的数量;T_i 为各种污染物的自然净化时间,一般取一天,对于非景区污染物,可略大于一天,但积累的污染物至少应在一天内完全净化;n 为旅游污染物的种类数。

显然,生态容量的测定,关键是确定每位游客一天所产生的各种污染物量和自然环境净化与吸收污染物的数量。这两个参数会随旅游活动的性质、旅游地自然环境而有很大的差别。

在绝大多数旅游地和景区,旅游污染物的产出都超出旅游地生态系统的净化与吸收能力,因而一般都需要对污染物进行人工处理。在用人工方法处理旅游污染物的情况下,可以接待游客的能力会明显扩大。这种扩大了的旅游接待能力同原有生态环境限制下的旅游接待能力(生态容量)已不一样,可称之为旅游扩展性生态容量,测算公式如下:

$$F = \frac{\sum\limits_{i=1} S_i T_i + \sum\limits_{i=1} Q_i}{\sum\limits_{i=1}^{n} P_i}$$

式中:F 为扩展性生态(日容量),Q_i 为每天人工处理掉的第 i 种污染物量,其他符号意义又同生态容量计算公式。

总之,景区容量指标确定后,可根据这些指标来衡量实际接待的人数,若接待人数超过了这一容量指标,景区管理人员就应该采取一定的措施来控制游客人数。

2. 影响景区容量测定的因素

由于景区类型不同,容量作为量化概念,受许多因素限制,很难确定统一标准。合理容量主要取决于景区的类型、环境、当地社会特征和客源市场等因素。景区容量测定还可考虑:

(1)景区的类型。景区类型,景区性质不同,容量就不同。旅游活动人均占地面积大、对景区环境质量要求高、每次使用时间较长的景区,比之人均占地少、使用时间短的活动,同样规模的空间容纳数量就小。如自然保护区的游客密度应大大低于以娱乐性为目的的主题公园。

(2)游客心理因素。游客对景区的利用形式、体验、习惯等都会影响着景区容量。合理的容量要做到景区视觉效果好,人流适中,不过分拥挤。

(3)环境因素。主要是能维持生态平衡,防止资源遭破坏,保持无污染,景区环境安静。

(4)社会和文化因素。要防止文物古迹遭到破坏,不会引起当地社会结构和文化意识急剧改变而产生社会文化冲突,不扰乱当地居民的正常生活。

(5)设施因素。指景区的游乐、交通、停车场、食宿条件、医疗及其他基础设施等,合理容量不会对基础设施造成过量的压力,交通能维持游客正常进出,基础设施能满足旅游的需求。

(6)时间因素。旅游业有着明显的季节性,景区只是在高峰期达到饱和状态,其他时期的利用均处在容量范围之内,因此,确定旅游容量要充分考虑旅游需求高峰期。

(四)景区容量管理的措施

景区必须认识到旅游饱和与超载将不同程度制约景区可持续发展。景区应随时掌握客流量,关注引起饱和与超载情况发生的条件,设法采取措施控制客流量,尽力避免饱和与超载情况的发生。可从供给调节和需求管理两方面解决景区饱和与超载问题。

1. 供给调节技术方面的主要措施

(1)进行队列管理。当游客数量超过景区接待量时,为提高效率,游客需排队。通常游客在景区入口处排队,或各种车辆在景区外等候安排停车位。花较长时间排队,在景区娱乐、游玩时间相对减少,游客得不到充分的享受与体验,降低对景区的满意度,有的会选择离开。有些游客看到长长的队列时,会选择离开。一些潜在游客也会推迟或取消旅游计划避开等候。对工作人员而言,为尽量减少游客排队等候时间,可能会缩短同每个游客的接触时间,甚至取消费时的服务项目,游客很难获得高质量的旅游体验,工作人员的热情也可能受挫。

对游客队列进行有效管理是在旅游需求过多时及时、有效的应对措施。根据游客和工作人员数量,可将队列划分为单列单人型(一队游客配备一名服务人员,以下类推)、单列多人型、多列多人型、多列单人型及综合队列等类型。这些类型各有优缺点,景区可根据实际情况选择合适的排队方式。同时改善硬件设施,让游客在良好的环境中等候,变枯燥烦闷的等候为有意义的欣赏过程。排队等候的地方,最好选择在风景较好的区域,并设置相应的座位和护栏,或通过墙壁两侧的宣传画、游览注意事项等把游客的等候和旅游体验经历融合起来。在等待时间较长的地方,可通过表演、电视、轻音乐等分散游客注意力。如2010年上海世博会期间,一些国家展馆在长长的队伍前安排了异域民族歌舞和即兴表演,激发了游客的兴趣,缓解了排队时乏味、急躁情绪;又如丽江玉龙雪山在景区的候车厅,游客可看电视、听音乐、购棉衣、租氧气瓶等;在乘索道的地方,游客可听到有关雪山的介绍。当然,这些方法并不能真正减少队伍的长度,只是让游客耐心等待而已。长远看,队列管理并不能实际解决旅游饱和与超载问题。

(2) 实行容量弹性化。如有足够时间,景区应采取措施来调节日容量,以此缩短或彻底解决排队等候问题。扩大景区日容量的方法包括延长开放时间,或增加开放天数;在高峰期开放备用通道,而在需求减少时关闭备用通道;调整或增派员工到瓶颈景点工作;设置免票人员专用通道等。如桂林乐满地主题公园就灵活运用开放时间调节园区容量:7~8月高峰期,开园时间不变,但推迟半小时闭园;平时与节假日营业时间相同,但可视园内游客数量延后清场时间;如遇重要节假日则另安排开、闭园时间,并以通告为准。兵马俑博物馆、清明上河园等景区都设有免票人员或员工专用通道,避免与游客共用通道给工作人员检票带来不便。多数景区,游客集中在一天中某个时段进入景区,通过加强对工作人员技能和服务意识方面的培训,增设备用通道,可使游客在较短时间内分散到各景点,如在黄金周高峰期,清明上河园迎宾门、西门、端门和丹凤门同时开放,以减少游客排队进园时间。但是一些措施对于小型景点,或自然遗产类景区实行容量弹性化有一定困难。如受入口处自然地理条件限制,建立备用通道往往不大可能。考虑到游客安全,自然保护区通过延长开放时间来扩大日容量也不现实。

(3) 增加实际旅游容量。长远来看,要解决旅游饱和与超载问题,景区应通过投资建设来增加实际旅游容量,但要尽量避免人工化。扩大容量可通过增设礼品店、丰富旅游活动方式等来实现。另外可通过加大冷点旅游景点的开发、宣传和引导游客的流向来增大景区实际旅游容量。常用设施要有较大容纳游人的能力,这一点从WTO有关娱乐活动承载量标准可看出,如森林公园接纳游人仅为15人/公顷,而低密度的野餐地每公顷可接纳60~200人。

(4) 实施定量管理技术。定量管理主要是通过门票控制来实现的,采用限制进入时间、限制停留时间、旅游团人数、日旅游接待量,或综合运用上述几种措施,来解决因旅游饱和与超载而造成景区因践踏、游客引起的温湿度变化而使得旅游资源损耗加剧的问题。如埃及娜弗塔伊王后陵墓,就是通过规定日接待量、团队最长停留时间来减少旅游资源损耗的。九寨沟限定日游客接待量不得超过1.2万人,以此限制游客数量保护景区。那些自主意识强及小团队游客,规定时间使他们活动受限,所以不愿选择这种方式进入资源保护景区。至于那些喜欢随意造访的游客,由于对景区情况不熟悉,几乎被完全排除在这类景区之外。目前被列入世界遗产的景区,旅游资源价值得到广泛认可,资源保护是第一位的,故常常采用这种保护措施。

2. 从需求管理技术着眼的主要措施

（1）价格调节。旅游价格是调节游客需求的有效手段,高峰期通过制定较高价格减少客流量,控制景区季节性和偶发性超载,缓解景区拥挤、交通堵塞、植被践踏、游道扩大化、各种游乐设施压力过大的状况。值得注意的是:当门票价格涨到平衡点以上,旅游需求相对于价格逐渐失去弹性,需求对价格变动反应不敏感,涨价已起不到调节游客数量的作用。由于门票价格还是游客判断景区价值的标准,因此还会影响其旅游行为。如果游客在门票上花费了较多,会形成旅客对景区资源价值过高的期望,所以采用价格调节时要考虑到公众的价格接受力和旅游期望值,避免价格变动起到控制游人作用的同时,引起经济效益下降和游客满意度下降。

（2）市场营销。市场营销中除价格刺激外,营销组合中其他因素也起到调节游客需求的作用。淡季可通过广告或与其他企业联合促销等来提高景区知名度,鼓励潜在游客采取旅游行动。旺季为减少游客对热点景区压力,应减少热点景区宣传,并着重宣传招标景区用以分流游客。另外,也可用开发新景区来减少游客对脆弱景区的压力。如英国的坎特伯雷历史名城,在城市外围开发了许多新景区,并采用了上述营销方法,致力改变市区内大教堂拥挤不堪的状况。

【相关链接】

莫高窟今后将限制参观

为减轻因游客过多而对莫高窟壁画造成的损害,今后莫高窟要参照布达拉宫的做法,在实施游客参观预约制的基础上,逐步实行参观人数限量。

敦煌研究院的统计显示,旅游旺季(5～10月)时莫高窟游客每天平均保持在3000～5000人。而科学的测算结果表明,合理的游客承载量应该是每天2900人。

敦煌研究院的一项模拟试验表明,相对湿度上下起伏,是造成洞窟常见病酥碱的主要原因。二氧化碳长时间滞留窟内及窟内相对湿度增加,空气温度上升,都有可能侵蚀壁画,加速已有病害发展。虽然游客过多对壁画的损害在短时间内看不出,但会加速对壁画的损害。

目前莫高窟每年游客已超过20万人次。预计未来5～10年内,到敦煌莫高窟旅游的人数还会迅速增加,每年将达到50万人次左右。为减轻因游客过多而对莫高窟壁画造成的损害,敦煌研究院已开始实施干预,采取了对每天游客实行窟内分流、将开放的50个洞窟划分为10条参观路线的措施。于2007年7月开通了莫高窟参观网上预约系统,以根据莫高窟淡旺季游客流量变化和游客参观需求,对预约人数进行总量统计,以便对不同时段的参观预约量进行分配和调整。同时,在实施游客参观预约制的基础上,从2008年起逐步实行参观人数限量。

资料来源:孙欢杰 人民网 http://www.people.com.cn/ 2007 – 8 – 24.

二、景区绿化管理

（一）景区环境绿化的基本原则

景区绿化以多种类型风景林为基础,观赏性、功能性及生态属性相结合,应遵循的原则:

1. 植物与景观协调

景区环境绿化要强化文化主题,突出重要节点,利用植物丰富景观效果,深化文化意境。要在保护生态资源的前提下,根据景观生态学原理,充分利用景区原生态地形、水文、植被、土壤及阳光、空气等因素,精心设计,创造出接近自然的景区绿色景观环境。要选择观赏价值高、多功能的园林植物,运用美学原理,科学设计,构成自然美、艺术美的景区绿化系统。

2. 考虑时空变化

景区环境绿化讲究动态序列景观和静态空间景观组织。植物生长变化造就了植物景观时序变化,丰富了景观季相构图,形成三时有花、四时有景的效果。植物景观设计要根据空间大小、树木种类、姿态、株数的多少配置方式,运用植物组合美好、组织空间,协调景观环境。

总之,景区绿化设计必须凭借自然物与自然现象所表现的色、态、声、质感、光影、空间层次、时间序列来达成自然美与艺术美的高度统一。

3. 自然景观和人文景观相结合

自然景观是人文景观的依托,人文景观又是自然景观的灵魂,有了境界才有格调。绿化景观设计要突出景区历史文脉的主流,重视景观资源的继承、保护和利用,以自然生态条件和地带性植物为基础,将民俗风情、传统文化、宗教、历史文物等融合在植物景观中,使植物景观有明显的地域性和文化性特征,产生可识别性和特色性。

4. 因地制宜原则

景区植物以地带性本土植物为主,因为它们在长期生长进化中,生态习性非常适应周围环境,并能充分体现当地特色。同时,适当引进外来树种,采用多树种、多林种、乔灌草木相结合的方法,丰富景区植物景观。设计方案时,充分利用原有地形地貌,尽量减少土方工程。

5. 生物和景观多样性原则

物种多样性是群落多样性的基础,它能提高群落的观赏价值,增强群落的抗逆性和韧性,有利于保持群落的稳定,避免有害生物的入侵。进行绿化树木配置时,必须考虑树木的年龄、季节和气候等变化,使树木呈现出不同的姿色。要注意选择在观形、闻香、赏色、听声等方面有特殊观赏效果的树种,以满足游客不同感官的审美要求。同时,还应确定整个景区有一两种树种作为基调树种,使之广泛分布于整个景区;并应视不同分区,选择各分区的主调树种,以形成不同分区的不同风景主体。

6. 以人为本的原则

在树种选择时,除满足植物造景外,还要考虑游客活动的需要和健康安全,如不宜栽植有毒、有刺、有臭味、有飞絮和飞粉、易招惹蚊蝇、落花落果易伤人、会污染路面的树种。同时,景观设计必须符合人的心理、生理、感性和理性需求,把服务和有益于"人"的健康和舒适作为植物景观设计的根本,体现以人为本,满足居民"人性回归"的渴望,力求创造环境宜人、景色引人、为人所用、尺度适宜、亲切近人、人景交融的亲情环境。

(二)景区观赏植物的配置

1. 观赏植物在景区绿化中的作用

(1)观赏植物是风景素材,也是景区风景的重要组成部分之一;

(2)观赏植物可丰富景点构图,打破景区生硬的轮廓,柔化游览环境,丰富景区色调;

(3)观赏植物赋予了景点时空变化和生气,形成了春夏秋冬不同的景象;

(4)观赏植物有分割空间和隐蔽建筑的功能,美化景区环境。

2. 景区观赏植物配置应注意的事项

景区绿化的观赏效果,很大程度上取决于景区植物的选择和配置。如果不注意花色、花期、花叶、树型的搭配,随便栽上几株,就会显得杂乱无章,景观大为逊色。因此,应从不同景区植物特有的观赏性考虑景区植物配置,以便创造优美的景观。植物配置时应注意:

(1)体现区域特色。看到椰子就想到海南,说到雪松就想起南京,到了广州就认识木棉,植物配置的基础就是对当地植物、人文、历史、乡土特色等的总结。受人文习惯及地理环境的影响,温度、湿度、降雨、土壤类型等形成不同的自然群落、人文意识和环境特点。植物是有生命的,必须适应特定的环境,违反植物生长特点,再好的植物配置也是空话。

（2）有一定文化内涵。景区园林艺术是一种文化,是艺术家智慧的结晶。欧式园林的规整,中式园林的自然,都有很强的地域特色。正是蕴涵着历史传统、民族文化,园林艺术才会充满生机。植物配置讲究诗情画意,如岁寒三友松竹梅、梅兰竹菊四君子、松鹤延年,勾画出世人浮想联翩的自然氛围。

（3）几何构图。第一,层次构图应搭配好乔木灌木的层次,形成强烈的植物群落。第二,控制好比例大小,使之与特定空间相适宜。第三,色彩构图应搭配好常绿和落叶的比例关系及色叶树的点缀,并利用季节变换形成较好的景观效果。第四,构图布置应与环境布局要求相符合。自然型树木种植采用3、5、7奇数种植,呈北斗七星状布置,达到相互搭配、高低合理的效果。

（4）注重树种选择搭配。应尽可能考虑适宜当地的乡土树种,树多,适应性好,有自己的特色。而树形、质感、叶形,需要和环境氛围一致。比如墓园种植采用松柏类常青树种,河边种柳树体现轻盈飘逸的感觉等。同时要根据树木习性选择地位,比如喜阴的种在偏阴处,喜阳的种在地势高的地方。根据不同土壤选择不同植物,注意树木间相生相克。为衬托个体美,还要选择树形好、姿态好的种在显眼的地方。考虑环境保护功能,利用植物会释放特殊物质的特性,在景区人流车流较多的区域种植抗污染树种,比如,种夹竹桃能吸收有害气体。

（5）注重观花和观叶植物相结合。观赏花木中有一类叶色漂亮、多变的植物,如叶色紫红的红叶李、红枫,秋季变红叶的槭树类,变黄叶的银杏等均很漂亮,和观花植物相组合可延长观赏期,同时这些观叶树也可作为主景放在显要位置上。就是常绿树种也有不同程度的观赏效果,如淡绿色的柳树、草坪,浅绿色的梧桐,深绿色的香樟,暗绿色的油松、云杉等,选择色度对比大的种类进行搭配效果更好。

（6）注意分层配置、色彩搭配。不同的叶色、花色、不同高度的植物搭配,使色彩和层次更加丰富。如1米高的黄杨球、3米高的红叶李、5米高的桧柏和10米高的枫树进行配置,由低到高,四层排列,构成绿、红、黄等多层树丛。不同花期的种类分层配置,可使观赏期延长。

（7）要有明显的季节性。避免单调、造作和雷同,形成春季繁花似锦,夏季绿树成荫,秋季叶色多变,冬季银装素裹,景观各异,近似自然风光。按季节变化可选择的树种有早春开花的迎春、桃花、榆叶梅、连翘、丁香等;晚春开花的蔷薇、玫瑰、棣棠等;初夏开花的木槿、紫薇和各种草花等;秋天观叶的枫香、红枫、三角枫、银杏和观果的海棠、山里红等;冬季翠绿的油松、桧柏、龙柏等。总的配置效果应是三季有花、四季有绿,即所谓"春意早临花争艳,夏浓苍翠不萧条"的设计原则。在林木配置中,常绿的比例占1/3~1/4较合适,枝叶茂密的比枝叶少的效果好,阔叶树比针叶树效果好,多样种植比纯林效果好。另外,也可选用一些药用植物、果树等有经济价值的植物来配置,使游人来到林木葱葱、花草繁茂的绿地或漫步在林荫道上,但觉满目青翠,心旷神怡,流连忘返。

（8）草木花卉可弥补木本花木的不足。木绣球前可植入美人蕉,樱花树下配万寿菊和偃柏,可达到三季有花、四季常青的效果。景区植物配置应在色泽、花型、树冠形状和高度、植物寿命和生长趋势等方面相互协调。还应考虑每个组合内植物构成的比例,以及这种结构本身与游览路线的关系。设计每个组合还应考虑周围裸露地面、草坪、水池、地表等几个组合间的关系。

（三）景区绿化管理的措施

1. 景区绿化应纳入景区整体规划,体现地方特色

景区绿化应请相关专家做整体规划,合理配置各景点绿化,充分利用地方树种,突出特色,尽可能在有效空间内营造出更加丰富合理的绿化空间,以此提升景区档次,吸引更多的游客。

2. 配套设计,配套建设

在景区开发规划建设的各个阶段,均应有园林工程师的参与,并结合现场具体情况,共同配合完成景区绿化设计,这样有利于充分利用原有的自然条件,便于协调,避免因相互之间工作上的各自为政带来设计上的盲目性。

3. 加强养护管理,完善有关法规,依法治绿

景区绿化中注重栽培而忽视养护现象比较突出。首先,应拿出专项经费,加强景区树木花草的养护管理。其次,应根据景区绿化管理的特点,制定相应的景区绿化保护条例,开展有关的绿化法规、政策的宣传教育,提高游客、景区管理人员的绿化意识。

营造景区良好的绿化环境,需要景区管理人员、规划人员、景区旅游开发商及游客共同努力。只要景区管理人员加强管理和养护,规划人员相互配合、精心设计,景区旅游开发商加大对绿化的投入,游客自觉爱护绿地,定会使景区绿化进入良性循环。

三、景区环境卫生管理

(一)景区卫生管理的特点

1. 整体性

景区卫生管理涉及范围很广,是一个环环相扣、彼此相连的过程。景区任何地方的卫生没有做好,都会影响到景区的整体形象,因此应当将景区卫生管理工作视为一个系统工程来抓。

2. 琐碎性

景区的卫生管理工作常常是从不起眼的树枝落叶、垃圾做起。只有做好这些琐碎工作,才能保证景区的清洁美观。

3. 服务性

景区卫生清扫属于服务性的工作,要求工作人员在清扫卫生的时候,要了解游客的活动规律,把握好时机,要在不影响、不打扰游客欣赏风景的情况下,进行卫生清洁工作。

4. 季节性

景区有淡、旺季之分,不同季节卫生管理的侧重点不一样。淡季要突出"全",即全面保持常规卫生;平季要突出"精",即卫生工作要做"细";旺季则突出"勤",即根据游客多、流动性大、周转快等特点,要勤于搞好卫生。

5. 长期性

景区卫生清扫是长期性的工作,不像景区内某个工程建设是短期的。只要景区存在一天,就必须进行卫生清洁工作。即使淡季,景区也要安排人员,对卫生薄弱的地方集中整治。

(二)景区卫生管理的重要性

1. 卫生状况是景区环境质量的重要表现

游客进入景区首先感受到的是景区的卫生状况,并且卫生状况影响着游客的整个游览过程。清洁的路面、干净且分布有序的各种设施设备、服务人员的整洁仪表等,都能给游客舒适、美好的感受,同时能增加游览的兴趣,提高精神享受的程度。因此,卫生状况是景区环境质量的最直接表现,直接影响到游客的消费体验和消费质量。目前,国家旅游局对景区开展质量等级划分与评定,其依据的标准《旅游区(点)质量等级的划分与评定》中对景区内餐饮场所、文化娱乐场所、游泳场、垃圾箱、公共厕所的卫生状况都有明确的要求。

2. 卫生状况反映了景区管理水平

卫生管理是景区管理中最基础的工作,是景区管理水平的重要体现,也是景区管理者和员工的整体形象的重要表现之一,同时也是旅游地整体形象的重要表现之一。因此,要提高景区和旅游地在游客心中的形象,增加景区市场吸引力,提高环境卫生质量是必不可少的手段之一。

3. 卫生状况影响景区吸引力

影响游客对景区评价的重要因素之一就是景区卫生状况。拥有良好卫生状况的景区必然会受游客的青睐,增加其旅游吸引力。相反,如果卫生状况不好,即使其旅游资源价值较高,游客对其评价也不会高,导致景区吸引力的下降。

(三) 景区卫生设施

景区的卫生设施可分两类:一类是公共卫生设施,包括集中式垃圾箱、路边垃圾箱、公共厕所和排污设施等;一类是专门卫生设备和工具,主要是卫生清扫工具,如垃圾运输车、垃圾清扫车以及其他专用工具。

景区内卫生设施的设置应本着方便、耐用和美观、协调的原则,合理安排数量和布点。其中方便和实用是最基本的要求。美观是指各种卫生设施的外形要体现景区的特色,具有一定的艺术美。协调是指卫生设施要与景区的整体形象特别是要与相邻的景物相协调,最好在建筑设计上融为一体,内部功能具有实用性,外观形象上又成为景观的一部分。

【相关链接】

表 8 - 10　不同质量等级旅游景区对卫生条件要求

项目 \ 要求 \ 景区	5A 级景区	4A 级景区	3A 级景区	2A 级景区	1A 级景区
环境	环境整洁。无污水污物。无乱建、乱堆、乱放现象。建筑物及各种设施设备无剥落,无污垢。空气清新,无异味	同 5A 景区	同 5A 景区	环境较整洁。无污水污物,无乱建、乱堆、乱放现象。建筑物及各种设施无剥落,无污垢。空气清新,无异味	同 3A 景区
场所	各类场所全部达到 GB9664 规定的卫生标准。餐饮场所达到 GB16153 规定的卫生标准;游泳场所达到 GB9667 规定的卫生标准				
公共厕所	公共厕所布局合理,数量能满足需要,标志醒目美观。建筑造型景观化。所有厕所具备水冲、盥洗、通风设备并保持完好或使用免水冲生态厕所。厕所设专人服务,洁具洁净、无污垢、无堵塞。室内整洁,有文化气息	公共厕所布局合理,数量能满足需要,标志醒目美观。建筑造型与景观环境相调。所有厕所具备水冲、盥洗、通风设备并保持完好或使用免水冲生态厕所。厕所管理完善,洁具洁净、无污垢、无堵塞。室内整洁	公共厕所布局合理,数量满足需要,标志醒目。建筑造型与景观环境协调。全部厕所具备水冲、通风设备并保持完好或使用免水冲生态厕所。厕所整洁,洁具洁净、无污垢、无堵塞	公共厕所布局合理,数量基本满足需要,标志醒目。建筑造型与景观环境协调。70%以上厕所具备水冲设备并保持完好或使用免水冲生态厕所。厕所整洁,洁具洁净、无污垢、无堵塞	公共厕所布局较合理,数量基本满足需要。建筑造型与景观环境比较协调。50%以上厕所具备水冲设备并保持完好或使用免水冲生态厕所。厕所较整洁,洁具洁净、无污垢、无堵塞

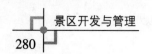
（续）

要求 \ 项目 景区	5A级景区	4A级景区	3A级景区	2A级景区	1A级景区
垃圾箱	垃圾箱布局合理,标志明显,造型美观独特,与环境相协调。垃圾箱分类设置.垃圾清扫及时,日产日清	垃圾箱布局合理,标志明显,数量能满足需要,造型美观,与环境相协调。垃圾分类收集,清扫及时,日产日清	垃圾箱布局合理,标志明显,数量满足需要,造型美观,与环境协调。垃圾清扫及时,日产日清	垃圾箱布局合理,标志明显,数量基本满足需要,造型美观,与环境基本协调。垃圾清扫及时,日产日清	垃圾箱布局较合理,标志明显,数量基本满足需要,造型与环境比较协调。垃圾清扫及时,日产日清
食品卫生	食品卫生符合国家规定,餐饮服务配备消毒设施,不使用对环境造成污染的一次性餐具。				

（四）景区卫生管理措施

1. 严格执行国家有关标准

国家旅游局《旅游区(点)质量等级的划分与评定》标准中,对五个等级的旅游区卫生管理质量作出明确的规定。在此基础上,景区应将标准落到实处,使景区卫生管理工作步入正轨。

2. 成立卫生管理组织机构、制定适合本景区的卫生管理制度

景区应设有环境卫生管理机构,负责环境卫生和饮食卫生管理工作;成立环境卫生专业队伍,负责卫生清扫、垃圾粪便处理以及对游客污染环境行为的管理;制定环境卫生管理办法和工作制度,将具体任务和指标落实到景区内各企业、摊点和部门,建立起相应的奖惩制度。

许多管理较好的景区都有自己独特的环境卫生管理制度。例如,苏州虎丘景区实行了全日跟踪保洁的动态管理,制定了清洁班提前一小时上岗制度、三全保洁制度和分片包干负责制等,使虎丘的环境卫生走上了有效、长效管理的轨道。青岛崂山风景区在环境卫生管理中,推出了"全日制保洁"和"半小时保洁"法,推动了景区环境卫生管理工作的逐步提高。深圳锦绣中华主题公园推行跟踪保洁法,游人在前丢下一个烟头,服务人员就跟在后面拣起,游人在前面吐一口痰,服务人员就跟上来将其擦干净,坚决消除不卫生现象。广东河源市万绿湖风景区,导游小姐身背"环保袋",一边督促游客注意保护环境;一边将游客手中的纸盒、塑料瓶等垃圾收集起来,将环境卫生的责任推广到清洁卫生队以外,保证了对不卫生现象的及时处理。

3. 完善景区卫生设施

景区应有足够的与游客容量及场地规模相适应的卫生设施,包括厕所和废物箱的建设。黄山景区沿途设置了用石头围成的垃圾池,取得了良好的效果。陕西华山做到营业摊点每户一个卫生桶,杜绝乱倒垃圾、污水和废渣的现象,旅游线路每50米一个垃圾池,方便游客丢杂物。景区的垃圾箱和厕所的设计也很重要,设计得好则可成为环境的一种点缀。如张家界国家森林公园的垃圾池,以山石设置,宛如树桩,与环境景观十分协调,颇得游客的赞赏。

4. 游客监督,加强管理

景区应充分认识、发挥游客的监督作用。在游客中心、客房、餐厅等地设立意见箱等,搜集游客的意见,正确处理投诉,有针对性地采取改进措施,满足游客要求,提高景区声誉。

5. 提倡游客参与保护环境卫生活动

贵州某景区推出垃圾换奖的办法,游客从山上带下1千克垃圾,可换回一盒牙膏、一条毛

巾或一块香皂之类的生活用品,多带多奖,许多游客自觉地把喝空的易拉罐、果皮、食品包装袋等带下山。这种做法的意义在于唤醒游人自觉自律意识和环保观念,使自然环境免受污染。

【思考与讨论】

1. 根据旅游容量中各种容量属性特征,将景区容量分为哪两大体系? 旅游非基本容量包括哪些内容?

2. 景区过度发展会产生哪些消极影响?

3. 景区容量指标有哪些? 简述影响景区容量测定的因素。

4. 景区环境绿化的基本原则有哪些?

【案例回放】

1. 什么是旅游容量、旅游最佳容量和旅游最大容量?

旅游最佳容量,又称旅游合理容量、旅游最适容量,是景区管理的基本工具。现在普遍运用的旅游最佳容量值是从景区现实接待水平及其他相关旅游容量标准(主要是感知容量)的基础上靠经验总结得出的。

旅游最大容量指最大的旅游承受能力(或称为旅游极限容量),是以旅游资源保护和旅游安全最低限为标准确定的最大旅游接待量。如果超过最大容量值,旅游资源就会承受被破坏的威胁、旅游安全事故就随时有发生的可能。最大容量是景区管理的非常重要的指标,涉及景区内的游客管理、设施管理等问题。

2. 故宫的旅游最佳容量、最大容量和每日限流数量分别是多少? 故宫公布每日限流量的目的是什么?

故宫的旅游最佳容量是每日 5 万人,最大容量是每日 6 万人,每日限流数量为 8 万人。

考虑到旅游心理容量、旅游资源容量、旅游生态容量、旅游经济发展容量、旅游社会地域容量等因素,为了保护故宫珍贵的历史文化遗产、尽量满足游客的最佳心理体验,故宫公布了每日限流量。

【技能训练】

分组对所在城市的景区进行调查,评价其环境卫生状况,运用所学知识对其环境卫生管理提出合理化建议。

【阅读资料】

黄山风景区日常管理措施

(1) 地貌保护管理:严禁在景区内自行开石、掏沙、取土,建筑开挖出的砂石土方要堆放在指定地点,确保山体地貌、河谷溪流、森林植被不受破坏。

(2) 森林防火管理:依据黄山森林防火规划,设立马鞍山、大洋湖、平天(原字石加工)三处瞭望亭,瞭望覆盖面可达景区面积的 90%。防火指挥部配有 50 名专业人员,实行火种管理,进入景区,室外禁止吸烟。分区制定有"扑火方案"并设有公安森林派出所,实行周边联防,已 14 年无森林火灾,是全国森林防火先进单位。

(3) 环境卫生管理:环境卫生已纳入保护、管理、开发建设的整体计划,有一套制度、设备和专门人员。景区沿途设置简易垃圾池 700 余座,树桩形垃圾桶 130 余只;有一支被称为"黄山美容师"的近 200 人环卫专业队伍,全面实行垃圾袋收集,分拣处理,日产日清;兴建了 4 处垃圾综合处理厂、5 座垃圾发酵场、6 座高等级旅游公厕;设立环境监测站,对全山水质、大气等多项生态因子进行常年监测;按国家标准建立污水处理设施。

(4) 调整燃料结构:高山景区禁止烧柴、烧煤,从烧柴油向燃气、电炊具过渡;低山景区也逐步实施这一举措,目前已限制烧煤。这样不仅解决了烧煤对黄山松生长的影响,防止了大气污染,而且每年减少几千吨煤渣,对生态保护产生了深远影响,景区内森林覆盖率已由20世纪50年代的70%,迅速上升到85%,生态环境稳步改善。

(5)野生动物驯化保护:黄山为禁猎区,不准猎取、兜售国家保护的野生动物。对自然生息繁衍的300种野生动物和170种鸟类严加保护,同时对国家二级保护动物短尾猴进行驯化,供游人观赏。

(6)古树名木管理:成立森林病虫害防治指挥部,开展被称为松树艾滋病的松材线虫的防治工作;对名松古树建有技术保护档案,实行分级挂牌管理;对景区磴道旁的名树古木进行逐片维护,对生长衰弱的古树,采取复壮措施,恢复生机;对迎客松实行特级维护,确定专人全天候守护。

(7)景区管理:热线景点,单独出售游览证,控制客流量。疲劳景点,实行封闭轮休,让其休养生息,恢复小环境自然生态。对建筑过多的景区,实行细则管理,拆除违章建筑。在景区外建居民新村,迁出景区内的全部居民,恢复景区自然风貌。

(8)人文胜迹保护管理:重点抢修恢复寺庙古建,已修复明代古刹慈光寺,建立了"黄山博物馆",陈列黄山自然、文化、历史等史料文物,建立文化石刻群等;修复大雄宝殿,陈列黄山主体模型。

景区资源日常管理应根据景区自身资源现状,遵循规章制度和景区规划,制定管理措施,并严格实施到位。

资料来源:邹统钎.旅游景区开发与经营经典案例[M].北京:旅游教育出版社,2003.

【案例】

案例一:深圳欢乐谷玛雅水公园应急行动方案

紧急情况往往是对生命造成威胁的情形,为避免事故的发生,通常采用以下三种做法:

1. 通过员工培训、设立各种标示牌、实施规章制度,告诫员工与游客提防潜在危险。

2. 管理人员以身作则,带领员工严格遵守各项规章制度,严格实行安全操作。

3. 及时发现事故隐患以防患于未然。

紧急救护系统的启动通常由救生员吹响三声长哨开始,也可通过有/无线电通信系统进行启动;值班人员负责全面的事故处理,参加紧急救护人员必须保持镇静,并依照该紧急行动方案来处理和应付各种不同事故。

1. 溺水事故处理

(1)救生员吹响三声长哨通知周围员工和管理人员,另一位员工使用通信工具通知水公园主管人员,再由水公园主管人员通知医务人员,同时联系急救车。

(2)救生员或其他工作人员应尽其所能处理好伤情,如检查呼吸等。

(3)医务人员到达前,现场救生员或其他员工应负起责任;医务人员到达现场后,现场救生员或其他员工要向医务人员说明情况。

(4)现场其他救生员必须保证溺水游客的安全,同时负责疏导围观游客,保证急救人员来往无阻。

2. 设备故障的处理

(1)出现设备故障应在立即通知上级主管人员的同时,关闭项目。

(2)现场员工负起责任,如设备故障伤到人,应立刻采取措施,将人员撤离现场。

3. 恶劣天气(雷电、台风等)下的紧急处理

(1)无论哪位员工,一旦发现恶劣天气变化情况,应立即通知上级主管人员。

（2）水公园主管人员须密切观察天气变化情况，并依此决定是否需要或何时需要关闭水上项目。

（3）发现打雷闪电，各位员工必须密切监视天气变化，必要时通知上级主管人员，同时通过广播通知园内游客，暂停开放水上游乐项目。

（4）救生员开始清场，并引导游客到达安全区域。

4．电力或其他设施的处理

（1）问题一旦出现应尽快向上级主管人员报告。

（2）必要时暂停对游客开放。

（3）如果事故影响到水上项目的运行，救生员应帮助游客于就近的出口退出，引导游客到达安全区域。

5．游客在园内发生摔伤、撞伤等意外事故，附近区域的救生员应迅速协助游客到医务室进行治疗。

6．以上紧急事故发生后，水公园主管人员应对事故发生的全过程进行记录，填写事故故障报告单，及时向部门经理汇报，以便协助其他部门分析事故原因，并采取纠正预防措施，防止事故的重复发生。

7．水公园员工必须掌握急救的联系方法，利用 对讲机、电话等通信工具向上级主管人员报告。

资料来源：董观志，苏影．主题公园营运力管理［M］．北京：中国旅游出版社，2006.

案例二：故宫黄金周游客人满为患

国庆假期，故宫汹涌的"人海"再次成为令人惊叹的景观。游客爆棚的局面令故宫限流措施无奈搁浅。10 月 2 日，故宫接待游客近 13 万人，远远超过其最大容量。"别挤了，还有孩子呢，让我进去！"从郑州来的汪建达把 4 岁的儿子架在脖子上，想冲进买票队伍，却找不到一丝缝隙。4 日 7 时，他们一家从天安门看完升旗就直奔故宫，"本以为天安门人山人海，到故宫才见着'大号'的人山人海，都快挤成'柿饼'了。"汪建达说。

8 时 30 分，故宫正式对外售票，买票的游客已排成百米长龙，排队的游客只能以每分钟 1 米的速度向窗口缓慢蠕动。午门,广场的台阶上坐满了人，每隔 5 米，就能看到一面旅行社的小旗子。从山东来的顾先生还没进去就有点后悔了，"导游说去买票，这都快一个小时了，还没回来，时间全浪费了，进去估计也只能看后脑勺"。

顾先生历经艰辛进入宫内，放眼却都是黑压压的游客。跨入御花园，游客纷纷扎堆拍照，原本一起向前蠕动的队伍瞬时打乱。古树和假山都挂着"禁止攀登"的提示，但部分游客还是踩上去拍照。游客不得不放弃了拍照，人群中不时传来小孩的哭闹声，让顾先生觉得此行很遭罪。西六宫的御道不足 5 米宽，通道上塞满了人，二三百米的路走了半个小时。担心排队上厕所，许多游客没敢喝水。观赏太和殿的人都排在石阶上，有人干脆靠在汉白玉围栏上休息，排了半个小时后，人们在太和殿前停留了不到 1 分钟。

大量涌入的游客让故宫的文物不堪重负，人体呼吸出的二氧化碳会让古建筑的彩画和朱红色墙面褪色，游客酷爱摸门钉导致金漆脱落……

根据北京市假日办统计数据，10 月 2 日，故宫共接待游客 12.78 万人，这个数字远远超过了故宫每日 8 万人限流数量。故宫负责人表示，为避免硬性停止售票导致的现场混乱，故宫最终放开限流措施，继续敞开大门。

北京市假日办曾经公布，故宫的最佳容量是每日 5 万人，最大容量是每日 6 万人，但国庆高峰时故宫的客流是最大容量的两倍。

资料来源：新京报 http://travel.sina.com.cn 2010-10-0810;19.

【模块小结】

　　本模块首先论述了景区服务标准化管理，介绍了景区服务的概念及其标准化管理、景区质量管理的方法；其次阐述了景区游客行为管理，主要包括景区游客的类型与旅游行为特征、游客行为的管理方法等内容。再次，从景区安全管理、景区常见游乐项目安全管理和常见事故处理等方面阐释了景区安全管理；最后论述了景区环境管理，主要包括景区容量管理、景区绿化管理和景区环境卫生管理等内容。

　　模块知识结构图如下。

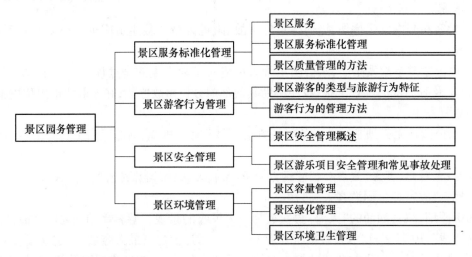

【课堂活动】

　　员工恪守职业道德是做好景区经营管理工作的重要保障。围绕课前给出的案例和辩题，分组讨论景区员工的职业道德，并展开辩论，使学生明晰如何在具体工作中恪守职业道德、掌握服务技巧从事景区服务与管理工作。

　　参考案例

　　案例1：一天，一位手提皮箱的游客进入某景区的酒店大厅，服务员立即微笑地迎上前去，鞠躬问候，并跟在客人身后问客人是否需要帮助提皮箱。这位客人嘴里说了声："不用，谢谢"，头也没回地直接朝楼梯走去，那位服务员朝着匆匆离去的背影深深地鞠了一躬，嘴里不断地说："欢迎！欢迎！"

　　案例2：某旅游学校的实习生小刘被分配到某旅游度假区实习。这个实习生身材高挑、皮肤白皙，反应机敏，很快就被派到公关部负责外事接待这个重要的岗位上。该实习生和度假区总经理一起乘小轿车去迎接客人，上车时她抢在总经理前面先钻进车厢，下车时最后一个下来。接到客人后该实习生面无表情，也不主动问候，看着客人拖着行李箱却无动于衷。回到度假区后该实习生接到通知，她已经被辞退了。

　　1. 认真阅读以上两个案例，然后对其中景区员工的职业素质和服务准则进行分析评价。

　　2. 围绕辩题"对一名景区员工来说，职业素质和知识技能哪个更重要？"展开辩论。

【实训项目】

　　景区安全事故的预防和处理

一、实训目的

通过实训,使学生熟悉景区安全和救护知识,掌握基本的救护措施,达到正确帮助游客的目的。

二、实训要求

运用所学知识能妥善处理各种安全事故

三、实训内容与步骤

旅游活动中,安全事故时有发生,这些事故轻者影响游客情绪,重者对游客生命财产安全造成威胁。讨论景区常见事故类型,各组分别模拟不同类型事故的预防与救护处理,以达到掌握安全和救护措施技能的目的。

1. 交通事故的预防与处理。

遇到交通事故发生,景区员工应立即采取措施,冷静、果断地处理问题,做好善后工作。由于交通事故类型不同,处理方法也不一样。

2. 治安事故的预防与处理

游客参观游览中遇到坏人行凶、诈骗、偷窃等治安事故,景区员工必须及时了解情况、保护现场、向警方报案,帮助、安抚游客,并妥善处理。

3. 火灾事故的预防与处理

游客入住景区饭店后,员工首先要仔细察看安全通道的位置以及安全设施等,并帮助游客熟悉高层建筑里的消防安全出口、安全标志和应急灯,提醒游客要学会使用消防设备;万一发生火灾,应沉着冷静,一面及时报警;一面尽力扑救。当火势较大无力补救时,应迅速协助游客撤离火灾现场,并作好安排。

4. 食物中毒的预防与处理

游客因食用变质或不干净的东西常会发生食物中毒。其特点是:潜伏期短,发病快,且时常集体发病,如果抢救不及时会有生命危险。景区工员工一旦发现游客有食物中毒现象,要立即通知医疗救护机构提供救助,并帮助医疗救护机构救治旅游者。

四、实训指导

1. 全班分成交通、治安、防火、饮食等小组,以小组为单位,分别扮演游客和景区工作人员。

2. 模拟交通、治安、火灾和食物中毒等四个景区常见事故场景,学生运用所学知识,对模拟发生的场景迅作做出反应与处理。

3. 实训指导教师对学生现场表现作出评价,提出改进方法。

六、实训报告

以小组为单位编写实训报告,小组代表报告本组实训成果。

模块九

景区信息管理

【学习目标】

◆ 了解信息与信息管理系统的概念;我国景区信息化管理的现状。

◆ 理解景区信息管理系统的功能设计和数据库设计。

◆ 掌握景区信息管理系统的概念、特点和构成。

【能力目标】

◆ 能够使用景区信息管理系统查询景区相关信息,进行园务管理。

◆ 能运用多媒体软件制作简单的景区宣传网页。

情境一　景区信息管理概述

【案例导读】

走近数字化景区——云台山景区建设扫描

为确保数字化建设达到国内外先进水平,云台山景区投资 1.5 亿元全面实施了数字化景区建设工程,涵盖监管信息、办公自动化、电子门禁、DLP 多媒体展示、智能监控、车载 GPS调度、智能全景导游图、LED 信息发布、网上售票、环境监测、规划管理、应急无线智能广播、电子巡更、智能停车场管理、森林防火、视频会议、客户关系管理、酒店管理等 18 个系统。将数字、信息、网络技术应用到云台山的保护、管理和开发之中。

数字化工程的全面实施,不仅提升了云台山景区品位,而且在科学决策、合理调控客流、避免票款流失等方面发挥了巨大作用。景区内每个验票口都安装了电子自动验票装置,验票时游客只需在验票机上刷一下条纹卡,同时将手指在指纹机上认证一下即可通过,旅游秩序井井有条。云台山实行的是封闭式内部交通管理模式。为实现对 160 辆绿色观光巴士的实时监测,景区在每辆大巴车上都安装了车载 GPS 定位仪,通过 GPS 全球卫星定位系统将车辆的运行时速、方向、位置准确地定位在监控中心的电子地图上,实现实时定位。在车辆超速时,它会自动返回报警信息,指挥中心可通过车载短信的方式提醒司机安全驾驶或防止疲劳驾驶。控制中心可通过各景点、停车场和路口的摄像头实时了解各景点的游客流量,并对车辆、人员等进行合理调配,保证游客的安全以及游览秩序,尤其是在"五一"、"十一"等客流高峰期,数字化监控系统能从根本上解决景区游客拥堵的问题。不仅如此,数字化监控系统还对景区 240 千米^2 内的自然资源进行有效监控,很好地保护了景区内珍贵的地质资源。云台山电子商务系统的开通使广大游客足不出户就可通过在线支付的方式提前买到景区门票。LED 信息发布系统的建成和投入使用更是为景区人性化服务添光彩,景区内的 6 个大型 LED 显示屏滚动播出景区风光片、温馨提示,还可直播时事要闻,让游客在游玩之余还能关注到正在发生的国内外大事、要事。

　　这些举措,有效地提升了景区的现代化管理水平和服务水平,为游客创造一个管理高效、服务优质、平稳有序的游览环境,促进了景区资源与旅游产业的可持续发展。

资料来源:http://www.17u.com/news/shownews_19786_0_n.html.

　　思考

　　1. 如何看待景区的数字化建设?

　　2. 怎样看待云台山景区票务电子系统的作用?

一、景区信息管理系统概述

(一)信息与信息管理系统

1. 信息

　　信息是构成事物联系的基础,人们借助现代技术使社会主导资源信息的作用得到了充分发挥,实现信息化。信息是关于客观事实的可通信的知识,可从以下三点理解信息的概念:

　　首先,信息是客观世界各种事物特征的反映。客观事物都在不停地运动和变化,呈现出不同特征。这些特征包括事物的属性状态,如时间、地点、程度和方式等。信息的范围很广,如气温变化属于自然信息,遗传密码属于生物信息,企业报表属于管理信息。其次,信息是可以通信的。由于人们通过感官直接获得周围的信息极为有限,因此,大量的信息需通过传输工具获得。最后,信息形成知识。知识就是各种事物的信息进入人们大脑,对神经细胞产生作用后留下的痕迹,人们正是通过获得信息来认识、区别事物和改造世界的。数据和信息的关系是原料和产品的关系。数据是信息的符号表示,数据不经加工只是一种原始材料,其价值只在于记录了客观数据的事实;而信息来源于数据,是对数据进行加工处理的产物,信息是数据的内涵,是数据的语义解释,其价值在于人类认识和改造世界活动的现实意义。

2. 信息管理系统(Management Information System,MIS)

　　信息管理系统是对一个组织(单位、企业或部门)进行全面管理的人和计算机相结合的系统,将计算机技术、信息技术、管理技术和决策技术,与现代化的管理思想、方法和手段结合起来,通过收集、加工、存储、传递和提供信息,辅助管理人员进行管理和决策。它不仅仅是一个技术系统,而且是一个管理系统、社会系统。通过此系统,可以提高信息处理的水平,处理手工信息管理方式下不能解决的问题。

　　MIS 从概念上看,由四大部件组成:①信息源,即信息产生地;②信息处理器,即担负信息的传输、加工、保存等任务;③信息用户,即信息使用者,应用信息进行决策;④信息管理者,即负责信息系统的设计实现,实现后,又负责系统的运行与协调,见图 9-1。

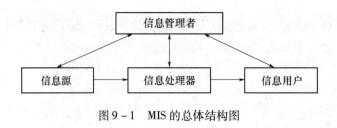

图9-1　MIS的总体结构图

（二）景区信息管理系统概念

景区信息管理系统是以景区信息数据库为核心,将计算机技术、通信技术、网络技术、地理信息系统技术、遥感技术、景区运营管理及系统科学的理论和方法,综合应用于景区经营与管理事务的图文一体化技术集成系统。景区的信息可分为以下几种:

（1）基础资料:包括旅游业概况及相关的法律法规、旅游常识、景区的位置、位置图及周边环境介绍等。

（2）基础设施信息:包括景区道路交通现状图,供电、供水、邮电及通信现状资料等。

（3）服务设施信息:包括景区现有的住宿设施、娱乐设施、餐饮设施、旅游商品、安全设施、解说系统、旅游服务人员等方面的资料。

（4）生态环卫信息:包括景区的气候、水文、日照、风力、植被、土壤等自然条件信息和垃圾废弃物的排放资料等。

（5）旅游资源信息:包括自然旅游资源、人文旅游资源的调查评价信息。

（6）旅游产品及景点信息:包括旅游产品的类型、景点的文字、图片和图像资料、旅游线路的介绍、景区的环境容量资料等。

（7）客源信息:包括游客的自然属性、类型、客源地及旅游人次、旅游收入的统计资料、营销策略等。

（三）景区信息管理系统构成

依据景区信息和用户需求,可将景区信息管理系统划分为一系列的子系统:景区科普教育子系统、景区信息服务子系统、景区规划管理子系统、景区客源管理子系统（包括游客管理和营销管理）、景区保障体系子系统（包括解说管理、环境管理、内务管理和安全管理）。

1. 景区科普教育子系统

景区集中展示了祖国的大好河山和源远流长的文化传统,承担着面向社会大众的宣传与教育职能。景区科普教育系统主要通过网站信息系统、网络课堂、数字博物馆、虚拟旅游等科学教育系统,以景区文字介绍、图片展示、消息发布等形式,让公众借助现代网络,充分领略该景区和其他景区的自然与人文景观。具有介绍旅游业概况、法律法规体系、旅游常识、景区发展、景区周边自然和人文环境等功能,还具有系统维护功能,维护系统运行和有关数据的代码维护,记录操作人员的信息,以及操作人员之间的相互留言等。

2. 景区信息服务子系统

景区信息服务子系统是面向游客的,提供的核心功能是信息查询,主要涉及服务查询、景点查询、交通查询、饭店查询、社会信息查询等。该子系统的功能包括:

（1）服务查询:主要提供游客查询本景区所有的服务项目和收费价目情况。

（2）服务规程:主要提供景区的服务规章制度和游客遵守的公约义务等查询。

（3）交通查询：主要提供航班、车船以及本地公共交通情况等方面的查询,同时应用路径分析,提供通过景点的游览路线和换乘车站的选择咨询。

（4）饭店查询：主要提供住宿、餐饮、交通线路及详细地址等查询。

（5）景点查询：主要提供景区中的景点和游线情况等查询。

（6）社会信息：主要提供方便游客的有关社会信息,如天气情况、景区拥挤状况等。

（7）营业公告：主要是景区在经营过程中需告知游客的公告。

（8）系统维护：主要是系统运行性维护和有关数据的安全性维护以及系统的代码维护,此系统可以触摸屏查询系统形式放置在景区门口,也可通过网络让游客了解相关信息,还可以虚拟主机方式设置 Internet 网站,利于游客和景区的双向交流。

3. 景区开发规划管理子系统

景区规划管理子系统利于旅游开发规划者更科学地提出方案,涉及大量的与地理位置有关的空间数据。该子系统的功能有：

（1）旅游资源保护与利用：主要指识别景区旅游资源并进行定性定量分析、评价,应用叠加分析方法,确定旅游资源优先开发区域,以便划分出旅游景观区,提出资源管理的手段。

（2）旅游产品和项目设计：主要指策划出适销对路的产品,提供具体项目的建设意见,并且应用虚拟现实技术模拟近景、远景规划效果,以便进一步完善,减少规划方案的主观性。

（3）设施利用：主要指依据景区的容量安排适量的床位、餐饮、娱乐、交通、购物设施。

（4）社区管理与调控：主要指提出控制游客数量的措施,形成通畅的旅游环境。

（5）系统维护：功能与其他子系统类似。

4. 景区游客管理子系统

景区游客管理子系统的核心是对游客的行为管理,进而对游客的行为进行引导,使之规范。此系统也包括景区服务质量的管理。该子系统的功能如下：

（1）游客属性管理：主要依据游客的经济收入、性别、民族、年龄、学历、宗教信仰、客源地进行管理。

（2）旅游行为管理：主要对团队游客、散客或自助游客行为特征进行归类、调查与统一管理,包括游客流量大小,评估其对旅游地影响等功能。

（3）服务性管理：针对游客的需求提供相应的服务,及时、动态地反映游客的需求意向。

（4）控制性管理：对游客流在不同时空实行控制管理,包括人数与旅游强度的控制和相关措施的采用等。

（5）行为引导管理：在景区旅游中针对不同时空旅游强度的限制,对游客采取各种引导方法,如实物引导、组织引导、强制引导、教育引导。

（6）服务质量体系管理：提供服务质量管理的内容、原则、要求等方面的查询。

（7）服务质量体系认证：提供服务质量体系认证的标准和管理策略方面的查询。

（8）信息反馈管理：管理游客、员工对景区管理的意见和建议,利于管理者及时掌握信息。

（9）系统维护：功能与其他子系统类似。

5. 景区营销管理子系统

景区营销管理子系统是基于扩大客源而建设的,旨在摆脱资源或产品导向的窘境,把产品推介出去。该子系统的功能如下：

（1）市场定位：主要指更新市场调研资料,根据缓冲区分析、网络分析得出客源地的旅游需求,再细分市场,提供针对目标市场营销的旅游产品。

（2）景区品牌管理：主要指提供景区品牌的创立，以及管理方案的优选。

（3）节庆会展管理：主要指提供节庆会展的策划、组织及其维护方案。

（4）营销策略管理：主要指对产品开发、门票价格、销售渠道及促销方案等进行管理。

（5）系统维护：功能与其他子系统类似。

6. 景区解说管理子系统

景区解说管理子系统是从方便游客、增强其吸引力的角度提出的，该子系统的功能有：

（1）解说体系管理：主要提出景区的解说类型，或是静态文字显示设备，或是动态显示效果的电子导游系统，或是智慧旅游系统、或是便携式的语音导游机等类型。

（2）解说系统策划：涉及解说系统的策划程序、解说服务的方法和技巧方面的管理。

（3）解说系统规划：提供以案例形式介绍解说系统规划的模式。

（4）系统维护：功能与其他子系统类似。

7. 景区环境管理子系统

环境质量影响旅游资源优劣，也影响旅游效益。该子系统的功能有：

（1）环境管理内容：提供环境管理原则、措施及内容，同时也涉及公共场所卫生、环境卫生、市场秩序、绿化、垃圾、厕所等方面的管理。

（2）环境管理技术：提供各种管理技术，如环境监测、环境预测、环境标准、环境审计等方面的查询、更新和互动。

（3）环境评价：涉及景区环境评价的程序、内容等方面。

8. 景区内务管理子系统

景区内务管理是与游客无直接联系的景区企业内部的管理，该子系统的功能有：

（1）人事管理：主要处理景区的人事管理工作和档案管理工作。

（2）工资管理：主要处理工资的发放、工资汇总和工资条的打印等。

（3）仓库管理：主要负责物品的进出库管理、仓库的采购安排及仓库报表处理等。

（4）设施管理：主要指设施登记、查询、报废、报表等管理，同时计算固定资产的折旧。

（5）财务管理：主要处理景区的总账、明细账目和分类账目。可以单独划为一个子系统，归景区财务部门负责处理。

（6）客户管理：主要是管理与景区有关的联系人和联系单位的电话及地址，提供输入和查询的功能。

（7）经营查询：主要为总经理服务，能查询有关经营业务数据，也可以查询每日和每月的经营数据。

（8）系统维护：功能与其他子系统类似。

9. 景区安全管理子系统

安全管理是景区旅游业正常运转的首要保证，该子系统的功能有：

（1）安全类型管理：系统提供景区安全事故的原因和安全类型等。

（2）灾害防治管理：针对自然和人为灾害，或者安全隐患，提供可能的策略。

（3）安全救护管理：提供景区出现安全危害时可以及时查询到的救护机构、救护机制及常见救护方法等。

（4）安全管理机构：提供景区各级安全管理机构，包括联系方式、职能范围、决策能力。

（5）安全预警系统：指景区内各种危害安全的数据经过系统处理后，能及时得出环境、心理、生理等承载力的域值，超过安全域值会发出警告。

（6）安全事故处理：提供常见的灾害如火灾、游客死亡、传染病、地震等的处理方法。

（7）系统维护：功能与其他子系统类似。

二、景区信息管理系统的特点

（一）相互依存性

景区信息管理系统是由相互联系、相互依存、相互制约的子系统组成的系统。景区各分支系统中既有创造价值的，也有产生成本的活动。若各子系统仅从部门利益出发，寻求部门利益最大化，则其他子系统就会"深受其害"，结果是企业无法获得最大收益，游客也得不到最大使用价值。因此，应该使景区信息管理系统成为高度协调的管理运作系统，使各子系统通力合作，杜绝各自为政的现象，应以让渡顾客价值最大化为手段，以景区利益的最大化为共同奋斗目标。

（二）较强的图文统计与分析功能

系统能够对图文资料进行统计分析。比如在旅游资源调查评价中，不可避免地要面临庞大的空间和属性数据以及复杂的数据分析，如果采用传统的手工方法，不仅费时费力，而且调查评价工作很难尽如人意。若依托信息技术，建立旅游资源的调查评价空间数据库和属性数据库，不仅可以方便地查询、管理、更新、修改这些信息，实现各类地图的电子化，还可以快捷、方便地完成研究区域旅游资源调查评价的各项工作。

（三）实时跟踪与监督管理

系统处于动态变化中，可以方便地对数据进行跟踪修改，及时采取适当方法进行管理，比如，可以使景区内的每一个核心景点的车流量和人流量都处于管理部门的控制中，从而对单位时间和地点内的车辆和游客进行调度和分流，改变各个景点间游客人数分布不均的状况。

（四）数据的整体性及一致性

系统能对各种图文信息调阅，更新后的数据自动存入数据库中这样可以实现数据的共享与利用。如向市场推介景区时，营销策略应参照景区产品类型、环境容量的数据而定，防止出现夸大景区引起游客期望值过高或者游客过多超出景区容量的现象。

【相关链接】

我国旅行社数字化管理进入试点区域联网新阶段

2011 年，国家旅游局在上海召开全国旅游团队服务管理系统试点地区推广工作座谈会，试点省市旅游局负责人和"全国旅游团队服务管理系统"软件开发单位进行交流，探讨了加快在试点省市推广该系统的步骤和方法，标志着我国旅行社行业数字化管理工作进入了试点区域间联网的新阶段。

团队动态管理上海先获益

上海是最早对出境旅游团队实施数字化动态管理的城市。近年发生的新西兰地震、超大暴雨重创我国台湾中南部、日本大地震等自然灾害中，这套团队服务管理系统在救助中国出境游客方面发挥了突出作用。

上海市旅游局委托上海棕榈电脑系统公司开发的出境游团队动态管理系统于 2008 年投

入使用,2009 年底又启动了入境游和国内游团队管理系统。实践证明,团队系统的运用,大大提升了上海旅游行业游客服务和管理的水平,达到了应急预警、行业监管、统计分析、综合查询等效果。

5 年团队管理系统覆盖全国

2010 年下半年,国家旅游局在上海的基础上,组织开发了"全国旅游团队服务管理系统"。系统建设按照团队动态管理、初步电子合同管理、完善电子合同管理三步走战略,计划用 5 年左右时间完成整个系统建设。上海、浙江和武汉、黄山等地成为首批试点地区。此次会议后,首批试点地区之间将进行联网。到 2011 年底,将在全国范围内推行"全国旅游团队服务管理系统"动态管理。

专家指出,对旅行社行业进行全面数字化监管,是实现旅游行业现代化管理的重要手段。由国家旅游局出面在全国范围内推广团队管理系统,将有助于实现区域连片、全国联网,提升对旅行社行业监督力度。

目前上海正在研究从电子行程单管理向电子合同管理的方法。未来,游客出游,旅行社全部要签署电子合同,一站式完成数据填报、采集、监管、分析等工作,旅行社也将因此减少工作量。

可以预料,在不久的将来,我国旅行社行业会在团队服务系统的整合下,形成一个区域和全国联网的行业监管大网,这不仅有助于提升全国行业监管水平,也将大大提升政府公共服务的效率。而试点工作的加快开展,标志着我国旅游市场秩序监管迈上新台阶。

资料来源:http://www.hohainan.net 2011 年 6 月 15 日.

三、我国景区信息化管理现状

尽管目前旅游业中所采用的信息技术种类繁多,如计算机预订系统(CRS)、电视会议、可视图文、电子宣传品、航空电子信息系统、电子货币交易系统、数字化电子网络、旅游企业办公自动化系统等,但使用较为频繁的仍然是计算机预订系统以及网络营销系统。在景区内部系统化管理方面则信息化程度较低,更大程度上是实现了办公自动化,即大量使用计算机和现代化的自动化办公设备。总体看,我国景区管理中的信息化程度还不高。

为尽快实现景区管理与国际接轨,推动景区的信息化管理进程,促进我国景区国际竞争力不断提升,国家旅游局从 1990 年起开始抓信息化管理并筹建信息中心,该信息中心成为专为国家旅游局和旅游行业的信息化管理提供服务和管理技术的机构。在国家旅游局的推动下,我国景区管理的信息化已初步启动。有些学者已提出景区智能化管理系统,并对自动售票系统、监控安防系统和管理信息系统的设计问题进行了充分论述。2004 年国家建设部也已经全面启动国家重点风景名胜区监管信息系统建设,其中"数字九寨沟"的景区监控系统是目前国内最先进的景区管理系统,利用先进的电子技术对景区内各主要景点进行监控,对景区游人、观光车辆进行科学有效的分流,大大提高了景区的科学管理水平,有力促进了景区资源的保护与旅游产业的可持续发展。目前,我国景区信息化管理的硬件设施和网络建设正日益成熟,如金旅工程的建设和旅游目的地网络营销系统的建设,都为我国景区管理的信息化提供了较为理想的大环境,目前开发设计的旅游团队管理系统在部分省市处于调试和使用中。总体来看,我国景区管理的信息化进程正不断发展,并取得了一些成绩。但也存在较多的问题,主要表现在:

（一）景区信息化管理建设投入不足

国内众多景区尤其是中小景区不仅没有构建信息管理系统，有的甚至连最基本的计算机硬件设施都严重不足，更不用说处理信息的高级软件和专门人才。硬件设施和投入方面的匮乏，严重影响了这些景区的信息化进程。

（二）景区信息资源的开发利用能力较差

景区对所获得的信息往往只停留在表面，缺乏对旅游信息资源有效的、深层次的加工利用，因此，难以更高效地把信息资源转化为经济效益。景区管理者对信息资源认识的不深入，在一定程度上制约了景区信息化管理的深入发展。

（三）景区信息化管理建设流于形式，与景区管理实践脱离

由于国家重视，不少景区也将精力转入管理的信息系统建设，投入了大量的资金和设备。但是，实际上不少景区的信息化管理系统仍然处于独立运作状态，信息系统与业务流程没有完全整合。只有市场营销模块与实际工作进行了适当的对接，其余如景区资源管理、景区导游资讯管理等尚未真正实现信息化。景区将信息化管理视为一种时尚和装饰，忽略了其在景区战略发展中的巨大作用，从而造成旅游信息资源和设施的极大浪费。因此，旅游主管部门应将景区信息化建设作为一项硬性任务来抓，制定信息化水平评价体系，并将景区信息化水平随机评价得分记入质量等级评分体系，以此促进景区真正实现信息化管理。

（四）对景区管理的信息化建设不够重视，没有形成长期规划

大多数景区管理者对景区信息化管理的理解还停留在技术层面，没有认识到管理信息化对管理效率的提高和景区竞争力的提升所具有的重要意义。因此导致大多数景区的信息化管理建设处于分散、低层次、缺乏战略规划的实施阶段，管理信息化建设无法与景区发展战略规划紧密结合，这在很大程度上削弱了景区管理信息系统在景区战略发展中应发挥的作用。

【思考与讨论】

1. 景区信息管理系统由哪几部分构成？各自作用和功能如何？
2. 简述我国景区信息化管理现状。

【案例回放】

1. 如何看待景区的数字化建设？

当前我国旅游业呈现出大众化、散客化、个性化和网络化的发展趋势，互联网成为年轻人获取旅游信息的首选渠道。这就需要用高新技术对旅游业进行全方位的改造，建立起真正的数字资源，实现当前旅游信息化建设的升级。景区是旅游业发展的核心和灵魂，我国旅游业面临着地域跨度大、出游人口多、地区发展不平衡等突出现象，通过数字化建设可以完善景区的服务功能，提高景区服务和环境质量管理水平。达到行业管理和旅游资源的有效整合，形成管理合力和规模效应。

2. 怎样看待云台山景区票务电子系统的作用？

景区电子票务系统是数字化景区极为重要的一部分。把景区票务管理由过去粗放人工管理变成精细化动态管理，辨伪能力较差的纸票变为现在的电子门票。使用售票电子化功能，采用了通道检票设备杜绝了漏洞，同时使得游客数量系统更加及时准确，减轻了财务人员手工统计的强度，提高了工作效率。系统的运行能从根本上解决票务的各种漏洞，减少了管理成本，

为景区带来了明显的经济效益和社会效益。

【技能训练】

以学习小组为单位,对所在城市景区进行景区管理信息化状况调查,运用所学知识对景区信息化建设提出合理化建议。

情景二 景区信息管理系统的构建

【案例导读】

峨眉山数字化展现魅力

1. 数字化峨眉山——再造一番风景

2008年4月6日,在美国拉斯维加斯举行的IBMIMPACT2008SOA创新论坛上,峨眉山景区负责人介绍,作为传统的优质景区,在现代旅游业发展背景下,峨眉山面临着非常艰巨的景区管理系统优化任务。虽然从2000年开始,峨眉山景区就开始了多个独立IT应用系统的建立,但这些系统间相对独立,不能共享资源,抑制了景区管理效率,因而才有了"数字化峨眉山"计划的诞生。

早在2005年,峨眉山建立起了"11533"数字化框架体系,开启了深刻的数字革命,即一个数字化指挥中心,一个高速光纤通信平台,五个分指挥中心,"生态保护、管理服务、市场营销"三大体系,以及33个子系统。经过近两年建设,数字化峨眉山已完成95%的项目,极大提升了景区保护、管理服务、市场营销的科技含量,受到联合国教科文组织专家的充分肯定,国内外著名风景区也纷纷派员前来峨眉山考察学习。

2. 联姻IBM——构架全面服务

峨眉山数字化建设还包括各子应用系统的资源整合。峨眉山与IBM的联姻,使峨眉山享受到了IBM提供的SOA(面向服务架构)架构带来的便利,加快了峨眉山的数字化建设。

早在2007年3月,峨眉山在数字化建设中开始应用SOA架构,这套架构成功地整合了峨眉山原有多个独立的IT应用系统,构建了门禁、旅游咨询、地理信息管理、文物保护等33个领先的IT系统,使得景区资源查询、交通实时监控、高峰客流的合理分布等各个管理难题都有了行之有效的解决办法。而峨眉山与IBM的合作,也成为SOA架构在国内旅游景区中的第一个成功案例。城乡建设部专家还倡议,往后国内景区的数字化建设都可借鉴峨眉山SOA架构的成功经验。

资料来源:中国国家旅游局官方网站 http://www.cnta.com/.

思考

1. 数字化对我国旅游业发展有何推动作用?

2. 峨眉山联姻IBM带来哪些明显收益?

一、景区信息管理系统的信息技术支持

信息技术为旅游景区信息管理系统的实现提供了可能性,它包括地理信息系统、网络技术、数据库技术、虚拟现实技术、面向对象技术、多媒体技术等。

(一)数据库技术

数据库是以一定的组织方式存储在一起的相关数据的集合,是由计算机系统、数据、数据

库管理系统和有关人员组成。它使得信息系统的研制,从围绕加工数据以程序为中心转移到围绕共享的数据库来进行,实现了数据的集中管理,提高了数据的利用率和一致性,从而能更好地为决策服务,在信息系统应用中起着越来越重要的作用。数据库技术的萌芽可追溯到20世纪60年代中期,至60年代末到70年代初,数据库技术日益成熟,具有了坚实的理论基础。

1. 数据库的特点

数据库系统的出现解决了多用户、多应用共享数据的需求,使数据为尽可能多的应用程序服务,其特点是:

(1)面向全组织的复杂数据结构:数据库中的数据结构不仅描述了数据自身,而且描述了整个组织数据之间的联系,实现了整个组织数据的结构化。

(2)数据冗余度小:由于数据库从组织的整体来看待数据,数据不再是面向某一特定的应用,而是面向整个系统,减少了数据冗余和数据之间不一致现象。在数据库系统下,可以根据不同的应用需求,选择相应的数据加以使用,使系统易于扩充。

(3)数据与程序独立:数据库系统提供了数据的存储结构与逻辑结构之间的映射功能及总体逻辑结构与局部逻辑结构之间的映射功能,从而使得当数据的存储结构改变时,逻辑结构保持不变,或者当总体逻辑结构改变时,局部逻辑结构可以保持不变,从而实现了数据的物理独立性和逻辑独立性,把数据的定义和描述与应用程序完全分离开。

(4)统一的数据控制功能:数据库系统提供了数据的安全性控制和完整性控制,允许多个用户同时使用数据库资源。

2. 数据库设计的主要内容

数据库设计的步骤包括用户需求分析、概念结构设计、逻辑结构设计和物理结构设计四个阶段。其中,概念结构设计是根据用户需求设计数据库模型,逻辑结构设计是将概念模型转换成某种数据库管理系统(DBMS)支持的数据模型,物理结构设计是为数据模型在设备上选定合适的存储结构和存取方法。在数据库系统中,对现实世界中数据的抽象、描述以及处理等都是通过数据模型来实现的,因此数据模型是数据库系统设计中用于提供信息表示和操作手段的形式构架,是数据库系统实现的基础。目前,在实际数据库系统中支持的数据模型主要有三种:层次模型、网状模型和关系模型。其中关系模型是三种数据模型中最重要的模型,20世纪80年代以来,计算机系统商推出的数据库管理系统,几乎全部是支持关系模型的。关系模型是建立在数学概念的基础上,应用关系代数和关系演算等数学理论处理数据库系统的方法。在关系模型下,数据的逻辑结构是一张二维表,每一行即一个 n 元组,相当于一个记录,用来描述一个实体,每一个关系为一张二维表,相当于一个文件,实体间的联系均通过关系进行描述。例如表9-1用 m 行 n 列的二维表表示了具有 n 元组"付款"关系(见表9-1)。

表9-1 关系数据模型的一种关系——"付款"关系

结算编号	合同号	数量	金额(元)
J0012	HT1008	1000	30000
J0024	HT1107	600	12000
J0036	HT1115	2000	40001

(二)网络技术

计算机网络是用通信介质,把分布在不同位置的计算机和其他网络设备连接起来,实现信息互通和资源共享的系统,可分为局域网(LAN)、广域网(WAN)、综合业务数字网(ISDN)、因特网(Internet)。网络体系结构按其发展过程,经历了文件共享处理环境、客户/服务器、分布式处理等阶段。

1. 文件服务器/工作站

20世纪80年代以后,文件服务器/工作站结构的微机网络开始流行,这种结构把DBMS安装在文件服务器上,而数据处理和应用程序分布在工作站上,文件服务器仅提供对数据的共享访问和文件管理,没有协同处理能力。这种方式可充分发挥工作站的处理能力,但网络负担较重,严重时会造成"传输瓶颈"。

2. 客户/服务器(Client/Server)

客户/服务器是20世纪80年代产生的应用模式,这种模式把DBMS安装在数据库服务器上,数据处理可从应用程序中分离,形成前后台任务:客户机运行应用程序,完成屏幕交互和输入、输出等前台任务,服务器则运行DBMS,完成大量数据处理及存储管理等后台任务。由于共享能力和前台的自治能力,后台处理的数据不需要在前后台间频繁传输,从而有效地解决了文件服务器/工作站模式下的"传输瓶颈"问题。其优点:一是通过客户机和服务器的功能合理分布,均衡负荷,在不增加系统资源的情况下提高系统的整体性能;二是系统开放性好,在应用需求扩展或改变时,系统功能容易进行相应的扩充或改变,从而实现系统的规模优化;三是系统可重用性好,系统维护工作量大为减少,资源可利用性大大提高,使系统整体应用成本降低。

3. 分布式处理

分布式处理环境是以计算机网络为依托,把同时工作的分散计算单元、不同的数据库、不同的操作系统连接成整体的分布式系统,为多个具有不同需要的用户提供统一的工作环境。

4. Intrannet/Extranet(企业内部网)

Intrannet是把Internet技术应用到企业内部建立的基于开放技术的新型网络体系结构,可以说是组织内部的Internet。

(三) 多媒体技术

多媒体是融合两种以上媒体(如文字、图形、图像、声音、动画和电视)的人–机交互式信息交流和传播媒体,国内外rector、方正奥思等都属于此类。目前学校教育或企业产品演示中已经广泛地应用了多媒体技术,开发出的触摸屏查询软件,置放于景区中将会为游客提供更多方便。同时,多媒体技术和因特网技术相结合,促进了信息的传播,应用形式可大致分为两类:一类是以文本为主的数据通信,包括文件传输、电子邮件、远程登录、网络新闻和Web;另一类是以声音和电视图像为主的通信,具体包括现场声音和电视广播或者预录制内容的广播、声音点播、影视点播、因特网电话、分组实时电视会议等方面。

(四) 面向对象技术

为提高软件系统的稳定性、可修改性和可重用性,人们自20世纪60年代逐渐创造出开发信息系统的新途径———面向对象方法(Object Oriented,OO)。它是一种认识客观世界的世界观,是从结构组织角度模拟客观世界的一种方法。其中对象是事物运行方式、处理方法和属性值的一种抽象表述,具有模块性、继承性、类比性、动态连接性四个特征。

（五）虚拟现实技术（见模块二）

（六）地理信息系统（见模块二）

二、景区信息管理系统分析

（一）目标分析

建立景区信息管理系统的总体目标是针对旅游资源的保护、旅游产品的利用以及客源市场的需求，根据信息技术与信息社会发展的趋势，实现景区资源保护、管理、利用、发展的全面信息化，使景区产生更好的社会、生态、经济效益。

（二）需求分析

需求分析阶段工作由系统分析员承担，系统分析员处在用户和高级程序员之间，沟通用户和开发人员的认识和见解。景区地理信息系统的用户主要有游客、景区管理者、景区规划者。

1. 面向游客的需求分析

（1）查询服务：游客通过本系统提供的景区电子平面图、相关景区的图片及文本说明，对景区景点有较强的感性认识，同时通过输入景点名称，可以得到景点问路服务和最优路线提示。此外也能了解景区的发展、周边旅游环境的介绍、全国旅游业信息等。

（2）虚拟旅游：本系统在虚拟现实技术的支持下，能对景区如实显示，远程游客利用本系统的网络服务，可以获得逼真的旅游体验，也激发他们实地旅游的兴趣。

2. 面向管理者的需求分析

（1）科学管理：利用网络技术，可实现各景点的数据联网、规范化管理，以提高工作效率；售检票系统的电子化操作，方便游客的游览；准确地统计经营收入和客流量；全方位地实时监控，及时地了解景点的环境状态，从技术上保证景区的正常运行。

（2）决策支持：通过本系统提供的经营收入、客流量、设备使用情况及景点环境状态等基本数据，生成各种统计报表和分析结果，为各级领导提供决策支持数据，以便及时地发现问题，合理安排日常业务工作，制定新的资金投入和装修保养计划。

（3）增加收入：全程电子化的出入通道，可加快游客的进出速度，增加客流量。网络的统一使用，避免了人工造成的失误，杜绝了财务漏洞，提高了服务质量。及时准确地控制信息和反馈信息，克服了时空限制，加快了物质流和资金流的速度，从而带来更多的经济收入。

3. 面向规划者的需求分析

系统提供的叠加分析、网络分析、缓冲区分析等功能，以及旅游资源评价模型、风景区环境容量模型、旅游需求预测模型等数学分析模型方便了规划工作，避免了规划者的主观随意性，资源和客源动态数据的提供，保证了规划的科学性。

（三）景区信息管理系统设计

1. 设计原则

（1）易操作性：系统开发应力求贴近用户，界面简单易用并提供友好的提示和帮助。同时，系统运行中将大量的工作交由计算机处理，尽可能实现自动化管理。

（2）易维护性：由于旅游信息的动态变化性，系统设计时要充分考虑易维护性与数据的更新，保证数据的现实性和实用性，使系统的查询、分析、咨询和决策结果更符合实际。

（3）可扩展性：系统在设计时应为广大用户、旅游单位与其他服务系统提供方便的接口。

（4）经济实用性：旅游信息系统设计时应尽量考虑利于信息采集、维护，以节约运营成本。

2. 设计平台

建设景区地理信息系统支撑平台，要认真权衡实际需要的信息处理能力，系统配置时应尽可能选用最新技术产品，以免过早被淘汰；应具有较高的性价比；能最大限度地满足用户需求；具有较强的技术支持与服务能力；具有较强的互联性、适应性、可扩充性和兼容性。

景区信息管理系统结构主要包括五个层次：

（1）网络通信层是通过网络技术和通信技术，联系信息系统和客户端的访问者（主要是游客和旅行团），一般的用户在这一层次上获取信息，包括宽带多媒体网络和通信技术。

（2）基础软件层主要包括操作系统、数据库技术和 GIS，负责对用户请求的数据进行分析、处理，并返回分析结果的服务器，是整个系统得以实现的支撑。

（3）数据共享层，是景区各系统的共享数据平台。将涉及吃、住、行、游、购、娱等旅游要素的相关数据，依据格式，分别存储在空间数据库和属性数据库中，并且通过数据库管理系统将这两种数据库结合起来。

（4）专题应用层，是景区开展具体业务的工作平台，包括科普教育、信息服务、规划管理、游客管理、营销管理、解说管理、环境管理、内务管理、安全管理等子系统。

（5）应用服务层，通过对基础信息和专题信息的查询检索和分析，实现旅游产品展现、景观模拟、线路选择、开发规划、管理决策等功能，是系统的服务平台。

（四）系统功能设计

针对现实旅游系统所具备的基本功能以及现代旅游业发展对系统功能的进一步需求，景区管理信息系统必须具有下列各项基本功能和拓展功能：

1. 数据输入功能

采集包括地图、文字、图片、图表、视频、声音、动画、遥感图像等类型的旅游信息数据，并将这些数据分别纳入系统的空间数据库、属性数据库和多媒体数据库中。空间数据库记录的是各实体的空间位置信息，属性数据库记录的是各实体的数量或质量特征等客观属性。

2. 数据管理、分析、显示及输出功能

根据采集数据的特征，系统可对其进行分类存储、编辑、查询检索并建立各数据间的相关联系。其中，查询检索模块可提供属性数据查询和空间数据查询两类功能，查询内容涉及景区景点、客源地、交通信息、旅行社、价格、政策法规等。系统可对属性和空间数据进行统计分析、空间分析，其结果将为旅游经营、开发、管理提供服务。系统可对数据库原始数据、各种分析后的派生数据以及查询检索后的结果直观的显示和输出，包括表格、地图和三维等形式。

3. 系统维护及反馈信息接收功能

系统维护功能包括系统的安全维护和性能维护两部分。安全维护主要是通过用户权限设置，防止非法用户进入某些模块，以及采用对不同级别用户授权的方法，防止低级别用户使用系统高机密数据。性能维护包括数据库更新、数据备份和系统应用程序修改等工作。反馈信息接收功能主要是接受用户的反馈意见和建议，同时也能对通过网上预定购买旅游产品的商务信息进行自动统计，产生出如旅游者旅游趋向、消费档次、出游时间等相关信息资料。

4. 旅游者预订服务支持功能

此功能实现客房预订、票务预订及网上支付功能,可对已实施限量游览的景点景区门票销售提供预订服务。这项功能有助于旅游电子商务的普及。

5. 经营决策支持功能

通过统计分析、空间分析,结合反馈信息接收功能模块所获得的信息,产生现实性强、可为旅游经营决策服务的相关数据,如游客数量、游客特征、游客期望、游客抱怨、客房出租率、餐馆经营、旅游商品销售等方面数据。利用专家系统的支持,为景区经营决策服务。

6. 开发决策支持功能

为帮助旅游开发决策者作出科学决策,该功能在专家系统的支持下,提供一些辅助决策模型,如:旅游资源评价模型、旅游开发条件评价模型、景区容量模型、旅游市场预测模型、旅游经济效益分析模型。

(五)数据库设计

1. 数据类型

数据库是景区地理信息系统(GIS)的血液,是 GIS 工作的前提和基础,其功能包括数据资料的采集、存储、处理、查询、检索、更新及输出等。通常,可以把系统数据分为空间数据、属性数据和多媒体数据。三类数据都可进行实时的维护,如对空间数据可增加和删除多边形、线段、点等,对属性数据可增加和删除数据项、任意查找、修改、编辑,可由系统自动更新数据或直接对数据库库进行修改。空间数据用于描述地理实体的几何位置和形状,是地理实体的定位数据,有矢量和栅格两种数据格式,如行政区划图、交通网图、旅游资源分布图、旅游服务设施图等。一般通过自动扫描仪、数字化仪、遥感技术输入,通过数据分层、图块管理、属性编码和空间索引设计,建立空间数据库,其中数字化的空间数据按其特征分层存放,便于管理。属性数据一方面描述地理实体的类别、等级、数量、质量特征,是描述地理实体属性特征的数据,是地理实体间相互区别的标志;另一方面描述旅游业概况、景区的自然特征、景区的容量与客流量等。多媒体数据包含视频数据、音频数据和图像图片数据等。

2. 数据关联

在数据库的建设过程中,通过以图形单位的编码为标志码,建立数据关联,连接属性数据库和空间数据库。即在数字化地图中,给每一图形单位加上唯一的编码;同时在属性数据库中加上与空间图形相对应的编码,据此,建立了数据关联,可实现空间数据库和属性数据库的双向查询检索。比如,可以根据景点地理位置或景点名称,在电子地图上找到景点位置并在地图上突出显示;在电子地图上,用光标点击一个景点可以查询它的地理位置或者属性。鉴于系统主要要求多媒体数据与 GIS 数据库的关联,并不一定要求多媒体数据在 GIS 库中直接存储管理和相关操作处理。因此,可以关系数据库为核心,把多媒体文件名信息存储在 GIS 属性库,依靠多媒体字段实现多媒体数据与 GIS 图形和属性的关联,实现查询的基本概念。如系统中的图像数据的存储,主要采用树状目录结构,按照图像描述的对象进行分类,同一景点的图像放在一个子目录下,然后通过路径设置,实现与属性数据的联接,从而实现合理的存储与管理。

(六)景区信息管理系统建设、运行及维护

1. 人员配置

系统的开发是一个复杂的过程,要保证开发和应用正常进行,必须配置以下人员:

（1）系统工作人员：负责系统分析设计，应当既精通景区管理业务，又是计算机专家。

（2）程序员：负责编写和调试程序。

（3）操作员：包括上机操作人员和数据录入人员。

（4）硬件人员：负责机器维护和保养工作。

（5）项目负责人：相当于系统总工程师，应精通景区业务，熟悉计算机技术并具有较高组织协调能力，还应与管理人员交流。因为计算机应用人员往往对管理业务不熟悉，没有管理人员的参与和配合，设计往往脱离应用需要，不能很好地投入运行；另一方面，管理人员与技术人员考虑问题的出发点不同，有时会发生矛盾，例如技术人员习惯从技术角度考虑问题，而管理人员则从应用角度考虑，首先要求系统简单易用。这些矛盾需要经过项目管理来协调。

2. 维护管理

系统正式投入运行后，为了让系统长期高效地工作，必须加强日常管理。系统的日常管理不仅仅是机房环境和设施的管理，更主要地是对系统每天运行状况、数据输入和输出情况以及系统的安全性与完备性及时如实地记录和处置。尤其对于满足不同层次的网络用户的系统，在设计时要尽可能地考虑到系统的安全性。在维护系统安全性方面，可以运用以下两种技术：

（1）防火墙技术：防火墙技术旨在将内部网络和外部网络通信分隔开来，将危险的通信拒之内部网络之外，运用防火墙软件，检查访问的合法性，可确保系统的安全。

（2）用户权限的设定：用户权限设定可防止非法用户侵入，这种权限是基于操作系统、图形服务器、数据库服务器以及安全设置机制，应根据不同的项目系统和数据性质考虑，进行数据使用权限的定义。

【思考与讨论】

1. 支持景区信息管理系统的信息技术主要有哪些？

2. 景区信息管理系统有哪些需求？

【案例回放】

1. 数字化对我国旅游业发展有何推动作用？

（1）促进旅游产业的转型。使旅游业从传统服务业向现代服务业、从粗放服务业向集约服务业、从本土服务向国际服务的转变。

（2）为区域旅游和谐发展提供保障。当前世界经济进入调整期，国际环境中不确定性因素增加，国内经济出现了较大幅度的调整，各种自然灾害、疫情等公共安全事件时有发生，迫切需要通过信息化手段推动行业联动和区域协同，提升旅游产业自身的适应能力和可持续经营能力。

（3）为旅游业创新提供动力。现代信息技术的发展和广泛运用对旅游管理、旅游营销和旅游服务等方面都产生了革命性影响，以互联网、3G移动通信、云计算技术等数字旅游技术为代表的新技术，为目的地营销模式、旅游文化传播、旅游资源保护、旅游各环节的信息综合服务等领域发展创新提供了支撑和动力。

2. 峨眉山联姻IBM带来哪些明显收益？

（1）项目采用先进的SOA构架方式为峨眉山打造了一个高效、灵活和易扩展的企业IT基本构架，成功地整合和覆盖了33个子系统和近4000名员工的资源共享和信息整合。

（2）峨眉山资源保护、景区服务以及突发事件处理能力高于国内其他景区。通过GIS系统，景区所有相关信息都可在监管系统中检测到，从前景区规划监管部门需几天才能汇总得到的信息，现在只需要几分钟就能得到。

（3）通过分布在景区的电子眼、自动抓拍相机、以及游览车上的GPS定位系统，可以实现景区 95% 车辆分布信息,实现景区高峰客流的平滑转移与合理分布。

(4)景区各类资源实现动态化和精细化管理,令景区的环境与资源保护能力及游客服务水平位列国际先进水平,成为中国大型旅游景区管理与服务的典范。

【技能训练】

收集整理我国著名 5A 景区数字化建设资料,列出 5 个你认为数字化建设最有特色的 5A 景区,说出理由。

【阅读资料】

"数字化"让旅游更轻松

随着凤凰古城旅游不断升温,"数字化"旅游开始进入人们的视野。根据凤凰县旅游局公布的数据,2011 年凤凰全年接待游客量达 600.14 万人次,实现旅游总收入 44.31 亿元。面对凤凰暴涨的旅游人气,强化旅游服务功能,建设一体化、集中化的旅游咨询平台和游客交流平台迫在眉睫。为此,湘西自治州移动紧盯凤凰旅游产业,大力推进旅游集团专线、电子政务外网、无线网络建设,打造了一张移动 2G、3G 网络广域覆盖和 WLAN 热点区域深度覆盖相结合的无线大网,为当地旅游业发展插上了腾飞的翅膀。

电子政务外网——让旅游信息沟通更顺畅

2011 年 12 月 29 日,自治州移动与县政府正式签订电子政务外网建设协议,将凤凰县旅游局及 8 个与旅游相关的县直机关单位与全县 99 个单位一起纳入电子政务外网建设。电子政务外网项目,作为"数字湘西"建设的重要组成部分,实现了与州一级政务外网平台的纵向连接,以及与县直单位、下辖直属乡镇单位的横向对接。目前,自治州移动建设集团专线 175 条,涵盖了与旅游相关联的吃、住、行等一条产业链的大多数集团单位。

另外,以集团专线为载体的旅游资讯平台也发挥了其桥梁纽带作用,它把跟凤凰旅游资讯相关的所有系统有机融合成一个体系。游客则能通过信息化平台随时发布与旅游相关的资讯,第一时间掌握在凤凰旅游的吃、住、行、游、购、娱的最新信息。同时,游客也可通过微博、微信等工具与工作人员进行在线交流。2012 年 3 月 15 日中午,在吉凤公路 309 国道上,一辆来自湖北的大巴车突然出现故障,造成了吉首至凤凰沿线交通堵塞,凤凰县旅游局通过旅游资讯平台官方微博,第一时间发布了交通信息,告知正预备前往凤凰的旅游车改道行驶,同时通过网络密切关注道路疏通情况,并与关注该事件的网友开展在线交流和网上答疑,在道路恢复正常通车后,凤凰县旅游局又通过该平台迅速将信息对公众公布。2012 年春节期间,凤凰出现冰雪天气,凤凰旅游资讯平台对凤凰的道路信息进行 24 小时跟踪上传,极大地方便了游客出行。据不完全统计,2011 年度,该平台发布各类旅游资讯近千条,提供旅游相关信息 2300 余人次。

推进 WLAN"无线城市"建设——空间不再是距离

2011 年,自治州移动为了进一步配合凤凰县"数字旅游"进程,加快产业建设步伐,大力推进无线城市(WLAN)建设工作。截至 2012 年 3 月底,凤凰县已建成 WLAN AP 数近 700 个,并全部完成安装和调试,信号覆盖了县城党政机关及大部分县直集团单位、宾馆酒店、旅游风景区等热点区域。

截至 2012 年底,自治州移动分公司将完成 2000 余个 WLAN AP 的建设,在古城区及重点旅游景区,实现网络全覆盖。届时,凤凰古城将以更便捷、安全的网络承载能力,迎接来自五湖四海的宾朋。

资料来源:三湘都市报 2012 年 4 月 12 日.

【案例】

　　刚看完黄山的俊美雄姿,即可穿越到长白山享受天池美景,紧接着又可"身临"三亚海滩欣赏落日……,如今,这种"时空穿越",只需鼠标一点,或手机一按,即可实现。日前,试运行一年的国家地理信息公共服务平台"天地图"系统,正式推出天地图2011版和手机版,公众登录天地图网站或下载天地图手机版,就可实现上述"虚拟旅游"的梦想。据国家基础地理信息中心天地图工作室主任蒋捷介绍,自去年10月21日开通以来,天地图累计已有来自全球216个国家和地区超过1.6亿人次的访问。

　　此次2011版天地图除了增加和更新了大量数据外,一个最重要的动作是,开通了全新的专题栏目,如街景浏览、三维城市等。其中,已推出"三维黄石"和"三维烟台"等。与传统三维城市浏览体验所不同,用户可以任意改变城市景观的观看角度,从360度全方位游览,实现真正意义上的"虚拟旅游"。

　　记者在天地图上体验了一下,发现可进行"虚拟旅游"的景点和城市分辨率相当高,景观、房屋、树木等清晰可见。鸟巢、故宫等知名景点,更是如同亲历。手机版天地图支持安卓(Android)、苹果(IPhone)、微软移动(Windows Mobile)等主流操作系统,用户可通过手机、平板电脑等移动终端,进行三维浏览、实时定位、周边搜索等操作。据国家测绘地理信息局有关官员透露,2013年1月,我国第一颗民用测绘卫星"资源3号"将择机发射。该卫星发射后,将加快我国地形图更新速度,包括改善更新条件、提高更新精度等。

　　虚拟旅游时代来临?

　　虚拟旅游是通过三维实景与电子地图等相结合,使人们通过网络虚拟旅游环境实现"身临其境"游览景点的旅游方式。统计显示,45%的美国网民体验过虚拟旅游这一网络旅游方式。而著名的虚拟世界网站"第二人生",采用三维图形技术模拟出一个大型虚拟世界,更是吸引了多达460多万名会员。

　　对于国内网友,虚拟旅游也并不陌生。此前,谷歌地球就已实现了三维浏览功能。许多国内网站也陆续开通北京、西安、郑州、成都、三亚等国内不少城市的虚拟旅游服务,满足宅人"在家看世界"的愿望。北京故宫博物院曾推出了"超越时空"虚拟旅游项目,利用3D技术,让一时无法亲临紫禁城的人们也能穿越时空,一睹皇宫风采。这里不仅有"网络导游"指路,网友甚至还能任意挑选某种身份游览,是过把皇帝、公主瘾还是当个侍从悉听尊变。如果网友对其中某个景点感兴趣,还可以点击鼠标让网络中的"我"在景点前拍照留念。

不过,此次由国家测绘地理信息局推出的天地图,却仍然具有划时代意义——它的开通使中国人有了自己的权威地理信息服务网站,其权威和海量的数据,真正拉开了中国虚拟旅游和数字旅游的时代。

3D 虚拟景区 真正的虚拟旅游

纵观国内众多旅游景区的网站,被冠以"虚拟景区"的可谓形形色色:最初级的一种其实就是把景区导游地图直接放到网上,权当虚拟景区。第二种较为常见的是 360 度全景视频,以视频代替虚拟景区。第三种是将 360 度全景视频和 FLASH 制作的导游地图结合在一起,组成二维的虚拟景区。比如互动世界网制作的上海豫园就属于这一类型。第四种是将文化创意和数字技术结合、有点文艺范儿的虚拟景区。这种产品还具有一定的游戏性,更适合社区或社交性的网站。第五种才是真正的 3D 立体景区,不过这种产品投入巨大、制作周期长、网络条件要求高,目前,具有制作这种虚拟数字景区实力的机构不多。

业内人士分析,与国外知名网站相比,国内的一些虚拟旅游网站所提供的服务还停留在初级阶段,不过,相信随着"天地图"的完善和普及,在越来越多的人开始了解虚拟旅游网站后,地理信息系统、旅游电子商务互动平台等更加丰富的资源也将进一步整合,虚拟旅游这一模式将更加成熟。

玩转虚拟旅游

旅游,必须具备三个条件:有钱、有闲、有冲动。但有时,你对某一景点产生了冲动,但又缺少"有钱"或"有闲"的必要条件,那么虚拟旅游恰好能填补这样的遗憾。对一些经济条件、身体状况等受限制的人来说,虚拟旅游,可以让原本可望而不可及的地方近在眼前,借助 3D 技术立体感受旅行乐趣。除了满足宅人"身临其境"虚拟旅游的需要,"天地图"还有许多实用、有趣的功能等待你去挖掘:

进行旅行线路的设计:通过"天地图"提供的查询检索功能,网友可以迅速、快捷地查找出自己感兴趣的旅游地点,再通过"天地图"提供的路径规划、行车导航功能,规划路线并使用驾车导航服务。旅途中,用户通过手机等移动终端同样可以浏览、查询相关旅游地点,还可对自己所在地点进行定位。相关信息还可通过短信的方式发送给亲朋好友,成为随时随地的出行指南。

了解景点旅游信息及当地风俗:不久的将来,基于"天地图"丰富的地理信息数据资源,让你得到一手的、直观的旅游资源信息,景区分布、景点图文介绍,甚至民俗、餐饮、购物、娱乐等信息都能一网打尽。

实现网上"探路":通过"天地图"提供的三维景观、街景服务,可在网上先来个旅程大模拟。另外,还可向相关企业提供旅游增值开发平台:通过"天地图"提供的二次开发接口,相关企业可利用"天地图"的信息资源搭建自己的专业服务系统,如订票、订餐、订旅游服务等。如今后可将旅游景点的图片、宣传信息、票价与营业时间等信息、网站、实时监控等内容都挂接在"天地图"上,甚至还可根据客流量提供出行建议。

虚拟旅游 刺激旅游冲动

目前,许多欧洲旅游城市都开设了较为完善的虚拟旅游服务。在美国,基于电子商务和在线旅游的虚拟旅游市场,促使当地实际旅游接待业的经济规模,从 2002 年的 180 亿美元增加到 2007 年的 640 亿美元。

从原来通过纸质和影像媒体对某地的旅游描述,发展到能产生身临其境之感的虚拟旅游,后者会将更直观生动的信息送达到潜在消费者手中,刺激旅游冲动。

正如有关专家认为的:"虚拟旅游不仅对旅游者是一种新的尝试,对于旅游营销也能产生积极的影响。"

资料来源：http://bjyouth.ynet.com/3.1/1111/25/6528572.html.

【模块小结】

信息技术在旅游业中的应用加快了旅游业信息化进程。本模块首先介绍了景区信息管理系统的概况,主要包括景区信息管理系统的概念、构成、特点和我国景区信息化管理的现状;其次分析了景区信息管理系统的构建,在介绍了支持景区信息管理系统的信息技术基础上,重点分析了景区信息管理系统需求、系统设计、系统功能设计和数据库设计。

模块知识结构图

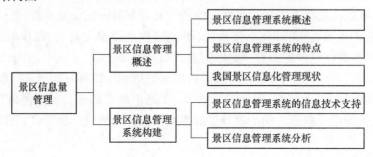

【课堂活动】

分组收集整理我国著名5A景区数字化建设状况资料,每组选择一个数字化景区,制成课件,利用互联网在课堂上共同体验景区虚拟旅游,向全班同学介绍该景区数字化特色之处,并对其进行评价。

【实训项目】

制作某旅游景区网页

一、实训目的

1. 学会使用多媒体软件制作简单的网页。

2. 将所学景区主题定位、形象策划及其市场营销的理论知识学以致用。

3. 认识信息技术在景区管理中的重要性。

二、实训器材

多媒体计算机若干(与互联网相连)、相关多媒体制作软件

三、实训指导

1. 以小组为单位(一般每组4～6人),选定景区。

2. 利用网络,收集所选景区的相关资料、尽量详细。

3. 运用所学理论对该景区进行主题定位、形象策划,以确定网页制作的主题、相应模块及其详细内容。

四、实训要求及实训报告

1. 将制作的景区网页在课堂上展示、交流,同学互评,教师点评。

2. 以小组为单位写出实训报告,内容包括:

(1) 该景区自然、人文旅游资源概况、景区主题、景区形象宣传口号。

(2) 该景区具体位置、主要景点、旅游设施、景区门票价格、景区周边主要交通以及景区吃、住、游、购、行、娱等要素基本情况。

(3) 景区网页制作步骤。

(4) 分析网页制作的不足和需要改进的地方。

参 考 文 献

[1] C. R. 戈尔德耐,J. R. 布仑特·里奇,罗伯特·麦金托什. 旅游业原理、方法与实践[M]. 大连:大连理工大学出版社,2003.

[2] 邹统钎. 旅游景区开发与经营经典案例[M]. 北京:旅游教育出版社,2003.

[3] 阚如良,邓念梅. 新编旅游景区管理[M]. 天津:南开大学出版社,2008.

[4] 高俊. 旅游景区开发与管理[M]. 大连:东北财经大学出版社,2007.

[5] 马勇,李玺. 旅游景区规划与项目设计[M]. 北京:中国旅游出版社,2008.

[6] 马勇,李玺. 旅游规划与开发[M]. 北京:科学出版社,2004.

[7] 牟红,杨梅. 景区开发与管理教学指导案例集[M]. 北京:中国物资出版社,2008.

[8] 吴忠军. 旅游景区规划与开发[M]. 北京:高等教育出版社,2009.

[9] 吴必虎,俞曦. 旅游规划原理[M]. 北京:中国旅游出版社,2010.

[10] 李蕾蕾. 旅游地形象策划:理论与实务[M]. 广州:广东旅游出版社,1999.

[11] 董观志,苏影. 主题公园营运力管理[M]. 北京:中国旅游出版社,2005.

[12] 郑耀星. 旅游景区开发与管理[M]. 北京:旅游教育出版社,2010.

[13] 董观志. 现代景区经营管理[M]. 大连:东北财经大学出版社,2008.

[14] 邹统钎. 旅游开发与规划[M]. 广州:广东旅游出版社,2001.

[15] 邹统钎. 旅游景区开发与管理[M]. 北京:清华大学出版社,2004.

[16] 马勇,李玺. 旅游景区管理[M]. 北京:中国旅游出版社,2006.

[17] 甘枝茂,马跃峰. 旅游资源开发与规划[M]. 天津:南开大学出版社,2000.

[18] 王衍用,宋子千. 旅游景区项目策划[M]. 北京:中国旅游出版社,2007.

[19] 王德刚. 现代旅游区开发与经营管理[M]. 青岛:青岛出版社,2000.

[20] 牟红. 景区开发与管理[M]. 北京:中国物资出版社,2007.

[21] 张立明,胡道华. 旅游景区解说系统规划与设计[M]. 北京:中国旅游出版社,2006.

[22] 赵黎明,黄安民,张立明. 旅游景区管理学[M]. 天津:南开大学出版社,2002.

[23] 郑耀星,褚德平. 区域旅游规划、开发与管理[M]. 北京:旅游教育出版社,2004.

[24] 张凌云. 旅游景区景点管理[M]. 北京:旅游教育出版社,2003.

[25] 禹贡,胡丽华. 旅游景区景点营销[M]. 北京:旅游教育出版社,2005.

[26] 吴国清. 旅游线路设计[M]. 北京:旅游教育出版社,2005.

[27] 刘峰,董四化. 旅游景区营销[M]. 北京:旅游教育出版社,2006.

[28] 吴翔,付邦道. 开封旅游形象策划与构建研究[J]. 郑州:地域研究与开发 2003.

[29] 国家旅游局规划发展与财务司. 中国旅游景区发展报告 2005. 北京:中国旅游出版社,2005.

[30] 王昆欣. 旅游景区服务与管理[M]. 北京:旅游教育出版社,2006.

[31] 王莹. 旅游景区服务质量管理[M]. 北京:中国旅游出版社,2003.

[32] 中华人民共和国国家旅游局. 旅游区(点)质量等级申请评定报告[S].

[33] 国家旅游局. 旅游发展规划管理办法[S].

[34] 旅游资源分类、调查与评价(GB/T18972—2003)[S].

[35] 风景名胜区规划规范(GB50298—1999)[S].

[36] 旅游规划通则(GB/T18971—2003)[S].

[37]沈祖祥.旅游策划(理论、方法与定制化原创样本)[M].上海:复旦大学出版社,2007.

[38]周国忠.旅游景区服务与管理实务》[M].南京:东南大学出版社,2007.

[39]国家质量监督检验检疫总局.旅游区(点)质量等级的划分与评定(GB/T 17775—2003)[S].

[40]郭国庆.市场营销管理[M].北京:中国人民大学出版社,1996.

[41]宋玉蓉.景区管理与实务[M].北京:中国人民大学出版社,2006.

[42]陈启跃.旅游线路设计[M].上海:上海交通大学出版社,2005.

[43]郑向敏.旅游安全学[M].北京:中国旅游出版社,2003.

[44]李如生.美国国家公园管理体制[M].北京:中国建筑工业出版社,2005.

[45]邹统钎.中国旅游景区管理模式研究[M].天津:南开大学出版社,2006.

[46]魏民,陈战是.风景名胜区规划原理[M].北京:中国建筑工业出版社,2008.

[47]北京日报 http://bjrb.bjd.com.cn/.

[48]北京山合水易规划设计院.http://www.shsee.com/ l.

[49]绿维创景,http://focus.lwcj.com/yanc/yancheng_guihua_1.asp.

[50]肇庆广宁竹海大观总体规划构想方案,http://www.169xl.com/article_2028.htm.

[51]巅峰智业,http://www.davost.org/Case/zhutigongyuan/2011/03/29/.

[52]新华网,http://news.xinhuanet.com/2012-08/27/c_112861550.htm.

[53]新浪网,http://www.sina.com.cn .

[54]新华网,http://news.xinhuanet.com/politics/2006-10/02/content_5164830.htm.

[55]腾讯网,http://news.qq.com/a/20121003/000024.htm.

[56]人民网 http://www.people.com.cn/ .

[57]中国国家旅游局官方网站 http://www.cnta.com/.

[58]中国广播网,http://www.cnr.cn/.

[59]中国旅游报,http://www.ctnews.com.cn.